徐闻县
工商联志

《徐闻县工商联志》编纂委员会 编

徐闻县总商会
XUWEN CHAMBER OF COMMERCE

南方日报出版社
NANFANG DAILY PRESS
中国·广州

欲扶贫，指徐闻

徐闻，汉代海上丝绸之路始发港

图书在版编目（CIP）数据

徐闻县工商联志 / 《徐闻县工商联志》编纂委员会著. — 广州 ： 南方日报出版社, 2018.2
ISBN 978-7-5491-1791-8

Ⅰ. ①徐… Ⅱ. ①徐… Ⅲ. ①中国工商业联合会－概况－徐闻县 Ⅳ. ①D665.4

中国版本图书馆 CIP 数据核字(2018)第 019935 号

XUNWENXIAN GONGSHANG LIANZHI
徐闻县工商联志

编　　者：《徐闻县工商联志》编纂委员会
出版发行：南方日报出版社
地　　址：广州市广州大道中 289 号
出 版 人：周洪威
出版统筹：谭庭浩
责任编辑：郭海珊
责任校对：裴晓倩
责任技编：王　兰
装帧设计：广州龙之文化发展有限公司
经　　销：全国新华书店
印　　刷：广州市岭美彩印有限公司
开　　本：889mm×1194mm　1/16
印　　张：35.5
字　　数：240 千字
版　　次：2018 年 2 月第 1 版
印　　次：2018 年 2 月第 1 次印刷
定　　价：268.00 元

投稿热线：（020）87373998-0503　读者热线：（020）87373998-0502

网址：http://www.nanfangdaily.com.cn/press　http://www.southcn.com/ebook

序

《徐闻县工商联志》历时四年的辛苦努力，终于定稿出版。这为徐闻县工商界留下一笔弥足珍贵的精神财富，也是徐闻文化建设的一个不小的成果。可喜可贺!

盛世修志是中国的文化传统，在今天这个经济繁荣、太平盛世的年代，我们有责任也有义务为后人留下一些地方史料。《徐闻县工商联志》本着实事求是的态度，比较系统地记载徐闻工商业发展历史，基本上再现徐闻从西汉海上丝绸之路始发港——徐闻港对外贸易，到近现代工商业，直至新中国成立后尤其是新时期改革开放以来的工商贸易发展历程。同时，本书囊括徐闻工商界众多经济名人和重大经济历史事件，通过翻史阅卷，寻踪觅迹，进行详今略古的撰写，语言朴素，通俗易懂，是一部具有时代特征和徐闻特色的可读性较强的志书。此志的出版，填补徐闻工商史记载的空白。

徐闻经济贸易源远流长，历史影响深远。千百年来，徐闻这个位于南海之滨又是中国大陆最南端的特殊地方，肥沃的红壤孕育一代又一代徐闻人，形成富有徐闻特色的工商经济和工商文化。两千一百多年前，汉武帝在这里设置徐闻县，并在三墩港开辟对外贸易港口，作为通往东南亚、西欧和北非的海上丝绸之路的出海口岸，徐闻因此商贸繁荣，商品丰足，享誉亚欧，在徐闻工商史乃至中国外贸史上负有盛名。到了明清时期，海南、广府、潮州、高廉等地商人仍长期汇聚徐闻进行货物贸易，延续着汉代“欲拔贫，诣徐闻”的贸易足迹。至今，清代康熙乾隆时期建造的广府会馆、潮州会馆、海南会馆、高凉会馆、钦廉会馆的房屋或遗存的院墙古迹，仍然竖立在徐城深巷，见证着古代工商贸易的兴盛繁华。新中国成立后，徐闻的工商历史翻开崭新的一页。新中国成立之初，县人民政府对资本主义工商业进行改造，并于 1956 年 1 月成立徐闻县工商业联合会，从此，正式搭建历史的舞台。之后，徐闻工商人士充满豪情，昂首前行，积极投身徐闻社会主义建设大潮，努力为发展徐闻工商业和各项社会事业做贡献。改革开放后，徐闻县工商联作为党和政府联系工商界人士的桥梁和纽带，紧跟中国特色的社会主义市场经济的步伐，大胆创业，勇于开拓，积极参与徐闻经济的决策与建设，尤其是城乡建设出谋献策，推动徐闻经济发展起着举足轻重的作用。如今，在徐闻县工商业联合会的带动下，全县有南山、迈陈、龙塘等九个乡镇成立商会，徐闻籍的外地商人也在广州、深圳、海口等国内十个城市成立徐闻商会。徐闻工商队伍不断发展壮大，越来越具影响力，尤其是异地徐闻商会的成立，让我们看到徐闻工商事业异军突起前景，未来更加美好。

《徐闻县工商联志》不但介绍徐闻县工商经济生存的自然条件及社会基础，追溯自汉代至明清及民国时期以来徐闻对内对外贸易的历史渊源和传统，而且记载新中国成立后尤其是改革开放以来，徐闻县工商事业尤其是徐闻县工商联队伍发展壮大的艰苦创业的足迹。在内容方面，积极围绕徐闻县工商经济发展这一主题，较好地展现徐闻工商经济产生、发展的概貌，从工业到商贸，从国营到民营，从经济行业到民生领域等方面记述徐闻工商经济的发展历程。它通过调查搜集到的史料和人物故事，揭示徐闻工商经济的特征、地位、意义及作用，褒扬徐闻工商界人士对徐闻经济社会发展所做的贡献。阅读此志，重温往事，如听鼓角远去，如观旌旗临风。历史是一面镜子，前事不忘，后事之师。这正是此志所承载的重要历史价值。

此志也具有深刻的思想性和现实意义，充分反映徐闻工商人士的奋斗史，从而彰显徐闻工商人士勇于开拓的性格和不屈不挠的精神，可谓一部思想性极强的励志史书，具有“存史、资政、团结、育人”的隆恩之举。

今天，徐闻政通人和，百业俱兴。相信徐闻广大工商人士将会继续弘扬本书所揭示的徐闻工商人士的优良传统和创业精神，以更加昂扬的斗志投身于经济建设，以更加精明的眼光审视世界经济潮流，乘风破浪，勇往直前。面对新的机遇和挑战，徐闻县工商业联合会一定能紧紧团结全县工商人士，积极响应县委、县政府的号召，同心同德，服务大局，积极参与徐闻各项社会事业，再谱徐闻工商事业新篇章，再创徐闻工商业美好的明天。

中共徐闻县委书记　梁权财

2018 年 1 月 1 日于徐闻

目录

凡例

一、内容要求真实、准确、全面、系统，着重记述民国时期徐闻县商会和中华人民共和国成立后徐闻县工商业联合会（简称徐闻县工商联）的历史沿革、组织活动和发展变化。

二、本志内容上限自西汉元鼎六年（前111年）徐闻建县，下限至2017年底。

三、除引用历史著述原文外，使用语体文，采用述、记、志、传、图、表、录等体裁，以志为主体，结构层次分为章、节、目，横排门类，纵述史实，力求做到“述而不论”，详略得当。

四、遵循“事以类聚”“详今略古”的原则，进行科学分类。全志由概述、大事记、志文、人物、图片等组成。概述、大事记放在篇首，总领全书，便于概览。下设专志八章，为全书主体。篇末有后记。

五、本志“县”“市”“省”分别指徐闻县、湛江市、广东省。

六、符合入志条件的，一般以人物生平先后为序，分别记入人物传略、人物简介、人物名录。生不立传。入传者须是徐闻工商界已故知名人士。

七、历史朝代沿用通称，如唐、宋等。中华民国简称“民国”。中华人民共和国成立前（后），简称“新中国成立前（后）”。新中国成立前历代均用历史纪年，一是沿用帝王年号，数目以汉字书写，夹注公元年代，省“公元”二字，公元前则冠一“前”字；二是民国纪年，以阿拉伯数字书写，加注公元年代。新中国成立后用公元纪年。

八、本志中较长的称谓或词组，第一次出现时用全称，在同一自然段或章节中多次出现时可酌情用简称和略写。

九、记载地名、机构、职官等均用当时的通称，部分古旧地名第一次出现时加注今名。人物直书姓名。

十、计量单位，以1984年2月27日国务院公布的《中华人民共和国法定计量单位》为准。历史上使用过的旧的计量单位不便换算的，仍保留原计量单位。

十一、数字书写，以国家技术监督局1995年12月13日颁布、1996年6月1日起实施的中华人民共和国标准《出版物上数字用法的规定》为准。所用各种数字，以徐闻县新编县志、档案部门、统计部门数字为准，新编《徐闻县志》、档案部门、统计部门没有的采用有关单位数字，不一一注明出处。

十二、使用统一简化字和标点符号。

图集

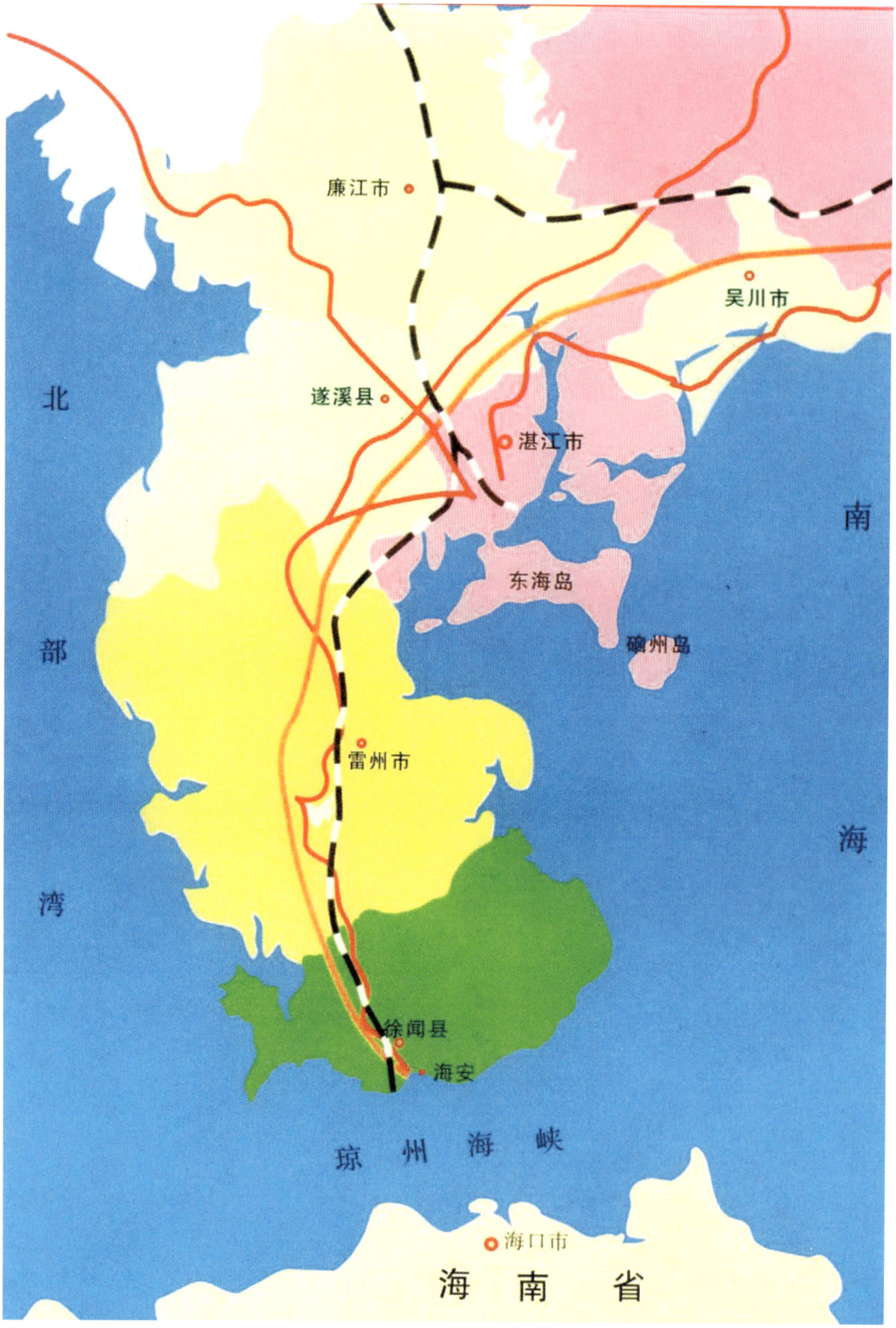

◀徐闻县地理位置图

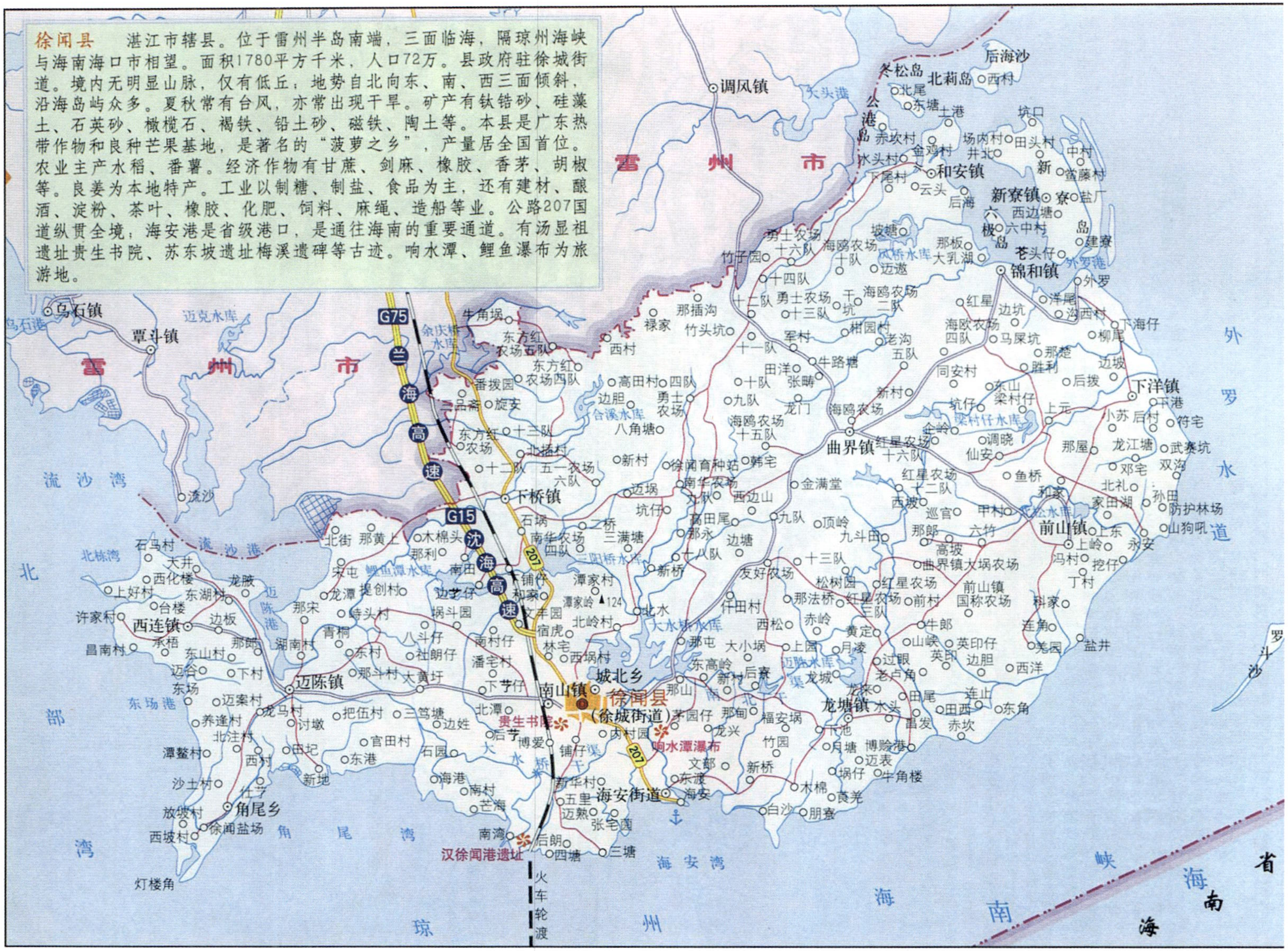

徐闻县 湛江市辖县。位于雷州半岛南端，三面临海，隔琼州海峡与海南海口市相望。面积1780平方千米，人口72万。县政府驻徐城街道。境内无明显山脉，仅有低丘；地势自北向东、南、西三面倾斜，沿海岛屿众多。夏秋常有台风，亦常出现干旱。矿产有钛锆砂、硅藻土、石英砂、橄榄石、褐铁、铝土砂、磁铁、陶土等。本县是广东热带作物和良种芒果基地，是著名的"菠萝之乡"，产量居全国首位。农业主产水稻、番薯。经济作物有甘蔗、剑麻、橡胶、香茅、胡椒等。良姜为本地特产。工业以制糖、制盐、食品为主，还有建材、酿酒、淀粉、茶叶、橡胶、化肥、饲料、麻绳、造船等业。公路207国道纵贯全境；海安港是省级港口，是通往海南的重要通道。有汤显祖遗址贵生书院、苏东坡遗址梅溪遗碑等古迹。响水潭、鲤鱼瀑布为旅游地。

▲ 徐闻县地理位置图

◀ 1984 年 5 月 16 日，在徐闻县委小礼堂召开徐闻县工商业联合会第六次会员代表大会筹备会(何强 供图)

▼ 1984 年 5 月 18 日，徐闻县工商业联合会第六次会员代表大会代表合影

▲ 1984 年 12 月，徐闻县工商业联合会举办第一期财会培训班，结业时全体师生合影

◀ 1986年7月3日，徐闻县工商业联合会第二期商业会计培训班师生合影

▲ 1987 年 4 月 24 日，徐闻县工商业联合会第七次会员代表大会代表合影

► 1987 年 7 月，徐闻县工商业联合会领导与前来参观访问的有关领导和嘉宾在徐闻县工商联办公楼（县城泰华宫）门前合影

▲ 1987 年 7 月，徐闻县工商业联合会举行欢迎新会员大会，会议结束后，出席大会的领导与参加大会人员合影

◀ 在 2004 年 2 月 11 日召开的徐闻县工商业联合会第九次会员代表大会上，徐闻县工商联专职主委高科夫（左）向新当选的县工商联会长林红（右）表示祝贺

▲ 2004 年 2 月 11 日，徐闻县工商业联合会第九次会员代表大会代表与市、县有关领导合影

▲ 2007 年 8 月 5 日，徐闻县工商业联合会组织部分会员参加清华大学高级经理人管理研修班学习，在清华园前与老师合影

▲ 2008 年 4 月 15 日，南山镇商会第一届会员代表大会召开

► 2008 年 6 月 24 日，和安镇商会第一届会员代表大会召开

◀ 2008年6月26日，下洋镇商会第一届会员代表大会召开

◀ 2008年7月10日，在新寮镇政府会议室召开新寮镇商会第一届会员代表大会，会员代表与中共徐闻县委常委戴吴金荣，县政协副主席、统战部部长许培正，县工商联党组书记陈法强，县工商联主席林红，中共新寮镇党委书记林超等领导合影

▶ 2008 年 7 月 23 日，锦和镇商会第一届会员代表大会召开

▶ 2008年7月29日，在迈陈镇政府会议室召开迈陈镇商会第一届会员代表大会，会员代表与中共徐闻县委常委戴吴金荣、县工商联党组书记陈法强、县工商联主席林红、中共迈陈镇党委书记伍承拔、镇长黄新民等领导合影

◀ 2008 年 10 月 11 日，西连镇商会第一届会员代表大会召开

◀ 2008 年 12 月 11 日，龙塘镇商会第一届会员代表大会召开

▲ 2009 年 1 月 5 日，徐闻县工商联（总商会）在县小招二楼会议室召开迎春座谈会

► 2009 年 1 月 28 日，县工商业联合会在县聚雅酒店举行徐闻县外出企业家与本地民营老板新春联谊会，县委常委戴吴金荣在会上讲话

► 2009 年 5 月 27 日，中共徐闻县委书记钟力（左）给当选县工商联（总商会）第十届执委会主席董遵秩（右）颁发当选证书（劳翠悦 李梅英 摄）

▲ 2009 年 5 月 27 日，徐闻县工商联（总商会）第十次会员代表大会代表与市、县有关领导合影

▲ 2010 年 7 月 1 日，徐闻县工商联（总商会）和县旅游局在聚雅酒店联合举办徐闻县首届“十大名菜”评选活动（曾青 摄）

▲ 2010 年 11 月 15 日，徐闻县工商业联合会党组书记陈法强（左）一行到徐闻顺德商会调研，参观徐闻顺德商会会长高明渝（右）的企业——广东顺德港华金属制品有限公司

▲ 2010 年 11 月 19 日，徐闻县工商联党组书记陈法强在全省县级工商联组织工作会议上作经验介绍

▲ 2010 年 11 月 19 日，徐闻县工商联被评为广东省工商联组织建设工作先进单位，县工商联党组书记陈法强（左三）代表县工商联领奖

▲ 2010 年 12 月 18 日，深圳市徐闻商会召开成立大会，县政协主席侯德耀在会上讲话

▲ 2010 年 12 月 18 日，深圳市徐闻商会成立庆典大会，徐闻县工商联党组书记陈法强在会上致贺词

▲ 2011 年 2 月 5 日，徐闻县工商联（总商会）和深圳市徐闻商会在聚雅酒店聚雅厅联合举办徐闻籍工商界人士联欢贺年暨爱心表彰会

▲ 2011 年 4 月 12 日，广东省工商联会员部副部长颜瑞芳（右五）、湛江市工商联副主席徐小平（右六）一行在徐闻县工商联主席董遵秩（右四）等的陪同下，到徐闻县西连镇调研指导工作（邓斌 摄）

▲ 2012 年 1 月 24 日，徐闻县工商联（总商会）在县聚雅酒店举办徐闻籍工商界人士联欢贺年宴会

▲ 2012 年 1 月 24 日，徐闻县工商联在县聚雅酒店举办徐闻籍工商界人士联欢贺年宴会上，表彰 21 名优秀会员

◀ 2012 年 3 月 28 日，中共徐闻县委常委、组织部长黎亦鸿（右二）、副部长李德东（左二），县工商联（总商会）主席董遵秩（右一），徐闻县总商会副会长、来悦酒店党支部书记许胜能（左一）为来悦酒店党支部成立揭牌

▲2012年4月14日，中共徐闻县委常委、统战部部长李乐（前排右四），县工商联（总商会）主席董遵秩（前排右三）、党组书记陈法强（前排右六）、副主席蔡华态（后排右五）、林显平（后排右六）、李进权（后排右七）等领导一行19人到内蒙古自治区鄂尔多斯市参观、学习，与鄂尔多斯市工商联领导合影

◀2012年4月15日，中共徐闻县委常委、统战部部长李乐，县工商主席董遵秩、党组书记陈法强、副主席蔡华态、林显平等领导一行19人参观内蒙古自治区包头市工商联（总商会）主办的包头市中小企业创业园

▲ 2012 年 4 月 16 日，徐闻县工商联（总商会）组织部分会员到内蒙古自治区国防教育基地北方兵器城参观

▲ 2012 年 4 月 15 日至 16 日，中共徐闻县委常委、统战部部长李乐（前排左六），县工商联主席董遵秩（前排左四）、党组书记陈法强（前排左三）等领导一行 19 人到内蒙古自治区包头市工商联（总商会）学习考察，与包头市工商联副主席马为民（前排左五）等领导合影

▲ 2012 年 4 月 18 日，徐闻县工商联（总商会）组织部分会员到山西省参观平遥古城

◀ 2012 年 8 月 18 日，惠州市徐闻商会举行成立庆典活动，并表演丰富多彩的文艺节目

▼ 2012 年 9 月 8 日，广州市徐闻商会成立庆典大会。会上，该会首届领导班子在会长倪光乐的带领下宣誓就职

▲ 2012 年 9 月 8 日，徐闻县县长梁权财（右三）到广州科盈化妆品集团考察，向广州市徐闻商会副会长、广州科盈化妆品集团公司董事长林纯（右一）了解企业发展情况

▲ 2012 年 10 月 18 日，徐闻县工商联（总商会）组织会员一行 22 人参加第十七届澳门国际贸易投资展览会

▲ 2012 年 10 月 24 日，徐闻县工商联主席董遵秩等领导班子成员到会员企业调研，参观县工商联副主席李进权的企业——徐闻县正茂蔬菜种植有限公司

◀ 2012年12月3日，徐闻县工商联（总商会）主席董遵秩在东莞市徐闻商会、徐闻同乡联谊会年会上讲话

▼ 2013年1月15日，徐闻县工商联（总商会）召开2012年工作总结会，县长梁权财（一排中），县政协主席侯德耀（一排右一），县委常委、统战部长李乐（一排左一）等县领导出席会议并作讲话

▲ 2013 年 2 月 11 日，徐闻县工商联（总商会）授予县益华林木有限公司等 10 家民营企业“优秀民营企业”称号。县委副书记吴康秀（左）在会上给获奖企业颁奖

► 2013 年 2 月 11 日，徐闻县工商联在县聚雅酒店召开 2013 年徐闻籍工商界人士新春联谊会。图为在联谊会上表演的舞蹈节目

◀ 2013 年 6 月，徐闻县迈陈镇商会召开第二届会员代表大会

◀ 2013 年 6 月，徐闻县工商联主席董遵秩在迈陈镇商会第二届会员代表大会上讲话

▲ 2013 年 10 月 19 日，珠海市徐闻商会（珠海徐文经济促进会）举行成立庆典暨扶贫助学文艺晚会。中共徐闻县委常委、常务副县长林青在会上讲话

▲ 2013 年 11 月 30 日，由原顺德徐闻商会和佛山徐闻商会合并的佛山市徐闻商会暨中小企业成长基金成立庆典大会在佛山市平洲东豪园林海鲜酒家举行

▲ 2013 年 12 月 21 日，东莞市徐闻商会召开四周年年会，徐闻县政协主席侯德耀在会上致贺词（曾青 摄）

▲ 2013 年 12 月 22 日，深圳市徐闻商会召开第二届会员大会暨庆典晚会，中共徐闻县委常委、统战部部长李乐在会上致贺词（曾青 摄）

◀ 2013 年 12 月 22 日，深圳市徐闻商会召开第二届会员大会暨庆典晚会，徐闻县工商联主席董遵秩在会上致贺词（曾青 摄）

▼ 2014 年 1 月 15 日，徐闻县工商联（总商会）在县会议中心召开 2013 年度工作总结大会

▲ 2014 年 1 月 15 日，徐闻县工商联（总商会）在县会议中心召开 2013 年度工作总结大会。县长梁权财（左三），县委常委、常务副县长林青（右三），县委常委、统战部部长李乐（左二），原县政协主席潘联成（右一）等领导出席会议

▲ 2014 年 2 月 2 日，徐闻县工商联（总商会）在县聚雅酒店组织举办徐闻籍工商界人士新春联谊会。图为会前表演的《八鼓齐擂贺新年》节目

▲ 2014 年 2 月 2 日，徐闻县工商联（总商会）在县聚雅酒店举行 2014 年徐闻籍工商界人士新春联谊会，县长梁权财在会上致辞

▲ 2014 年 7 月 13 日，海南徐闻商会成立大会暨徐闻县 2014 年海南招商签约仪式在海口市举行（朱法 摄）

◀ 2014 年 7 月 13 日，徐闻县工商联（总商会）协助县委、县政府在海南省海口市举办徐闻县 2014 年海南招商交流会

▼ 2014 年 12 月 20 日，珠海市徐闻商会举办成立一周年年会

▶ 2015 年 1 月 9 日，徐闻县工商联（总商会）在县会议中心 2 号会议室召开 2014 年度工作总结大会

▼ 2015 年 1 月 9 日，徐闻县工商联在县会议中心 2 号会议室召开 2014 年工作总结大会。会后，参加会议人员在会议中心门前合影

◀ 2015年2月20日，徐闻县工商联（总商会）在县聚雅酒店举行2015年徐闻籍工商界人士新春联谊晚会。图为联谊会上表演的舞蹈节目

▼ 2015年6月13日，徐闻县县长吴康秀（右五）一行到县益华林木有限公司调研，了解企业的发展情况

► 2015年6月23日，徐闻县县长吴康秀（右七）、副县长李逸（右六）等一行到县通达果汁有限公司调研

▼ 2015年6月24日，中共徐闻县委书记梁权财（左三）与省农业厅长郑伟仪（左二）到县莲香菠萝罐头厂调研，向该厂董事长吴建连（左一）了解企业发展情况（吴开宋 摄）

◀ 2015年7月6日，徐闻县青年互联网创业园在徐闻县农产品交易市场内正式揭牌运营，广州市徐闻商会对该园的创办给予积极的协助

▼ 2015年7月14日，湛江市工商联党组书记梁丽霞（左一）一行到徐闻调研，与中共徐闻县委书记梁权财（左二）共商创建县级“五好”工商联有关事宜

◀ 2015年7月22日，徐闻县工商联牵头组织在县聚雅酒店举办徐闻县“十大长寿名菜”“十大农产品”“十大海产品”评选活动，图为活动现场

▼ 2015年7月22日，中共徐闻县委常委、统战部部长李乐（左五），县政协副主席陈北跑（左七）与“十大长寿名菜”获奖单位代表合影

◀ 2015年8月21日，徐闻县县长吴康秀（左）带队调研县城“三旧”改造项目建设。图为华璟新城调研现场，县工商联主席、华璟新城董事长董遵秩（中）向县长吴康秀介绍项目建设情况

▼ 2015年9月29日，由徐闻县商业协会（徐城商会）筹备组主办的“中小型企业交流会”在县星海湾酒店举行。县工商联党组书记陈法强在会上讲话

▶ 2015年10月30日—11月1日，徐闻商会第三届“徐商杯”篮球联赛在珠海市举行。图为九个商会的代表队入场仪式

▼ 2015年11月11日，徐闻县商业协会（徐城商会）第一次会员大会在县会议中心召开。副县长李逸出席会议并讲话

▲ 2016年3月29日，在广东省工商联召开全省工商联组织工作会议上，徐闻县工商联被评为广东省“五好”县级工商联，徐闻县工商联党组书记陈法强（左二）代表县工商联到台上领奖牌

◀ 徐闻县工商联被广东省工商联考评认定为广东省“五好”县级工商联

▲ 2016年4月19日，在徐闻县会议中心召开徐闻县菠萝行业协会第一次会员代表大会，副县长王少兰，县工商联主席董遵秩、党组书记陈法强，县农业局局长杨仕煌出席会议

► 2016年4月19日，在徐闻县会议中心召开徐闻县菠萝行业协会第一次会员代表大会，选举产生第一届县菠萝行业协会领导班子。图为副县长王少兰（右）给当选会长吴建连（左）颁发当选证书

▲ 2016 年 4 月 28 日，徐闻县总商会在曲界镇举办首届徐闻菠萝文化旅游节活动。县委书记梁权财、县长吴康秀等县四套班子领导和来自各地嘉宾 1000 多人参加活动

◀ 2016 年 4 月 28 日，首届徐闻菠萝文化旅游节活动当天，徐闻县总商会在曲界镇"菠萝的海"举行山地自行车比赛活动（吴开宋　摄）

◀ 2016 年 4 月 29 日，徐闻县首届菠萝文化旅游节活动的第二天，县总商会在曲界镇龙门村举办“千人菠萝宴”

▲ 2016 年 8 月 16 日，在徐闻县会议中心召开徐闻县电子商务协会成立大会，选举产生第一届县电子商务协会领导班子，潘联斌当选为会长

▲ 2016 年 9 月 2 日，徐闻县电子商务协会举办徐闻县青年互联网创业园电商培训班，有 70 多名会员参加学习

▲徐闻县迈陈镇商会被广东省工商联（总商会）被认定为 2016 年优秀商会示范点

◀ 2017 年 1 月 5 日，广东省工商联会员部部长闪洁（右一）一行到徐闻调研，了解徐闻县工商联获得“广东省‘五好’县级工商联”称号的后续工作情况，县工商联党组书记陈法强（右二）、副主席欧小力（左一）分别汇报工作情况

► 2017 年 1 月 29 日，徐闻县工商业联合会（总商会）第十一次会员代表大会在县会议中心召开，省、市、县等有关领导出席会议，各商（协）会代表等 200 多人参加大会

▲2017 年 1 月 29 日，在徐闻县会议中心召开徐闻县工商业联合会（总商会）第十一次会员代表大会，代表与领导嘉宾合影

▲ 2017 年 1 月 29 日，在徐闻县会议中心召开徐闻县工商业联合会（总商会）第十一次会员代表大会，选举欧小力为县工商业联合会（总商会）第十一届执委会主席、县总商会会长。县委书记梁权财给当选主席（会长）欧小力颁发当选证书

▲ 2017 年 1 月 29 日晚，徐闻县工商联（总商会）在县聚雅酒店举行 2017 年徐闻工商界人士新春联谊会

▲ 2017 年 2 月 14 日，中共徐闻县委常委、统战部部长冯德联率领县工商联（总商会）主要领导一行 16 人到鹤山市工商联学习。鹤山市市委常委、统战部部长叶雄、副市长杨海泉等领导参加交流会，鹤山市工商联党组书记左方妍介绍鹤山市商务中心的建设经验

▲ 2017 年 2 月 15 日，中共徐闻县委常委、统战部部长冯德联率领县工商联（总商会）主要领导一行 16 人到广州市徐闻商会调研，并向商会主要领导介绍建设商会大厦的设想

▲ 2017 年 2 月 15 日，中共徐闻县委常委、统战部部长冯德联率领县工商联（总商会）主要领导一行 16 人到佛山市徐闻商会调研，并向商会主要领导介绍建设商会大厦的设想

▲ 2017 年 2 月 16 日，中共徐闻县委常委、统战部部长冯德联率领县工商联（总商会）主要领导一行 16 人到深圳市徐闻商会调研，并向商会主要领导介绍建设商会大厦的设想

▲ 2017 年 2 月 16 日，中共徐闻县工商联（总商会）主要领导一行 15 人到英德市工商联学习，英德市工商联主席（右一）、党组书记（右五）分别介绍英德市商会大厦的建设经验

▲ 2017 年 2 月 17 日，中共徐闻县委常委、统战部部长冯德联率领县工商联（总商会）主要领导一行 16 人到东莞市徐闻商会调研，并向商会主要领导介绍建设商会大厦的设想

▲ 2017 年 2 月 19 日，中共徐闻县委常委、统战部部长冯德联率领县工商联（总商会）主要领导一行 8 人到海南徐闻商会调研，并向商会主要领导介绍建设商会大厦的设想

▲ 2017 年 4 月 29 日，徐闻县总商会在曲界镇举办第二届徐闻菠萝文化旅游节活动。县委书记梁权财、县长吴康秀等县四套班子领导和来自各地的嘉宾及群众 2 万多人参加活动

▲ 2017 年 4 月 30 日，徐闻县总商会在徐闻菠萝文化旅游节活动主会场举办菠萝竞技比赛，选手们正在进行削菠萝比赛

▲ 2017 年 4 月 30 日，徐闻县第二届菠萝文化旅游节活动的第二天中午，徐闻县总商会在曲界镇龙门村举办“万人菠萝宴”，图为现场用锅鼎炒菠萝饭

◀ 2017 年 8 月 23 日，湛江市工商联（总商会）召开“五好”县级工商联建设工作推进会暨第二十届三次主席（会长）会议，徐闻县工商联党组书记陈法强代表县工商联在会上作工作经验介绍

▶ 2017 年 9 月 28 日，海南徐闻商会在海口市康年皇冠花园酒店举行第二届领导班子就职典礼暨中秋联谊会，中共徐闻县委副书记林青、县委常委、统战部部长冯德联、县工商联党组书记陈法强等领导与海南徐闻商会第二届领导班子成员合影

▲ 2017 年 9 月 28 日，海南徐闻商会第二届领导班子就职典礼暨中秋联谊会在海口市康年皇冠花园酒店召开，中共徐闻县委副书记、县政法委书记林青给海南徐闻商会第二届会长吴成忠颁发牌匾

▲ 2017 年 11 月 15 日，徐闻县工商联主席欧小力、党组书记陈法强和部分副主席、副会长到副会长林方炳办的星源冷气工程有限公司参观，交流学习

▲ 2017 年 11 月 15 日，徐闻县工商联主席欧小力、党组书记陈法强和部分副主席、副会长到副会长宋海魁任总经理的金源房地产有限公司参观，交流学习

▲ 2017 年 11 月 15 日，徐闻县工商联主席欧小力、党组书记陈法强和部分副主席、副会长到副会长王远琛任总经理的和谐客运有限公司参观，交流学习

▲ 2017 年 12 月 9 — 10 日，徐闻县工商联使用会员费聘请清华大学荆建林教授在县会议中心一楼会议室授课，主讲市场营销战略“理念创新与策略选择”。县党群口、政府口、经贸口等单位党政主要领导，开发区、工业集聚区及各乡镇（街道）党政主要领导，县工商联执委以上人员、各商（协）会正副会长等参加培训学习

▲ 2010 年 8 月 16 日晚上，徐闻县工商联（总商会）主席董遵秩在县首届奖学颁奖晚会上给获奖学生颁奖（曾青 摄）

▲ 2012 年 2 月 17 日，政协徐闻县委员会、县工商联（总商会）联合发动工商联部分会员捐款 23 万元奖给县公安局作为破案奖金

◀ 2012 年 8 月 23 日，徐闻县工商联副主席、广州市徐闻商会会长倪光乐（左十三）在县会议中心 2 号会议室召开助学座谈会，并与受资助学生合影。从 2009 年至 2013 年，他每年捐款 10 万元资助徐闻县部分贫困家庭当年考上大学的学生上学读书

◀ 2013 年 6 月 28 日，徐闻县委、县政府在县会议中心召开“广东扶贫济困日”捐赠活动动员大会，县工商联（总商会）部分会员企业代表上台示牌认捐

◀ 2013 年 7 月 24 日，徐闻县工商联（总商会）在县聚雅酒店举行捐款助教活动，筹款近 50 万元捐给县教育部门和部分县属中学

▲ 2013 年 8 月 4 日，湛江市徐闻商会捐款 12 万元支持徐闻县教育

▲ 2013 年，徐闻县工商联副主席、广州市徐闻商会会长倪光乐资助困难优秀生助学金发放会在县会议中心二楼会议室举行

▲ 2014 年 2 月 5 日，迈陈镇商会组织会员慰问贫困学生和特困户

▲ 2009 年至 2017 年，迈陈镇商会连续 9 年在春节期间开展慰问活动

▲ 2014 年 7 月 27 日，徐闻县人民政府和广州市徐闻商会在广州市广州迎宾馆举办“‘威马逊’超强台风重创下的徐闻”大型图片展暨捐赠仪式

▲ 2014 年 7 月 25 日，佛山市徐闻商会支援徐闻赈灾的 900 包大米运达徐闻的现场

▲ 2014 年 7 月 26 日，广州市徐闻商会和广东汉腾公司给超强台风“威马逊”袭击受灾最严重的徐闻捐赠赈灾物资

▲ 2014 年 7 月 27 日，珠海市徐闻商会发动有关企业给超强台风“威马逊”袭击受灾最严重的徐闻捐赠赈灾物资

▲ 2014 年 7 月 28 日，佛山市徐闻商会在佛山举办徐闻人在佛山乡情义演活动，为遭受超强台风“威马逊”袭击的徐闻重灾区筹款赈灾（吴开栋 摄）

◀ 2014 年 8 月 3 日，由徐闻县人民政府、珠海市徐闻商会举办的“威马逊”超强台风重创下的徐闻大型图片展暨捐赠义演活动在珠海市举行

▲ 2014 年 9 月 1 日，徐闻县工商联（总商会）在县聚雅酒店召开徐闻县高考加温鼓劲会，并设宴招待全县高三级科任教师（曾青 摄）

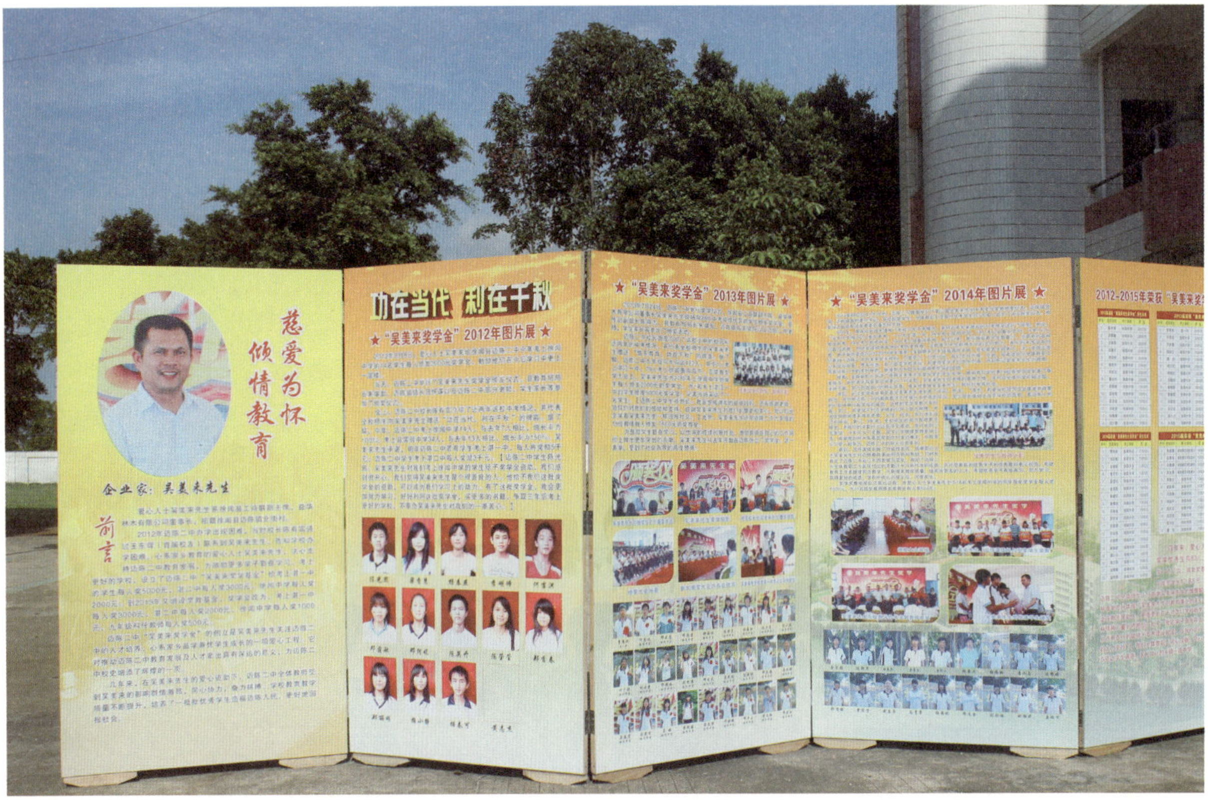

▲ 2012 — 2015 年，徐闻县工商联副主席吴美来在迈陈二中奖励优秀师生捐助奖学金共 15.7 万元

▲ 2015 年，徐闻县深圳商会在角尾乡角尾小学捐款 11 万元建成的教学楼

▲ 2016 年 8 月 10 日，深圳市徐闻商会捐款 12 万元在徐闻县第七届高考优秀学生暨先进教育工作者颁奖大会上奖励优秀教师

▲ 2016 年 8 月 10 日，徐闻县工商联副主席欧小力给高考优秀学生颁奖

▲ 2017 年 8 月 7 日，广州市徐闻商会捐款 35 万元奖励徐闻县当年高考暨留学优秀学生，图为广州市徐闻商会常务副会长吴建荣给获奖学生颁奖

◀ 2017 年 1 月 22 日，徐闻县工商联与团县委联合慰问海安镇麻城村 38 户精准扶贫困难户

◀ 2017 年 8 月 8 日，徐闻县工商联机关干部到海安镇麻城村委会慰问精准扶贫户

▲ 2013 年 12 月 18 日,《徐闻县工商联志》第一次编纂会议在徐闻县来悦酒店召开，讨论并部署该志书的编纂工作（曾青 摄）

▲ 2014 年 1 月 4 日，徐闻县工商联在县城来悦酒店会议室召开《徐闻县工商联志》编纂会议，邀请相关人员在会上介绍修志有关情况（罗成 摄）

▲ 2014 年 1 月 4 日,《徐闻县工商联志》编辑人员合影。第一排左起吴凯、陈金科、陈法强、董遵秩、张力行、刘春柳、刘金菊；第二排左起郑志权、朱法、黄周、黄山；第三排左起吴开栋、罗凯、罗成、郑勇、何强、杨能、颜广武（曾青 摄）

▲ 2014 年 1 月 4 日,《徐闻县工商联志》编纂人员到原徐闻县工商联主委黄家培家采访，了解并记录修志有关资料（罗成 摄）

▲ 2014 年 10 月 8 日,《徐闻县工商联志》编纂人员到广西合浦县档案局查阅相关资料

登云塔（曾青 摄）

▲白沙湾（曾青 摄）

◀贵生书院（陈北跑 摄）

▶珊瑚保护区及灯楼角（陈北跑 摄）

龙门村樟树林（曾青 摄）

龙泉森林公园（曾青 摄）

▶曲界菠萝的海（曾青 摄）

▶南极村民宿（陈北跑 摄）

三墩（陈北跑 摄）

概述

徐闻县位于中国大陆最南端。它地跨东经 109° 52′ 至 110° 35′、北纬 20° 13′ 至 20° 43′ 之间，南临琼州海峡，与海南岛隔海相望，直扼大陆通往海南和东南亚的咽喉；东滨南海，西濒北部湾，北与雷州市接壤，土地总面积 1979.6 平方公里。自古以来为兵家驻防和商旅的要地，故苏东坡曰“四州之人以徐闻为咽喉”。

徐闻县历史文化悠久。秦朝时，徐闻属象郡。西汉元鼎六年（前 111 年）置徐闻县。西汉至东汉初期徐闻县治设在讨网村（今徐闻县南山镇二桥村）。星移斗转，沧海桑田。徐闻县历经数度易名、析置，县治数次搬迁，在兴衰轮回中跨越 2000 多年。1958 年 11 月，徐闻县改名为雷南县，1960 年 11 月 19 日复称徐闻县。1983 年 9 月至今，属湛江市管辖。

徐闻县自然资源优越。地处雷州半岛南部，属低丘台地地形，以砖红壤土类、水稻土类和滨海沙土类为主，热带季风气候，年平均气温 23.3℃，四时常绿，冬春季较干旱，夏秋季炎热多雨、多雷、多台风。三面环海，境内海岸线长 372 公里，60 多个天然港湾星罗棋布，盛产马友鱼、鲨鱼、黄花鱼等经济鱼类。西部沿海含盐量高，平均蒸发量大，宜盐滩涂 5377 公顷。土地肥沃，生态良好，物种繁多，物产丰富，盛产菠萝、香蕉、蔬菜、芒果、蔗糖和鱼虾、珍珠、海盐等农海产品。山羊、黄牛、水牛、良姜、剑麻、橡胶等也久负盛名，可谓全国的南亚热带农海产品生产基地，素称“珍珠之乡”“蔗糖之都”“良姜之乡”“菠萝之乡”“香蕉之乡”。独特的地理环境造就徐闻地域特征明显的历史文化和风土人情。2017 年末，全县辖区有 12 个镇、2 个乡、1 个街道、1 个经济开发区、1 个农场，6 个国营农场，全县总人口 776,434 人。

徐闻县古代工商业发始于秦末汉初。置县后，汉人给徐闻带来先进的文化、农具和木工，以及挖渠、凿井、烧砖、铸铁和煮盐等技术，当地农业生产和手工业有明显的发展。班固《汉书·地理志》记载，汉武帝在徐闻（今三墩古港）开辟海上丝绸之路始发港，开展对外经济贸易和文化交流。“海上丝路”出海船队是由汉朝廷“黄门”派出的“译长”统率的。出口贸易的货物主要是“黄金”“杂缯”（丝绸、纺织品）、陶瓷等，带回的有明珠、璧琉璃、奇石、香料等商品。伴随汉港涛声，异域客商纷至沓来。当时，使者、商贾云集徐闻，经贸频繁，物阜丰盈。汉代徐闻县工商业发达的盛况，从当时俗谚“欲拔贫，诣徐闻”可见一斑。

自汉至隋末唐初，徐闻县是岭南一个重要的政治、军事、经济、文化中心，也是工商业比较活跃的地区之一。从明代开始，海南、广府、潮州等地商人来到徐闻开设商行。他们经营米行、药店、茶楼、糖行、百货，并逐渐形成海南人、广府人、潮州人各自的社区。

清代是徐闻古代工商业繁荣发展期。清代康熙时期起，各地商人在徐闻大办会馆。徐闻先后建有广府会馆、潮州会馆、海南会馆、高州会馆（高凉会所）、钦廉会馆（钦廉会所）。他们的商号分别为“广行”“潮行”“南行”“高州行”“钦廉行”。会馆的建立、行业的形成，促进徐闻县工商业的发展。

海安港是清代广东七大商贸港口之一，名曰雷廉总口。从康熙年间开始，清政府就在海安港设立粤海关的分关，征收糖业捐税。

清末民初，徐闻商人依靠本地丰富的物产资源，推动工商业的发展。徐闻的物产，从海安港源源不断地向外地输出，打开对外地贸易的窗口。

民国 2 年（1913 年），徐闻县商会正式成立，设在县城民主路原泰华宫南边，推举原籍前山镇下园村商人李栋卿当会长。

热心公益，造福乡梓，是徐闻工商界人士的优良传统。民国初，商会会长刘国才发起煮粥赈灾，救助难民。徐闻县商会成立之初，商会组织商团武装，保护商会和商人利益。匪患期间，商团兵兼顾保卫地方，山贼侵扰时鸣警。民国 19 年（1930 年），乡绅和殷商倡议捐资，创建齐康医院（现县人民医院前身）。民国 23 年（1934 年）徐闻匪患平息后，徐城“崇善堂”李乔芬等人发动商民捐款，李芳林献地，雇人收拾徐闻境内被害者遗骨 100 多牛车，合葬于大水桥南面，名为“冤冢”。当时，匪患的摧残造成徐闻工商业元气大伤。

清除匪患后，徐闻工商业逐渐得到恢复。民国 22 年（1933 年），广东省农林局主办的徐闻垦殖场购进机械自动榨糖机一部，首次利用电力机械进行生产，当时在琼州海峡两岸雇佣的工人和技师、技工上百人，出现琼州海峡两岸地区最早的现代产业工人。此时，大量外地移民陆续迁居徐闻，加快了徐闻的开发步伐。这些有一技之长的移民后来多变成工商业者。其时，徐闻工商业上规模的仅有土法制糖和海水晒盐。土法制糖是徐闻乡村经济的重要支柱。海水晒盐属徐闻沿海乡村的传统生产方式，出现专门从事贩卖生盐的商人。全县手工业均为家庭作坊，小手工业零星分布于全县城乡。海安港主要出口农副产品。

民国末期，徐闻工商业陷入低谷。民国 37 年（1948 年），国民党政权摇摇欲坠，徐闻商会处于瘫痪与半瘫痪状态。自 1933 年以来，徐闻县城商铺一度发展到 1000 多家，但解放前夕，全县仅存 250 多家。

新中国成立初的过渡时期，中共中央和人民政府对资本主义工商业采取“利用、限制和改造”的政策。遵循这一方针政策，徐闻县对资本主义工商业的社会主义改造大体上经历开始、全面深入、巩固、完善四个阶段。1950 年至 1955 年，是徐闻对资本主义工商业进行社会主义改造的开始阶段。徐闻县按照“发展生产、繁荣经济、公私兼顾、劳资两利”的指导方针，统筹兼顾，全面安排，分别对资本主义工业、商业、小商小贩、资产阶级分子个人进行改造。1952 年起，在全县工商界人士中开展经常性的政治学习，进行社会主义、爱国主义的思想教育。从 1952 年上半年开始的以清除“五毒”为中心的“五反”运动，促进资本主义工商业的社会主义改造。

1956 年 1 月，徐闻县工商业联合会正式成立，至 2017 年历经 11 届，其间，文化大革命开始后，工商联被扣上“牛鬼蛇神”的帽子而被迫停止活动。

中共十一届三中全会后，工商联组织得到党和政府的高度重视和支持。中共徐闻县委、县政府立即着手对“文革”期间遭受迫害的工商业者全面进行调查、平反冤假错案、落实政策工作。1982 年 11 月，成立广东省工商联徐闻县工商小组，归还办公用房，工商联工作走上新的历史发展时期，其主要任务是恢复工商联组织，配合中共组织落实有关统战政策。1983 年 10 月，恢复徐闻县工商业联合会的组织机构。

新时期，徐闻县工商联（总商会）依法履行职能，拓展事业发展的空间。积极为民营企业做好咨询服务和外引内联工作，组织私营企业家到国内外进行商贸考察，对外大力宣传、推介徐闻的投资环境。认真参政议政。以调查报告、议案和提案方式，向中共徐闻县委、县人大、县政府、县政协反映本地热点问题，为县委、县政府及有关部门决策提供参考。推荐优秀的民营工商业人士到政协担任委员，或被选为人大代表。调处各类纠纷，维护非公经济人士的合法权益，构建和谐劳资关系，促进民营经济的健康发展和非公经济人士的健康成长。

进入 21 世纪，徐闻县民营经济不断发展壮大，已成为县国民经济的重要组成部分，经济发展的新增长点。 随着市场经济的发展，徐闻乡镇商会和异地商会应运而生。从 2007 年底开始，徐闻县工商联（总商会）着手组建乡镇商会，通过争取县委重视和支持，从而促使具备条件的乡镇建立商会组织。到 2017 年底，全县有南山镇、迈陈镇等 9 个乡镇建立商会。与此同时，徐闻县工商联摸索建立异地商会，截至 2017 年底，先后成立了佛山市徐闻商会、东莞市徐闻商会、深圳市徐闻商会、惠州市徐闻商会、广州市徐闻商会、湛江市徐闻商会、珠海市徐闻商会、海南徐闻商会、肇庆市徐闻商会、中山市徐闻商会共 10 个异地徐闻商会。异地徐闻商会的建立，为徐闻工商界人士在外地创业和发展创造有利的条件。商会组织建设工作得到广东省工商联和湛江市工商联的肯定，2010 年，徐闻县工商联被广东省工商联评为“全省县级工商联组织建设工作先进单位”；2015 年 12 月，徐闻县工商联（总商会）被广东省工商联认定为“五好”县级工商联。

徐闻县工商联（总商会）勇于创新活动载体，丰富活动内容，服务广大会员，不断增强商会的凝聚力和影响力。2009 年，徐闻县工商联举办徐闻外出企业家与本地民营企业老板新春联谊会。从 2011 年起，连续多年在大年初二或初三举办徐闻工商界人士新春联谊会。每个异地徐闻商会成立庆典活动或召开年会，都邀请当地党政领导和县四套班子成员及商界人士参加。各商会领导经常走访会员企业，尽力为会员排忧解难。此外，有条件的商会都设立商会微信群、短信平台等，互通信息，共谋发展，并定期或不定期向会员发布商业信息、经济信息和有关政策、规定等，让会员能及时了解情况，掌握政策，在经营中避免风险。

徐闻县工商联（总商会）积极引导下属商会及非公经济人士，在教育创强、校舍改危、奖教助学、新农村建设、提供就业、扶贫济困、救孤助残、抗灾复产、治安维稳和文体活动等社会公益事业方面，主动承担社会责任，慷慨解囊，赢得广大民众的好口碑。2014 年 7 月 18 日，超强台风“威马逊”正面袭击徐闻县。灾情发生后，广州、珠海、佛山等异地商会纷纷开展赈灾募捐活动，共计为徐闻县捐款（物）700 多万元。2016 年 4 月和 2017 年 4 月，徐闻县工商联（总商会）发动有关单位赞助在曲界镇举办徐闻菠萝文化旅游节活动。县委书记梁权财、县长吴康秀等县四套班子领导和来自各地嘉宾以及观众共 60,000 多人次参加活动，为推介徐闻菠萝品牌，促进农民增收作出积极贡献。

改革开放以来，中国社会变革风起云涌。徐闻县工商联（总商会）在新形势下敢于担当，开拓创新。县工商界精英紧跟时代的步伐，不断扩大企业规模，拓展市场空间，成为时代的“弄潮儿”。展望未来，在新的历史起点上，徐闻工商事业必将焕发出更加夺目的光彩。

大事记

一、建县至清朝末年

●西汉元鼎六年（前 111 年），伏波将军路博德率师平南越，建置徐闻县。

●汉武帝时徐闻设左右侯官，积聚货物，组织船舶，招募船员，派出黄门译长，率领应募人员（船员及商人），带大量黄金、丝布、陶瓷器皿，乘船从徐闻三墩港启航往东南亚、南亚诸国和地区开展海上丝绸之路贸易。从此，徐闻三墩港成为中国历史上对外通航贸易的始发港。

●徐闻盛产珍珠。汉代各地商贩到徐闻收购珍珠，再贩卖到外地。

●唐朝贞观年间，县内民间出现土糖寮，以牛拉石辘榨蔗取汁，铁锅蒸煮，瓦器分蜜，制成黄砂糖或糖块。

●唐代，徐闻山深林密，野生黑象甚多，乡民捕获后，争食其鼻，小而红的象牙则用来交易。

●唐宋时期，徐闻野生良姜被定为朝廷珍贵贡品。

●元朝至元三十一年（1294 年），县内煮盐业活跃，官方设盐课，征收盐税。

●明朝洪武三年（1370 年），官方实行海禁，商船不允许私往南洋贸易。

●明洪武二十七年（1394 年），海安设千户所，建所城，后渐成圩镇。

●同年，朝廷置锦囊守御千户所城，后渐成集墟，原称锦囊墟，现称锦和墟。

●明天顺六年（1462 年），徐闻各种匠户 220 户，占雷州府（辖海康、遂溪、徐闻三县）匠户数 339 户的 62.74%。

●明成化元年（1465 年），徐闻已设“酒醋各色课税”。

●明嘉靖年间（1522 — 1566 年），海南文昌商人在徐闻县城观音山下玄武楼的南面，购地兴建“文邑会馆”，这是徐闻最早的商帮会馆。

●明隆庆元年（1567 年），撤销海禁，恢复商船对外贸易。

●明万历十九年（1591 年），被贬为徐闻县典史的汤显祖与知县熊敏及徐闻商贾捐资兴建“贵生书院”。

●明万历年的《雷州府志》记：大黄墟（原大黄乡政府所在地），县西二十里，人居稠密，墟集甚众。

●明万历四十三年（1615 年），徐城“登云塔”奠基，徐闻乡绅商贾纷纷捐资兴建。

●海安港“潮州会馆”由潮州商人始建于明代，现遗址尚存。

●“登云会馆”建于明天启三年（1623 年）。登云塔建成当年，徐邑士绅民众集资为知县应世虞立生祠，应世虞“谦让不许，更名为登云会馆，为多士课艺”。

●明代，徐闻开办许多土糖寮。

●明末，徐城的“打铁街”已形成规模，打铁行和铁匠聚集于此。

●明代后期，徐闻境内已设官仓，聚集官盐。

●明末清初，现龙塘镇黄定附近，建有石桥墟，是当时雷州三县著名“牛市”之一。

●清朝康熙二十二年（1683 年）二月，解除海禁，徐闻兴起鱼盐海运业，对外贸易发展迅速。

●清康熙二十四年（1685 年），广东海关成立后，在徐闻海安设总口（海关下属单位），是当时广东省五个总口之一，徐闻对外贸易十分活跃。

●清朝初期，潮州（包括潮阳、饶平、普宁等八县）商人集资在海安港兴建“潮州会馆”，聚居糖客，经营徐闻土糖。

●清康熙五十四年（1715 年），清政府重申海禁，海安口岸随之关闭。

●清雍正十二年（1734 年），曲界建墟，原称武安墟，后称曲界墟。

●清朝乾隆四年（1739 年），潮州行商在徐城登云塔南约 200 米处创建“潮州会馆”。

●清乾隆二十一年（1756 年），徐闻西部沿海盐民改煮盐为晒盐。

●清乾隆五十二年（1787 年），徐城“广府会馆”（又称“广州会馆”）始建。

●清嘉庆年间，徐闻盐业有新兴、新寮、锦囊、角尾等盐廒。

●清嘉庆年间，现下洋圩形成集圩。

●清道光元年（1821 年），徐闻商贾捐资帮助县府重修贵生书院。

●清道光年间，徐闻盐业发展较快，制盐地区分东廒和西廒，东廒有 7 个盐埠，西廒有 9 个盐埠。

●清朝中期，海南客商在龙塘石桥圩建起“琼州会馆”，为海南生意人提供聚居场所。

●清咸丰元年（1851 年），高凉籍（高州、茂名、吴川等九县）商人集资在徐城建起“高凉会馆”。

●清咸丰七年（1857 年），海南商人集资在徐城建起“海南会馆”。

●清咸丰年间，钦廉（合浦、钦县、灵山、防城等四县）商人集资在徐城购置一处房产开设“钦廉会馆”。

●清咸丰末年至同治初年（1861 — 1862 年），徐闻糖业有所发展，市面有黑片糖、黄片糖、赤砂糖、冰糖等谓之“五色糖”销售。

●清同治十三年（1874 年），迈陈圩建有广州、潮州、高州、琼州、雷州等会馆。

●清朝后期，和安原新安村形成集墟，民国 24 年（1935 年）才定名为和安墟。

●清朝后期，高凉商人在徐城创办“高凉小学”，供同乡子弟上学。

●清光绪年间，潮州商人集资在徐城重修扩建“潮州会馆”。

●清光绪十六年（1890 年）统计，全县有土糖寮 600 多间，年产糖 11 万担（1 担 50 公斤）。

●清光绪年间，广州等地商人在徐城创办“广府小学”，供同乡子弟上学。

●清光绪十八年（1897 年）重修徐城“广府会馆”。

●清光绪二十六年（1900 年），徐闻有盐田 100 公顷，年产原盐 300 多吨。

●清光绪三十三年（1907 年），盐商报税，于海滨垦辟场地晒盐。

●清末，徐闻商业行会曾创办“徐闻济孤院”，收养死亡灾民的孤儿，供养几年后送给当地居民继续养育成人。

●清宣统三年（1911 年），徐闻乡绅商贾捐资帮助编修《徐闻县志》。

二、民国时期

●民国元年（1912 年），海安港开通至香港、澳门和广州、汕头的海运，各有 2 艘专线轮船往来，人货混运。

●民国元年（1912 年）12 月 4 日，广东海关在海安设立的分卡拨归海安巡逻船船长管理。

●民国 2 年（1913 年），“徐闻县商会”成立，会址设在县城文古街。

●民国 4 年（1915 年）6 月 26 日，广东省巡按公署批复徐闻县知事，徐闻所产良姜为官府专卖品。

●民国初期，白沙圩（现海安镇白沙居委会）形成集圩。

●民国初期，天灾人祸，土匪猖獗，徐城内外挤满灾民。由县商会发起，煮粥赈灾，救灾民一时之困。

●民国 7 — 14 年（1918 — 1925 年），为防匪患，徐闻县商会筹款供养一个武装班的商会士兵，帮助商人押运货物。

●民国 12 年（1923 年）起，广州湾（湛江）、安铺、化州等地有汽车来往徐闻，从事客货运输。

●民国 15 年（1926 年），徐城成立理发、打铁手工业协会。

●民国 16 年（1927 年），徐闻县城成立“商民协会”及“化龙行”（鱼行）、“化生行”（屠行）等民间组织。

●民国 19 年（1930 年），徐闻商人响应县府倡议，捐资兴建“徐闻图书馆”和添置书籍。

●民国 19 年（1930 年），由县长张德光倡议发动徐闻乡绅和商贾捐资官银 6518 元 6 角 9 仙兴建徐闻“齐康医院”（现县人民医院前身）。

●民国 21 年（1932 年），徐闻商人同心抗日，抵制日货，在县城文昌阁前焚烧几万元的日货。

●民国 23 年（1934 年），徐闻县商会发行总额为 2000 银圆的“徐闻商会通用券”，面额分别为铜板五枚、十枚、二十枚 3 种，在县内流通，历时 1 年多。

●民国 23 年（1934 年），徐城“崇善堂”李乔芬发动商民捐款 700 个白银，收集死于匪患者的骸骨 100 多牛车，合葬于县城东边九岭（大水桥南面），墓曰“冤冢”。

●民国 26 年（1937 年），县内手工业以土法制糖、晒盐、手工纺织、缝纫、烧制砖瓦、加工烟草等手工业为支柱，五匠（木匠、铁匠、竹匠、石匠、皮匠）、四坊（磨坊、油坊、酒坊、豆腐坊），分布各地，从业者 1000 多人。

●民国 26 年（1937 年），徐闻有大米加工坊 1 间，职工 5 人，年产量 10 多吨。

●民国 26 年（1937 年），廉江籍人在县城开设“茂昌”号烟草加工店，是徐闻匪患平息后经营最早、规模最大的烟草加工企业。

●民国 27 年（1938 年）1 月 7 日，日寇飞机轰炸徐城，炸毁商店 8 间，炸死市民 16 人。

●民国 27 年（1938 年），阳春人杨贤享在黄定林区首次用樟木蒸油，供照明用。

●民国 27 年（1938 年）12 月 3 日，日寇飞机再次轰炸徐城，“潮州会馆”被炸。

●民国 29 年（1940 年），全县有皮革业 50 家，砖瓦窑 4 家，纺织业 80 家，缝纫业 100 多家，竹器业 40 家。县城有私营榨油坊（俗称油河）4 家，年产花生油 310 担，麸 381 担。

●民国 31 年（1942 年），县府开征营业税。

●民国 34 年（1945 年），徐城画家蔡民生举办画展，义卖赈灾、施药，救助灾民及患病者。

●民国 35 年（1946 年），全县有手工业 732 家，土糖寮 420 家，盐埠 10 家。

●民国 35 年（1946 年），徐闻县先后成立了屠业、理发、蔬菜等行业公会。

●民国 35 年（1946 年），徐闻县组建“雷南公司”，收购民营胶园，恢复徐城至曲界公家楼路段的汽车运输。

●民国 38 年（1949 年），全县个体手工业仅存 386 家。是年，徐闻有盐田 401 公顷，年产原盐 1519 吨。

●民国时期，徐城中药堂利用徐闻虎骨和中药材泡制的“虎骨木瓜酒”名声远扬，功效奇特。

●民国时期，徐闻个体工商业者酿制的“毛鸡酒”名扬海内外，是畅销东南亚地区的拳头产品。

●民国时期，前山旧墟（现镇政府驻地西约 1 公里处）建有骑楼三条街，铺面多间。

●民国时期，徐闻石岭在徐城经商人士曾在西门成立“石岭会馆”，为石岭商人提供聚集场所和乡亲上城提供方便。

三、中华人民共和国成立后

1950 年

●3 月 20 日，徐闻县人民政府工商科、税务局召开县城工商界人士会议，成立“评税委员会”。

●同年，全县恢复和新设个体商店 52 家，个体服务业 66 家。

1951 年

●3 月 20 日，县“评税委员会”改为“徐闻县工商联合会筹备小组”。

●4 月，徐闻县由华侨集资兴建第一家机械化制糖厂——华南糖厂（后改称“华建糖厂”）。

●5 月 20 日，县召开在城商户商民大会，成立“徐闻县工商联合会”（县城工商界组织）。

●5 月，“徐闻县工商联合会”附设成立“工商界支援抗美援朝筹集献款委员会”，负责发动工商界人士为抗美援朝献捐物款。

●8 月，徐城工商户及农民工商业者联合成立“徐城联营社”，另外还成立“徐城酿酒联营社”“徐城药业联营社”“徐城烟酒联营社”“烟酒油同业公会”“百货同业公会”“纱布同业公会”“饮食同业公会”“付食同业公会”“土什同业公会”等。

●同年，徐城有工商行业 16 个 356 户，从业人员 850 人。

●同年，县工商界参加拥护“五国缔结和平公约”运动，仅在县城签名者就有 412 人。

●同年，县成立“中苏友好协会徐闻分会”，县工商界也相应成立“中苏友好协会（徐闻县）工商联分会”，参加者 100 多人。

●同年，县工商界人士踊跃为抗美援朝捐款，56,032,400 元（旧币）。

1952 年

●5 月，县城工商界成立“工商界支援土地改革工作委员会”，支援县土地改革运动。

●12 月，县组织工商界贸易代表团参加“高雷地区土特产交易会”。

●同年，县城有工商行业 13 个 457 户，从业人员 1022 人。

1953 年

●5 月 5 日，县召开工商界代表大会，成立“徐闻县工商联合会筹备委员会筹备处”，县长孙秉礼出席会议并讲话。

●7 月 12 日，徐闻县工商联筹备处从万安公司铺内搬入县城泰华宫办公。

●7 月 31 日，在曲界墟设立“六区工商联分会”，在迈陈墟设立“三区工商联分会”，在白沙、龙塘、下桥分别设立工商联办事处。

●8 月，徐闻县工商联举办工商界簿记学习班，学习新式记帐法。

●12 月 20 日，全县实行粮食统购统销，非农业人口用粮和城镇居民口粮开始计划供应。

●12 月，徐闻县工商联组织工商界观光团参加华南土特产展览交流会。

●同年，县城有工商行业 34 个 667 户，从业人员 1258 人。

●同年，徐闻县工商联动员工商界人士为省防洪救灾捐款 900 多万元（旧币）。

●同年，徐闻县工商联下属企业会员“徐城联营社”“徐城酿酒联营社”“徐城药业联营社”“联大号”“联友号”“联信号”“联益号”共 7 个单位 260 多人集资，在湛江赤坎胜利路 50 号购买楼房 1 幢（125.87 平方米），作为徐闻商旅抵湛住宿之用。

1954 年

●5 月 17 日，县召开徐闻工商界代表大会。

●7 月，县成立“徐闻县工业同业公会”。

●9 月，县工商界配合全县开展增产节约运动和爱国储蓄运动。

●同年冬，县实行粮、油、猪等主要产品统购派购。

●同年，县工商界人士踊跃认购国家经济建设公债 27,268 元。

1955 年

● 4 月，县建成第一个粮食流动加工厂，巡回全县圩镇加工大米。

●同年，全县统计工商业户数有 1284 户，从业人员 1570 人。

●同年，县对个体手工业实行社会主义改造，包括制铁器、木器、竹器、饼干、粉干、豆腐、棉胎、木屐、麻缆、雕刻、补锅、理发、缝纫、照相、修理等 20 多种行业。

1956 年

● 1 月 21 至 25 日，县召开工商界第一次代表大会，宣布徐闻县工商业联合会正式成立。副县长王烈、县工业部部长符才分别作讲话和工作报告。选举潘家丰为主任委员，顾文志、潘朝广为副主任委员，丁礼英为秘书。

● 1 月，本县原有的酿酒厂、烟丝厂、印刷厂 3 家私营工业全部改造为公私合营。

● 1 月，全县原有的个体交通运输者 694 人，拥有各种车船 240 辆（艘），全部纳入社会主义改造。组织成立起水上运输合作社 1 个，牛车运输合作社 1 个，自行车合作社 1 个。

● 1 月，全县组织成立手工业生产社 27 个，有 460 户 826 人；小组 19 个 106 人，合计人数 932 人，占手工业从业人数的 91.2%。全县手工业基本实现合作化。

●年底，全县资本主义商业全部纳入公私合营，小商贩基本实现合作化。公私合营的有 64 户 191 人，合作商店 670 户 937 人，合作小组 432 户 444 人，合计占商业从业人数的 84.0%。

●同年，全县工商业有 1312 户，从业人员 1871 人。

1955—1956 年

●徐闻县工商联举办工商界政治、文化业余学校，参加政治学习的有 130

人，参加文化学习的有 226 人。

●徐闻县工商联在三区成立“工商界业余文化学校”，参加学习的有 70 人。

●徐闻县工商联组织工商界 8 人参加湛江工商联讲习班学习。

●徐闻县工商联发动工商界人士认购国家经济建设公债共计 34,793 元。

1957 年

● 2 月 16 — 20 日，徐闻县工商业联合会第二次会员代表大会，在徐城署前街旧县府观音山礼堂召开。大会听取县委常委、宣传部部长吴凤岐作《目前工商界的任务》的报告；选举陈居玖为主任委员，潘家丰、杨家礼、顾文志、潘朝广为副主任委员，丁礼英为秘书。

● 5 月 5 日，徐闻县工商联附设“徐闻县工商界先进生产（工作）者评比委员会”，以推动社会主义劳动竞赛。

● 5 月，县工商界开展社会主义劳动竞赛，有 1903 人参加。

● 9 月，县工商界有 30 多人参加湛江工商讲习班学习，3 人参加省政治学校学习。

●同年，公私合营后，全县（含 18 个小圩镇）工商业有 278 户，从业人数 1821 人。

●同年，县工商界人士认购国家经济建设公债共计 11768 元。

●同年，县工商界有 5 人被错划为“右派分子”（上级分配给工商界任务 5 名），后全部给予平反，恢复名誉。

1958 年

● 7 月 15 — 18 日，徐闻县工商业联合会第三次会员代表大会在县工会礼堂举行，选举陈居玖为主任委员，杨家礼、潘朝广、林成发、王长友为副主任委员，丁礼英为秘书。

● 8 月 1 日，县工商界下放农村劳动锻炼的有 241 人，并在响水潭建立徐闻县工商联的“卫星农场”。

● 9 月 7 日，县城工商界人士踊跃参加在城各界人士的冒雨游行示威，坚决拥护周恩来总理的严正声明，声讨美帝国主义对中国的军事威胁与军事挑衅，警告美国武装力量必须撤出中国台湾。

●10月，徐闻县工商联举办工商界的整风图文展览。

●同年，县工商界开展“双献”运动和小商贩的社会主义教育运动，参加者1530人。

●同年，徐闻县工商联组织工商界人士参加政治学习，其中117人在徐闻县工商联脱产学习，3人参加湛江地区讲习班学习，1人参加省政治学校学习。

●同年，徐闻县工商联兴办工商界农场4个，先后到农场参加劳动锻炼的有702人。

●同年，全县工商业从业人数2020人，其中县城727人，圩镇1052人，卫星农场241人。

1959年

●5月，县工商界开展“献技术、献才能、献干劲、献建设”的四献运动。

●同年，县工商界到卫星农场劳动锻炼的有245人。

●同年，全县工商业从业人数3865人，其中县城727人，圩镇2442人，农场696人。

1960年

●同年，中共徐闻县委统战部指派徐闻县工商联主委陈居玖到广东省社会主义学院（原称“政治学校”）学习，时间1年。

1961年

●1月21—26日，徐闻县工商业联合会第四次会员代表大会在县工会礼堂举行，选举陈居玖为主任委员，秦树棠、杨家礼、林成发为副主任委员，丁礼英为秘书。

●同年，徐闻县工商联在工商界开展社会主义、爱国主义和国际主义教育运动。

1962年

●同年，县酒厂在海安后朗兴办一个农场，该厂职工轮流到农场劳动，种植生产的农产品用来补贴职工生活。

1963年

● 6月1—10日，徐闻县工商业联合会第五次会员代表大会在徐城东方一路县大礼堂举行，主要议程：一是教育会员坚持“兴无灭资”（兴无产阶级，灭资产阶级）的政治方向和为社会主义服务的方针；二是选举陈居玖为主任委员，林成发、杨家礼为副主任委员；三是建立徐闻县小商贩联合会的群团机构。

●同年，县成立小商贩联合会。

1964年

●同年，县在工商界搞“内清”（清理阶级队伍），部分阶级成分较高的工商人士被清理回原籍或回家。后来全部回城，恢复工作。

1965年

●同年，全县有国营企业116家，供销合作企业186家，集体合作企业644家，乡镇企业136家。

1966—1981年

●因文化大革命影响，徐闻县工商联组织机构解散，停止活动。

1982年

● 10月15日，徐闻县人事局批复成立“广东省工商业联合会徐闻县工商小组”。

● 11月13日，中共徐闻县委（1982年21号文件）发出《关于成立广东省工商业联合会徐闻县工商小组的通知》。

●10月，徐闻县工商小组成立。

1983年

●1月，徐闻县工商联创办“工商信诚公司”，下设两个门市部。后县发文清理整顿行政部门办公司，于1990年3月该公司被撤销。

●8月27日，徐闻县编制委员会发出《同意将徐闻县工商小组改为徐闻县工商业联合会的通知》。

1984年

●5月16—18日，徐闻县工商业联合会第六次会员代表大会在县城红旗二路县委小礼堂召开，县委副书记何培效等领导出席会议并讲话。大会选举陈居玖为主任委员，张芝阶、吴光国为副主任委员，周文生（县委派出的专职干部）为秘书。

●10月，县成立“个体劳动者协会”，设置办事机构。

●8—12月，徐闻县工商联举办“商业财会培训班”，有43人参加学习。

1985年

●1月1日，全县取消生猪派购政策，猪肉、鸡、鸭、鹅、蛋品等放开价格，进入自由市场。

●4月1日，全县取消粮食统销政策，改为合同订购。

●10月，旅居香港的徐闻老乡黄诚赠送给徐闻县工商联农夫小车1辆。

●同年，全县个体工商业达5803户，从业人员8327人。

1986年

●4—6月，徐闻县工商联举办第二期“商业财会培训班”，有38人参加学习。

●同年，徐闻县工商联为工商界职工子女举办两期“英语复习班”，有80人参加学习。

●同年，徐闻县工商联从自办经济实体中提取现金1.1万元，建起一间可容纳 50 人的课室，作为工商联举办各种培训班及会务活动的场所。

●同年，徐闻县工商联组织编写徐闻县清朝末年至 1986 年《徐闻县商会、工商联发展史》。

1987 年

● 2— 10 月，徐闻县工商联举办五期“服装剪裁培训班”，培训学员 227 人。

● 4 月 23 — 24 日，徐闻县工商业联合会第七届会员代表大会在县城红旗二路徐闻县委会议室召开。县四套班子主要负责人出席大会，湛江市委统战部、市工商联领导专程到会指导并致祝词。大会选举陈居玖为名誉主任委员，朱必达（专职）、张芝阶、吴光国为副主任委员，柯伍为秘书。

1988 年

● 1 月，因徐闻县工商联办公楼成危房，故拆除重建，当月奠基，9 月竣工，一幢三层，建筑面积 471.2 平方米。

● 5 月，根据广东省工商联《粤联经 88 发字 3 号》文件精神，经中共徐闻县委统战部批准和县工商局核准，徐闻县工商联登记注册成立“徐闻县工商经济咨询服务部”，以加强同各地工商联的联系。

1989 年

● 9 月，根据国家工商行政管理局文件精神，“徐闻县工商经济咨询服务部”更名为“广东省徐闻县工商大厦”，该“大厦”为全民所有制单位。

● 1989 年 11 月，徐闻县民间企业家公会开始组建，12 月 20 日，召开首届理事会，选举冯本利为首任会长。

1990 年

●同年，全县个体工商业发展到 6364 户，从业人员 10,330 人。

●同年，全县私营企业有 18 家，从业人员 425 人。

1991 年

●同年，全县有内资企业 1332 家，从业人员 38,340 人;外资企业 18 家，从业人员 1050 人。

●同年，徐闻酒厂的“牡山羊三鞭大补酒”研制成功。当年该产品荣获“中国优质保健产品银奖”和“广东省优秀新产品奖”。

1992 年

● 4 月 14 — 15 日，徐闻县工商联召开第八次会员代表大会，中共徐闻县委副书记郑妃义和中共湛江市委统战部、市工商联领导出席并讲话。大会选举黄家培为主任委员，朱必达、陈贤为副主任委员，柯伍为秘书长。

● 9 月，徐闻县工商联开始设立中国共产党徐闻县工商业联合会支部委员会，朱必达任党支部书记。

● 12 月 28 日，徐闻县首届经贸洽谈会在徐闻海关隆重举办，有海外客商、港澳同胞等各界人士参加。

1993 年

● 7 月，徐闻县工商联第一次组织 10 名私营企业家赴香港考察。

●年底，县评选“十佳优秀企业家”，徐闻县工商联会员林红榜上有名。

●同年，召开徐闻县民间企业家公会第二届理事会议，冯本利当选为会长。

1994 年

● 4 月 8 日，经湛江市人民政府批准，徐闻县西连镇青年农民谢永新创办的“广东岸华集团公司”正式成立。该公司以养殖珍珠和鱼虾、加工及销售珍珠为主，产品畅销国内外。该公司是徐闻县第一家私营集团企业，在私营企业排名中，居湛江市第一位，广东省第八位，全国第七十六位。

● 12 月，“徐闻县私营企业协会”成立。

●同年，全县有内资企业 1960 家，从业人员 58,426 人，外资企业 210 家，从业人员 18,542 人。

1995 年

●1 月 1 日，徐闻县商贸城正式开业，该城占地 1 万多平方米，建筑面积 8000 多平方米，是以个体户经营各种商品为主的场所。

●5 月，徐闻县工商联与县委办、县委宣传部、县政府办、县工商局等单位联合组织在全县评选非公经济“十佳经济能人”活动。

●同年，徐闻县工商联会员林红获得“全国纳税先进户”称号，杨茂德获得“广东省劳动模范”称号。

1996 年

●4 月，徐闻县工商联配合县政府中心工作，派 1 名干部到前山镇挂钩扶贫点工作，时间 4 个月。同时，徐闻县工商联班子成员每人捐款 50 元，作为扶助特困户专用资金。

1997 年

●春节，湛江市委统战部和市工商联组团前往香港参加“旅港同乡联合总会”成立大会。徐闻县工商联有黄家培、陈贤、朱必达等人参加这次大会。

1998 年

●12 月 18 日，徐闻县“民营企业公会”改称“民营企业商会”。

1999 年

●2 月 25 日，县成立发展非公有制经济协调领导小组，组长余堪发（县委书记），副组长黄强（县长）、郑妃义（县人大主任）、潘联成（副县长）。

●4 月 9 日，县召开非公经济现场办公会，县长黄强带领县工商银行、中国银行等 6 家银行负责人，到徐闻水管厂等 8 家私营企业现场办公，牵线作媒，解决私企大规模生产经营中存在资金不足问题。

●11 月 27 日，县组织 200 多人参加的经贸分团，由县委书记余堪发、县长黄强带队，参加 1999 年湛江经贸博览会活动。此次活动，全县参展企业有 42 个。

2000 年

●6 月 29 日，由县长黄强带队，县委副书记谷晓丰、副县长邹许全、叶兰香、黄光、侯德耀，各乡镇长、县工业局等有关领导和部分乡镇企业负责人及专业户共 80 多人，前往廉江市考察手套厂、一品木业公司等 7 家企业。

2001 年

●3 月 21 日，县在县委小礼堂召开 2000 年非公经济座谈会，会上县委书记黄强高度评价非公企业和各界人士对徐闻经济发展做出的贡献。

●10 月 11 日，大水桥糖厂的产权转让竞标会在该厂工人文化宫公开举行，经过 30 多轮角逐，庞贵雄以 13,969 万元击败其他 5 位对手，竞得该厂产权，该厂由国企转变为私企。2004 年 2 月 11 日，中谷糖业有限公司董事长庞贵雄当选为徐闻县工商联副会长。

2002 年

●2 月 2 日，中共徐闻县委组织部、统战部和徐闻县工商联联合发文《关于设立徐闻县工商联乡镇分会机构的通知》，要求每个乡镇成立一个分会。分会全称为“徐闻县工商业联合会 XX 乡（镇）分会”。

●8 月，徐闻县大水桥糖厂有限公司（非公经济组织）党总支成立，共有党员 120 名。

●10 月 14 日，县在非公经济工作会上重奖项目引进有功人员吴有旺，县委书记、县长黄心强亲自给他颁发奖金 6.08 万元。

●11 月 26 日，徐闻县工商联组织会员和民营企业家参加 2002 年湛江工业博览会。

2003 年

●5 月，因建徐城文塔路的需要，徐闻县工商联在泰华宫的办公楼被拆除，移到县政府大院现址办公。

●6月10日，中共徐闻县委组织部发文《关于县委统战部要求成立徐闻县工商联党组的批复》，同意成立中共徐闻县工商业联合会党组。

●6月27日，县在徐闻大会堂召开工业暨民营经济工作会议，传达贯彻省、市民营经济工作会议精神，研究部署全县工业和民营经济工作。

●7月，中共徐闻县委任命黄小端为徐闻县工商联党组书记，县委统战部副部长。

●12月，徐闻县工商联组织会员和民营企业家参加“2003年湛江海洋经济博览会”和“2003年湛江工业博览会”。

●同年，徐闻县工商联组织干部参加电脑知识、档案管理知识、市场经济知识、WTO知识学习班，以提高干部的政治素质和工作能力。

●同年，徐闻县工商联动员会员和非公经济人士为支援灾区捐款共计27.4万元。

●同年，全县有138家私营企业，9013户个体工商户，28个集贸市场。

2004年

●2月11日，徐闻县工商联第九次会员代表大会在县政府会议中心召开。大会选举林红为会长，名誉会长为潘联成。

●3月6日，徐闻县工商联新领导班子成员在县政协主席王天爱、常务副主席许培正的带领下，连续4天到下桥、和安、前山、新寮、曲界等乡镇考察调研，了解民营企业经营和发展情况。

●3月，徐闻县工商联组织新一届执委会成员赴浙江、江苏等地考察和联谊，拜会各地商会5个。

●5月11日，徐闻县工商联与县税务局、工商局联合举办非公经济人士税法培训班，有50多人参加学习。

●6月，徐闻恒福糖业有限公司（非公经济组织）党总支成立，有党员74名。

●7月，徐闻前山糖厂有限公司（非公经济组织）党支部成立，有党员38名。

●9月16日，湛江市政协副主席、市工商联会长陈丹带领市10多名民营企业家组成的考察团到徐闻指导工作，县委书记黄心强、县长许顺等陪同考察活动。

●9月23日，县召开中秋茶话会，县四套班子领导与县政协、民主党派、工商联、人民团体等各界人士欢聚一堂，共商徐闻发展大计。

●10月16日，徐闻县工商联召开全县关于加快发展民营企业动员大会，有700多人参加会议，是徐闻县工商联历史以来规模最大、规格最高的一次大会。湛江市工商联正副会长、常委等10多人和县四套班子领导出席会议，县委书记黄心强作重要讲话。

●12月19—20日，由国家农业部牵头，全国香蕉协会举办的“香蕉产业发展研讨会”在徐闻召开。亚洲9个国家和全国各地的部分专家、企业家参加这次研讨会。徐闻县工商联广泛联系个体工商户，配合县做好会议的筹备和参观点的安排等工作。

●同年，全县有173家私营企业，7159户个体工商户，38个集贸市场。

2005年

●8月22日，徐闻县民营企业商会召开第四届会员代表大会，选举产生民营企业商会第四届理事会领导班子，叶丹当选为会长。

●9月，徐闻县工商联领导、民营企业商会领导8人参加廉江电器行业协会的成立大会，并参观考察廉江电器城。

●10月25日，徐闻县工商联会长林红、民营企业商会会长叶丹到深圳市参加首届中国民营企业家领袖论坛。

●12月，徐闻县工商联组织会员参加湛江市工商联组织的考察团，到山东、青岛、大连等地参观考察。

●同年，全县有230家私营企业，7663户个体工商户，38个集贸市场。

2006年

●2月6日，县委书记黄心强、县长许顺、常务副县长吴宏望、县委常委全可文等到县非公企业进行调研。

●3月7日，县民营企业界举办“三八”妇女节座谈会，30多名女企业家和民营企业代表欢聚一堂共度节日。县政协主席王天爱、县委常委王盛等出席了座谈会。

●5月30日，县成立女企业家商会，并召开第一届会员代表大会，选举罗祝琴为会长。县委书记黄心强，县长许顺，副县长陈正强、符强、陈俊，县政协常务副主席许培正，县政府顾问潘联成等出席代表大会。

●11月，徐闻县工商联组织31家非公企业参加“湛江市2006年工博会”。

2007年

●3月，下桥永顺实业发展有限公司（非公经济组织）党支部成立。

●5月，徐闻鸿图轩木业有限公司（非公经济组织）党支部成立，有党员8名。

●6月，县委县政府举办红土地文艺晚会，徐闻县工商联积极动员民营企业家捐款，共计28万元。

●同月，徐闻华建房地产开发有限公司（非公经济组织）党支部成立。

●6月，中共徐闻县委任命陈法强为徐闻县工商联党组书记、统战部副部长。

●8月，徐闻县部分民营企业老板和高管人员40多人赴清华大学参加工商管理高级研修班学习。

●9月24日，县工商局与个体协会、私营企业协会联合举办“光彩服务周”文艺晚会，展示县个体劳动者创业业绩，弘扬文明和谐，共迎北京奥运盛会。

●9月30日，广州市吴川商会为徐闻县捐赠化肥40吨。

●11月，县成立民营企业助学奖教协会，全县民营企业老板捐款105万元。

●12月18日，中共徐闻县委办发文《关于做好各乡镇商会换届选举工作的通知》（徐办发〔2007〕85号），要求各乡镇党委要加强商会换届选举工作的领导。

●同年，徐闻县工商联党组发出《关于做好发展非公经济人士加入党组织工作的通知》，鼓励非公经济人士申请入党。

●同年，徐闻县工商联聘请广东择正律师事务所担任本县商会的法律顾问，免费为会员进行法律咨询。

●同年，全县有 303 家私营企业，8099 户个体工商户，38 个集贸市场。

2008 年

● 2 月 13 日，在县召开的民营企业赈灾救灾会上，民营企业和个体户积极为雪灾地区人民献爱心，捐款 15.7 万元。

● 4 月 15 日，徐闻县南山镇商会召开第一届会员代表大会，选举黄俊为会长。

● 5 月，徐闻县下桥镇商会召开第一届会员代表大会，选举王来兴为会长。

● 6 月，徐闻县下洋镇商会召开第一届会员代表大会，选举梁至裕为会长。

● 7 月 10 日，徐闻县新寮镇商会召开第一届会员代表大会，选举林光彪为会长。

● 7 月 23 日，徐闻县和安镇商会召开第一届会员代表大会，选举孙广范为会长。

● 7 月 29 日，徐闻县迈陈镇商会召开第一届会员代表大会，选举詹玉保为会长。

● 10 月，徐闻县工商联发动 16 位老板捐款近 20 万元给县实验小学建设学校大门。

● 11 月 4 日，徐闻县工商联、工商局和个体私营协会联合举办县民营经济专题讲座，邀请湛江市委党校经济教研室副主任张玉梅作题为“突破瓶颈，应对金融海啸，促进民营经济发展”的讲座，县有关领导及非公经济人士 300 多人参加听课。

● 10 月 11 日，徐闻县西连镇商会召开第一届会员代表大会，选举许良玉为会长。

● 12 月 11 日，徐闻县龙塘镇商会召开第一届会员代表大会，选举杨大远为会长。

●同年，徐闻县工商联先后两次组织会员为四川地震灾区捐款，累计 170 多万元。

●同年，徐闻县基层商会组织的建设工作经验得到省、市工商联的肯定和推广。

●同年，全县有 1453 家各类企业，9644 户个体工商户，42 个集贸市场。

2009 年

● 1 月 28 日（大年初三），徐闻县工商联在聚雅酒店大厅举办徐闻外出企业家与本地民营老板新春联谊会，县有关领导、部分徐闻籍外出企业家和本地民营老板有 100 多人参加联谊会。

● 2 月 12 日，湛江市人事局副局长曾智及市经贸局、统计局等相关部门组织的市民营经济工作考核组到徐闻考核民营经济工作。

● 5 月 27 日，徐闻县工商联在县会议中心召开第十次会员代表大会，会议选举产生徐闻县工商联（总商会）新一届领导班子，董遵秩当选为县工商业联合会主席、徐闻县总商会会长。县委书记、县人大主任钟力，县委副书记、县长林海武等四套班子领导，湛江市委统战部副部长、市工商联党组书记黎少英等领导出席会议，县各乡镇党委书记、有关部门主要领导，各县（市、区）工商联领导列席会议。

● 5 月，徐闻县工商联在广东移动徐闻分公司开设徐闻工商联（总商会）信息平台，不定期向会员发布有关商业信息、经济管理知识等。

● 5 月，徐闻县工商联在县民政局注册“广东省徐闻县总商会”。

● 6 月 17 日，县长林海武、县委常委戴吴金荣、副县长蒋柯煌与民营企业界 50 多位企业家座谈，商讨如何做好民营经济工作，推动民营经济进一步发展。

● 6 月 28 日，顺德徐闻商会成立，副县长蒋柯煌、县政协副主席黄宪、徐闻县工商联主席董遵秩和党组书记陈法强等出席成立大会。

● 6 月，徐闻县工商联和广东移动徐闻分公司合作，组织徐闻县工商联部分执委和一些民营经济人士 20 多人到湛江移动公司信息大厅参观，同时邀请湛江师范学院教师夏青上一堂经济管理课。

● 8 月，徐闻县工商联邀请县长林海武和县委党校副校长李红燕给非公经济人士上政治经济形势辅导课。

●8月，徐闻县工商联副主席倪光乐捐款50万元（分5年捐助，每年10万元）给徐闻县教育事业，是年的10万元重点用于资助贫困家庭子女上学。

●8月，徐闻县工商联使用会员费20多万元支持县组织开展的“三墩新农村片区”建设，其中12万元给聚雅酒店用于三墩餐馆的建设。

●9月，徐闻县工商联主席董遵秩、党组书记陈法强及县信用联社主任李政文等人到下桥镇木片厂等企业调研，了解该厂面临资金短缺的现状。董遵秩随即担保在县信用联社贷款200万元给下桥木片厂，从而使该厂能正常生产和运转。

●10月，徐闻县工商联组织非公经济人士参加国学大师傅佩荣教授上的《儒学智慧的人生》一课。

●11月5日，县在会务中心召开非公经济组织深入学习科学发展观动员大会，县委常委戴吴金荣，县政协副主席、统战部长许培正等参加会议。

●同年，徐闻县工商联发动会员为社会公益事业捐款400多万元。

●同年，全县有私营企业384家，9664户个体工商户，42个集贸市场。

2010年

●3月1日，县委组织部（徐组通〔2010〕10号）发出《关于成立中共徐闻县非公有制经济组织工作委员会的通知》，同意成立“中共徐闻县非公有制组织工作委员会”，由徐闻县工商联党组代管。

●3月，徐闻县工商联在龙泉森林保护区内捐种2棵铁观音树。

●4月16日，湛江市工商联副主席徐小平到徐闻了解民营企业发展情况，县委常委戴吴金荣等陪同调研。

●4月24—25日，广东省工商联副主席李阳春到徐闻调研商会组织建设情况，湛江市工商联党组书记黎少英、副主席徐小平及县委常委戴吴金荣等陪同。

●5月26日，徐闻县工商联与县检察院联合举办民营企业代表座谈会，共同探讨服务民营经济发展的途径，构建服务民营企业的法律平台。全县民营企业代表60多人参加座谈会。

●5月，徐闻县龙塘镇商会给快速侦破特大抢劫案的龙塘镇派出所赠送锦旗和奖金。

●6月9日，东莞徐闻商会召开第一次会员代表大会，选举袁琦为会长。

●6月30日，在广东省扶贫济困日（徐闻）启动仪式上，徐闻县工商联会员共捐款51万元，其中徐闻县工商联主席董遵秩个人捐款20万元。

●6月，徐闻县工商联建立“徐闻商机网”，为本县工商业者获取各种信息提供便利。

●6月，根据县政府指示，徐闻县工商联举办评选“徐闻十大名菜”活动，有30多家酒店参加，共选送菜式122种，于7月1日评选出十大名菜、十佳风味小吃、20个特色名菜。

●8月，佛山徐闻商会成立，曾冬浩任会长。

●11月，徐闻县工商业联合会被评为“全省县级工商联组织建设工作先进单位”，并在同月召开的全省县级工商联组织工作会议上作经验介绍。

●12月18日，深圳市徐闻商会召开第一次会员代表大会，符献为会长。

●同年，徐闻县工商联动员全县会员为社会公益事业捐款400多万元。

●同年，全县有私营企业485家，个体工商户11,713户，集贸市场42个。

2011年

●1月，徐闻县工商联（总商会）开展首届“十大爱心人士”评选活动。

●2月5日（大年初三），徐闻县工商联（总商会）和深圳市徐闻商会在聚雅酒店聚雅厅联合举办徐闻籍工商界人士联欢贺年暨爱心表彰会，县有关领导、徐闻籍外出企业家和本地民营老板有400多人参加会议。

●3月18日，湛江市民营经济考核组到徐闻考核民营经济工作。

●5月24日，重庆市工商联组团到徐闻考察文化生态旅游项目。湛江市市长阮日生、市委常委赵志辉、副市长梁志鹏、市政协副主席、统战部部长廖旭材及徐闻县主要领导等陪同考察。

●6月30日，在县会议中心举行“6·30”广东省扶贫济困日活动，全县社会各界人士捐款近800万元，县民营企业主要负责人参加这项活动。

●6月，徐闻县工商联和县信用联社联合召开银企座谈会。

●8月1日，徐闻县工商联正副主席到县人民武装部进行节日（“八一”建军节）慰问，并赠送慰问金2万元。

●同月，县政协组织开展评选“徐闻县十大爱心人士”活动，徐闻县工商联主席董遵秩、副主席蔡华态、副会长黄俊等3位会员被评为“徐闻县十大爱心人士”。

●12月10日，县长林海武、县委常委李乐、蒋柯煌等到东莞市考察徐闻籍人士创办的企业，同时出席东莞市徐闻商会举办的年会活动。

●同月，深圳市徐闻商会鉴于县公安局对重大案件的快速成功破案，特别奖励给县公安局人民币10万元。

●同月，徐闻县工商联邀请县有关领导和部分民营经济人士到深圳、东莞等珠三角地区的徐闻籍工商人士所办企业参观学习，并开展招商引资活动。

●同年，徐闻县工商联发动非公经济人士为社会公益事业捐款400多万元。

●同年，全县有民营企业840家，11,604户个体工商户，42个集贸市场。

2012年

●1月，徐闻县工商联（总商会）开展首届“优秀会员”评选活动，评选出22名优秀会员。

●1月24日（正月初三），徐闻县工商联（总商会）在聚雅酒店聚雅厅举办徐闻籍工商界人士联欢贺年宴会暨优秀会员表彰会，县长林海武和在家的四套班子领导、徐闻籍外出企业家和本地民营老板共400多人参加会议。

●2月，县政协和徐闻县工商联发动会员捐款23万元，奖励给县公安局，以表彰干警们在打击重大抢劫犯罪活动中所做出的贡献。

●3月28日，徐闻县来悦酒店党支部成立，县委常委、组织部长黎亦鸿，徐闻县工商联党组书记陈法强、主席董遵秩等出席成立大会。

●4月15—16日，徐闻县工商联组织会员18人赴内蒙古包头市、鄂尔多斯市两地的工商联取经，参观学习他们先进的工作经验和做法。

●4月17日，广州市徐闻商会成立，并召开第一次会员代表大会，选举倪光乐为会长。

●8月18日，惠州市徐闻商会举行成立庆典会，陈端担任会长。

●9月17日，海口徐闻商会注册成立，后来扩大到海南省的徐闻商人都可以参加，改用“海南徐闻商会”名称，2014年7月13日召开海南徐闻商会成立大会暨徐闻县2014年海南招商会，许良玉为会长。

●同月，徐闻县工商联与县农业银行等金融机构召开银企座谈会，促成银行给会员贷款3000多万元，从而解决部分会员的融资难问题。

●10月，徐闻县工商联组织20多位非公经济人士代表参加中国·澳门第十七届国际投资展览会。

●11月，深圳市徐闻商会由会长符献牵头按股份公司运作，筹集资金近1亿元收购深圳市一家的士出租公司。

●12月，徐闻县工商联组织部分会员到广州、深圳、东莞等地的徐闻籍老板的企业参观学习，以提高会员的企业管理水平。

●同年，县私营经济占县财政工商税收的比重60%。

●同年，深圳市徐闻商会筹集资金1000多万元进行理财，将所得利润的20%作为商会活动经费。

●同年，徐闻县工商联发动非公经济人士为社会公益事业献爱心，捐款600多万元。

●同年，全县有民营企业915家，个体工商户12,344户，集贸市场42个。

2013年

●2月11日（农历正月初二），徐闻县工商联在聚雅酒店聚雅厅举办徐闻籍工商界人士新春联谊会，县四套班子的在家领导，徐闻籍外出企业家和本地民营企业老板共400多人参加会议。会议表彰8个社会贡献突出企业和10个优秀民营企业。

●6月28日，徐闻县工商联正副主席（会长）参加县举办的“6·30”广东省扶贫济困日捐款活动，22人举牌认捐88万元。

●7月17日，湛江市徐闻商会在湛江经济技术开发区银隆大厦B911房召开第一次会员代表大会。

●7月24日，徐闻县工商联发动会员捐资助教，捐款50万元。

●7月25—29日，徐闻县工商联领导赴肇庆、东莞、珠海等地徐闻商会进行考察活动。

●8月4日，湛江市徐闻商会捐款12万元奖励全县高三年级老师。

●9月，徐闻县工商联组织工商界人士到徐闻中学、徐闻一中、徐闻二中、实验中学、职业中学慰问高三年级教师，送上慰问金3万多元。

●11月19日，珠海市徐闻商会成立，周天广担任会长。

●11月30日，佛山市徐闻商会和顺德徐闻商会合并，成立新的佛山市徐闻商会，高明渝担任会长，同日举行庆典活动。

●12月，珠海市徐闻商会筹集到会费及爱心捐款570多万元。

●12月，徐闻县工商联邀请个别单位共11位同志组成《徐闻县工商联志》编辑部，着手编写《徐闻县工商联志》。同月中旬正式开始工作。

●同年，徐闻县个体经营者上缴国税首次突破2000万元。

●同年，深圳市徐闻商会捐款10万元给县社会福利院。

●同年，迈陈镇商会发动会员捐款38万多元，资助该镇街区建水泥硬底化街道和安装治安监控设施。

●同年，徐闻县工商联发动全县非公经济人士为社会公益事业献爱心，捐款600多万元。

●同年，全县有民营企业1061家，个体工商户13,330户，集贸市场42个。

2014年

●2月2日（正月初三），徐闻县工商联在聚雅酒店聚雅厅召开2014年徐闻籍工商界人士新春联谊会，县长梁权财，县政协主席侯德耀，县委常委、常务副县长林青，县人大常务副主任陈俊等领导出席会议，徐闻县工商联执委，佛山、深圳、惠州、广州、湛江、珠海、海口、肇庆等地徐闻商会有关人员，中山、江门徐闻商会筹备处人员，各乡镇商会班子成员及徐闻籍工商界人士570多人参加了联谊会。

●4月24—25日，《徐闻县工商联志》编写组部分人员到海安、龙塘、前山、锦和、曲界、下桥、城北、迈陈和雷州市英利等乡镇调查解基层工商业发展概况。

● 5月25—29日，徐闻县工商联党组书记陈法强带领《徐闻县工商联志》编写组部分人员到广东省档案馆、高州市档案馆、湛江市档案馆查阅有关资料，并拜访广州、佛山和湛江徐闻商会。

● 7月13日，海南徐闻商会成立大会暨徐闻县2014年海南招商会在海口市豪生酒店召开。县委书记钟力、县长梁权财等县四套班子领导出席会议，各异地商会会长、各地徐闻籍工商界人士及各界人士500多人参加会议。

● 7月13日，徐闻县委县政府在海口市豪生酒店召开异地徐闻商会会长、秘书长和徐闻籍工商界个别人士座谈会。县长梁权财等领导出席会议，商界人士30多人参加会议。

● 7月18日，第9号超强台风“威马逊”在徐闻县龙塘镇沿海登陆，最大风力17级，狂风暴雨肆虐徐闻大地，到处满目疮痍，一片狼籍，损失空前严重。

● 7月19日，广州市徐闻商会委派副会长林纯、王思思为领队的抗灾救灾先遣队10多人，在徐闻县工商联的积极支持和配合下，深入到全县15个乡镇（街道），抓拍台风重创后的徐闻受灾现场相片。

● 7月23日，广州星鹏集团有限公司董事长朱晓明捐赠大米1330袋（价值约10万元）给徐闻灾区。

● 7月25日，佛山市徐闻商会捐赠1000多包大米等物资（价值约10万元）给徐闻灾区。

● 7月26日，广州市徐闻商会捐赠50台发电机给徐闻灾区，帮助解决灾后供电难问题。

● 7月27日，由徐闻县人民政府、广州市徐闻商会、徐闻驻穗团工委和徐闻县商会联盟共同举办的“超强台风‘威马逊’重创下的徐闻大型图片展暨赈灾募捐活动”在广州迎宾馆举行，引起强烈的社会反响。据统计，广州市徐闻商会收到捐款捐物合计价值400多万元。

● 7月28日，广州市徐闻商会委派常务副会长郑礼应为领队的调查组，发动徐闻驻穗团工委、大学生联盟和众多乡贤志愿者共同组成徐闻灾区重灾户调研队伍，县委统战部和徐闻县工商联也抽调人员和车辆支持配合，在县民政局提供灾情资料的基础上，对全县481个重灾户逐个进行现场走访取证和调查核对。

●7月28日晚，佛山市徐闻商会在佛山举办“暴风中坚强，我们在一起”的徐闻人在佛山乡情义演活动，收到赈灾捐款75多万元。

●8月3日，珠海市徐闻商会举办“情系徐闻，爱心无限”——“威马逊”超强台风重创下的徐闻大型图片展暨捐赠活动，募捐赈灾款（物资）220多万元，所有款项及物资全部定向捐助到位（主要是学校校舍、围墙等重建）。

●8月12日，珠海市徐闻商会捐款80万元用于奖励徐闻高考暨留学优秀学生。

●8月24—27日，徐闻县工商联党组书记陈法强、秘书长黄山等人先后到东莞市、深圳市徐闻商会调研并指导东莞市徐闻商会的换届工作。

●8月，深圳市徐闻商会执行会长、龙之珍珠有限公司董事长蔡文江义卖珍珠产品筹款13万元，带回家乡看望并资助受灾的珍珠养殖户。

●9月13日，徐闻县工商联党组书记陈法强、秘书长黄山到东莞市指导东莞市徐闻商会选举第三届商会会长。

●11月，深圳市徐闻商会向徐闻县29所中小学校捐赠课桌3000套（张）。

●12月20日，珠海市徐闻商会在德翰大酒店召开年会。县政协主席蒋柯煌、县委常委统战部长李乐、徐闻县工商联主席董遵秩、党组书记陈法强等领导出席会议，各异地徐闻商会、徐闻籍人士和在珠海经商的工商界人士等1000多人参加会议。

●同年，全县有民营企业1137家，个体工商户9935户，集贸市场42个。

2015年

●1月9日，徐闻县工商联（总商会）在县会议中心召开2014年工作总结会。

●2月20日（正月初二），徐闻县工商联（总商会）在聚雅酒店召开“共叙家乡情 同谱发展曲”2015年徐闻籍工商界人士新春联谊会。县政协主席蒋柯煌、县委常委、常务副县长林青、县人大常务副主任陈俊等四套班子领导出席会议，徐闻县工商联执委，广州、珠海、深圳等地徐闻商会徐闻籍工商界人士 400 多人参加联谊会。县总商会和各异地商会组织文艺节目参加联欢活动。

●5 月，为搞好评选徐闻县“十大长寿名菜”活动，徐闻县工商联牵头组织有关单位的工作人员组成 3 个组，分别到 15 个乡镇（街道）走访 100 岁以上老人 50 名，调查了解他们常吃的菜谱。

●7 月 6 日，“徐闻县青年互联网创业园”在县农产品交易市场内正式揭牌运营。

●7 月，湛江市工商联党组书记梁丽霞一行到徐闻调研，与县委书记梁权财等领导商量创建“五好”县级工商联有关事宜。

●7 月 22 日，由徐闻县工商联牵头组织举办徐闻县“十大长寿名菜”“十大农产品”“十大海产品”评选活动。

●7 月，深圳市徐闻商会捐款 8 万元给徐闻县体育中心，用于发展体育事业。

●9 月，徐闻县商业协会（徐城商会）筹备组举办中小企业交流会。

●9 月，深圳市徐闻商会捐助 10 万元给予徐闻县第五中学建设校门。

●10 月，深圳市徐闻商会捐助 28 万元给予徐闻县和安镇赤坎村在村口建设凉亭。

●10 月 30 日 — 11 月 1 日，徐闻商会第三届“徐商杯”篮球联赛在珠海市举行，珠海市徐闻商会主办本届赛事。

●11 月 11 日，徐闻县商业协会（徐城商会）第一次会员大会在县会务中心召开，选举林方炳为会长。副县长李逸出席会议并讲话。

●12 月，徐闻县工商联被广东省工商联认定为广东省“五好”县级工商联。

●同年，全县有民营企业 1211 家，个体工商户 14,239 户，集贸市场 42 个。

2016 年

●3 月 29 日，省工商联召开全省工商联组织工作会议，省工商联给徐闻县工商联颁发广东省“五好”县级工商联奖牌。

●4 月 19 日，在县会议中心召开徐闻县菠萝行业协会第一次会员代表大会，副县长王少兰，徐闻县工商联（总商会）主席董遵秩、党组书记陈法强，县农业局局长杨仕煌出席会议，吴建连当选会长。

●4月28日，徐闻县总商会在曲界镇举办首届徐闻菠萝文化旅游节活动。县委书记梁权财、县长吴康秀等县四套班子领导和来自各地嘉宾1000多人参加活动。这次活动由县总商会发动企业捐款举办。

●4月28日，首届徐闻菠萝文化旅游节活动当天，县总商会在徐闻“菠萝的海”举行山地自行车比赛活动。

●4月29日，徐闻县首届菠萝文化旅游节活动的第二天，县总商会在曲界镇龙门村举办“千人菠萝宴”。

●8月16日，在县会议中心召开徐闻县电子商务协会成立大会，选举产生了第一届徐闻县电子商务业协会领导班子，潘联斌当选为会长。

●8月25日，广州市徐闻商会出资16万元，在广州市举办《岭南行与临川梦》新书发布会。

●9月2日，在徐闻县电子商务协会展厅举办徐闻县青年互联网创业园电商培训班，有70多名会员参加学习。

●11月11—13日，徐闻商会第四届“徐商杯”篮球联赛在惠州市举行，惠州市徐闻商会主办本届赛事。

●11月13日，惠州市徐闻商会举办第二届理事会就职典礼，陈端担任惠州市徐闻商会第二届会长。

●同年，徐闻县工商联资助1万元给海安镇麻城村委会建路灯，资助1万元给海安镇加洋村委会建道路。

●同年，全县有民营企业1626家，个体工商户12,598户，集贸市场42个。

2017年

●1月5日，省工商联会员部部长闪洁一行到徐闻了解徐闻县工商联获得“广东省‘五好’县级工商联”称号的后续工作情况。

●1月22日，徐闻县工商联与团县委联合慰问海安镇麻城村委会38户精准扶贫困难户。

●1月29日，徐闻县工商业联合会（总商会）第十一次会员代表大会在县会议中心召开，县委书记梁权财、县长吴康秀等有关领导，各乡镇及各商（协）会代表等200多人参加大会。欧小力当选为徐闻县工商联主席、县总商会会长。

● 1月29日晚，徐闻县工商联（总商会）在县聚雅酒店举行2017年徐闻工商界人士新春联谊会。

● 2月14日，中共徐闻县委常委、统战部部长冯德联率领徐闻县工商联（总商会）主要领导一行16人到鹤山市工商联学习。鹤山市工商联召开经验交流会，副市长杨海泉、市委常委、统战部部长叶雄参加交流会，鹤山市工商联党组书记左方妍介绍鹤山市商会中心的建设经验。

● 2月14日，中共徐闻县委常委、统战部部长冯德联率领徐闻县工商联（总商会）主要领导一行16人到广州市徐闻商会调研，并向商会主要领导介绍建设商会大厦的设想。

● 2月15日，县委常委、统战部部长冯德联率领徐闻县工商联（总商会）主要领导一行16人到佛山市徐闻商会调研，并向商会主要领导介绍建设商会大厦的设想。

● 2月16日，徐闻县工商联（总商会）主席欧小力、书记陈法强等领导一行15人到英德市工商联学习英德市商会大厦的建设经验。

● 2月16日，中共徐闻县委常委、统战部部长冯德联率领徐闻县工商联（总商会）主要领导一行16人到深圳市徐闻商会调研，并向商会主要领导介绍建设商会大厦的设想。

● 2月17日，中共徐闻县委常委、统战部部长冯德联率领徐闻县工商联（总商会）主要领导一行16人到东莞市徐闻商会调研，并向商会主要领导介绍建设商会大厦的设想。

● 2月17日，中共徐闻县委常委、统战部部长冯德联率领徐闻县工商联（总商会）主要领导一行16人到珠海市徐闻商会调研，并向商会主要领导介绍建设商会大厦的设想。

● 2月19日，中共徐闻县委常委、统战部部长冯德联率领徐闻县工商联（总商会）主要领导一行8人到海南徐闻商会调研，并向商会主要领导介绍建设商会大厦的设想。

●3月2日，徐闻县工商联在聚雅酒店住房部四楼会议室召开副会长以上人员会，商讨筹建商会大厦工作。

●3月25日，佛山市徐闻商会召开第三次徐商大会，潘联斌任会长。

●4月29日，徐闻县总商会在曲界镇举办第二届徐闻菠萝文化旅游节活动。县委书记梁权财、县长吴康秀等县四套班子领导和来自各地的嘉宾及群众2万多人次参加活动。县总商会发动企业捐款举办这次活动。

●4月29日，徐闻县第二届菠萝文化旅游节活动的当天下午，县总商会在曲界镇龙门村“菠萝的海”举行山地自行车比赛活动。

●4月30日，徐闻县总商会在徐闻菠萝文化旅游节活动主会场举办菠萝竞技比赛。

●4月30日，徐闻县第二届菠萝文化旅游节活动的第二天中午，县总商会在曲界镇龙门村举办“万人菠萝宴”。

●6月13日，徐闻县工商联在聚雅酒店住房部四楼会议室召开执委会，发给与会人员《徐闻县商联发展有限公司设立及项目投资开发的实施方案》，动员执委以上人员投资入股商联公司，竞买县粮食集团公司地块用以商会大厦和房地产项目开发。

●7月31日，徐闻县工商联举办徐闻县工商联执委和各乡镇商会会长培训班，聘请湛江市委党校教研室主任张玉梅上一堂当前经济形势及诚信经商课。

●8月8日，徐闻县工商联机关干部到海安镇麻城村委会慰问挂钩精准扶贫户。

●8月23日，全市“五好”县级工商联建设工作推进会暨湛江市工商联第二十届三次主席（会长）会议在雷州市召开，徐闻县工商联党组书记陈法强代表徐闻县工商联作题为“拓宽思路，科学谋划，努力开创工商联工作新局面”的工作经验介绍。

●9月28日，海南徐闻商会第二届领导班子就职典礼暨中秋联谊会在海口市康年皇冠花园酒店召开，中共徐闻县委副书记林青、县委常委、统战部部长冯德联、徐闻县工商联党组书记陈法强等领导出席会议，海南徐闻商会第二届会长吴成忠等250多人参加会议。

●10月9日，为帮助一些贫困学生走出“读书难”的困境，徐闻县工商联发文由徐闻县工商联正副主席“一对一”精准扶贫在校学生28人。

●11月15日，徐闻县工商联主席欧小力、党组书记陈法强和部分副主席、副会长先后到副会长先后到星源冷气工程有限公司、和谐客运有限公司、金源房地产有限公司进行参观，交流学习。

●12月9—10日，徐闻县工商联使用会员费聘请清华大学荆建林教授在县会议中心一楼会议室授课，主讲市场营销战略“理念创新与策略选择”。县党群口、政府口、经贸口等单位党政主要领导，开发区、工业集聚区及各乡镇（街道）党政主要领导，徐闻县工商联执委以上人员、各商（协）会正副会长等参加培训学习。

●12月28日，中山市徐闻商会成立。

●同年，全县有民营企业2374家，个体工商户18,023户，合作社386家。

第一章

徐闻县工商业

第一节　汉代徐闻工商业

○ 丝绸之路始发港——三墩古港　（曾青 摄）

秦末汉初是徐闻县古代工商业的发轫期。西汉元鼎六年（前 111 年）建县置郡后，徐闻又被汉武帝开辟为海上丝绸之路始发港。中外客商、使者云集徐闻，商贸繁华，政治、文化交流频繁。

一、汉代海上丝绸之路始发港——徐闻港商贸活动

元鼎六年（前 111 年），汉武帝遣伏波将军路博德、楼船将军杨仆率师平定南越，建置徐闻县，辖今雷州半岛地，隶于合浦郡，徐闻县治、合浦郡治均设在徐闻县西南海滨讨网村（今徐闻县南山镇二桥村）。建县置郡后，汉人

○ 三墩景观（曾青 摄）

给徐闻带来先进的文化和技术，促进当地农业、手工业和商业的发展，徐闻港成为中国开展对外贸易和文化交流的窗口和门户，在历史上留下浓墨重彩的一笔。

班固《汉书》（卷二十八下 · 地理志第八下）记载，汉武帝开辟自徐闻启锚，经合浦等地通往国外的海上丝绸之路（也称“香料之路”或“陶瓷之路”）贸易航线。史载海上丝路贸易船队由汉朝廷“黄门”派出的“译长”统率，大致在现今的越南、

○ 出土的文物：西洋铜碗（曾青 摄）

○ 大井村珍珠养殖场

苏门答腊、马来半岛、缅甸、斯里兰卡、印度等地，丝绸、黄金、杂缯等出口贸易商品由中转站斯里兰卡转运到罗马，购回明珠、璧琉璃、奇石、香料和异物。

当时徐闻的海上对外贸易和文化交往盛极一时。徐闻港堆满商贸物品，外国客商和外交使节纷纷进驻徐闻，带来无数的奇珍异宝。汉朝廷派出左右候官，管理边境和对外贸易事务。唐朝李吉甫《元和郡县志》记述："徐闻县，……县南七里与崖州澄迈县对岸，相去约百里。汉置左右候官，在此屯积货物，备其所求与交易有利，故谚曰："欲拔贫，诣徐闻。"这印证徐闻港商贸的繁荣昌盛。

郭沫若主编的《中国史稿》(第二册393页、395页，1979年出版)记述，"从中国的交州合浦郡徐闻县(今广东省徐闻县)乘船去缅甸的海路交通，也早在西汉时就开辟"，"与南边诸国的来往则主要依靠海上交通。那时，海路交通的重要都会是番禺。船舶的出发站则是合浦郡的徐闻县"。"汉武帝时期，开始有官营的海外贸易。私营的海外贸易则早已存在并一直在发展着。"《中国百越民族经济史》记述，秦汉时期，随着海上交通运输工具及航海术的逐渐发展进步，海外商贾

○ 工人在插珠

○ 珍珠链（曾青 摄）

○ 工人在选珠

来中国沿海贸易的活动日增，以番禺、徐闻、合浦等商业城市为代表的岭南商业区域逐渐形成壮大，这些都促使岭南人积极经营，出海贸易，最终促进海外贸易活动的全面开展。当时全国的出口商品由诸水道云集合浦郡徐闻港出口，进口商品也由此远销中原内地，徐闻成为当时国内外重要的商品集散地之一。

二、墟集和特产

汉代，徐闻商贸发达，中外客商往来频繁，当地乡里墟集也自然形成。汉代的墟集，对活跃商品生产和流通、推动经济的发展起着积极的作用。

珍珠和石蜜（蔗糖）是汉代徐闻著名的土特产。合浦郡珍珠交易久负盛名，为珠民生活收入的主要来源，经济发展的主要产业。珍珠历来受到世人的喜爱，除用作生活饰品外，还用来陪葬。汉代时，商贩们就涌到合浦郡治所在地徐闻收购珍珠，再贩卖到各地。自汉代起，历代官府都派人到合浦郡监管珠民采珠，珍珠成为朝廷贡品。徐闻“不产谷实”，粮食从毗邻的交趾郡买进。汉廷以徐闻为始发港开展海上对外贸易，在境外大量购买珍珠。

石蜜是汉代人们对蔗糖的称呼。东汉杨孚《异物志》记载岭南、交趾产蔗，制取“石蜜”。晋朝葛洪《西京杂记》也说“南粤出产蜜”。“与交趾比境”的合浦郡徐闻县是石蜜的主产区之一。先秦时期徐闻人就学会栽培、种植甘蔗（俗称茅蔗）。甘蔗既是水果，又是制糖的原料，在汉代徐闻制糖手工业就已经出现。

第二节 三国至清代徐闻工商业

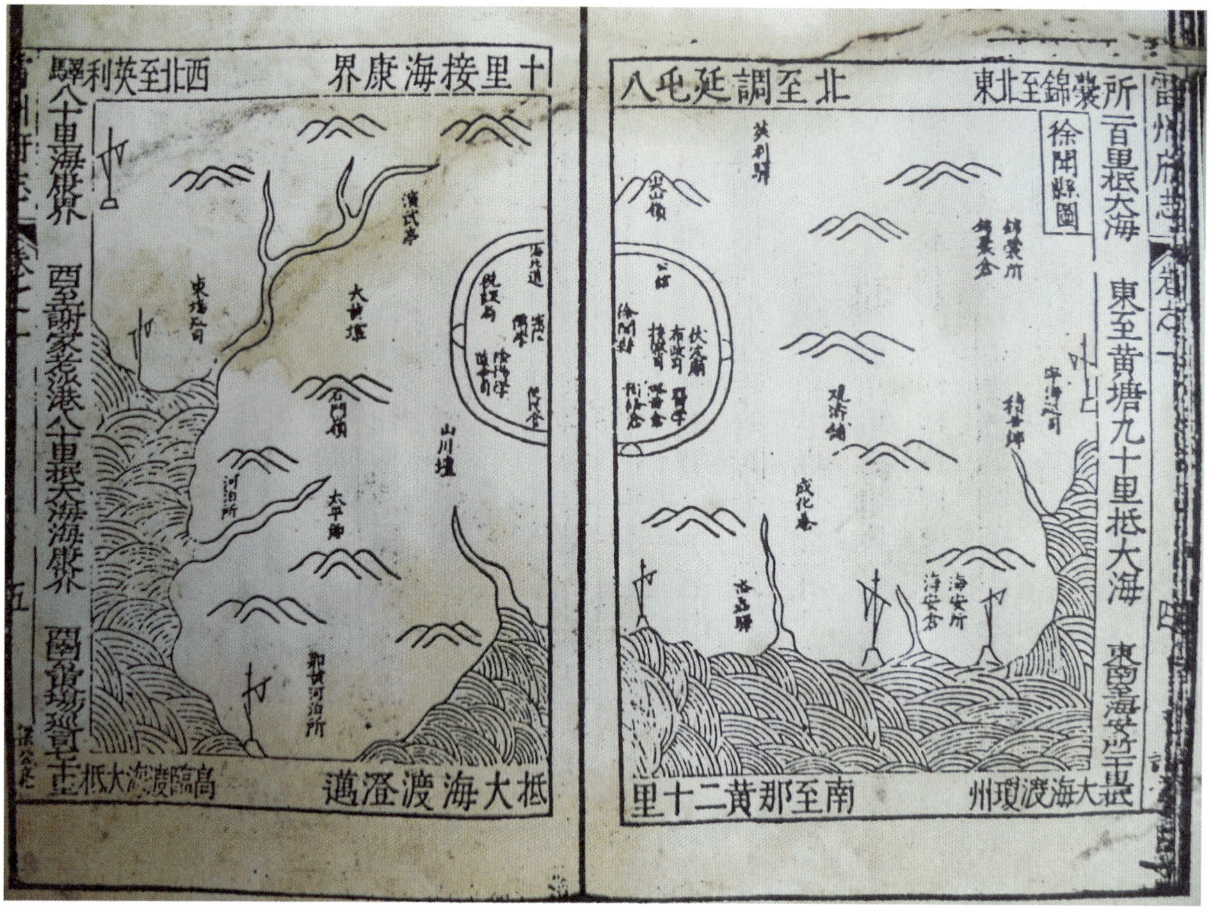

○ 明万历《雷州府志》卷之一“舆图志”中的“徐闻县图”

三国至隋代是徐闻县古代工商业的发展期。从三国起，徐闻港的商贸地位和作用逐渐下降，昔日的光环慢慢褪去。尽管如此，徐闻仍然是重要的政治和军事要地，东吴、南齐、南梁和隋唐都曾在徐闻设郡（州）。依托郡（州）治，徐闻古代工商业在波折起伏中向前发展。

唐至明代是徐闻古代工商业的低落期。从唐初后，雷州郡（州、府）治、

○ 清康熙《广东舆图》中的“徐闻县图”

经济重心北移到海康县（今雷州市），徐闻仅作为一个县级行政区，它的政治和经济地位逐渐弱化。加上地广人稀，天灾人祸频繁，生产方式和生产技术落后，造成生产力极其低下。受此影响，徐闻工商业渐形萎缩，成为州府经济的附庸，走上曲折的发展道路。

在明代，徐闻手工业比较发达。明天顺六年（1462 年），徐闻有各种匠户 220 户，占雷州府（辖海康、遂溪、徐闻三县）匠户总数 339 户的 62.74%。

清代，是徐闻县古代工商业繁荣发展期。清初起，外地移民持续迁居徐闻，大量荒地被开垦，经济作物种植面积不断扩大。在清政府压抑工商的传统政策下，由于海安总口（海关）的设立，糖业的生产和转运，贸易业的兴盛和带动，使徐闻工商业十分活跃和繁华。

一、市场与产品

墟集贸易满足人民生活需求。魏晋南北朝时期，徐闻乡里制度仍然存在，乡治所在的村邑一般有市，称“乡墟”。乡治所在地以外比较大的村落中的市便是“聚墟”。人们相聚在野外，设摊卖物，早期多实行物物交换，称为“野墟”。伏波庙是徐闻人祭祀两汉伏波将军的最早庙宇，围绕庙会形成“庙墟”。墟集的发展，加强徐闻城乡物资、商品和人员的交流。墟集上的交易大都是小生产者之间的物品买卖调剂，也常采取直接交换形式。

纺织业以生产葛布、苎麻布为主。魏晋南北朝时期徐闻的手工业，主要有纺织、酿造、陶瓷等行业。在纺织业方面，徐闻的麻织业比较兴盛，主要产品葛布（俗称“夏布”）、苎麻布名闻国内，列为贡品。当时葛布、苎麻布生产以家庭为主，成为徐闻农家妇女一项主要劳动内容，所产麻织物进入商品流通领域。先秦以前，徐闻越人就掌握利用葛、苎麻、芭蕉茎、筼筜（竹名）等野生植物纤维纺纱织布的技术。徐闻是当时葛布、苎麻布的重要产地之一。明代，徐闻所产的葛布、苎麻布仍很出名，除贡赋和本地自用外，还行销各地。

畜禽交易成为人们经济收入的一个重要来源。古代，禽畜饲养在徐闻城乡盛行，犦牛是当时徐闻最出名的耕畜。徐闻养犦牛的历史至少可追溯到汉代以前。犦牛、水牛繁殖力强，本地出产的牛只，除满足本地需要之外，还贩销到外地。

徐闻犦牛后来被引种到海南、云南等地。今雷州半岛、海南岛、云南、广西一带，国外不丹、锡金、巴西等地均有分布。徐闻犦牛繁衍至今，“是国内优良牛种之一，在世界 100 多个优良牛种中居第 55 位”，为中国 10 大良种牛之一。

象牙买卖曾一度盛行。徐闻地广人稀，山林密布，遮天蔽日，荆棘丛生，是黑象理想的栖息之所。在唐代，徐闻人捕获黑象后，喜欢吃它又肥又脆的鼻子。小而红的象牙可用来交易，制成“笏

○ 徐闻黄牛（犦牛）（曾青 摄）

○ 南山镇港头村前的盐田——宋递角场盐场遗址（曾青　摄）

裁”。宋代岭南地区还存在大量的野象，象牙买卖则被官府垄断。老百姓不敢藏匿象牙，也不能私自买卖，只好半价送到官府收购，否则按法治罪。当时“雷、化、新、白、惠、恩等州山林有群象，民能取其牙，官禁不得卖，自今宜令送官以半价偿之，有敢隐匿及私市与人者，论如法”（李昌龄《宋史》卷二百八十七）。

徐闻县三面环海，自古以来就生产海盐，煮盐始于秦汉时期。最初直接取海水煮盐，后改用清水冲洗盐土，过滤出卤水熬盐，熬出的盐称“熟盐”。徐闻晒盐兴于唐宋，转变于元明。唐代及以前，只在县东部沿海围建盐田。宋代起，盐田逐步推移到县西南部和西部沿海一带。宋开宝年间，徐闻县沿海人家，合资围建盐田，晒盐图利。宋代时朝廷在徐闻南部沿海建立一个著名的递角场盐场（遗址在今南山镇港头村前的盐田一带），设有官盐机构，是当时海运发达的交通转运中心。清政府继续实行食盐专卖。徐闻盐业生产贸易在清代得到进一步发展，盐税是徐闻县财政收入的主要来源之一。到清光绪二十六年（1900 年），全县约有滩晒面积 100 公顷，年产盐约 300 吨。辛亥革命以后，清政府被推翻，但盐商仍作为专卖商人而沿袭下来，直至民国末期。

糖业生产贸易。唐贞观年间，徐闻城乡开始创办土糖寮，出现制糖工人。宋末元初，随着外来人口的激增和大量垦荒种植甘蔗，徐闻蔗糖生产较以前有很大的发展。元末，糖货成为徐闻外销的大宗出口商品。明代，地处偏远的徐闻县人口稀疏，山深林密，虎患频繁，常受台风、干旱等自然灾害的影响，加上倭寇和山贼的长期侵扰，社会生产遭到严重的破坏，糖业生产也深受其害，发展缓慢。

在清朝康雍乾时期，广东的糖业发展快速，制糖业成为产蔗区农民致富的一个重要来源。康熙以后至光绪年间，形成粤西以徐闻县为中心的糖业商品生产基地和出口基地。到同治至光绪初年，徐闻的糖业出口仍然盛极一时。至清光绪年间，雷州半岛的土糖寮扩张到 1200 间以上，仅徐闻就有土糖寮 600 多间，全年产糖 5000 吨以上。清代晚期，列强入侵，清政府被迫签订一系列不平等条约，外国蔗糖在国内倾销，加上清政府的苛捐杂税，极大地伤害徐闻糖商与蔗农的利益，以致蔗农存在不同程度毁蔗改种别的作物的现象。

徐闻是中国著名的“良姜之乡”，种植良姜历史久远。唐宋时朝廷指定的贡品就有徐闻出产的良姜，它被国人视

○ 开花的良姜园　（曾青 摄）

○ 晒良姜（曾青 摄）

○ 清末民初的海安港（曾青 供稿）

○ 糖寮全貌（曾青 摄）

○ “糖漏”（曾青 摄）

为正宗，品种质量“历居全国第一”，畅销县外。唐宋至明，徐闻良姜种植主要集中在今龙塘、海安、南山等乡镇，一些时期实行官营制度，禁止民间私自买卖。清代，徐闻良姜种植面积进一步扩大，产量也有所提高，良姜被贩运到广州、海口等大城市，销售给药材大客商，再由大客商销往香港、澳门、东南亚等地。清末，徐闻社会存在着商人强买良姜、意图垄断牟取暴利的现象。清代，徐闻良姜种植面积有几千亩。龙塘是县内有名的“良姜之乡”，种植面积和产量居全县之首，在东南亚市场上享有盛誉，有“中国龙塘良姜”之称，镇内的良姜村，因盛产良姜而得名。

海安港口贸易。海安港是清代广东七大港口之一，长期驻扎清军水师，“署雷廉总口”。从清雍正年间开始，海安港因雷州半岛糖业的兴旺而设立粤海关分关，对外贸易活跃，渐形发达。当时雷州半岛蔗糖大部分运至海安港进行转口贸易。清代中期以前，海安港就已有商船来往于广东的海口、广州，广西的北海、防城，石城的安铺，越南的西贡、海防之间。清末，海安港除早期开往海口、西营（今湛江霞山）的客货轮外，1912 年海安至香港、澳门，海安至汕头、广州各有 2 艘专线轮船开通往来。

二、会馆的出现

海南与徐闻一衣带水、隔海相望。海南人进入徐闻经商的时间比较早，形成广泛的商业网络。在明嘉靖年间（1522 — 1566 年），旅居徐闻经商的文昌同乡集资，在县城观音山下玄武楼的南面，购进一亩余地兴建“文邑会馆”，这是徐闻最早的商帮会馆。当初建立这所会馆的初衷是联络同乡感情，解决在徐经商、初来或路经徐闻的文昌人生活困难的。

“登云会馆”是徐闻人的会馆，明天启三年（1623 年）建成。登云塔落成后，徐邑士绅民众钦敬和感戴知县应世虞，当年集资为他立生祠，祀生神像，应世虞“谦让不许，更名为登云会馆，为多士课艺”，现会馆无存。

“广府会馆”（又称“广州会馆”），始建于清乾隆五十二年（1787 年），坐落在今徐城民主路 43 号，登云塔北侧 100 多米处。康雍乾时期，徐闻县商业和蔗糖加工业发展很快，广州、番禺、东莞等地大批商人来到徐闻做生意，推销紧缺商品，返销本地土特产，获利丰厚。随着商人日益增多，商品贸易交往更加频繁，出于经商的需要，清乾隆五十二年（1787 年），珠三角商人自发行动起来，组织行会，联络乡亲，筹建会馆。当时，有 296 个号、当行、店、堂、厂，以及 370 个人，捐白银三千四百二十九两三钱六分。在徐闻知县汤元芑、守备武尚礼等人的支持下，广州会馆选址在县城东门外繁华的贸易集散区，座西南向东北，大门临东关墟龙尾街，由左韦齐等 16 人督理建造。会馆分正厅、副厅各一组，正厅四进院落四合院式布局。1983 年 3 月，徐闻县人民政府把广府会馆列为县级第一批文物保护单位。2008 年 12 月 8 日，广府会馆被公布为省级文物保护单位。

“潮州会馆”。潮州府包括潮阳、海阳（1914 年改名为潮安县）、澄海、饶平、普宁、丰顺、揭阳、惠来八县，古称“潮州八属”。潮州会馆坐西朝东，坐落在今徐城民主路 120 号，登云塔南侧 200 米处，在清代早期由潮州行商创建。会馆是砖木结构，原为三进七开间，前进已毁，中进为庑廊，与前

○ 徐城广府会馆全貌 （曾青 摄）

后进相连，现仅存中堂（正堂）和后厅，风貌依旧。堂内立 10 支金柱，梭形，材料珍贵。会馆内供奉商人们所崇拜信仰的神灵，定期祭祀是会馆的重要活动内容之一。潮州人崇拜天后，建天后宫（庙）。1983 年 3 月，潮州会馆被列为县级文物保护单位。1999 年 9 月，潮州会馆被湛江市人民政府列为第四批市级文物保护单位。

“海南会馆”。清嘉庆初年，海南籍商人在徐城东关购置六所常住铺。道光初年把观音山故址的“文邑会馆”房产卖给钦廉商人，然后在登云塔旁买下一块地皮建设新馆。咸丰四年（1854 年）冬，旅徐琼商开始募款筹建“海南会馆”。

○ 广府会馆正门

“海南会馆”工程浩大，资金不足，琼商被迫向广府人抵押常住铺来筹措经费。此举令海南商人压力倍增，当地民众也哗然，导致督造会馆的主持和会董承受指责而黯然下台。到咸丰七年(1857年)，徐城富商、文昌籍第二代客商王载礼等人主持募捐，历经四年，“积钱三万陆千文银，加息五百五十千文银”，赎回所抵押的六所常住铺，建起一座规模宏大的会馆。“海南会馆”处于登云塔旁边的中心黄金地带。其时，米行、糖行等交易场所均设在以海南会馆为中心的几条街道。

“高凉会所”。高凉指高州府及其所属的高州、电白、茂名、化县、信宜、廉江(旧称石城)、吴川(含今湛江的坡头、硇洲)、阳江、阳春九县。旧高州府人来到徐闻后多经营小本生意，或在海安港码头做船务、搬运等苦力活，初期缺少有实力的大商家。徐城“高凉会所”(又称“高凉会馆”“高州会馆”)的前身是县城高州府各属同乡会，成立于清嘉庆年间。到清咸丰元年(1851年)，高凉籍人来徐闻谋生的人数激增，便由徐城“义隆号”和“兴隆号”的老板吴川人曾元生(即城东庄创始人曾精占的后裔)和海安埠“兴安号”的东主高州人刘仲和共同牵头建立“高州会馆”，其后罗定人也申请加入，城东庄曾氏家族又捐资购进紧邻会馆的一幅土地，会馆面积较以前稍为拓宽。该会馆大部分建筑物在20世纪50年代已被拆除。

“钦廉会所”。钦廉指廉州府及其所属的合浦、灵山、钦县、防城四县，府治在今合浦县城。古廉州府原属广东省，是南路高、雷、廉、琼下四府之一，新中国成立后被划归广西壮族自治区管辖。清初，钦廉人陆续来到徐闻经商，安家立业。清咸丰年间，钦廉商人陈仲谦的孙子陈以汉在徐城观音山(今署前街旧商业局后)附近购置一处房产开设“钦廉会所”(又称“钦廉会馆”或“廉

○ 徐城潮州会馆全貌 (曾青 摄)

清代徐闻县城会馆

会馆名称	创办时间	地址	创办者
广府会馆	清乾隆五十二年（1787 年）	今徐城民主路 43 号	广府商帮
潮州会馆	清乾隆四年（1739 年）	今徐城民主路 120 号	潮州商帮
海南会馆	咸丰四年（1854 年）冬开始筹建，咸丰十一年（1861 年）建成	登云塔旁原徐城卫生院旧址	海南商帮
高州会馆	咸丰元年（即 1851 年，由嘉庆年间在徐城观音山筹建的同乡会发展而来）	原广府会馆左侧	高凉商帮

州会馆”）。

直到清朝灭亡，徐闻都没有正式成立商会，各商帮的会馆、各商行的公所是商会的雏形，承担着商会的功能和作用。

三、清代徐闻城乡工商业贸易

清代，徐闻城乡工商业贸易得到长足发展。其时，徐闻人口增长，村镇广布，荒地被大规模开发，大面积耕种甘蔗、良姜等经济作物，在糖业的兴盛和带动下，商品经济快速发展，城乡贸易日趋繁荣。

清康熙二十三年(1684 年)开放海禁后，徐闻糖业兴起，对外贸易快速发展起来，工商业迎来繁荣发展的黄金时代，徐城逐渐成为一大都会和雷南的政治、经济、军事和文化中心。

清朝前期，徐城商业和手工业兴旺，渐趋发达。广东各地客商云集此地经商，以地域、血缘为纽带，逐渐建立起供同乡经商集会的会馆。县城东门外东关墟景象繁华，以龙尾街为中心，周边有广府会馆、海南会馆、潮州会馆、高凉会所、钦廉会所等 5 座馆所，大街小巷，纵横交错，街坊、民居密布，商号、客栈、酒楼、茶行、店铺林立，武馆、庙宇散落其间。生意行业繁多，五花八门。

清道光年间（1821—1850 年），徐城（宾朴）至东门外、南门外一带均为居民集居点，主要有长 1000 多米的武东大街，以及米行、文古坊、打铁、首坊、文东、荣曲等街道，其他小街小巷均以登云塔为中心，围绕武东大街为主轴东西分布排列。进入清末，徐闻县有 22 个圩镇及集市，最大的圩镇龙华镇（现徐城街道）已发展成为雷南的商贸中心，当时分设 3

○ 徐闻古县城（宾朴）今貌 （曾青 摄）

个大市场、18 个行市。

清代，徐闻农村人口、村落、耕地增加，生产力得到提高，商品经济发展快速，村镇商业贸易红火。广府、海南、潮州、高凉、钦廉等五大商帮在徐闻海安埠、英利墟、曲界墟、龙塘石桥墟、迈陈墟和下桥石板墟等地建有 10 多所商业会馆，带动当地商品流通和贸易繁荣。

除元明时期的圩集，迈陈墟、曲界墟、前山墟、蛤母墟、旧廉墟、麻寮墟等村镇墟集在清代逐渐形成。村镇墟集被戏称为“阴阳墟”，在赶墟日上午人潮涌动，车水马龙，午后即空空荡荡，冷冷清清。人流量大、交易量多、肉菜常被众人抢购一空的墟，人们戏称“虎墟”。这种墟日赶集的习俗，在徐闻城乡一直延续至今。

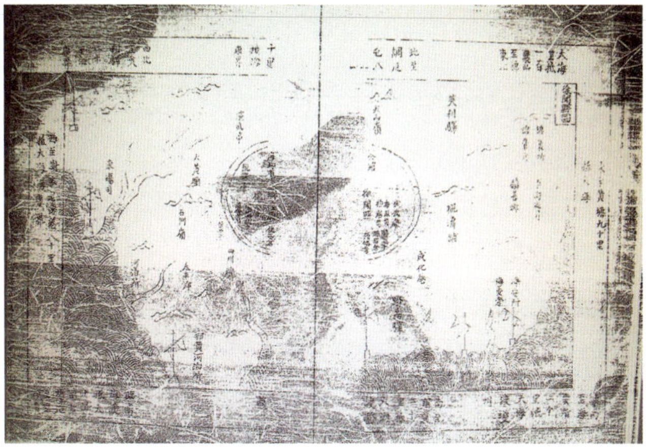

○ 清康熙《徐闻县志》中的“徐闻县图”（清康熙二十六年，阎如珆、吴平主修）

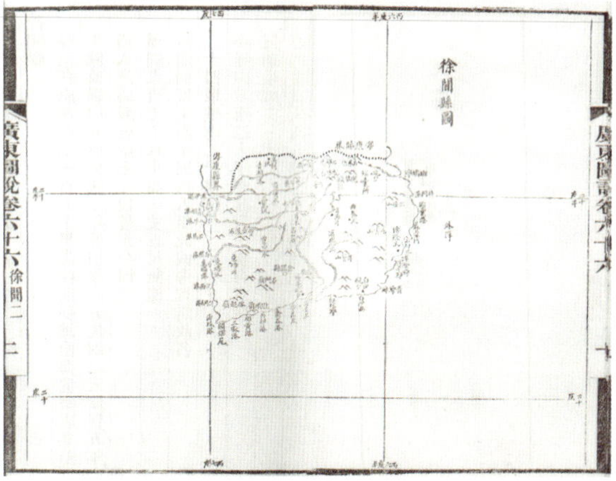

○ 清《广东图说》中的“徐闻县图”

第三节　民国时期徐闻县工商业

一、民国时徐闻城乡工商业格局

（一）县城（徐城）工商业布局

徐城在 1936 年设置龙华镇，属第一区，镇址在龙皇宫；1948 年改为附城镇；1950 年 5 月置为第一行政村，属第一区。

根据土地公庙题匾记载，民国时县城街坊有 21 个。文教坊（在西城直街）、应瑞坊（在登科坊前）、仁厚坊（在典史署西）、文前坊（在义学前）、道前坊（在北城直街）、元桂坊（在东城直街）、永福坊（在深井街）、纯嘏坊（在城隍庙左）、文明坊（在圣庙前街，登科坊后）、仁和坊（在典史署北）、仁政坊（在南城直街）、文后坊（在义学后）、元亨坊（在县署北）、元富坊（在县仓前）、文塔坊（在文塔前）、龙德坊（在打铁街）、登桂坊（在南门塘）、龙福坊（在文塔东）、永福坊（在大街）、文古坊（在文塔西）、青云坊（在曾宅后）。

徐城最早的古墟为后墟，起源于元代至明代，后来墟东移，移至县城东门外称为东关墟；清初起，从东门头龙尾街开始就是繁华的商业区；至民国时，从东门头至木棉树一段，改名为中山街，又称骑楼街，沿街有刘宅、杨宅。

清末至民初时，即徐闻县商会成立前，徐城能上规模的商号、作坊、当铺包括南安隆、东安、悦安、悦昌、悦新、悦章、盈丰、宝丰、永浈祥、健兴、恒泰号、刘协利、逢盛号、黄和利、吴利盛、汇源号、泰和号、源兴号、源成号、兴成号、蔡华记、泗美号、源发号、运新号、家达号、石岭号、明新号、泗美栈、裕生当（石岭林海清）、裕和当（北潭邓国霖）、祥裕当、之潮当（外翰第韩之潮）。其中当铺 4 间、油桁 6 间（源兴号、石岑号、运新号、泗美号、家达号、明新号）。行头有转生行（宰牛）、化生行（宰猪）、化龙行（鱼行）、西天行（菜行）。

1918 至 1933 年间，由于军阀混战，贪官劣绅横行，社会动荡，盗匪蜂起。

民国时徐城民主街商号一览表

行业	商号（铺号）	业主	地址
	何裕兴	嘉乐园何荦、何仲权	民主北街，旧银行原址
	广信庄	芒海梁宏卓（南安乡乡长）	
	源记	不详	民主南街
	刘记纸扎	不详	
	钟久记	不详	
布行	大昌	邓长荦、邓　颖、邓　洋、邓　沆、邓　廉	民主南街
	受兴	不详	民主南街
酒厫		林大玖	民主南街
布行		吴氏	民主南街
	蔡华记	不详	民主南街
	侯记	不详	荣曲街
	中央饭店	不详	民主南街
	京侨旅店	林琴才（石岭）	民主北街
文房四宝、工艺	瑞隆	李荫昌	民主北街
	荣兴	不详	民主北街
药材	信宜丰	竹园婆、黄法宁岳母	民主南街
米铺	华盛	不详	民主北街
米铺	民天	不详	民主北街
药材	益安堂	曾庆瑶	
纸扎、杂货	公泰	不详	文古街
纸扎、杂货	仁泰	不详	文古街
杂货	益昌	南门塘胡益昌	文塔街

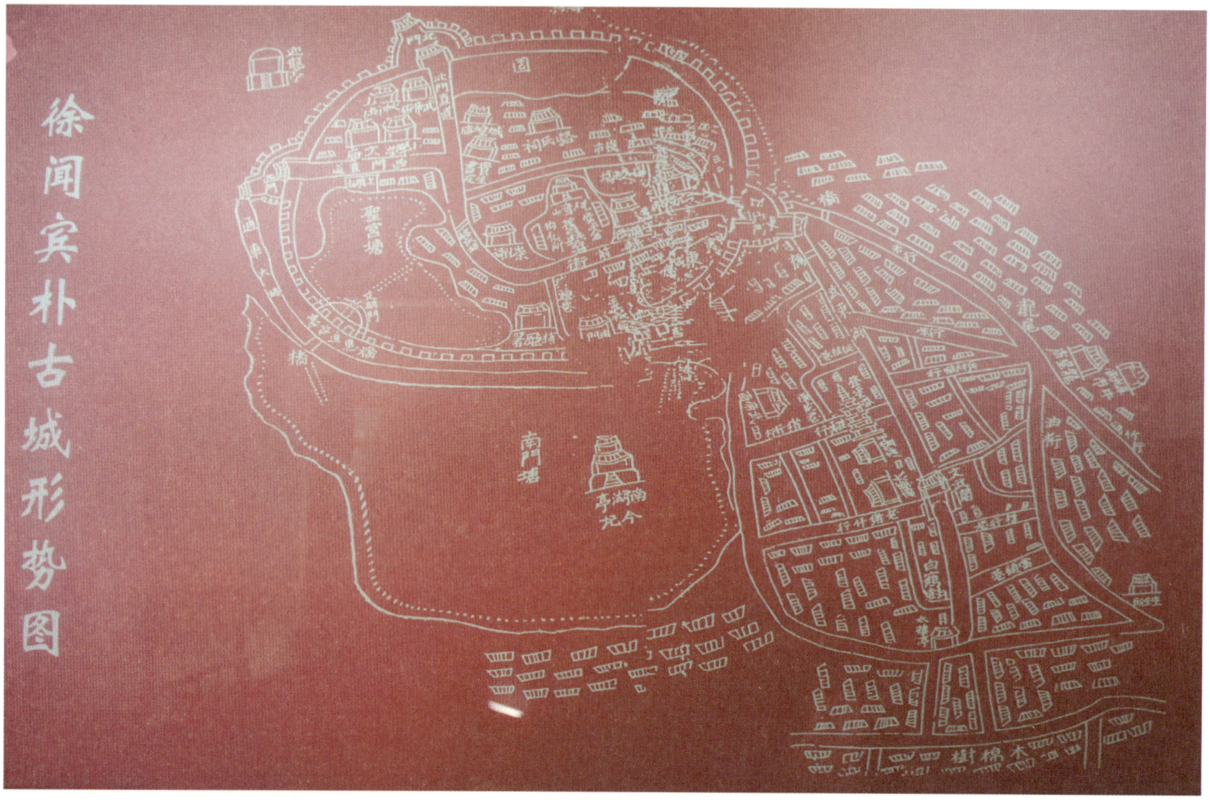

○ 清代至民国时期徐闻县城城区及东关墟建制设置图

○ 清末民初用苎麻布做的上衣（曾青 摄）

○ 徐闻葛布传统工艺流传至今（曾青 摄）

匪患期间，徐闻由一个富庶之乡变为满目荒凉恐怖的地方，农绝耕，商绝市，道绝旅。匪患的肆虐，使徐闻工商业元气大伤。继而在抗日战争时期，又备受日军蹂躏，工商业发展非常缓慢。匪患平息后，县城商铺曾发展至 1000 多家，但新中国成立前夕，全县仅存 250 家，商品零售总额 320 万元，许多工商户破产。

徐闻骑楼建设始于 1930 年，至 1949 年止。1930 年前，徐闻社会政治不稳定，匪患猖獗，市政建设非常缓慢。1933 年后，匪患平息，人们开始兴建徐

○ 白沙古埠保留的原貌（曾青 摄）

城新区中山街即今民主街，从古城东门过登云塔直至木棉路，有刘宅、杨宅等大世家，最豪华的是何荦所建的洋楼，最著名的饭店有味香茶楼、中央饭店，还有当铺、钱庄、米铺、布行、药材铺、糕饼铺、咸淡铺、猪肠铺、纸扎铺、棺材铺、裁缝铺、杂货铺、面铺、文具店、工艺店、片烟（鸦片）馆、嫜馆（妓院）、剃头铺、印染铺、缸瓦铺、熬酒铺、洗衣店、香宝铺、鸡粿（饭）铺等，这些铺店全是骑楼，马路两侧均建有排水明沟。

县城以下的迈陈、前山、下洋、龙塘、曲界、锦和、外罗等地，建成的主街均是骑楼建筑。

（二）县城以外的工商业主要分布点

○ 民国时期建筑的前山墟骑楼一条街（曾青 摄）

○ 锦囊墟民国建筑的旧街道（曾青 摄）

○ 民国时英利墟旧街道（曾青 摄）

（1）白沙埠。白沙埠在海安东约 5 公里处，南濒白沙湾，又名白沙圩。

（2）迈陈墟。迈陈墟在徐闻县城西 20 公里，现迈陈镇政府驻地东北 600 米。

（3）前山墟。前山旧墟在现前山镇政府驻地西部约一公里处，现属前山村委会，占地约 0.13 平方公里。

（4）曲界墟。始名武安墟，原先在下尾南桥溪北建田头圩，因后园水尾桥水太大，交通不便而改在现址。

（5）戴黄墟。清代县志载名戴黄墟，以戴、黄两姓开墟故名。民国时曾名为迈戴圩。古戴黄墟在徐城镇西 10 公里处，面积 20 万平方米，属明清代遗址。

（6）下洋墟。位于徐城镇东北 40 多公里处，徐前公路、下仙公路交会于此，因傍下洋村而得名，清嘉庆年间形成的集墟。

（7）锦囊墟。距离徐城镇 40 多公里处，濒东门下港。明洪武年间朝廷为抗海盗倭寇，在此置锦囊守御千户所城，后形成集墟，故称锦囊墟，后称为锦和墟。

（8）英利墟。明万历《雷州府志》记载：“英利上市，城南七十里，下市属徐闻，英利下市，县北约 30 公里，上墟属海康。”英利墟曾为徐闻县青桥镇

民国时期龙塘墟旧街道（曾青 摄）

所在地。1961 年 4 月，英利划由海康县管辖。

（9）和安墟。在徐城镇东北约 50 公里处，现为和安镇政府驻地。清代为新安村，后形成集墟。1935 年定名为和安墟，寓和平安乐之意。

（10）海安埠。旧址在海安埠头以西，港湾乃流梅溪出海处，海面平坦宽敞，旧时海水涨潮，船只可抵达石莲山下。

（11）外罗埠。在徐闻县城东北 50 多公里处，濒外罗港、外罗门水道，明代外埠渔民到此聚居，古名麻罗村，清代成为渔埠后称麻罗埠。

（12）石桥墟。石桥墟在徐城镇东约 21 公里处，今属龙塘镇黄定村委会，面积有 1.6 万平方米。

（13）麻寮墟。麻寮墟建于清光绪年间，在曲界镇愚公楼附近，即今徐曲公路北侧，已废，唯遗一旧址。

（14）旧廉墟。在那屯村东北 1 公里处，古墟已废，遗址面积不详。

（15）白龙墟（龙塘墟）。位于今

○ 磨砻、舂椎、酒坊、油河（曾青 摄）

龙塘镇，白龙墟（龙塘墟）旧墟街道东西走向，店铺分居街道南北两边。

（16）石板墟。位于下桥墟东北14公里处，处在石板岭东麓。明万历《雷州府志》记为石牌墟，相传其地古有巨石，面平如板。

（三）各行各业

徐闻自古“重耕牧、薄声利”，习惯“株守旧窝”，98%以上人口从事农耕。民国时期徐闻县工商业行当多，但上规模的仅有土法制糖和海水晒盐、煮盐。土法制糖是徐闻乡村工商经济的重要支柱，分布在人口较多的大村，一般都建起土糖寮。土糖生产属乡村半机械工业，其产品不但满足本地市场需求，而且向外地输出。海水晒盐属徐闻沿海乡村的传统生产方式，生产的粗盐（生盐）也向外地市场输出，因此出现专门从事贩

○ 做糖糕、打棉被、腌粉、担货郎 （曾青 摄）

卖生盐的商人。全县纺织、缝纫、砖瓦烧制、烟草加工等手工业均为家庭作坊，“五匠（木匠、铁匠、篾匠、石匠、皮匠）五坊（米坊、糖坊、油坊、豆腐坊、酒坊）”，小手工业零星分布于各乡村，从业者千人上下。徐闻俗语：“文是医生，武为木匠。”徐闻人看重手艺，俗谚称“千亩园田不如一艺随身”，有手艺，可以养家糊口。

各行各业还有整（修理）单车、整汽灯、钉称、焊灯子、剃头、纺线织布、裁缝、打被棉、牵猪父、劁猪、劁鸡、咬牛、熬酒、做糟、做酱、做咸豆、做豆腐、做糖糕、炸米糙、塞猪肠、腌粉、赶面、晒粉干、炸九虾饼、炸“油炸鬼”（油条）、做包子、做九层塔饼、做水饼、做扁实（汤丸）、做合籽饼、做泥水工、烧砖烧瓦、打土角、宰猪、宰牛、晒牛皮、做牛肉干、烘烧猪、苦力搬运、扛轿步（轿夫）、杵工（俗称做土公、做脚手）、劈柴、担柴、挑水、帮闲走八、老洗、头报、二报、做香宝烛、印纸钱、绑灵屋、刻神主、影像（照相）、镜对镜屏幛幡、雕印、写门对（对联）、代写书信、看日子、赶龙看地、行礼做先生、挑夫、推独轮车、单车搭客、牛车载货、驶船、担货郎、糖糕客等。

到 1949 年新中国成立前夕，全县（包括墟镇）从事商业的有 250 户，都是经营一些零星的小商品和小食摊；从事手工业的 133 户，主要生产布鞋、木屐、牛车、酱料、米粉和铁器，较大规模的是 13 家榨油、酿酒、制烟（生切烟丝）、烧制砖瓦等作坊。

民国时期，由于小农经济的束缚和天灾人祸的影响，徐闻经济恢复发展缓慢。截至 1949 年，全县工农业总产值 1659 万元，其中农业产值 1624 万元，占工农业总产值的 97.8%；全县工业单位 387 个，工业总产值 35 万元，全民所有制的仅占 9.85%。

○ 牛车和石牛（曾青 摄）

○ 木屐（曾青 摄）

徐闻县民国末期至新中国成立初期私营粮商一览表

铺号或铺主姓名	地址	铺号或铺主姓名	地址
东兴	徐闻县城	兴泰	曲界旧圩
民天	徐闻县城	和源	曲界旧圩
源兴	徐闻县城	茂合	曲界旧圩
源盛	徐闻县城	万成	曲界旧圩
遂记	徐闻县城	源和	曲界旧圩
华记	徐闻县城	锦香	曲界旧圩
天德	徐闻县城	仕兴	曲界旧圩
天仁	徐闻县城	罗木贞	迈陈旧圩
荣利	徐闻县城	唐世兰	迈陈旧圩
关盛	徐闻县城	龙才记	迈陈旧圩
冯丰盛	徐闻县城	黄有烈	迈陈旧圩
德兴	徐闻县城	林赞有	迈陈旧圩
泰和	徐闻县城	陈均昌	迈陈旧圩
南昌	徐闻县城	吴兴汉	迈陈旧圩
振兴	徐闻县城	邓有曲	迈陈旧圩
德记	徐闻县城	四昌	锦和旧圩
怡合	曲界旧圩	永昌	锦和旧圩
世勋	曲界旧圩	祥合	锦和旧圩
万合	曲界旧圩	宜顺	锦和旧圩
源昌	曲界旧圩	横昌	锦和旧圩

（续上表）

铺号或铺主姓名	地址	铺号或铺主姓名	地址
合发	曲界旧圩	同安泰	锦和旧圩
成丰	锦和旧圩	永兴号	龙塘旧圩
日乔庄	锦和旧圩	许发记	龙塘旧圩
南利	锦和旧圩	有利	龙塘旧圩
裕兴	下桥旧圩	邓贵	龙塘旧圩
米廉	下桥旧圩	陈妃德	外罗圩
太生	石板圩	胡妃堂	外罗圩
学广	石板圩	德利	外罗圩
文瑞	石板圩	发昌	和安圩
同仁	石板圩	中兴	和安圩
生昌	前山旧圩	陈昌鸣	和安圩
盈昌	前山旧圩	陈其仁	和安圩
联吉	前山旧圩	叶兆芳	和安圩
妃生	下洋旧圩	陈安诗	和安圩
王妃代	下洋旧圩	豆仔兴	西连圩
张受	下洋旧圩	惠新	西连圩

徐闻民国末期至新中国成立初期私营油坊一览表

油坊名称或坊主姓名	地址	油坊名称或坊主姓名	地址
源发	徐闻县城	永兴	锦和城内
一德桁	徐闻县城	有利	锦和城内
运新桁	徐闻县城	青盲盈	龙塘旧圩
四美	徐闻县城	胡权	龙塘旧圩
家达	徐闻县城	义顺庄	龙塘旧圩
侨悟	徐闻县城	林奇森	前山旧圩
万昌桁	徐闻县城	陈祝胜	石板圩
刘宅桁	徐闻县城	同仁堂	石板圩
吴大均	徐闻县城	陈定烈	大黄旧圩
延裕号（康伯河）	徐闻县城北门李晋寿	黄进梅	迈陈旧圩
王广旺	下洋旧圩	永昌号	迈陈旧圩
黄陈盛	下洋旧圩	泰旺	迈陈旧圩
郑石生	下洋旧圩	苏祝才	外罗圩
郑玉才	下洋旧圩	董昌宾	外罗圩
家卓	曲界旧圩	永利昌	和安圩
广发	曲界旧圩	惠新	西连圩
合兴	曲界旧圩	卫生	西连圩
祝芝才	锦和城内		

二、民国时期徐闻工商界人士

民国时期，徐闻占统治和主导地位的工商界精英大多来自乡村大地主，属于土豪乡绅。他们在乡村拥有大量的土地、林地、海滩盐田，生产资金充裕，还拥有庄园、豪宅。他们中的一些人还在城镇集墟投巨资建立商号、当铺、钱庄。这些大家族和豪绅有嘉乐园何荦、何仲权兄弟，石岭林海清、北潭邓金波、桃园蔡荣春、五里翁彩云、锦山苏步濂、竹山杨渭璠。因此徐闻民谣曰：“城人都是村人做，都是村人做城人。”

徐闻的商人（俗称生意人），分坐贾和行商，行商是走村窜寨沿途买卖的商人，坐贾是有一定场所、招徕他人买卖交易的商人。

县城纯粹的工商业户为数不少，他们没有地租，完全靠铺面经营谋生，生活比较殷实，衣食无忧。如缸瓦铺、饭酒铺、布行、咸淡铺、客栈、茶楼。而大多数的手工业者，小商小贩，靠手艺谋生，做小本生意，大都能过温饱生活，但有时遇着天灾人祸，行市不好，生活也非常拮据。县城贫民生活比较困厄，他们没有土地，主要从事打工、苦力、杵工、洗衣、挑柴、担水、扛轿等劳动，靠微薄的收入养家糊口。

市井女性有三姑六婆。三姑中的尼姑属佛门，道姑属道教，卦姑专门占卦（梦婆、勾亡）。六婆即牙婆、媒婆、师婆、虔婆、药婆、稳婆。牙婆专门贩卖人口，专为人买卖奴婢、侍妾；媒婆专为人介绍姻亲（又称月人婆、行媒婆）；师婆是专门画符施咒，请神问命的巫婆；虔婆是妓院内的鸨母，又称龟婆；药婆是专门卖药的女人；稳婆是专门接生的接生婆（生子婆）。这些人在民间十分活跃，其工作与家庭妇女日常生活息息相关，也反映相应的社会需求。

三、民国时期徐闻工商业户的经营之道

民国时期，徐闻经营当地家用产品的批发商行，有粮食、油豆和糖业三个行业，其重要的经营之道是选时候机，顺应季节变化，按市场价格下降或上浮搞购销活动。粮商的做法是新谷登场，市价较低时则大量购入，待到青黄不接，高价上浮时才卖出，从中牟利。

经营油豆和土糖业也一样。当地花生收获季节时，油河开榨，新油上市，油价较低，是油行购进的好时机，当时榨好的油用大油缸贮存。甘蔗收获，

土糖寮开榨，新糖上市，糖价下降，糖行大量购入，待榨季已过，市场上糖价上浮，糖商就开始发货。这叫做“静若山岳、动若脱兔”。一购一销，一静一动，赚的是货物的季节差价。在平常的日子里，商人讲究的是“货如轮转”“细水长流”“薄利多销”，赚的是批零差价，这就叫做“以短养长”。

当时，许多生意人就是因为不欺诈，不瞒欠，才取得大庄家信赖，从而商场顺手，发家致富。社会秉性和商业道德操守，正面是买卖公平、童叟无欺、讲究信用，反面是欺行霸市、缺斤少两、假伪充杂。商家经营中还盛行赊销，文称赊数，就像时下的“签单”。赊销有期，如用现金交易，可按交易金额回扣 2%，叫做“扣九八”。赊给一般顾客，则按一年“节”收账，没有固定日期。每逢农历节日前四、五天，商铺就开列赊货账单，送到顾客家中。节前两天，开始逐户收账。顾客可还全部或还一部分，但逢年清账。有的顾客，过年关，被迫躲债，害得商铺收账员空跑。大年夜收款，提着小灯笼，连夜挨户收账，直至正月初一上午。徐闻有首雷歌“十二月头债见路，田主也来逼田租。钱主到来追钱债，无心无情怎围炉”，唱的就是过年时欠债人的窘境。

佣行代销他人的货品，来货多为农产品，按销出金额多少抽取百分之几的佣金（抽水）。在佣行中掌称至关重要，他们的手段是称头称尾“吃”，有的客户不识称戥常遭人“吃”。佣行使用的都是秆称。大秆称砣重 38 斤。小称、平称则为 16 两称，16 进制。还有一种针称，做药材的用象牙小称，非常精美。使用的尺是长竹尺、木条尺。在商品交易中经常作假，大秆购进，小秆售出，常以少报多。

四、民国时期徐闻的金融活动

民国时期，先是钱庄、典当业。民国 2 年（1913 年）先有清末举人邓国霖开设当铺 1 间（当铺实质是运用抵押货款达到盘剥的目的）。民国 7 年（1918 年）有石岭村林海清开设 1 间。至此县城先后共有当铺 6 间。这些当铺资本额大的有万余光银，小的仅两三千元不等。以后他们又在曲界、海安等处设置分铺。其间在县城开设的钱庄有 2 间，经营存、放、汇等业务，通汇一般为湛江、广州、海口等处，但经营情况无考。

民国 12 年（1923 年），国民政府为加强对重要的盐业等税收的征收，以及发放政府工作人员的工薪，成立徐闻金库。这可谓徐闻最早的官办金融机构。随后于民国 35 年（1946 年），又设置中国交通银行徐闻工作处（有工作人员 4 人），代理金库和开办信贷业务。这时虽然有钱庄，但杯水车薪，解决不了问题。解决资金的互通有无，主要还是靠民间借款。流行的形式主要有下面四种。

（一）放高利贷。以利率极高为特点，要有必要的抵债财产为前提（如房屋、土地），放高利贷者认为借贷人本息偿还有保证时才借钱。

（二）放青苗。这种形式其实是实物借贷。常见的有“借出收果”，即“耕种归借债人，收获归债主”。第二是吃“赊米”，借米九斗二，三个月还一石，故又称借九还十。放青苗主要在农村，一般于“青黄”不接时，债主利用这个时机进行盘剥。

（三）标会。其组织形式采取以近期出资轮流收回办法。参加者以帮助发起人（“头会”）解决困难出发而集资。“标会”按交款的期限分为小会（一月一次）和大会（一年一次）；按取款次序又分座会（事先商定次序）与摇会（临时摇号或抽签决定本次谁取款）两种；标会又分计息与无息两种。实际以小会、摇会、计息者为多数，大会、座会、无息为少数。

（四）放梅花，同“卖奖”如出一辙。“放梅花”为害甚烈，成日成夜地放，有的人因放梅花害性命，所以当时流传一句话：“说险就是险，没钱才开梅花厂。”

民国时期流行的钱币。除使用历朝历代的铜钱，还有铜币、银币、纸币以及安南的宽永钱和日本的天保通宝。

民国 23 年（1934 年），为适应市场流通需要，徐闻商会发行总额为 2000 银圆的“徐闻商会通用券”，面额分别为铜板五枚、十枚、二十枚三种，在县内流通，历时一年多。

民国 24 年（1935 年）10 月，国民政府改革币制，禁止使用白银，强迫人民将所有银元兑换为纸币，纸币面额为壹佰元、伍拾元、伍元、壹元、伍角、贰角等七种，大洋一元换大洋券一元二角或毫券一元四角四分，毫银一元换毫券一元二角，徐闻市面开始流通。

民国 31 年（1942 年），国民政府发行关金券，每元折合旧币 20 元，面额有 10 分、20 分、1 元、5 元、10 元、100 元、500 元、5000 元 8 种。

民国 37 年（1948 年）7 月，徐闻市面使用金圆券，物价暴涨，百姓苦不堪言。

五、南洋番客，返乡创业

民国时期，大批徐闻人为躲避兵荒匪患，远走南洋。龙塘赤坎仔村窦亚武、窦亚盈兄弟逃难逃到印度尼西亚。有的番客在异乡勤奋劳作，拥有一定资产后，留恋故乡，又重返家园，经营产业。1927 年，西埚人林育仁，从马来西亚引进三叶橡胶种子，育苗成功，于 1929 年定植于西埚村，后又扩大到县城黄宅等地。县城蒋宅园人蒋茂珠，在村东开辟两块橡胶园。1926 年，徐闻人倪国良从新加坡引进菠萝苗在徐闻种植。有的还乡后开铺经商，有的带回手工工艺，回乡开车，修理，人们都尊称他们为番公（婆）、番客。

种植在徐闻县曲界镇的菠萝（陈北跑 摄）

○ 引进种植的橡胶树（曾青 摄）

第四节　徐闻县商会

○ 1913 年正式成立的徐闻商会原址——泰华宫今貌（曾青　摄）

一、徐闻县商会的成立

明清代“会馆”的建立，各个行业的形成，促进徐闻工商业的发展。时至民国初期，徐闻县城除民主路作为商业的主街之外，打铁行、打银行、番薯行等九个行业区，工商业比较活跃。工商业的发展，必须有商人的统一组织领导机构，调处商业方面的有关事务。1913 年，在城商人举行集会，开始成立“徐闻县商会”，地址设在县城民主路原泰华宫南边，推举李栋卿当会长，钟荣勋当秘书。商会机构设有委员 7 人，文书（秘书）1 人，杂差 2 人。商会的任务主要包括：①点街灯，由文塔街吴德培、董遵钖、吴锐负责，夜晚点汽灯，一种为座灯，一种为吊灯，悬挂于路边，作为街道照明；②打更鼓，有专人负责，

民国时期徐闻历任商会会长一览表

年份（年）	名称	会长	籍贯	备考
1913—1924	徐闻商会	李栋卿	前山镇下园村人	首任
1924—1929	徐闻商会	邓毓琪	县城人	该人为烈士亭题联
1929—1934	徐闻商会	陈介生	儒家井	
1934—1935	徐闻商会	黄敬兴	广府人	
1935—1939	徐闻商会	何宗莹	嘉乐园人	何荦侄子
1939—1949	徐闻商会	何仲权	嘉乐园人	何荦弟

兼报大火警，每夜到更时，一边打更鼓一边大呼“风高火燥，提防火灾”之类，提醒居民注意。因茅草屋众多，又低矮连片，为防火灾，每个境坊都建有 2.5 米 x4.5 米，高 60 厘米的贮水池，以防火救灾之用。

商家有“行头”“行首”，指生意经营的规模较大，在商界较有威信，是在“行内”能起表率作用的人，后来都成为商会的骨干。

二、民国时期徐闻县商会参政活动

徐闻县商会成立后，会长由地方上颇有名望的工商业人士担任，与国民党政界有着千丝万缕的联系。

1932 年抗日战争时期，商会配合群众的爱国运动，抵制日货，把价值几万元的日货焚烧于文昌阁前，以示对日抗议。

民国 24 年（1935 年），徐闻大旱，县城各境及附近数千名群众游神求雨，与政府发生冲突，县长陈翰华电告省府谎报“徐闻县共产党暴动，捣毁县政府……”，陈济棠听后就要派两个团到徐闻“剿共”。徐闻县商会会长陈介生及时将实情电告何荦，何荦回徐闻妥善处理后，才平息这宗事件。

民国 35 年（1946 年），徐闻县重新成立商会、教育会、农会。是年，徐闻开始“国代”选举，各派政治势力粉墨登场。一派为何荦派，由县长陈桐支持，称陈派。另一派是郑振葵派，由民主党和青年党支持，又称华派。华派在徐闻京侨旅店成立“国大代表”竞选办事处。徐闻商会会长何仲权（何荦弟弟）给各乡

○ 民国时抗击山匪的北潭村炮楼（曾青 摄）

○“茶亭”（曾青 摄）

镇富人乡绅赏赐金银，并在各乡镇设立投票箱和选民招待处，给选民免费供应丰足的烟茶酒菜，在一些乡镇选区，还给选民馈赠一两块纸币，最后何荦当选“国代”代表。

民国 37 年（1948 年），国民党政权摇摇欲坠，国民党参议会、县党部、商会处于半瘫痪状态。

三、民国时期徐闻县商会的公益活动

（一）组织民团，抗击山匪

民国初，贼乱迭起后，徐闻县城内有官兵驻守，城禁森严。东门设东关墟，南门外设南门墟。东关墟从东门头一直到木棉路口大街，前后设两道大闸，在横巷道口设 9 个横闸，闸门均用砖木造成二层栅栏。县城各境坊民众自发组织起民团局。

为维护商业经营正常化，徐闻县商会负责筹款供养一个武装班，有 10 多人，为商团维护秩序、押运货物、防止抢劫。商团武装驻泰华宫，首领称管带。在抗贼时，商团兵驻登云塔，监视贼情，急时鸣警，山贼骂他们为“团猪”，恨之入骨。

（二）修建亭塚，慰藉冤魂

匪祸平息后，骸骨铺路。徐闻商会等各界人士，特别是徐城“崇善堂”李乔芬等发起乐捐，捐得 700 多光洋（白银），李芳林献地，于 1933 年秋筹建“冤塚”“茶亭”（在今县党校电大门口）。1934 年清明节期间，将收集到的 100 多牛车的骸骨合葬完毕，工程竣工。

徐闻人士先后将被山匪杀害的军民埋在县城（在今县人民医院北侧公路）至九头铺伏波庙西的地方，建多座坟墓和烈士亭，以纪念逝者，警示后人不忘当时惨状。现县人民医院附近，当时有四柱方亭，为民除害剿贼死难营长墓，现伏波庵西有“廿七人墓”等，后全部被毁无迹。其中有徐闻商会会长邓毓祺题烈士亭联“君等冒刃除顽，热血漂来遍洒青山成泪雨；我侪抚碑凭吊，忠魂缥缈空留白日照孤坟”。

1936 年秋在迈陈新地村创建“冤魂祠”，竖立冤魂碑。

○ 齐康医院（现为徐闻县人民医院）今貌 （曾青 摄）

（三）创建医院，救治苍黎

谭昌朝撰写的《平民医院记》载：“慨我徐之民国十一年来，为匪蹂躏，人民十失八九，伤残极矣！今总稍安定，然元气未回复，不加以调养，惟此孑遗，其何以堪。”何荦和陈桐发起创建“平民”医院，选址在县城东南隅。后于民国19年（1930年）由国民党县长张光斗发起，吴韵松、何公卓、黄玉同、骆鸣銮等绅士24人，请殷商苏荣枢、陈乔松、何仲权等24人共捐光银6518元，建成齐康医院（即新中国成立后县人民医院前身）。

（四）打虎除害，保护民众

自民国7年（1918年）以来，“匪乱多年，猛虎聚兴，到处伤人害畜，令人防不及防，避无可避”（见黄秩同《忠告徐闻当局书》）。

时人记其事说：“虎患始自清光绪二十年，县东山深林密，虎患最烈。牧子行人被其吞噬者，不可屈指数。然虎能死人，亦多死于人。徐闻商界人士捐款给县壮丁联团体，执器械而环搏之，成设虎漏（陷阱）陷之，或入虎穴生擒之，寝其皮，而食其肉。以其骨泡酒，以其齿疗毒，徐闻县城中药堂浸泡制的虎骨木瓜酒与毛鸡酒声名远扬，功效奇特，成为徐闻一大名产。”由此解除虎害，保障人民安生。

（五）消除纠纷，解决争讼

民国时，徐闻民间纠纷多如牛毛。争讼双方如同水火，各依权势，互不相让，甚至不惜用牛车拖光银来打官司，有的官司从清朝起一直打到民国，称作过朝官司，家财破尽，贻害子孙。徐闻商会在调解商人之间的纠纷起积极作用。

（六）赈灾济困，救助难民

民国初期，天灾人祸，山匪猖獗，县城城内城外挤满难民，他们无食无衣，饿死者无数，徐闻商会会长刘国才发起，煮粥赈灾，为难民施粥裹腹，救一时之困。1945 年，蔡民生（当代画家，南门塘人）举办画展，义卖赈灾，请医施药，救助患者。

（七）重视教育，培育人才

民国 18 年（1929 年），何荦为办乡村师范捐款，在徐城孔庙西北建起一栋教学楼，名“公卓楼”。

民国 19 年（1930 年），由县长张光斗发起，发出倡议书《徐闻书馆修造并相购册劝捐引》，全县社会各界人士积极捐助建起徐闻图书馆并添置书籍。

民国时期，徐闻县城是全县政治、经济、军事、文化中心，人才荟萃，县城工商户重视子女的培养和教育，他们尊师重教，或送子女到海南、广州、北京、北海、湛江、高州、雷州等外地读书，有的或涉重洋留学外国。

由于政治上的分野，从县城工商业户中走出两类不同政治信仰的子弟人才，从而在当时影响徐闻的政治社会和经济活动。

（八）囊助公益，热心功德

徐闻工商界人士热爱乡梓，造福民间，凡是公益事业，都愿意并喜欢“扛牛头”（雷州方言，出风头的意思）“共钱绑龙”（雷州方言，捐钱公益活动的意思）。维修孔庙、贵生书院，创立高等小学堂、南门塘小学、龙尾小学，修路造桥、修码头、打井，无处没有他们的足迹和身影。每逢节庆、公祖诞辰，各大行头行首募捐公益金作为寺庙香灯油费，以及绑彩、游神、祈福、刻公（神像）开光、庙会演戏酬神、做平安、放生龟鸟的费用。遇上死人崩屋的天灾人祸，都乐意解囊相助。

第五节　中华人民共和国成立后徐闻县工商业

中华人民共和国成立后，徐闻县工商业主要经历四个不同的阶段：第一阶段是 1950 年至 1956 年，中国共产党对资本主义工商业的社会主义初步改造；第二阶段是 1957 年至 1965 年社会主义工商业的发展；第三阶段是 1966 年至 1976 年，文化大革命对工商业的严重影响；第四阶段是改革开放促进工商业的快速发展。

一、资本主义工商业的社会主义改造

新中国成立后，中国共产党对资本主义工商业采取“利用、限制和改造”的政策。遵循党的方针政策，徐闻县人民政府开始对资本主义工商业的社会主义改造，大体上经历开始、全面深入、巩固、完善四个阶段。

（一）开始阶段：对资本主义工商业改造的开始

从 1950 年至 1956 年，是徐闻对资本主义工商业进行社会主义改造的开始阶段。1950 年 9 月，徐闻县人民政府按照“发展生产，繁荣经济，公私兼顾，劳资两利”的指导方针，对全县资本主义工商业进行“统筹兼顾，全面安排”。

1. 对资本主义工业的改造

（1）对私营工业的社会主义改造

新中国成立初期，全县私有工业只有酿酒厂、烟丝厂、印刷厂 3 家，共有从业人员 88 人，资金 42,723 元（其中流动资金 7316 元）。1956 年 1 月全部改造为公私合营，给私方的流动资金年终付息 3% ~ 5%，固定资金付息 1% ~ 2%，资方人员全部安排工作，其中 1 人任经理，3 人任副厂长。

从 1950 年开始，徐闻县先后对全县大型糖业加工厂（如徐闻城内侨资的华南糖厂，后改名华建糖厂，当时是华南地区最大的现代化机械制糖企业）、大的制盐盐坞、港口码头、侨资的华生织布厂和侨资的兴华烟丝加工厂等几家私营工业，实行公私合营。

据 1956 年底的统计，全县已进行公私合营（国家资本主义）工业 23 户，占全县 10 人以上私营工业总数的 67.7%。公私合营之后，对原企业进行以改善经营管理、提高产品质量、健全多项制度、调整劳资关系为主要内容的整顿和改革，使企业面貌焕然一新。

工业改造的第二种形式是加工、订货、统购包销。到 1956 年 10 月，全县发展中级加工、订货户 14 户，占私营工业总户数的 55.5%，产值占 50.8%。

（2）对个体手工业的社会主义改造

新中国成立初期，徐闻县个体手工业主要有制铁器、竹器、木器、饼干、粉干、豆腐、棉胎、木屐、麻绳以及雕刻、补锅、理发、缝纫、照相、修理等 20 多种行业。

1953 年，徐闻县城手工业行业 10 个，170 户，301 人（资方 271 人），资本额 15,215 元，营业额 505,531 元。

1955 年，徐闻县对个体手工业实行了社会主义改造。但当年手工业合作运动发展缓慢，纳入组织改造的只有 3 个生产社 92 人，13 个生产小组，142 人。以上两种形式合计 234 人，占从业人数的 23%。1956 年 1 月社会主义改造高潮中，组织起手工业生产社 27 个，有 460 户 826 人，小组 19 个 106 人。组织起来的人数占从业人数的 91.2%。全县手工业基本实现合作化。

2. 对私营商业的社会主义改造

1955 年以前，对私营商业的改造只是试点，没有铺开，县城部分纳入改造的仅有 153 户 267 人，占从业总人数的 38.9%；乡村部分纳入改造的 266 人，占从业总人数的 26.1%。

1955 年 2 月中央财经工作会议后，对私营商业的社会主义改造，全县马上铺开，主要采取合作商店、合作小组、经销小组和代购代销 4 种形式。

经过 1956 年 1 月的社会主义改造后，资本主义商业全部纳入公私合营，小商小贩也基本组织起来，走上合作化道路。到 1956 年底，全县棉布、副食、百货、山货、烟酒、药材、陶器、屠宰、蔬菜、水产、煤、油、饮食、旅店等 10 多个行业全部纳入改造。全县合营的有 64 户 191 人，合作商店有 670 户 937 人，合作小组有 423 户 444 人。三种形式合计 1157 户 1572 人，占商业从业总人数的 87.54%。资方有 8 人担任商店副经理，12 人担任门市部主任，1 人任股长。

3. 对个体交通运输业的社会主义改造

1956 年 1 月的社会主义改造高潮前，徐闻个体交通运输者有 694 人，拥有各种车船 240 辆（艘）。其中从事货运的木帆船 91 艘，年载货量 1570 吨，从业人员 435 人；从事货运的牛车 14 辆，从业人员 28 人；从事短途客运的自行车 105 辆，从业人员 105 人。

1956 年 1 月的社会主义改造高潮后，组织起水上运输合作社 1 个，牛车运输合作社 1 个，自行车运输合作社 1 个，全县的个体运输者及其车船全部加入合作社。

4. 对资产阶级分子的个人改造

从 1952 年起，徐闻在全县工商界人士中展开经常性的政治学习，广泛持续地开展社会主义爱国主义思想教育。在加强思想教育的同时，对人的改造，采取 3 种实质性的措施：一是通过“统筹兼顾、合理安排”，确定他们的工薪和利润的分配，维持他们的正常生活；二是通过政协、人代会及企业董事会，安排给他们一定的“席位”，使他们感到政治上得到信任，增强接受改造的信心与决心；三是在他们当中培养一批先进分子，以带动全体工商业者更好地接受社会主义改造。

（二）全面深入阶段：社会主义改造全面深入，公私合营得到发展

从 1956 年底到 1957 年初，徐闻全面推动对私营工、商、运输业的改造，这是对资本主义工商业进行社会主义改造的全面深入阶段，徐闻县各有关单位均成立“对资改造小组”，抽调干部组成对资改造工作队，并组成对资改造宣传队。全县在短时间内，基本上完成批准全行业公私合营和合作化的进程。据 1957 年底的统计，全县共有大小城镇 18 个，公私合营的工商业者总户数 278 户，从业人数 1821 人（其中，公方 15 人，劳方 238 人，资方 1568 人；男性 1335 人、女性 486 人），上半年营业额 3,303,273 元，资本额 156,606 元，全年付息额 7265 元，月工资 43,516 元（1957 年 10

月份计）。

（三）巩固阶段：继续深化企业与人的改造

从 1957 年至 1966 年文化大革命开始前，是徐闻县对资本主义工商业社会主义改造的巩固阶段。

从 1957 年初开始的公私合营和合作化开展之后，徐闻县人民政府据此召开专门会议，及时在全县展开一系列巩固改造成果的艰苦工作。

首先是继续深化企业的改造，全面进行公私合营企业的清产核资工作。据 1956 年底的统计，全县公私合营企业定股金额为 77,621 元。按照“定息年利率 5%，一定 7 年不变”的政策，确定私股的定息。1959 年 11 月，党中央根据全国工商联代表大会部分代表反映的意见，决定“定息延长 3 年，以资照顾”。这样定息到 1966 年初，10 年定息发放完毕，“赎买”的过程也全部结束。

其次，这次社会主义改造，进一步加强对人的改造工作。1957 年，徐闻县提出全县工商业者深入学习的具体意见，县里举办短期讲习班的试点工作，县委还组织工商业者分期分批进行脱产学习。1957 年夏季开始的反右斗争中，全县有 5 名工商界人士被划为右派，极“左”思潮抬头。1958 年，举办卫星农场等工商界农场 4 个。

（四）完善阶段：全面拢乱反正，落实党的政策

1978 年 12 月，中共十一届三中全会后，中共中央下发中发〔1979〕184 号文件，县委、县政府立即着手对遭受迫害的工商业者全面进行拨乱反正、落实政策的工作。①全部改正工商界人士中被错划的右派分子；②恢复工商联组织机构，归还办公用房；③ 1980 年，区别“三小”，把公私合营时笼统作为资方人员纳入合营的 341 名小商、小贩、小手工业者，区别开来，重新认定他们的身份；④对在“文革”期间受到错误对待的工商业者及其亲属、子女实行政策上的平反，对代表人士作实职安排；发还和作价补偿自留房屋和生活用品及扣发的定息。

从 1979 年开始，将在 1956 年公私合营时期，把一部分小商小贩和小手工业者带进公司合营而长期列作私方人员进行改造的“三小”成员 113 人区别出来，进一步明确他们的成份；在“文革”期间被错误处理或处理不当

的62人，都落实党的有关政策。据统计，全县工商业者及其亲属，共落实政策问题案件160多宗，涉及对象212人，发还股息2578元、补发工资6980元，退还房屋及宅基地860平方米，复工复职72人，恢复粮食供给8人。至此，徐闻县对资本主义工商业的社会主义改造结束。

二、工业

1949年，新中国成立前夕，徐闻全县有工业企业387家，其中全民所有制工业1家，个体手工业386家，工业总产值25.47万元。

1951年6月，番禺籍华侨梁国新、张治安、杜启冲等8人集资在徐闻创建首家机械化糖厂——华南糖厂，同年11月投产，日榨蔗能力70吨，有工人200名。1956年1月公私合营，改名为徐闻县华建糖厂。

1952年，徐闻工业发展较快，仅手工业就从1949年的386家发展到481家。工业总产值217万元，比1949年增长了7.52倍。

1956年，对私营工业、个体手工业在生产资料所有制方面进行社会主义改造，组建生产合作社、供销生产合作社共24个，有职工830人；互助组17个，职工78人；公私合营企业3家，全民所有制企业12家。到1957年，全县工业、手工业71个单位中，全民所有制企业19个，占工业企业总数的26.76%，产值1150.56万元，占工业总产值1354万元的84.97%；公私合营企业4个，占工业企业总数的5.63%，产值47.91万元，占工业总产值的3.54%；个体手工业企业48个，占工业企业总数的67.61%，其产值155.53万元，占工业

徐闻县工业总产值择年比较表

年份（年）	总产值（万元）	年份（年）	总产值（万元）	年份（年）	总产值（万元）
1949	25	1970	3884	2013	444,688
1952	217	1985	16,032	2014	401,426
1959	2895	1995	89,032	2015	407,011
1966	4994	2005	161,997	2016	289,284

总产值的 11.49%。

1958 年，掀起大办工业的热潮，公私合营工业企业继续发展，社镇也土法上马大办工业，“五小工业”遍地开花。到了 1962 年，全县工业企业总数 83 个，其中全民所有制企业从 1957 年的 19 个增加到 29 个，占工业企业总数的 34.94%；公私合营企业 3 个，占工业企业总数的 3.61%；个体手工业企业 51 个，占工业企业总数的 61.54%。全县工人总数由 1957 年的 1602 人，增加到 1959 年的 3532 人，增长 120.47%。

1960 年以后，由于连年严重自然灾害的影响，加上工厂资金不足、原料缺乏、技术落后、产品质量低劣等原因，许多工业企业，尤其是社镇办的工厂无法坚持生产，被迫下马。仅 1962 年关、停、转、退的企业就有 18 家，总产值由 1959 年的 2717 万元下降为 1339 万元。后经三年调整，各种性质的企业比重发生了新的变化。1965 年工业企业总数 55 家，其中全民所有制的 17 家，集体所有制的 38 家，分别占工业企业总数的 30.91% 和 69.09%，工业总产值 2952 万元，年均递增率 30.5%。1966 年工业发展迅速，当年工业总产值 3779.9 万元，是 1957 年工业总产值 1354 万元的 2.79 倍。

文化大革命时期（1966—1976 年），工厂秩序遭受严重破坏，工业企业出现无政府主义状态，生产无法正常开展，工业产品产量和质量下降，市场销售量差，人们连劣质产品都难买到。1969 年全县工业总产值仅为 2247.7 万元，比 1966 年减少了 1532.2 万元，下降 40.54%。1970 年后，由于当年矿产采选业兴起，罐头厂投产，糖业也有所发展，全县工业经济有所好转。到 1975 年，全县工业企业有 95 家，其中全民所有制的 23 家，集体所有制的 72 家。

1976 年文化大革命结束，1978 年 12 月 18 日中共中央十一届三中全会召开。徐闻县实行改革开放，坚持以经济建设为中心。1979 年开始推行经济体制改革，扩大企业自主权，落实各种经济责任制，工业企业生产发展、产值提高。1979 年全县工业企业发展到 100 个，从业人员 5807 人，工业总产值 7086 万元，比 1970 年的 2593 万元增加了 4493 万元，增长 173.27%。

1985 年，全县工业企业 92 家，职工总数 10,185 人，其中全民所有制企业32家7757人，集体所有制企业60家2428人。个体、村办、农村合营企业发展迅速，共有1064个，其中个体手工业企业就达831家。是年工业总产值15,109万元。1979年至1985年，年均递增率13.3%。按当年价计，是年工业总产值首次超过农业总产值，占工农业总产值的52.2%。

20世纪80年代，全县工业初具规模。工业企业以食品、机械、建材为主，皮革、造纸、印刷、电力等也有较好发展，产品有数千种，质量较好，销路广阔，有的在国内外享有声誉。

20世纪90年代后，工业保持快速、平稳增长趋势。1995年，全县工业企业已有885家，其中村办及个体办的751家，乡及乡以上的134家。在工业企业单位总数中，轻工业企业541家，重工业企业344家。全县工业总产值（按1990年不变价计）64,520.4万元，其中村及个体办的工业企业总产值13,127.8万元。

1995年，全县全部独立核算的工业企业120家，其中按性质分，全民所有制（国企）企业28家，集体所有制企业66家，私营经济企业4家，个体经济企业12家，外商及港澳台商投资的经济企业10家；按经济类型划分，轻工业企业71个，重工业企业49个；按企业规模划分，大型工业企业2个，中型工业企业5个，小型工业企业113个。全县完成工业总产值99,975万元。是年，工业企业门类较齐全，工业产品质量进一步提高，名优产品有所增加（如"天坛牌"糖水菠萝罐头曾获得国家对外贸易的"荣誉证书"，远销国外），产销衔接较好，全年工业产品销售值73,826万元，销售率86.3%。

20世纪90年代末到21世纪初，随着中国改革开放的深入发展，徐闻工业企业实行体制改革，国营、集体、私营、个体工业企业竞争激烈。全民所有制工业企业管理体制明显落后于私营企业，效益越来越差，有的甚至资不抵债。因此，有的被关并，有的被改制，如原徐闻县6间国营糖厂，至2001年基本被关并或改制。全民所有制工业企业不断减少，集体、私营工业企业进一步发展壮大，尤其是个体工业蓬勃发展。工业部门也不断增多，计有冶金、电力、化学、机械、建材、木材、食品（包括制糖、制盐、罐头、饮料等）、缝纫、皮革、造纸、文教用品等类。2005年，全县有私营企业230家，个体工商户7663户，全县工业总产值161,997万元。2013

年，全县有民营企业 1061 家，个体工商户 13,330 户，全县工业企业总产值 443,973 万元。2014 年，因超强台风“威马逊”的袭击和全国经济转型期，全县工业企业总产值下降到 401,426 万元。

三、商业及服务业

新中国建立以后，党和人民政府十分关心人民生活所需，大力扶持商业和服务业的发展，先后设置粮食局（1950 年 4 月）、供销联合社（1953 年 2 月）、商业局（1959 年 9 月）、工商行政管理局（1964 年 8 月）、物价管理局（1981 年 8 月）等商业和服务业的管理机构，加强对商业、服务业的领导和管理，促使城乡贸易日趋繁荣。

(一)商业

1949 年徐闻解放前夕，全县从事商业的店铺有 250 家，一般是经营一些零碎小商品的批发和零售。

新中国成立后的 1950 年，全县恢复和新设个体商店共 52 家，经营范围从传统的土特产产品逐渐扩大到日用百货、五金交电、石油化工等商品，而且发展逐渐加快。到 1955 年，全县统计商户有 1284 户（其中批发商 25 户，零售商 1259 户），从业人数 1570 人，资本额 21.38 万元。1956 年对个体商业实行公私合营后，国营和集体商店占主要地位，发展较快，个体商户受到限制，基本停滞。

20 世纪 50 年代末到 60 年代初，当时国家工商业还比较落后，商品供应非常紧张，主要商品基本凭票供应，就连棉布、煤油也是定量供应，无法满足人们的需求。特别是文化大革命时期(1966—1976 年)，最基本的日常生活用品如肥皂、毛巾、牙膏等在市场上都很难买到。

1976 年文化大革命结束。1978 年 12 月中共中央召开十一届三中全会，国家实行改革开放。1979 年，徐闻县贯彻落实“改革、开放、搞活”的方针，商业实行国营、集体、个体商业竞争发展，个体商店、摊贩象雨后春笋般拔地而起，使商业增添生机和活力，市场繁荣稳定，商品花样新颖，琳琅满目。

1995 年，全县有个体商店 8200 多家，商业企业 2000 多家；全县社会消费品零售总额达 67,922 万元，比 1985 年增长 320%；城乡集市贸易成交额 35,493 万元，比 1985 年增长 82.9 倍；外贸收购总值 1486 万元，比 1985 年增长 1.4 倍。

进入 21 世纪以来，徐闻的交通事业迅猛发展，公路四通八达，并且全为硬底化公路；海运开通了东南亚航线；高速公路、铁路连结祖国大江南北。流通渠道非常畅通。2005 年全县从事流通的经济实体 4900 个，流通人员近 6 万人。商贸活动非常活跃。商品种类繁多，品种齐全，供应充足，就连境外的高档电器等名优商品在徐闻市场上都能买到。2005 年，全县社会消费品零售总额跃增到 198,529 万元，2015 年再上新台阶，达到 770,694 万元。

（二）服务行业

新中国成立前，徐闻服务行业由私人经营。1949 年全县有饭店、茶楼、粥铺、旅店等 33 家，其中饮食业 17 家，旅店 16 家。此外，还有一些修理、焊灯（煤油灯）等行业。

新中国成立后的 1950 年，徐闻恢复和新设饮食店 30 家，旅店 36 家，服务业得到了较好的发展。1956 年通过对服务业的社会主义改造后，实行公私合营，服务业改为集体所有制，集体服务企业达到 208 家。后来因管理不善等原因和文化大革命的影响，1979 年只剩下 74 家。

1979 年，国家实行改革开放后，鼓励国营、集体、个体竞争发展，个体服务业发展很快，特别是个体饮食业发展更快。1980 年，长度不足 100 米的徐城文明街就经营着几十家个体小食店和酒店，热闹非凡。传统的地方风味小吃如八宝饭、腌粉、叶裹饼、焖狗肉等也得到恢复和发展。随着个体饮食业的兴起，冲击集体、国营饮食服务业。1985 年，集体饮食服务企业从 1979 年的 41 家减少为 22 家。

随着改革开放的深入发展，私营服务业日益兴旺。1985 年后，县城以洗头、美容为主的发廊遍布大街小巷；私人开办的旅店逐渐增多，有 10 多家，但集体经营的旅店档次较高，数量相对稳定，如县委招待所、徐闻旅店等；私人开办的照相馆、钟表和车辆维修店也逐年增多。饮食业更加发达，街边、城乡集贸市场的小食、便餐、冷饮摊档不断增加。新开张的酒家档次明显提高，如南方酒家、皇宫酒家、观塔楼酒家等。到酒家办婚宴、吃早茶风气开始形成。1990 年，全县有集体饮食企业 28 家，个体饮食店 474 家，有从业人员 1636 人；有集体服务企业 62 家，服务业个体户 313 户，共有从业人员 621 人。其中旅店 44 家，理发店 173 家，家电维修店 46 家，钟表维修店 35 家，农机车辆维修店 52 家，照相馆 25 家。

1991 年后，随着社会主义市场经济体制的建立和各类市场的繁荣，加之海安建立经济开发试验区的推动，饮服业得到进一步发展，相继出现一批档次较高且有一定规模的酒家，如海鲜酒店、新世纪酒家、雅阁美食城等，还有合资或合作形式兴办的一批集饮食、旅业、娱乐于一体的经济实体，如金叶大厦、海安小桃园等。据 1995 年统计，全县有集体饮食企业 9 家、个体饮食店 519 家，共有从业人员 1524 人；集体服务企业 16 家，服务业个体户 443 户，共有从业人员 693 人。其中旅店 58 家，理发美容 214 家，家电维修 53 家，钟表维修 39 家，农机车辆维修 67 家，照相 28 家。

进入 21 世纪以来，徐闻的旅游业异军突起，发展迅速。特别是海南国际旅游岛的建设，给徐闻旅游业的发展提供机遇，徐闻主动对接，主动服务，主动融入，主动竞争，加快旅游业的发展步伐。同时，徐闻借助创建“广东森林生态旅游示范基地”的优势，极力发展生态旅游、田园观光旅游。先后建设南山镇三墩新农村片区、龙泉森林保护区、曲界镇龙门村、“菠萝的海”、中国大陆南极村（角尾乡灯楼角）等旅游景点，到徐闻旅游的客人遂渐增多。南来北往的旅客带旺徐闻的服务行业。随着人们生活水平的提高，到酒家举办婚宴和节日团圆餐的人越来越多，对酒家档次的要求也越来越高。于是，一些高级酒店宾馆应运而生，如聚雅酒店、杏磊湾酒店、来悦酒店、星海湾酒店等。近年来，每逢春节等节日假期，酒店席位、床位难求，必须提前预订。随之，文化娱乐活动丰富多彩，卡拉 OK、歌舞厅应运而生。朋友、战友或同学的聚会和娱乐活动越来越多，对娱乐场所设备的要求越来越高。因此，在县城、乡镇先后办起许多娱乐场所，而且档次越来越高，娱乐活动更具吸引力。总之，各种各样的服务设施越来越齐全。2015 年，徐闻县仅私营的酒店和宾馆（旅业）企业就有 26 家（不含个体经营户），各种服务行业的私营企业（不含个体户）有 64 家。

徐闻县社会商品零售总额择年比较表

年份（年）	社会商品零售总额（万元）	年份（年）	社会商品零售总额（万元）	年份（年）	社会商品零售总额（万元）
1949	317	1970	3758	1995	67,922
1952	1057	1975	4096	2005	198,529
1957	1800	1980	7179	2013	629,730
1962	2463	1985	14,295	2014	694,516
1965	2791	1990	30,573	2016	816,953

四、徐闻县工商业联合会成立后非公有制经济发展概况

徐闻县工商业联合会自成立以来，以各个历史时期不同的发展特点，因势利导，把握发展重点，大力促进全县非公经济稳定、健康和有序发展。个体工商户、私营企业数量和规模逐步扩大，实现量和质的飞跃。

（一）非公有制经济发展历程

新中国成立前，徐闻县工商业由私人经营。1951 年，徐闻县城有工商行业 16 个，356 户，从业人员 850 人。1952 年，徐闻县城有工商行业 13 个，457 户，从业人员 1022 人。1953 年，徐闻县城有工商行业 34 个，667 户，从业人员 1258 人。1955 年，全县有工商户数 1284 户，从业人员 1570 人。1956 年，全县有工商户数 1312 户，从业人员 1871 人。1957 年，全县实行公私合营，个体工商业分别组成公私合营厂店或合作社，转变为集体所有制经营方式。1957 年（公私合营），全县有 278 户，从业人员 1821 人。1958 年，全县工商业从业人数 2020 人，其中县城 727 人，圩镇 1052 人，卫星农场 241 人。1959 年，全县工商业从业人数 3865 人，其中县城 727 人，圩镇 2442 人，农场 696 人。

1978 年 12 月后，徐闻县实行开放的经济政策，个体工商业得到迅速发展。1985 年，全县个体工商业达 5803 户，从业人员 8327 人。1987 年徐闻县私营企业开始萌芽，1990 年发展到 18 户，从业人员 425 人，注册资金 4372 万元。1991 年后，徐闻县对个体私营经济发展采取扶持政策，尤其是从 1993 年起认真贯彻湛江市委、市政府《关于加快非公有制经济发展的决定》，对非公有制经济发展实行“三个不限制”和“两个方便”的措施，即不限制发展比例，不限制发展规模，不限制经营范围，尽量方便开业和方便办证，进一步简化办证程序和手续，极大地调动全县从商人员大办企业的热情，全县非公有制经济得到迅猛发展。1994 年，全县个体工商业发展到 8425 家，从业人员 14,572 人，私营企业 127 家，从业人员 1910 人。

1997 年 9 月，中共十五大后，徐闻县委、县政府进一步明确非公经济地位和作用，把非公经济视为社会主义市场经济的重要组成部分和经济发展新的增长点，旗帜鲜明地给予支持，采取多种鼓励措施推动其发展壮大，使非公经济发展成为徐闻经济的一支重要力量。截至 1998 年底，全县个体工商户、私营企业分别发展到 8200 多户和 86 家，从业人员 2.8 万多人，注册资金 9848 万元，实际投入资金超 2.5 亿元，并出现一批资产超 100 万元的私营企业。全县个体私营经济实现产值 7.33 亿元，向国家上缴各种税金 3000 多万元，约占全县总税收的 30%。2003 年，全县有 138 家私营企业，9013 户个体工商户。2004 年，全县有 173 家私营企业，7159 户个体工商户。2005 年，全县有 230 家私营企业，7663 户个体工商户。2007 年，全县有 303 家私营企业，8099 户个体工商户。2009 年，全县有私营企业 384 家，9664 户个体工商户。2010 年，全县有私营企业 485 家，个体工商户 11,713 户。2011 年，全县有民营企业 840 家，11,604 户个体工商户。2012 年，全县有民营企业 915 家，个体工商户 12,344 户。2013 年，全县有民营企业 1061 家，个体工商户 13,330 户。2014 年，全县有民营企业 1137 家，个体工商户 9935 户。2015 年，全县有民营企业 1211 家，个体工商户 14,239 户。2016 年，全县有民营企业 1526 家，个体工商户 12,598 户。2017 年，全县有民营企业 2374 家，个体工商户 18,023 户。

（二）非公有制经济特点

1. 发展较快

非公有制企业从少到多，不断发展壮大，使非公经济在生产总值中占比越来越大。 2011 年全县民营经济生产总值 45.48 亿元，占全县生产总值的 46.3%。2015 年，徐闻县生产总值 144.73 亿元，其中民营增加值 102.8 亿元，占 71%。2016 年，徐闻县生产总值 158.43 亿元，其中民营增加值 112.5 亿元，占 71%。民营经济成为徐闻县经济发展的一支重要生力军，对徐闻经济发展起着举足轻重的作用。

历年徐闻县房地产开发情况

年份指标（年）	本年完成投资额（万元）	其中：商品住宅（万元）	其他（万元）	本年新增固定资产额（万元）	施工房屋面积（平方米）	竣工房屋面积（平方米）
2006	7800	6210	—	4523	45,427	39,995
2007	7645	7645	—	2650	51,000	40,532
2008	6099	5709	390	3492	55,250	35,885
2009	6225	5474	751	6950	52,620	44,220
2010	10,965	7907	2558	8402	245,763	56,550
2011	23,289	18,113	3613	32,175	339,961	132,679
2012	28,995	24,865	2467	36,714	336,413	155,426
2013	66,039	53,932	7565	40,302	559,401	183,347
2014	51,982	42,632	6991	22,008	728,014	101,612
2015	34,108	27,417	5361	84,233	433,106	348,447

2. 特色凸显

非公经济形成房地产、果蔬、餐饮三大支柱产业，商贸物流、餐饮住宿业日趋繁荣。2016 年，建成徐闻碧桂园、天润清华园等商住小区，全年共销售商品房面积 25.93 平方米，交易金额 8.21 亿元。全年社会消费品零售总额 816,953 万元，比上年增长 4.6 %。其中批发零售业零售额 703,395 万元，增长 4.2%；住宿和餐饮业零售额 113,558 万元，增长 7.1%。

3. 贡献突出

加速城镇化进程。随着非公经济的快速发展，商业贸易日益繁荣，吸引大量农民及外地客商进入县城、集镇落户经商。

有效缓解就业压力。徐闻县非公经济从业人员共 3 万多人，吸纳农村富余劳动力 1 万多人，实现就地就近就业转移，增加农民收入。

现代企业制度逐步形成。改革开放以来，徐闻县非公有制企业从少到多、从弱到强，质和量均获得明显提升。一些非公有制企业建立健全激励约束机制，形成科学规范的经营管理模式，加快建立现代企业制度。企业管理者通过学习，加强战略思维，掌握现代经营管理知识，增强科学决策和市场应变能力，综合素质不断提高。非公有制企业加强吸引和使用人才，加大人力资本投入，充分调动人才的积极性、主动性和创造性，为企业发展提供有力的智力支撑；非公有制企业建设健康向上、内涵丰富、特色突出、员工认同的先进企业文化，为企业可持续发展提供文化动力。

税收贡献大。非公有制经济是徐闻县税收和财政收入的重要来源，是徐闻县财政增收的主要支撑。

2015年至2017年 徐闻县民营企业纳税总额占国税系统国内税收总收入比重统计表 （徐闻县国税局统计）

项目年份（年）	徐闻县民营企业纳税总额（万元）	国税系统国内税收收入总量（万元）	民营企业纳税总额占国税系统国内税收收入的比重（%）
2015	18,660	28,030	66.57
2016	22,895	37,551	60.97
2017	34,968	51,943	67.32

注：2017年数据统计截至2017年11月底。

2015年至2017年 徐闻县民营企业纳税总额占地税系统国内税收总收入比重统计表 （徐闻县地税局统计）

项目年份（年）	徐闻县民营企业纳税总额（万元）	地税系统国内税收收入总量（万元）	民营企业纳税总额占地税系统国内税收收入的比重（%）
2015	22,617	35,421	63.85
2016	27,235	35,292	77.17
2017	35,839	42,035	85.26

注：2017年数据统计截至2017年11月底。

2008 年、2013 年
徐闻县工商联会员企业缴纳税费前 10 名

年份	名次	企业名称	缴纳税额（万元）
2008 年	1	徐闻县聚雅酒店	271.06
	2	徐闻县华建房地产开发有限公司	158.83
	3	徐闻县下桥木片有限责任公司	116
	4	徐闻县华盛水泥有限公司	75
	5	广东省徐闻县第三建筑企业总公司	58.33
	6	徐闻县下桥永顺实业发展有限公司	21
	7	徐闻县海安琼园酒店	14.35
	8	湛江龙之珍珠有限公司	14
	9	徐闻县丹华发展有限公司	6
	10	徐闻县益华林木有限公司	5
2013 年	1	广东省徐闻县第三建筑企业总公司	758.74
	2	徐闻县城市房地产有限公司	336.99
	3	徐闻县聚雅酒店	207.25
	4	徐闻县盛业水泥有限公司	86
	5	徐闻县益华林木有限公司	73
	6	徐闻县下桥木片有限责任公司	50
	7	徐闻县来悦酒店	45.10
	8	徐闻县下桥永顺实业发展有限公司	32
	9	徐闻县龙塘酒精有限公司	11.90
	10	徐闻县海安琼园酒店	10.87

第二章

徐闻县工商业联合会

第一节　徐闻县工商业联合会筹备委员会

一、新中国成立初徐闻县工商联初始机构

新中国成立后，徐闻县和全国各地一样，遵照《中央关于组织工商业联合会的指示》精神，接手并改造旧商会，筹备成立工商联。1950 年 3 月 20 日，新成立的徐闻县人民政府工商科、税务局召开在城全体工商界人士会议，开始组织“评税委员会”（地址设在民主街原北潭当铺课堂）。经过一段时间准备，在县人民政府工商科科长赵经乙的主持下，召开在城全体商民大会，将徐闻县评税委员会改组为县工商联合会筹备委员会（设在民主路中段现徐城派出所对面），由杨家礼、陈天寿、曾庆瑶负责筹备工作，主要任务是负责召开商户商民会议，贯彻执行政府当前的各种新政策、法令和号召，以及协助税收工作。

1951 年 5 月 20 日，在县人民政府秘书王子云和县工商科科长赵经乙的主持下，在徐闻中学礼堂召开在城商户商民大会，正式成立徐闻县工商联合会，以企业为会员单位，用投票方式，选出委员 21 人，选举结果是：主任委员杨家礼，副主任委员曾庆瑶、朱必豪；常务委员彭伟（县贸易公司经理）、陈天寿、李春江、黄英荣、刘德基、潘秉刚；执行委员刘玫中、黄玉文、林成双、潘先河、叶茂瑞、梁定鸿、卢明荣、陈昌成、杨进福、林李书、程学谟；秘书陈秉照，干事潘国富。除秘书、干事为有薪的专职人员外，其他人都是兼职，并每日轮流值班。

当时，徐闻县工商联合会的主要任务是：接管本县现有商会筹委会，调整和改造徐闻各行业同业公会，指导徐闻工商业的经营方向，改进其生产管理和经营方式、方法，协助政府向工商界阐明贯彻各种新政策法令，向政府反映工商业各种情况和提出建议，负责对工商界的调查统计工作。徐闻县工商联合会设置一室六股：秘书室，负责专职办公，处理日常会务工作；社团辅导股，负责行业组织和人员发动，协助社会活动等工作；财务股，负责会

内财务工作；生产股，负责指导生产经营以及组织购销、物价管理等工作；宣传股，负责宣传教育；劳资调解股，负责劳资间的纠纷调解和研究劳资福利、推进劳资协商工作；税协股，负责检查和督促商人完成税收，杜绝偷漏税和指导行业健全税协会的工作。

县工商联成立初期的会员主要由国营、私营、公私合营、合作社等各类工商业者组成，是为适应新中国成立初期五种经济成分并存的需要而设立。在各类经济成分中，私营工商业者占多数，他们通过这样一个组织，与政府沟通，加强密切联系。

1952年6月，中共中央批准中央统战部《关于改组工商业联合会的指示》。这是新中国成立后，中共中央批准的第一份关于工商联工作的文件。它明确了工商联和同业公会改组的方针和原则，确定了工商联的组成、性质、组织机构和任务，是建立工商联的纲领性文件。同年8月1日，中央人民政府政务院审议批准《工商业联合会组织通则》，中共中央的指示和《工商业联合会组织通则》发布后，加快推动各地工商联的改组筹备和建立。

二、县工商联筹备委员会成立

1953年5月5日，成立徐闻县工商联合会筹委会筹备处。成立筹备处，是因为1951年所成立的徐闻县工商联合会只是县城工商界组织起来的机构，而未有全县各墟镇的工商代表参加，缺乏广泛性。同时由于社会的发展，国营企业已普遍发展起来，而原工商联合会的组织成员不具有一定比例的国营企业代表参加。这样，原成立的工商联合会就不切合社会发展的实际。因此，在县工商科的指导下，决定取消原徐闻县工商联合会的机构，重新成立具有全面代表性人士参加组成的徐闻县工商业联合会来代替原徐闻县工商业联合会的工作。1953年5月5日，在原泰华宫召开全县工商界代表大会对原工商联进行组织改造，成立筹备处（简称）。出席大会代表共35人（其中在城和各墟镇私营企业代表26人，国营代表5人，机关列席代表4人），县长孙秉礼在会上作报告。会议通过选举产生主任委员是符乃栋、副主任委员是杨家礼、黎裕光；委员12人，他们分别是陈庆满、郭毓芬、黄明、李文华、叶茂瑞、潘家丰、张雪琴、张忠贤、潘潮广、黄悦利、苏臣扬、朱必豪；秘书主任黄明。筹备处主要任务是负责筹备工作。另设调查研究股，负责调查研究徐闻县工商界基本情况和经营情况，调研股股长由郭毓芬担任，股员为李文华、潘家丰、叶茂瑞、张忠贤、骆秉瑶。徐闻县工商联第一次会员代表大会召开后，筹备处自行撤销。

三、筹委会主要工作

（一）引导私营工商业者接受社会主义改造。新中国成立初期，交通运输尚未顺畅，产品的销路与原料的供给均未得到解决，还有银行贷款等问题，工商业者从业举步维艰，思想较为混乱。党和政府对资本主义工商业者采取利用、限制、改造的政策。徐闻县第一届人民代表会议召开后，工商业者对共产党和人民政府的政策、法令有初步的认识，各种混乱思想才逐渐消除。1953 年 5 月 5 日成立的徐闻县工商业联合会筹备委员会，接受改革旧商会和整顿旧同业公会的任务，全面进行工商业的登记调查工作，协助党和政府对广大工商业者进行服从市场管理的宣传教育，推动工商业者进行自我教育和自我改造。

（二）整顿同业公会。1953 年，县工商联筹委会协助县政府整顿改组全县同业公会。1954 年，整顿后的纺织业、服装皮革业、金属修造业、食品业、普通用品业、土木藤竹业、交建器材化工药品业、饮食业、日杂商业等同业公会归徐闻县工商联统一领导。

（三）组织物资交流。1952 年，县工商联组织工商界贸易代表团参加高雷地区土特产交流会和下乡推销收购小组，面向农村，促进物资交流，繁荣城乡市场。1953 年组织观光团参加华南区土特产展览交流会，对活跃城乡经济起了很大的促进作用。

（四）对外联系合作。1954 年、1955 年，先后组织县工商界 8 人参加湛江工商界讲习班学习，通过商务知识的学习培训，从而加强对外的联系和合作。

第二节　徐闻县工商业联合会成立后的情况

1956 年 1 月，徐闻县工商业联合会成立后，在中国共产党的领导下，摆脱民国时期商会的运作模式，充分运用《中华全国工商业联合会章程》赋予的各项职能，积极发挥工商联的作用。从 1957 年至 1963 年，先后召开了第二、第三、第四、第五次会员代表大会，在 1966 年开始的文化大革命（以下简称“文革”）运动中，全国工商联机构被取消，大批工商界人士被遣送农村，普遍遭到不同程度的打击和迫害。这一时期，徐闻县工商联的牌子被砸烂，领导人被打成“走资派”，会址和房屋被占用，财产被分得一干二净。全县原工商业者都受到不同程度的迫害，有 60 多人处境特别困难。他们有的被迫送到农村监视劳动改造，有的家庭财产全被查抄，有的被克扣工资、子女长期受歧视且得不到工作安排，有的房屋被占用等。这种现状持续十年之久。

1978 年党的十一届三中全会以后，全面否定“文革”，经过拨乱反正，落实包括原工商业者在内的各项统战政策，实行改革开放，提出以经济建设为中心，由计划经济向商品经济和市场经济过渡。国家的政治经济形势发生重大转折和深刻变化。工商联工作和个体私营经济随着形势的发展出现崭新的局面。

一、县工商联机构的恢复

1982 年 11 月 23 日，根据新时期统战工作的需要，经上级党委批准，成立广东省徐闻县工商小组，陈居玖为组长，张芝阶、李枢为副组长，其主要任务是恢复工商联组织，配合中共组织落实有关统战政策。工商联工作进入新的历史时期。1983 年 10 月，恢复徐闻县工商业联合会组织机构。1984 年 4 月 23 日，县工商联召开原工商业者座谈会，学习 1983 年召开的全国工商业联合会第五届会员代表大会通过的新的《中国工商业联合会章程》。

徐闻县工商联组织恢复后，人财物缺乏，工作难度大。为打开工作局面，县工商联首先抓自身组织建设。县委安排 2 名县工商联办公机构专职干部编制。在召开原工商业者座谈会之后，县工商联主委陈居玖向上级反映县级工商联机构专职干部编制缺额问题，并递交编制意见表，要求给县工商联增编 2 名干部。据此，1986 年底，县编委给县工商联机关增加 2 名编制，定编 4 名。编制下达后，县工商联机关干部很快配齐。县政府也在财政中给县工商联办公活动经费，初步搭起徐闻县工商联的组织框架，奠定开展工作的组织基础。

二、工商联恢复机构后的第一次会员代表大会

1984 年 5 月 16 日至 18 日，在县委小礼堂召开徐闻县工商业联合会第六次会员代表大会，这也是“文革”结束后恢复工商联组织的第一次会员代表大会。会员代表来自各类经济成分的工商企业优秀人才，包括国营、集体企业（含乡镇企业）的代表，原工商业人士、个体私营企业者，以及小手工业、小业主、小商贩的代表。大会分组学习新的《中国工商业联合会章程》及全国工商联组织部印发的《关于新形势下工商联性质、任务及会员构成的意见（讨论稿）》。会议明确新时期工商联的工作任务是高举中国特色社会主义旗帜，发扬爱国主义精神，遵守宪法和法律，团结包括个体私营经济、合作制经济在内的各种经济成分、过去和现在经营工商业人员，加强同港、澳、台及海外华侨工商业人士的联系。充分发挥广大会员的主动性、积极性和创造性，投身改革开放，加速徐闻县经济建设步伐，开创工商联工作新局面，为巩固和发展爱国统一战线，实现新时期总任务而努力奋斗。大会协商选举产生徐闻县工商业联合会第六届执行委员会委员 25 名。

三、县工商联办公用房建设及搬迁

从 1983 年起，新恢复的县工商联组织向县人民政府提出申请，要求解决返还原有房产，落实县工商联机关办公场所问题。而县工商联原有的房产是 1953 年由县人民政府将民主路 92 号的泰华庙（即螺祖庙）原址无偿拨给县工商联使用，当时是三进屋共计 260 平方米，另有空地 2100 平方米。

1956 年经县人民政府批准，由县工商联集资将泰华庙原址前改建为两层的木板楼房。1966 年 5 月“文革”开始，县工商联被视作资本家组织，被迫停止活动，不少原工商业者深受其害。工商联的所有原始档案资料等被红卫兵搜查并烧毁，工商联的资产被抄没，房产被徐城皮鞋厂、五金厂和县综合公司等有关部门占用。1983 年恢复工商联组织，县人民政府根据有关政策，以徐府〔1983〕531 号、徐府〔1984〕6 号文，将民主路 92 号的原泰华庙址按政策交还县工商联使用。为清理场地，县工商联分别向徐城皮鞋厂、五金厂和县综合公司等单位支付搬迁费用 10,139.6 元。1984 年 2 月，徐城皮鞋厂、五金厂和县综合公司等单位搬迁完毕后，同年县工商联在南侧空地上建混凝土结构楼房一幢，面积 40 多平方米，作为培训班教室用。1986 年原有的两层木板房经有关部门鉴定为危房，建议拆除改建。1987 年经县人民政府同意，县工商联以贷款方式筹集资金，1988 年 1 月将两层木板房拆除改建为楼房，1988 年 9 月竣工，新建成的工商联办公楼为三层，面积 471.2 平方米，总造价 12 万元。1991 年 8 月，恢复徐闻县总商会，与县工商业联合会实行两块牌子一套人马开展工作。2003 年，由于县城要建设文塔路，县工商联搬迁至县委大院东侧的现办公地点。原在民主路 92 号的土地由县人民政府安排，县人民政府赔偿县工商联 21 万元，并在文塔路中段铺面划地宽 6 米，长 20 米即 120 平方米土地给县工商联使用。县工商联因故没有领取赔偿金额，导致该款项后来全部被县人民政府冻结。

四、原县工商联湛江赤坎胜利路房产的处置

1953 年，县工商联组织下属企业会员徐城联营社、徐闻县药业联营社、徐闻县酿酒联营社及商号联大号、联友号、联益号等 7 个单位共 260 多名社员集资，由曾庆瑶出面办理，在湛江市赤坎区胜利路 50 号购置楼房一幢，这幢楼房为西式的瓦面板楼两层三进结构，面积为 11.34 市井（公制，即

125.87 平方米）作为徐闻籍商业人士旅居湛江经商的常住地方。“文革”前由县工商联统一管理使用。“文革”期间由于体制变更原因，该楼长期被私人占用。

1983 年新恢复的徐闻县工商联决心着手处理这个问题。1988 年由徐闻县人民政府出具证明，把该房产归属县工商联所属的果菜公司、饮服公司、药材公司、县酒厂、综合服务公司 5 个单位所有。为把湛江赤坎这处房产产权落实归属登记清楚，徐闻县工商联积极牵头，组织有关单位出钱出力，聘请专业律师，经过 5 年多的不断交涉，1991 年后经湛江市房产局审核确权，终于确认这幢房产的产权登记，领回原本属于自己的房产证。1993 年经过有关单位讨论，各单位一致同意将湛江赤坎区的这处房产出售，当时售房款 28 万元，产权各单位以 8 股均分，即综合服务公司 3 份（原联友、联大、联信），果菜公司（原果菜联营社）、饮服公司（联益）、药材公司（药联社）、酒厂（酒联社）及县工商联各 1 份，每份的款项为 3.4 万元，至此县工商联湛江赤坎房产问题解决完毕。

五、落实原工商业者政策，调动原工商业主的积极性

在筹备恢复县工商联过程中及县工商联恢复建立后，徐闻县工商联在主委陈居玖的率领下，协助县委统战部，抓紧落实原工商业者政策。先后对在“文革”中被错误处理的原工商业人士纠错平反，恢复原工资待遇，补发被扣减的工资。据统计，1982 年至 1986 年，徐闻县工商联协助政府先后平反冤、假、错案 4 宗；在“文革”期间被清理回乡的原 69 名工商业者，全部回城安置妥当；补发工资 8 宗合计金额 9315 元，补发利息 224 宗合计 5132 元，并区别出“三小”（小业主、小商贩、小手工业）人员 113 人，按普通劳动者公开看待，退还原工商业者在私房改造中被收缴的房屋；退赔”文革”期间被查抄者 10 人的财物，合计 3100 元。

徐闻县工商联对于当时少数人的政策没有完全落实的问题，根据他们的上访申述和要求，经过调查核实，报请县委统战部和县委、县政府相关部门同意，落实工商联干部政策问题。被区别为“三小”（小业主、小商贩、小手工业）人员和原工商业主，对于他们强烈要求落实政策，返还多年的资金财产。县工商联提出“落实政策，加强管理”的解决方案意见，使问题得以妥善解决。落实有关政策，终于化解原工商业者沉积在胸中多年的坚冰，调动了他们从商的积极性。从 1983 年开始，连续多年逢年过节，县工商联都会去慰问原工商业人士，向有影响的原工商业人士嘘寒问暖。

为调动工商界人士的积极性，县工商联还帮助工商界人士创业。改革开放初期，李世东创办徐闻县东达实业有限公司，公司在起步之初，县工商联在物力、财力和人力方面都给予扶持和帮助，特别是当公司资金紧缺时，工商联出面及时地帮助筹集资金助其多次渡过难关。1993 年，李世东在海南白沙县木棉沙糖厂扩建酒精车间及后来承包广西灵山糖厂均聘请县工商联的朱必达出任其公司的顾问，协助管理，并取得较好的效益。

第三节 徐闻县工商业联合会历届会员代表大会概况

徐闻县工商业联合会第一次会员代表大会于1956年1月21日至25日，在徐城署前街旧县府观音山礼堂召开。参加大会的代表77名（其中国营、合作企业代表8名，私营代表69名，特邀代表5名），副县长王烈、县工业部部长符才分别作讲话和工作报告，通过新的组织改选，产生新执委15人，选出主任委员潘家丰，副主任委员顾文志、潘朝广，委员16人，秘书为丁礼英。工商联任务是贯彻党的路线方针政策，团结教育改造工商业者，代表工商业者的合法利益，向上级反映工商界成员的意见等。

徐闻县工商业联合会第二次会员代表大会于1957年2月16日至20日，在署前街旧县府观音山礼堂召开，到会代表74人。大会听取县委常委、宣传部部长吴凤岐作《目前工商界的任务》的报告，进一步学习工商联的性质、任务，审议工商联两年来的工作和今后工作意见。选举产生执行委员27人；选举产生主任委员陈居玖，副主任委员潘家丰、杨家礼、顾文志、潘朝广，常务委员10人，执行委员11人，秘书由丁礼英兼任。

徐闻县工商业联合会第三次会员代表大会于1958年7月15日至18日在县工会礼堂举行，到会代表65人。会议的主要内容是传达省工商联第二届会员代表大会联席会议决议精神，推动工商界成员鼓足干劲，力争上游，把技术才能、业务经验贡献给国家。会上，县委常委、宣传部部长吴凤岐作工作报告。会议改组领导机构，选举常务委员11人，执行委员19人，主任委员陈居玖，副主任委员杨家礼、潘朝广、林成发、王长友，秘书丁礼英。

徐闻县工商业联合会第四次会员代表大会于1961年1月21日至26日在县工会礼堂举行，出席代表57人，列席代表8人。会议主要内容是对会员进行形势教育、政策教育和前途教育，鼓励会员跟共产党走，克服暂时出现的经济困难，坚决听毛泽东主席的话。选举产生大会执行委员会常务委员9人，执委19人，主任委员陈居玖，副主任委员秦树棠、杨家礼、林成发；秘书丁礼英。

徐闻县工商业联合会第五次会员代表大会于1963年6月1日至10日，在徐城东方一路县大礼堂举行。原拟定到会人员90人，实到会81人，其中出席代表72人（工商界14人，小商贩51人，机关特邀出席7人，列席9人）。大会主要议程：一是教育会员坚持“兴无灭资”（兴无产阶级，灭资产阶级）的政治方向和为社会主义服务的方针；二是选举产生执行委员16人，常务委员10人，主任委员陈居玖，副主任委员林成发、杨家礼，秘书丁礼英；三是建立徐闻县小商贩联合会的工作机构，选任委员35人。

1966年，文化大革命开始后，县工商联被诬为“牛鬼蛇神窝”而被勒令停止活动。

1978年后，全国开展拔乱反正，工商联组织得到中国共产党和人民政府的重视和支持。1982年11月1日成立广东省工商业联合会徐闻县工商联小组，陈居玖为组长，张芝阶、李枢为副组长。其主要任务是恢复工商联组织，配合中共组织落实有关统战政策。工商联工作进入新的历史时期。

徐闻县工商业联合会第六次会员代表大会于1984年5月16日至18日在县城红旗二路县委小礼堂召开，出席代表51人。大会选举产生工商联第六届执行委员25人，常务委员8人，陈居玖为主任委员，张芝阶、吴光国为副主任委员，秘书是周文生（县委派出的专职干部）。

徐闻县工商业联合会第七次会员代表大会于1987年4月23日至24日，在县城红旗二路徐闻县委会议室召开，大会代表86人，其中正式代表57人，列席代表29人。主要内容：总结第六次会员代表大会以来的工作；传达省工商联第五届第三次执委会会议精神；讨论新时期工商联任务和作用；研究如何发展新会员和如何为会员服务；改选工商联领导班子。县委副书记庞贵到会讲话，县四套班子负责人出席大会，湛江市委统战部、市工商联领导专程到会指导并致贺词。大会选举产生第七届执行委员会，执行委员35人，常务委员15人。陈居玖为名誉主任委员，朱必达为专职副主任委员，张芝阶、吴光国为副主任委员，秘书柯伍。这次会议后，县工商业联合会在开展对外联络、经济咨询、沟通信息、组建民企工会、为会员服务和改建办公楼等方面，做大量工作，取得较好成绩。

徐闻县工商业联合会第八次会员代表大会于1992年4月14日至15日

在县大礼堂召开，参加大会人数 225 人，其中出席代表 123 人。县委副书记郑妃义、湛江市委统战部及市工商联领导到会讲话。大会选举产生徐闻县工商业联合会第八届执行委员 27 人，常务委员 15 人，主任委员黄家培，副主任委员朱必达、陈贤，柯伍为秘书长。

徐闻县工商业联合会第九次会员代表大会于 2004 年 2 月 11 日在县政府会议中心召开，参加会议人数 135 人，其中正式代表 85 人。会议期间，由高科夫做县工商联工作报告；在家的县四套班子领导参加会议；县委副书记陈荣、县委统战部部长许培正、湛江市委统战部、市工商联领导在会上讲话；湛江市五县四区工商联领导到会。大会选举产生徐闻县工商联第九届执行委员 29 人，会长为林红，黄小端、董遵秩、颜广武、陈展、庞贵雄、叶丹、许胜国等 7 人为副会长，颜广武兼任秘书长，名誉会长为潘联成。

2009 年 5 月 27 日，徐闻县工商业联合会（总商会）第十次会员代表大会在县政府会议中心一楼会议厅召开，参加本次大会的人员 221 人，应出席代表 125 人，实到会 116 人，因事请假 9 人，邀请出席本次大会的嘉宾 105 人。县委书记钟力、县长林海武、政协主席麦晓明等县四套班子领导及“四大办”主任 25 人，各乡镇党委书记、开发区主任 16 人，县有关科局单位领导 41 人和市、其他县（市、区）工商联领导 17 人，工商联老干部 6 人等参加会议。大会由县工商联党组书记陈法强主持，县工商联第九届执委会主席林红作本次大会的工作报告，县政协副主席、县农工党徐闻支部主委黄宪代表各民主党派、人民团体致词，县委书记钟力、湛江市委统战部副部长、市工商联党组书记黎少英分别在会上作重要讲话。大会选举产生执行委员 65 人，其中正副主席 17 人，正副会长 17 人，秘书长 1 人。主席（会长）董遵秩；副主席陈法强、颜广武、叶丹、倪光乐、冯大洲、吴晓腾、陈昌悦、蔡华态、欧小力、许丰年、吴美来、林显平、罗祝琴、孙广范、李进权、莫学金；副会长陈法强、曾冬浩、麦培美、王尧、许林清、陈柏花、黄文胜、杨钦、蔡武志、叶广田、詹玉宝、杨大远、林光彪、黄俊、麦家铭；秘书长是黄山；顾问是林海武、潘联成；名誉会长为林红。2013 年 1 月 15 日，县工商联（总商会）召开 2012 年工作总结暨选举新增领导班子成员会议，增补许良玉、许胜能、吴堪兴、邓妃成、罗明、蔡凯、黄胜 7 人为徐闻县总商会副会长；李华文等

15 人为县工商联常委；黄小明等 41 人为县工商联执委。

2017 年 1 月 29 日，徐闻县工商业联合会（总商会）第十一次会员代表大会在县政府会议中心一楼会议厅召开，应出席代表 211 人，实到会 202 人，因事请假 9 人。县委书记梁权财、县长吴康秀、广东省纪委派驻省委统战部纪检组组长李家瑞、湛江市工商联党组书记黄真窦、湛江市工商联主席林水栖等领导同志出席本次大会，有关乡镇党委书记、县有关单位主要领导、其他县（市、区）工商联领导等 30 多人应邀列席会议。大会由县工商联党组书记陈法强主持，县工商联第十届执委会主席董遵秩作本次大会的工作报告，县政协副主席、县农工党徐闻总支主委金呈祥代表各民主党派、人民团体致词，县委书记梁权财、广东省纪委派驻省委统战部纪检组组长李家瑞、湛江市委统战部副部长、市工商联党组书记黄真窦分别在会上作重要讲话。大会选举产生执行委员 142 人，其中正副主席 30 人，副会长 36 人，秘书长 1 人。欧小力当选为主席（会长）；陈法强、陈金科、叶丹、莫学金、吴美来、林显平、冯大洲、李进权、倪光乐、符献、陈端、刘勇、周天广、林耀、潘联斌、许胜能、黄文胜、黄俊、蔡文江、朱晓明、黄剑艇、李富胜、朱石松、徐小健、黄执经、王武、吴政隆、邓妃成、杜庆华（女）等 29 人当选为工商联副主席，林红、曾冬浩、詹玉保、杨大远、杨钦、蔡武志、许良玉、陈柏花（女）、林光彪、罗明、吴堪兴、黄胜、许林清、高明渝、梁梧、周普、陈桂林（女）、李彦霏（女）、 林方炳、陈光晓、陈日表、陈水晶、陆家好、林务成、樊虎、劳立宏、黄腾、王远琛、李建坤、邢益泷、宋海魁、云大雨、文江、李小飞、余新林、陈月明（女）等 36 人当选为总商会副会长；陈金科兼任秘书长。顾问是吴康秀；名誉会长为董遵秩。

第四节 组织状况

一、领导班子名录

徐闻县工商联筹委会领导班子成员名录

起止时间	工商联职务	姓名
1953 年 5 月 — 1956 年 1 月	主任委员	符乃栋
	副主任委员	杨家礼、黎裕光
	秘书	
	委员	陈庆满、郭毓芬、黄　明、李文华、叶茂瑞、潘家丰、张雪琴、张忠贤、潘潮广、黄悦利、苏臣扬、朱必豪

徐闻县工商联第一届委员会领导班子成员名录

起止时间	工商联职务	姓名
1956 年 1 月 — 1957 年 2 月	主任委员	潘家丰
	副主任委员	顾文志、潘朝广
	秘书	丁礼英
	委员	郭毓芬、林炳斐、张丕武、刘洪钧、纪得仓、林志廉、林成发、朱必豪、李普享、陈居玖、林妃聪、林维如、陈　根、黄悦利、苏臣扬、陈昌发

徐闻县工商联第二届委员会领导班子成员名录

起止时间	工商联职务	姓名
1957 年 2 月 — 1958 年 7 月	主任委员	陈居玖
	副主任委员	潘家丰、杨家礼、顾文志、潘朝广
	秘书	丁礼英
	常务委员	纪得仓、陈　根、朱必豪、李普享、林成发、李文新、唐庭经、杨德明、肖成汉、丁礼英
	执行委员	吴建中、冯文瑞、苏文祥、谭光惠、梁国新、谢　登、吴　果、梁　德、沈家保、李成锦、曾庆省

徐闻县工商联第三届委员会领导班子成员名录

起止时间	工商联职务	姓名
1958 年 7 月 — 1961 年 1 月	主任委员	陈居玖
	副主任委员	杨家礼、潘朝广、林成发、王长友
	常务委员	朱必豪、杨德明、李普享、李文新、肖成汉、丁礼英、谢邦清、李　枢、朱永熙、林进梅、苏文祥
	执行委员	谭光惠、吴建中、黄瑞庭、陈训南、李成锦、郑基敷、杨德修、苏冠英、辜祖仁、黄利华、黄国栋、张芝阶、刘玉波、魏美珍、廖承培、陈家盘、薛家保、梁家齐、潘家丰
	秘书	丁礼英

徐闻县工商联第四届委员会领导班子成员名录

起止时间	工商联职务	姓名
1961 年 1 月 — 1963 年 6 月	主任委员	陈居玖
	副主任委员	秦树棠、杨家礼、林成发
	秘书	丁礼英
	常务委员	陈家盘、李普亨、朱必豪、辜祖仁、廖承培、谭光惠、潘家丰、曾镜函、杨德修
	执行委员	黄国栋、黄利华、李成锦、薛家保、李凤廷、袁秀琪、黄庆仁、曹炳森、钟家香、曾文荣、高　隆、黄五中、余有炳、陈本文、黄玉堂、杨荣众、黄寿乃、附城公社 1 人、食品公司 1 人

徐闻县工商联第五届委员会领导班子成员名录

起止时间	工商联职务	姓名
1963 年 6 月 — 1984 年 5 月（“文革”期间中断）	主任委员	陈居玖
	副主任委员	林成发、杨家礼
	秘书	丁礼英
	常务委员	赵买南、郭毓芬、周远亨、陈光新、朱永熙、杨德明、李文新、李　枢、魏美珍、杨德修
	执行委员	苏文珍、潘家丰、曾自强、黄惠连、陈廷普、朱必豪、李普亨、廖承培、曾镜函、陈家盘、林日华、黄国栋、陈万纪、黄利华、李凤连、袁秀琪

徐闻县工商联第六届执行委员会领导班子成员名录

起止时间	工商联职务	姓名
1984 年 5 月 — 1987 年 4 月	主任委员	陈居玖
	副主任委员	张芝阶、吴光国
	秘书	周文生
	常务委员	王　武、郑成义、卞裕光、周文生、许学文、许雪英、杨德明、黄文西
	执行委员	陈居玖、张芝阶、吴光国、许学文、许雪英、黄文西、杨德明、廖承培、许振华、潘和义、陈廷晋、陈卓夫、胡和平、黄利华、邹忠精、杨德修、陈万纪、曾庆省、黄德华、王　武、郑成义、卞裕光、周文生、吴建忠、周德权

徐闻县工商联第七届执行委员会领导班子成员名录

起止时间	工商联职务	姓名
1987 年 4 月 — 1992 年 4 月	名誉主任委员	陈居玖
	副主任委员	朱必达（专职）、张芝阶、吴光国
	秘书	柯　伍
	常务委员	朱必达、张芝阶、吴光国、潘华龙、候德坤、李康荣、林望景、汤　兴、黄文西、廖承培、许振华、杨德明、李孟嘉、余正伦、冯本利
	执行委员	朱必达、张芝阶、吴光国、潘华龙、候德坤、李康荣、林望景、汤　兴、黄文西、廖承培、许振华、杨德明、李孟嘉、余正伦、冯本利、冯德丰、潘浪英、陈廷晋、曾庆省、刘庆云、朱少玲、李　枢、钟民坤、杨德修、黄德华、许雪英、许学文、潘和义、胡和平、黄利华、林成发、周德权、潘忠林、陈运丰、卞裕光

徐闻县工商联第八届执行委员会领导班子成员名录

起止时间	工商联职务	姓名
1992 年 4 月 — 2004 年 2 月	主任委员	黄家培（1992 年 4 月至今）
		高科夫（2000 年 8 月 — 2004 年 2 月，由中共徐闻县委任命）
	副主任委员	朱必达、陈　贤
	秘书长	柯　伍
	常务委员	冯本利、朱必达、李孟嘉、汤　兴、陈　贤、陈文端、苏文珍、何光贤、余正伦、柯　伍、钟民坤、凌定伟、黄家培、黄文西、潘华龙
	执行委员	冯本利、冯德丰、龙献彩、朱必达、朱少玲、李孟嘉、汤　兴、刘爱农、陈　贤`陈克明、陈文端、苏文珍、何光贤、杨大琼、张　强、余正伦、林　红、林少清、柯　伍、钟民坤、凌定伟、黄家培、黄文西、黄德华、黄利华、曾庆省、潘华龙

徐闻县工商联第九届执委会领导班子成员名录
（2004 年 2 月至 2009 年 5 月）

姓名	工商联职务	工作单位	单位职务	备注
林　红	会长	徐闻县海鲜大酒店	董事长	
黄小瑞	党组书记	徐闻县工商联		2004 年 2 月 — 2007 年 6 月
陈法强	党组书记	徐闻县工商联		2007 年 6 月至今
颜广武	副会长兼秘书长	徐闻县工商联		
叶　丹	副会长	徐闻丹华发展有限公司经理	董事长	
董遵秩	副会长	徐闻县三建公司	经理	
陈　展	副会长	徐闻县经发汽车运输公司	经理	

（续上表）

姓名	工商联职务	工作单位	单位职务	备注
许胜国	副会长	徐闻县锦成养殖有限公司	经理	
庞贵雄	副会长	徐闻县大水桥糖厂有限公司	董事长	
黄立灼	执委	徐闻县展鹏摩托车有限公司	经理	
李　魁	执委	徐闻县百花广告公司		
王来兴	执委	徐闻县木片有限公司	经理	
梁封文	执委	徐闻县下桥棕垫厂	董事长	
王　运	执委	徐闻县金山房地产有限公司	董事长	
黄科本	执委	鸿达玻璃铝材装修公司	经理	
陈林荣	执委	徐闻县光华五金商行	经理	
麦家铭	执委	徐闻县亚热生物公司	经理	
陈桂林	执委	徐闻县长安防盗门窗厂	经理	
麦培美	执委	徐闻县振闻织造公司	总经理	
黄文胜	执委	徐闻县荷芙蔓发型中心		
陈　位	执委	徐闻县教育服装厂	经理	
陈国守	执委	徐闻县个私协		
李光荣	执委	徐闻县信宜丰药店		
林劳荣	执委	南洋冰厂		
龙志强	执委	龙达房地产开发公司	董事长	
蒋侨星	执委	香港明驹有限公司	经理	
吴运春	执委	三建公司		
高科夫	执委	徐闻县工商联		
刘　盈	执委	徐闻县下桥镇政府		
张建宾	执委	徐闻县徐城镇政府		

徐闻县工商联第十届执委会领导班子成员名录
（2009 年 5 月 — 2017 年 1 月）

姓名	工商联职务	工作单位	单位职务	备注
董遵秩	主席（会长）	徐闻县华建房地产开发有限公司	董事长	
陈法强	党组书记	徐闻县工商联		
颜广武	党组副书记、副主席	徐闻县工商联		2013 年退休
叶　丹	副主席	徐闻丹华发展有限公司经理	董事长	
蔡华态	副主席	徐闻县三建公司	总经理	
莫学金	副主席	徐闻县聚雅酒店	董事长	
欧小力	副主席	徐闻县鸿兴混凝土搅拌有限公司	董事长	
吴美来	副主席	徐闻县益华林木有限公司	董事长	
林显平	副主席	徐闻县下桥永顺有限公司	董事长	
许丰年	副主席	徐闻县丰顺房地产公司	董事长	
倪光乐	副主席	广州市泰基工程科技有限公司	董事长	
冯大洲	副主席	广州市京合医药有限公司	董事长	
吴晓腾	副主席	珠海市宝仕商业有限公司	董事长	
罗祝琴	副主席	徐闻县景泰宾馆	总经理	
李进权	副主席	徐闻县正茂蔬菜有限公司	董事长	
孙广旺	副主席	徐闻县和安农械厂	厂长	
陈昌悦	副主席	深圳昌悦总公司	总经理	
麦培美	副会长	徐闻县振闻织造公司	总经理	
黄文胜	副会长	徐闻县荷香园酒店	经理	
许林清	副会长	徐闻县富骏实业有限公司	总经理	

（续上表）

姓名	工商联职务	工作单位	单位职务	备注
黄　俊	副会长	徐闻县南通运输公司	总经理	
麦家铭	副会长	徐闻县亚热生物公司	经理	
曾冬浩	副会长	佛山市浩文印刷厂	董事长	
詹玉保	副会长	深圳万众城物业管理公司	总经理	
叶广田	副会长	东莞市森田毛织制衣厂	总经理	
杨大远	副会长	徐闻县龙兴农产品购销部	经理	
杨　钦	副会长	徐闻县城市花园房地产公司	总经理	
王　尧	副会长	徐闻县金马大厦	经理	
蔡武志	副会长	湛江龙之珍珠公司	经理	
陈柏花	副会长	徐闻县荟萃商场	经理	
林光彪	副会长	徐闻县粤海虾苗场	经理	
许胜能	副会长	徐闻县来悦酒店	总经理	
许良玉	副会长	徐闻县新科宇恒有限公司	董事长	
罗　明	副会长	徐闻县南华砖厂	厂长	
吴堪兴	副会长	徐闻县口岸经营服务公司	总经理	
邓妃成	副会长	徐闻县丹叶公司	总经理	
黄　胜	副会长	徐闻县华建房地产有限公司	副总经理	
蔡　凯	副会长	徐闻县现代农业灌溉有限公司	总经理	
黄　山	秘书长	徐闻县工商联	主任科员	
张在仁	常委	徐闻县仁安门窗厂	经理	
余　强	常委	徐闻县南强绿色农业发展有限公司	总经理	

（续上表）

姓名	工商联职务	工作单位	单位职务	备注
曹建文	常委	迈陈国美商场	经理	
李兴挥	常委	徐闻县新奇购销部	经理	
陈桂林	常委	徐闻县长安防盗门窗厂	经理	
李典育	常委	徐闻县粮食幼儿园	园长	
林生永	常委	徐闻县长青农业科技公司	经理	
黄执经	常委	前山北松第一红砖厂	总经理	
陈林荣	常委	徐闻县光华五金商行	经理	
叶奕锐	常委	徐闻县龙塘奕锐副食批发店	经理	
林望学	常委	徐闻县鸿辉林业种植公司	经理	
张建林	常委	徐闻县华双房地产公司	负责人	
董循东	常委	徐闻县华建装修公司	经理	
吴　雄	常委	徐闻县远新广告公司	经理	
李华文	常委	徐闻县华建物业管理有限公司	副经理	
李　文	执委	新发虾苗场	经理	
梁至裕	执委	县经济开发公司	经理	
潘宏先	执委	宏辉林业种植公司	经理	
王　进	执委	县个私协	秘书长	
陈家赵	执委	美康纯水公司	经理	
黄科本	执委	鸿达玻璃铝材装修公司	经理	
张　侨	执委	兴发虾料店	经理	
李光荣	执委	清源药店	经理	

（续上表）

姓名	工商联职务	工作单位	单位职务	备注
曹广豪	执委	宏大商行	经理	
王来兴	执委	恒东木业有限公司	经理	
吴运春	执委	三建公司	副经理	
李　钦	执委	龙塘酒精厂	厂长	
王文进	执委	农资公司	经理	
吴建连	执委	曲界连香罐头厂	厂长	
崔赐军	执委	锦和砖厂	经理	
邓德全	执委	前山建材店	经理	
黄起腾	执委	汉庭府食庄	总经理	
包声伍	执委	徐闻县三建公司	副总经理	
余新林	执委	徐闻县青源果菜包装公司	总经理	
林妃玖	执委	徐闻县玉米收购点	总经理	
林　郭	执委	徐闻县玉米专业合作社	董事长	
陈　涉	执委	徐闻县迈陈南极冰厂	总经理	
陈文耀	执委	汽车运输	经理	
陈文才	执委	益源建材部	经理	
王妃伍	执委	徐闻县集美装饰广告有限公司	总经理	
邹光平	执委	南山海港村委会	主任	
陈　法	执委	徐闻县鸿源食庄	总经理	
黄小明	执委	徐闻县海安琼园酒店	总经理	
林贞文	执委	徐闻县隆城食品有限公司	总经理	

（续上表）

姓名	工商联职务	工作单位	单位职务	备注
陈月玉	执委	徐闻县国玉时装店	经理	
吴姗凌	执委	徐闻县金兴印刷厂	经理	
欧小五	执委	徐闻县教育服装厂	经理	
陶卫东	执委	徐闻金河塑胶厂	负责人	
李远景	执委	食的香羊粥店	负责人	
郑平玉	执委	驰际网络有限公司	经理	
金雪何	执委	北运菜公司	经理	
黄明豪	执委	徐闻县新寮威斯顿虾药店	经理	
唐江洪	执委	徐闻县新寮海荣虾料店	总经理	
曾朝山	执委	廉江恒生公司	销售经理	
谭世景	执委	曲界景园酒店	总经理	
庄林辉	执委	徐闻县三洋养殖服务中心	经理	
林　进	执委	徐闻县学者影视广告	经理	
邓图动	执委	迈陈新泉砖厂	总经理	
杨静莹	执委	徐闻县绿清现代农业科技有限公司	经理	
林志强	执委	迈陈顺利果菜包装经营部	经理	
宁昌赵	执委	华林蔗站	经理	
林望觉	执委	徐闻县金富家政公司	经理	
董循谋	执委	湛江滨海食品有限公司	经理	
陈虹余	执委	弘旺房地产中介所	经理	
黄　军	执委	新世界虾料公司	经理	

徐闻县工商联第十一届执委会领导班子成员名录
（2017年1月至今）
主席（会长）简介

姓名	性别	出生年月	文化程度	籍贯	政治面目	所在单位名称及职务	所在行业
欧小力	男	1969年8月	大专	徐闻	群众	县鸿兴混凝土搅拌有限公司董事长	加工

党组书记简介

姓名	性别	出生年月	文化程度	籍贯	政治面目	所在单位名称及职务	所在行业
陈法强	男	1970年1月	本科	徐闻	党员	县工商联党组书记、副主席	公务员

副主席简介（按姓氏笔画为序排列）

姓名	性别	出生年月	文化程度	籍贯	政治面目	所在单位名称及职务	所在行业
王　武	男	1964年8月	大专	广西博白	群众	县万特药业有限公司董事长	医药
邓妃成	男	1970年4月	高中	徐闻	群众	徐闻县丹叶公司总经理	服务
叶　丹	男	1965年10月	大专	徐闻	党员	丹华发展公司经理	服务、流通
冯大洲	男	1960年10月	大专	徐闻	群众	广州市京合医药有限公司董事长	医药
朱石松	男	1967年3月	大专	安徽	党员	徐闻县天润置业公司董事长	房地产
朱晓明	男	1978年11月	研究生	徐闻	群众	广州市星鹏集团有限公司董事长	农业
刘　勇	男	1957年4月	大专	徐闻	群众	广西德保华宏糖业有限公司董事长、湛江中糖糖业有限公司副董事长	销售

（续上表）

姓名	性别	出生年月	文化程度	籍贯	政治面目	所在单位名称及职务	所在行业
许胜能	男	1957 年 2 月	中专	徐闻	群众	县来悦酒店董事长	餐饮业
杜庆华	女	1976 年 9 月	高中	河北	党员	县南海明珠房地产有限公司执行董事	房地产
李进权	男	1972 年 3 月	大专	徐闻	党员	徐闻县正茂蔬菜种植有限公司董事长	种植流通
李富胜	男	1970 年 1 月	大学	徐闻	党员	深圳市龙汇国际贸易公司董事长	服务业
吴政隆	男	1964 年 8 月	大专	徐闻	群众	湛江市永安建设工程有限公司总经理	建筑业
吴美来	男	1972 年 12 月	大专	徐闻	群众	徐闻县益华林木有限公司董事长	加工业
陈　端	男	1965 年 6 月	高中	徐闻	群众	惠州市湛惠通信有限公司总经理	通信
陈金科	男	1968 年 10 月	本科	雷州	党员	县工商联办公室主任	公务员
林　耀	男	1976 年 5 月	大专	徐闻	群众	东莞市凯晶实业有限公司董事长	制造业
林显平	男	1966 年 6 月	大专	徐闻	群众	徐闻县下桥永顺有限公司董事长	剑麻加工
周天广	男	1963 年 6 月	高中	徐闻	群众	珠海市安合房地产开发公司董事长	房地产
莫学金	男	1966 年 10 月	大专	徐闻	群众	徐闻县聚雅酒店总经理	餐饮业
倪光乐	男	1964 年 2 月	博士	徐闻	群众	广州市泰基工程科技有限公司董事长	建筑业
徐小健	男	1957 年 12 月	硕士研究生	江苏	群众	徐闻县安粮地产有限公司董事长	房地产
黄　俊	男	1963 年 8 月	大专	徐闻	群众	县南通运输发展有限公司总经理	运输
黄文胜	男	1969 年 8 月	高中	徐闻	群众	县荷香园酒楼总经理	餐饮业
黄执经	男	1980 年 4 月	大专	徐闻	党员	徐闻碧桂园	房地产
黄剑艇	男	1978 年 11 月	博士	徐闻	群众	广州市尚洋文化股份有限公司总裁	旅游业

（续上表）

姓名	性别	出生年月	文化程度	籍贯	政治面目	所在单位名称及职务	所在行业
符　献	男	1963 年 12 月	大专	徐闻	群众	深圳市日俊物流报关公司董事长	流通
蔡文江	男	1973 年 11 月	在职研究生	徐闻	党员	深圳龙之珍珠有限公司董事长	养殖、加工、贸易
潘联斌	男	1972 年 11 月	大学	徐闻	群众	佛山市赤子之心投资公司总经理	证券

副会长简介（按姓氏笔画为序排列）

姓名	性别	出生年月	文化程度	籍贯	政治面目	所在单位名称及职务	所在行业
王远琛	男	1972 年 9 月	本科	徐闻	党员	县和谐客运有限公司总经理	运输
云大雨	男	1977 年 9 月	中专	前山	党员	湛江市拓源贸易有限公司总经理	饮料销售
文　江	男	1961 年 12 月	高中	下洋	群众	广东壹龙水产科技有限公司董事长	水产养殖
邢益泷	男	1988 年 6 月	本科	徐闻	群众	广东福民农业发展公司总经理	种植
许良玉	男	1963 年 10 月	大专	徐闻	群众	海南新科宇恒房地产公司董事长	房地产
许林清	男	1970 年 1 月	大专	徐闻	群众	徐闻富骏企业有限公司总经理	房地产
李小飞	男	1968 年 9 月	大专	徐闻	群众	县海源养殖有限公司总经理	种苗养殖
李建坤	男	1984 年 9 月	大专	徐闻		县德天荼酒庄总经理	销售
李彦霏	女	1972 年 8 月	大专	徐闻	群众	徐闻县粮食幼儿园园长	教育
杨　钦	男	1966 年 3 月	大专	徐闻	群众	县金鹏房地产开发有限公司总经理	建筑
杨大远	男	1961 年 7 月	高中	徐闻	群众	广东华唐能源有限公司董事长	流通
吴堪兴	男	1959 年 2 月	大专	徐闻	群众	县口岸经营服务公司总经理、县龙兴新型环保砖有限公司董事长	制造业

（续上表）

姓名	性别	出生年月	文化程度	籍贯	政治面目	所在单位名称及职务	所在行业
余新林	男	1962 年 8 月	高中	徐闻	群众	县徐景园酒店	餐饮
劳立宏	男	1963 年 10 月	本科	迈陈	党员	县建筑安装集团公司董事长	建筑业
宋海魁	男	1984 年 1 月	本科	徐闻	群众	县金源房地产开发有限公司总经理	房地产
陆家好	男	1961 年 7 月	专科	徐闻	群众	海南嘉阳实业有限公司董事长、海南鑫蓝置业有限公司董事长	房地产
陈日表	男	1980 年 7 月	大专	徐闻	群众	县广铭装饰工程有限公司	室内设计
陈水晶	男	1968 年 9 月	初中	徐闻	群众	县源海养殖有限责任公司董事长	养殖
陈月明	女	1982 年 2 月	大专	迈陈	群众	广东省颐心樘健康产业投资有限公司董事长	服务
陈光晓	男	1976 年 3 月	高中	徐闻	群众	河源市阳林度假有限公司总经理	房地产
陈柏花	女	1968 年 6 月	大专	徐闻	群众	荟萃商场总经理	商品购销
陈桂林	女	1965 年 3 月	高中	徐闻	群众	长安防盗门窗厂经理	加工业
林方炳	男	1989 年 12 月	大学	徐闻	群众	县星源冷气工程有限公司总经理	销售
林务成	男	1988 年 1 月	大专	徐闻	群众	徐闻县下桥永顺有限公司董事长	剑麻加工
林光彪	男	1970 年 8 月	大专	徐闻	群众	县粤海虾苗场总场总经理、县顺源种苗有限公司董事长	养殖、服务
林　红	男	1958 年 3 月	高中	徐闻	群众	县海鲜酒楼	餐饮
罗　明	男	1963 年 11 月	大专	徐闻	群众	县一站到地农资有限公司总经理、华业环保砖厂厂长	加工
周　普	男	1967 年 1 月	高中	徐闻	群众	佛山顺德培木家具有限公司总经理	加工
高明渝	男	1958 年 5 月	高中	徐闻	群众	广东顺德港华金属制品有限公司董事长	制造业
黄　胜	男	1970 年 7 月	高中	徐闻	群众	县华建房地产开发有限公司副总经理	房地产
黄　腾	男	1973 年 2 月	大学	徐闻	群众	广州市金鸿裕物流有限公司总经理	流通
梁　梧	男	1969 年 9 月	高中	徐闻	群众	肇庆科隆贸易有限公司总经理	种植、加工、出口

（续上表）

姓名	性别	出生年月	文化程度	籍贯	政治面目	所在单位名称及职务	所在行业
曾冬浩	男	1964 年 2 月	大专	徐闻	群众	佛山市浩文印刷有公司董事长	印刷
詹玉保	男	1955 年 7 月	大专	徐闻	群众	深圳市万众城物业公司总经理	物业管理
蔡武志	男	1973 年 2 月	大专	徐闻	群众	湛江龙之珍珠公司总经理	珍珠流通
樊　虎	男	1966 年 9 月	中专	徐闻	群众	徐闻金碧珍珠有限公司董事长、徐闻县金辉珍珠养殖有限公司法人代表	养殖、加工、贸易

常委简介（按姓氏笔画为序排列）

姓名	性别	出生年月	文化程度	籍贯	政治面目	所在单位名称及职务	所在行业
叶奕锐	男	1973 年 4 月	初中	徐闻	群众	龙塘奕锐副食批发店	副食批发
劳基伟	男	1988 年 10 月	本科	徐闻	群众	县建筑安装集团公司副科长	建筑业
李兴挥	男	1970 年 12 月	大专	徐闻	群众	县明阳房地产信息有限公司经理	信息
吴　雄	男	1974 年 2 月	大专	徐闻	群众	县远新广告公司	广告
余　强	男	1973 年 10 月	高中	徐闻	群众	县长春农民合作社	种植
张在仁	男	1972 年 8 月	中专	徐闻	群众	县仁安门窗厂经理	加工
张建林	男	1979 年 10 月	大专	徐闻	党员	县华双地产公司经理	建筑、服务
陈林荣	男	1959 年 7 月	高中	徐闻	群众	县光华五金商行经理	流通
林生永	男	1974 年 11 月	中专	徐闻	群众	县长青农业科技公司经理	农药购销
曹建文	男	1971 年 10 月	高中	徐闻	群众	县迈陈国美商场经理	商品购销
黄家伟	男	1990 年 9 月	大专	徐城	党员	广州徐闻网络支付有限公司徐闻办事处主任	金融支付

委员简介（按姓氏笔画为序排列）

姓名	性别	出生年月	文化程度	籍贯	政治面目	所在单位名称及职务	所在行业
王文进	男	1966年12月	初中	徐闻	群众	县农资公司董事长	种植
王妃伍	男	1972年9月	中专	徐闻	群众	县集美装饰广告有限公司总经理	广告
邓图动	男	1971年9月	初中	徐闻	群众	迈陈新泉砖厂总经理	制造
邓德全	男	1964年2月	初中	前山	群众	前山建材店	钢材、水泥
包声伍	男	1969年10月	大专	徐闻	群众	县三建公司副总经理	建筑
孙广范	男	1962年6月	高中	徐闻		和安农械厂	建筑
朱大般	男	1972年4月	大专	锦和	党员		销售
朱文陆	男	1972年2月	高中	徐闻	党员	和安佳亦嘉互联网公司	互联网
许　东	男	1976年12月	本科	徐闻		县新凯捷电脑安防有限公司经理	服务
许　明	男	1989年7月	大专	西连	群众	海南新科宇恒房地产公司总经理	建筑
何启翔	男	1984年6月	中专	徐闻	群众	县兴翔农资有限公司总经理	农资
吴光忠	男	1982年11月	大学	徐闻	党员	县吴工建筑装饰公司	建筑
吴建连	女	1971年8月	初中	徐闻	群众	县连香农产品农业专业合作社社长	加工业
吴堪根	男	1988年1月	大专	城北	群众	湛江微社区网络科技有限公司	服务
张昌寿	男	1975年8月	初中	龙塘	群众	收购蔬菜老板	流通
李　文	男	1971年10月	高中	徐闻	群众	县新发虾苗场	养殖
李开农	男	1990年3月	大专	徐闻	群众	广东星语影业有限公司副总经理	服务
李怀皇	男	1980年7月	大专	徐闻	党员	佛山市南海区“玉韵”珠宝店总经理	销售
李远景	男	1961年7月	大专	徐闻	群众	县食得香羊粥店负责人	饮食
杨纬全	男	1989年9月	大专	徐闻	群众	县经纬装饰铺料店	销售
陈　法	男	1972年6月	中专	徐闻	群众	县鸿源食庄总经理	餐饮
陈　觉	男	1986年6月	大专	徐闻	群众	县博意广告有限公司总经理	广告

（续上表）

姓名	性别	出生年月	文化程度	籍贯	政治面目	所在单位名称及职务	所在行业
陈文才	男	1978年3月	大学	徐闻	群众	徐闻县陶器批发公司董事长	销售
陈文耀	男	1967年7月	高中	徐闻	群众	汽车运输	汽车运输
陈月玉	女	1963年12月	高中	徐闻	群众	县国玉时装店负责人	服装
陈伍兴	男	1974年4月	中专	徐闻	群众	角尾乡联莹电子厂	加工
陈妃涉	男	1971年5月	大专	徐闻	群众	迈陈南极冰厂总经理	制造
陈成德	男	1988年12月	高中	徐闻	群众	县鸿德农业有限公司董事长	蔬菜流通
陈金兰	女	1974年7月	高中	徐闻	群众	县麦田烘焙坊法人	烘焙
陈冠晨	男	1988年2月	本科	徐闻	党员	县陆之南食品贸易有限公司	制造
林　进	男	1981年5月	大专	徐闻	群众	县学者影视广告	广告
林　海	男	1988年9月	本科	徐闻	党员	县陆之南食品贸易有限公司总经理	制造
林妃郭	男	1968年11月	大专	徐闻	群众	县玉米专业合作社董事长	销售
林贞文	女	1971年10月	大专	徐闻	群众	县隆城食品有限公司	烘焙
林志强	男	1982年11月	初中	徐闻	群众	迈陈顺利果菜包装经营部经理	销售
林望觉	男	1980年11月	大专	徐闻	群众	县金富家政经理	服务
林景辉	男	1968年7月	高中	龙塘	群众	收购蔬菜老板	流通
林瑾邦	男	1987年12月	高中	徐闻	群众	广州小角儿电子商务有限公司	服务
欧小伍	男	1975年12月	大专	徐闻	群众	县教育服装厂经理	加工
罗　兄	男	1978年6月	高中	徐闻	群众	新寮新岛虾料店经理	销售
金雪何	男	1971年10月	初中	徐闻	群众	县宇鑫农业有限公司总经理	种植
姚　忠	男	1976年8月	本科	徐闻	党员	徐闻县海安镇经济发展总公司	运输
柯腾法	男	1958年5月	高中	龙塘	群众	收购、种植良姜老板	种植、流通
袁和平	男	1979年12月	本科	徐闻	党员	华安财产保险股份有限公司徐闻营销部负责人	服务

（续上表）

姓名	性别	出生年月	文化程度	籍贯	政治面目	所在单位名称及职务	所在行业
陶卫东	男	1970年7月	大专	徐闻	群众	县小天然农庄负责人	饮食
曹广豪	男	1963年10月	高中	徐闻	群众	宏大商行经理	销售
梁康荣	男	1984年9月	初中	徐闻	群众		种植
黄　军	男	1973年10月	大专	徐闻	群众	新世界虾料公司经理	销售
黄万生	男	1964年3月	高中	徐闻	群众	新寮利苗生虾料店负责人	销售
黄明豪	男	1976年9月	大专	徐闻	党员	县生三元公司副董事长	销售
黄科本	男	1961年6月	高中	徐闻	群众	县鸿达玻璃装饰材料有限公司经理	销售
黄祥寿	男	1986年7月	专科	徐闻	党员	海安镇经济发展总公司支部书记	运输
黄起腾	男	1978年12月	大专	徐闻	群众	县泰源床上用品店法人	销售
彭　强	男	1970年10月	高中	徐闻	群众	新寮仁强对虾回收公司经理	销售
曾朝山	男	1978年8月	大专	徐闻	群众	新寮琼山水产药店负责人	销售
童妃照	男	1957年1月	初中	徐闻	群众	下桥镇丰元橡胶厂厂长	加工
董盛和	男	1968年10月	初中	锦和	党员		种植、流通
董循东	男	1980年10月	本科	徐闻	群众	县华建装修公司经理	装修
董循谋	男	1979年11月	大专	徐闻	群众	湛江市滨海食品有限公司经理	服务
詹有强	男	1978年3月	高中	迈陈	群众	澳门星恒新集团总经理	房地产
詹武腾	男	1988年12月	本科	徐闻		县大水桥水管水泵城总经理	销售
熊新斌	男	1983年12月	大专	徐闻	群众	县熊氏农业经济发展有限公司总经理	养殖、种植
谭世景	男	1959年7月	高中	徐闻	群众	县曲界景园酒家总经理	饮食
谭妃新	男	1978年9月	高中	徐闻	党员	新寮恒福生猪养殖场总经理	养殖
黎　晓	男	1965年11月	高中	徐闻		和安来龙虾苗场	养殖

徐闻县工商联（总商会）
历届执行委员会委员以及会员变动情况表

执行委员会历届名称	执行委员人数（人）			会员人数（人）	备注
	合计	执委	常委		
筹委会（1953年成立）	22	13	9		会员人数方面无资料
第一届执行委员会（1956年1月—1957年2月）	15	6	9	78	
第二届执行委员会（1957年2月—1958年7月）	21	11	10	75	
第三届执行委员会（1958年7月—1961年1月）	30	19	11	65	
第四届执行委员会（1961年1月-1963年6月）	28	19	9	56	
第五届执行委员会（1963年6月—1984年5月，“文革”期间中断）	26	16	10	90	
第六届执行委员会（1984年5月—1987年4月）	33	25	8	124	
第七届执行委员会（1987年4月—1992年4月）	50	35	15	81	
第八届执行委员会（1992年4月—2004年2月）	42	27	15	85	
第九届执行委员会（2004年2月—2009年5月）	29	29		85	
第十届执行委员会（2009年5月—2017年1月）	106	106		951	（不含异地商会人数）
第十一届执行委员会（2017年1月）	142	65	77	1266	（不含异地商会人数）

二、徐闻县工商联（总商会）历次代表大会

徐闻县工商联（总商会）
历次代表大会人数统计表

届别	时间	地点	代表人数（人）	到会代表人数（人）	特邀嘉宾（人）	列席人员（人）
一届	1956年1月21—25日	观音山县府礼堂	78	77	5	
二届	1957年2月16—20日	观音山县府礼堂	75	74	6	11
三届	1958年7月15—18日	县工会礼堂	65	65	7	20
四届	1961年1月21—26日	县工会礼堂	56	57	3	8
五届	1963年6月1—10日	县大礼堂	90	72	7	9
六届	1984年5月16—18日	县委小礼堂	124	51	5	14
七届	1987年4月23—24日	徐城红旗二路县委会议室	81	57	8	39
八届	1992年4月14—15日	县大礼堂	85	123	7	11
九届	2004年2月11日	县会议中心一楼会议室	85	85	18	15
十届	2009年5月27—2017年1月	县会议中心一楼会议室	125	116	17	25
十一届	2017年1月29日至今	县会议中心一楼会议室	211	202	18	32

徐闻县工商业联合会
第七次会员全体代表名单（81人）

姓名	性别	年龄（岁）	籍贯	文化程度	政治面目	工作单位	职务
吴体清	男	52	海康	初中		对外经济发展公司	副经理
侯德坤	男	35	徐闻	高中	中共党员	烟糖公司	经理
潘浪英	女	45	徐闻	小学		个体专业户	
冯本利	男	45	徐闻	初中		回春药店	负责人
余正伦	男	51	徐闻	高小	中共党员	徐城信托公司	经理
廖承培	男	61	徐闻	初小		商业综合公司	主任
曾庆省	男	54	徐闻	中学		药材公司	组长
黄德华	男	72	徐闻	初中		龙塘综合公司	
黄利华	男	59	湛江	初小		前山供销社	职工
胡和平	男	34	徐闻	初中		锦和总合店	负责人
陈廷晋	男	58	海康	高小		食品公司	职工
杨德明	男	67	徐闻	初中		烟糖公司	已退休
许振华	男	72	徐闻	小学		果菜公司	已退休
李原胜	男	56	遂溪	大专	中共党员	经委	副主任
黄绍良	男	57	徐闻	中学		经委	
黄妃定	男	35	徐闻	高中		印刷厂	厂长
黄锐吟	男	58	徐闻	初中		医药公司	股长
潘中林	男		徐闻	初中		海藻厂	厂长
陈运丰	男	37	徐闻	中学		机具厂	厂长

（续上表）

姓名	性别	年龄（岁）	籍贯	文化程度	政治面目	工作单位	职务
邓昌盛	男	50	徐闻	初中	中共党员	土出公司	经理
王　武	男	55	海康	中专		商业局	副局长
周文生	男	53	徐闻	初中			退休
邓家文	男	40	徐闻	初中		饮服公司	经理
潘堪进	男	54	徐闻	高中		百货公司	副经理
李培育	男	28	徐闻	大专		纺织公司	副经理
张宗洪	男	40	徐闻	高中		果菜公司	经理
欧大庆	男	57	徐闻	初中		生产资料公司	经理
林鸿军	男	34	吴川	高中		外罗商店	负责人
陈　文	男	36	徐闻	高中		综合店	
庞　清	男	35	徐闻	高小		下洋商店	副经理
简三柏	男	39	徐闻			和安商店	负责人
朱教文	男	57	徐闻		中共党员	县供销社	股长
刘庆云	男	52	徐闻			龙塘综合店	经理
陈国养	男	36	徐闻	初中		下桥供销社	副主任
钟茂贤	男	33	徐闻			西连供销社	干部
李光华	男	32	徐闻	中学		新寮个体劳动协会	副主任
杨朝京	男	36	徐闻	高中		龙昌公司	经理
黄世珍	男	56	徐闻	高小		附城综合店	会计员
王朝培	男	36	徐闻	初中		附城供销社	组长
朱小玲	女	29	徐闻	高中		商业综合公司	出纳

（续上表）

姓名	性别	年龄（岁）	籍贯	文化程度	政治面目	工作单位	职务
刘秉明	男	57	徐闻	高小			门市主任
李　枢	男	57	广州	小学			
李　平	男	57	徐闻	初中			
黄世豪	男	43	徐闻				门市负责人
汤　兴	男	48	徐闻	高小			工会主席
曾其民	男	34	徐闻	大专		县委办	办事员
许乔芳	男	37	徐闻	中学		县纪委	科员
李孟嘉	男	36	徐闻			孟嘉旅馆	个体专业户
周　惠	男	26	徐闻	小学		益民药店	个体户
钟民坤	男	55	徐闻	初中		光新商店	个体户
陈乔华	女	58	徐闻			东方糕点	
刘益文	男	32	徐闻	中学		东方红工艺店	
冯德丰	男	35	徐闻	初中		县个集劳协	副会长
邓堪生	男	56	徐闻	高小	中共党员	个体户	个体户
卢　丛	男	54	徐闻	高中	中共党员	县食出公司	经理
林成发	男	57	香港	中师		香港	
蒋侨星	男	58	香港	中师		香港	经商
卞裕光	男	59	徐闻	高中	中共党员	县总社	副主任
吴健忠	男	56	海康	初中	中共党员	二轻局	副局长
杨德修	男	77	徐闻	小学		迈陈供销社	
邓　杰	男	70	香港	中师		香港	
周德权	男	60	广西	高小	中共党员	药品公司	副局长

徐闻县工商业联合会
第八次会员代表大会全体代表名单（共 128 人）

第一组：（徐城、城南、城北、五里）37 人
冯本利、冯德丰、潘浪英（女）、李孟嘉、刘爱农、陈泽荣、林少清（女）、林　红、钟民坤 钟民烈、黎建新、黎新中国成立、杨家孟、杨廷梧、冯光祖、李光荣、刘益文 、陈娇华（女） 邓堪明、沈三国、吴祝琴（女）、 何爱民、陈金萍（女）、张典炎、陈运清（女） 伍　庚、林　德、孙益奋、岑堪照、陈　振、张康荣、廖堪成、张典同、陈秀华（女） 黄少红（女）、吴妃利、陈春江
第二组：（龙塘、海安、迈陈、西连、大黄、角尾)22 人
黄家培、龙献彩、黄德华、杨大琼、陈庆孟、黄廷刚、符　法 林华祥、陈爱萍（女）、邓玉琼（女）、庞素珍（女）、廖连荣、陈月喜（女）、黄　有 黄国鹏、梁　贤、徐　娟（女）、张强林 、谢永新、彭振荣、黄章海
第三组：（曲界、前山、下洋、锦和、外罗、新寮、和安、下桥）27 人
陈　贤、陈克明、叶美亚（女）、 陈　义、薛　清（女）、何瑞盈、林建忠 何世锦、徐秀培（女）、谢家登、黄利华、邓永发、郑奋威、张宗华 杨　贵、黄妃发、李光华、陈光能、陈安栋、胡和平、薛　毛 吴小妹（女）、何国英、宋　华、唐秀兰（女）、梁宏荣、邓燕群（女）
第四组：（企业会员及其他代表）37 人
陈居久、张芝阶、吴光国、郑成义、黄文西、许学文、许雪英（女）、谭敬淼、柯黄生 钟国云、李连辉、李康荣、潘华龙、朱必达、柯　伍、谢华生、苏文珍、吴体清 余正伦、廖承培、曾庆省、陈廷晋、杨德明、许振华、朱少玲（女）、 邓昌盛、卢　丛 邓家文、朱永伍、潘堪进、陈　荣、陈运丰、潘中林、汤　兴、何光贤、凌定伟、陈文端

徐闻县工商业联合会
第九次会员代表大会全体代表名单（共 85 人）

县工商联机关代表（3 人）	黄小端（女）、高科夫、颜广武
乡镇代表（44 人）	徐城镇　张建滨、陈立平 新寮镇　孙逸云、黄　军 锦和镇　李　君、林　颂、董盛和、陈文友 和安镇　莫小平、薛　毛、陈自力 下洋镇　郑振团、张家保 前山镇　王培养、蒋家军 龙塘镇　李海江、戴云艳、马光赞、叶奕锐 曲界镇　符从亮、吴有望、黄廷辅、黄才智 下桥镇　刘　盈（女）、邓常志、吴开新、林显平 海安镇　陈昌团、邓　权 城北乡　祝雄骥、邓智清、王子丰 南山镇　罗日卫、谢声平、邓庆剑、黄开斌 迈陈镇　梁汉飞、邓华侨、符华全、黄　胜 角尾乡　郭　宜、杨德民 西连镇　庄　立、吴　发
民企商会代表（38 人）	林　红、黄立灼、李　魁、余秀敬、陈　展、叶　丹、王来兴、董遵秩、庞贵雄、梁封文、钟国威、陈国庆、王　尧、王　运、黄科本、陈林荣、黄其新、麦家铭、黄文胜、陈　位、陈国守、林劳荣、张堪权、蔡华态、殷巧英、龙志强、蒋侨星、麦培美、陈桂林（女）、黎建新、许胜国、伍桂林、钟学通、吴运春、沈三国、李光荣、李文山、邓尚业

徐闻县工商联第十次会员代表大会代表名单

（共125人，排名不分先后）

工商联（6人）	董遵秩、陈法强、林　红、叶　丹、颜广武、黄　山
民企商会（38人）	欧小力、麦培美、许林清、吴美来、蔡武志、蔡凯、黄文胜、林生永、王　进、莫学金、杨　钦、蔡月桃(女)、李华文、黄　胜、余　强、吴堪兴、王文进、潘宏先、许胜能 、李光荣、董循东、张建琳、罗　明、林少文(女)、黄小明(女)、符金兰(女)、黄其新、黄诚、黎建新、陈宁、张集能、黄熙颜、余秀敬、李花(女)、陈金虎、林望学、吴运春、吴沐桃(女)
女企商会（6人）	罗祝琴(女)、陈柏花(女)、陈桂林(女) 、卓少兰(女)吴珊凌(女)、陈月玉(女)
外地商会（6人）	曾冬浩、陈昌悦、倪光乐、冯　洲、吴晓鹏、叶广田
徐城街道办（8人）	陈林荣、王　尧、黄　科、李　魁、邓惠清(女)、陈立平、王武、殷巧英(女)
南山镇（7人）	谢声平、李光辉、叶桂安、李世再、陈家赵、黄　俊、麦家铭
城北乡（3人）	林　荦、蔡华态、邓妃荣
开发区（2人）	陈海莹(女)、冯　云
西连镇（5人）	林福利、许良玉、许丰年、麦卓三、李进权
下洋镇（4人）	冯妙霞(女)、窦祥松、梁志裕、张在仁
锦和镇（4人）	周健国、黄　东、陈天能、崔世军
前山镇（2人）	何世仁、邓德全
龙塘镇（6人）	陈继进、杨大远、叶奕锐、戴云艳、李　钦、林国太
海安镇（2人）	梁汉飞、姚　忠
迈陈镇（3人）	黄　忠、詹玉保、曹建文
和安镇（7人）	戴光宁、莫明孔、李　文、张　乔、曹广豪、邹　鹏、孙广范
下桥镇（6人）	陈世团、邹和儒、童妃照、林显平、熊新斌、王来兴
新寮镇（5人）	孙逸云、林光彪、陈光辉、郑应瑞、黄　军
曲界镇（3人）	吴建连、李　宋、郑成宏
角尾乡（2人）	杨卓群、陈进诗

徐闻县工商业联合会（总商会）
第十一次会员代表大会代表名单（共 211 名，排名不分先后）

县工商联（65 名）
董遵秩、陈法强、欧小力、陈金科、叶　丹、莫学金、林显平、冯大洲、许胜能、黄文胜、李富胜、朱石松、徐小健、黄执经、王　武、吴政隆、邓妃成、杨　钦、蔡武志、罗　明、吴堪兴、黄　胜、许林清、李彦霏、杜庆华、陈日表、邢益泷、宋海魁、云大雨、文　江、李小飞、余新林、林生永、陈林荣、吴　雄、张建林、董循东、黄科本、金雪何、李远景、王文进、林　进、王妃伍、陶卫东、欧小伍、林望觉、董循谋、黄起腾、包声伍、林妃郭、陈　法、劳基伟、陈金兰、袁和平、黄家伟、蔡华态、许丰年、吴晓腾、陈昌悦、麦培美、叶广田、王　尧、蔡　凯、林望学、李华文
佛山市徐闻商会（6 名）
潘联斌、高明渝、曾冬浩、周　普、谭慎汪、吕永华
东莞市徐闻商会（4 名）
林　耀、陈月明、许小贤、郑晓杰
深圳市徐闻商会（5 名）
符　献、蔡文江、林成斌、李永宗、刘柯卓
惠州市徐闻商会（5 名）
陈　端、陈光晓、陈光武、林家富、赵林富
广州市徐闻商会（6 名）
倪光乐、朱晓明、黄剑艇、黄　腾、钟开汉、莫国勇
湛江市徐闻商会（4 名）
刘　勇、李世东、张　明、邓光福
珠海市徐闻商会（3 名）
周天广、李　婵、施家卿
海南徐闻商会（4 名）
许良玉、陆家好、李保明、金华庆

（续上表）

肇庆市徐闻商会（3名）
梁　悟、陈永刚、邓进甫
徐闻县女企业家商会（5名）
罗祝琴、陈柏花、陈桂林、陈月玉、林贞文
徐闻县商业协会（10名）
林方炳、王远琛、李建坤、何启翔、吴光忠、许　东、陈　觉、詹武腾、陈冠晨、林元静
徐闻县菠萝行业协会（3名）
吴建连、方贵珍、吴文忠
徐闻县电子商务协会（6名）
林　海、李开农、林瑾邦、吴堪根、黄润可、翁智权
徐城街道（2名）
杨培锡、陈　位
南山镇商会（6名）
王大章、梁　平、黄　俊、麦家铭、余　强、李兴辉
城北乡（3名）
张志红、许　富、吴堪根
海安镇（4名）
周堪春、詹　杰、姚　忠、黄祥寿
下桥镇商会（6名）
李庆莲、龙康林、林务成、梁康荣、熊新斌、童妃照
曲界镇（3名）
游堪劲、郑祥贤、谭世景

（续上表）

龙塘镇商会（7 名）
李光兴、王广雄、杨大远、叶奕锐、林景辉、柯腾法、张昌寿
前山镇（3 名）
黄立孟、杨　奋、邓德全
下洋镇商会（3 名）
韦仲平、夏开增、张在仁
锦和镇商会（5 名）
邓洪铸、杨贡发、朱大般、董盛和、崔赐军
和安镇商会（7 名）
陈正平、周华惠、孙广范、朱文陆、黎　晓、李　文、曹广豪
新寮镇商会（11 名）
易光兰、陈尊颂、张志洪、林光彪、黄明豪、曾朝山、李怀皇、黄万生、彭　强、罗　兄、谭妃新
迈陈镇商会（12 名）
潘志昭、梁玉琴、詹玉保、吴美来、曹建文、林志强、邓图动、陈文耀、陈妃涉、詹有强、陈文才、陈成德
西连镇商会（5 名）
林福利、林妃良、李进权、陈水晶、樊　虎
角尾乡（4 名）
潘燕霞、陈来英、杨纬全、陈伍兴

三、县工商联机关人员编制和工作人员名录

1997年8月26日，徐闻县编制委员会徐编字〔1997〕58号文《关于徐闻县工商业联合会职能配置、内设机构和人员编制方案的批复》，同意县工商联内设工作职能室1个，机关行政编制4名，其中正会长1名，副会长1名，办公室正副主任2名，后勤服务人员1名。

2007年2月6日，徐闻县编制委员会徐机编字〔2007〕9号文关于印发《徐闻县工商业联合会职能配置、内设机构和人员编制规定》的通知，同意县工商联内设综合办公室1个，机关行政编制4名，其中正会长（党组书记）1名，副会长1名，办公室正副主任2名，后勤服务人员1名。

雷南县工商联机关干部职工花名册
（1958年—1961年）

姓名	性别	文化程度	籍贯	政治面目	到职时间	职务
杨家礼	男	高中	徐闻	中共党员	1957年1月	副主任
丁礼英	男	高中	海南琼山	中共党员	1954年5月	秘书
邓振威	男	中学	雷州	中共党员	1953年7月	干事
李希华	男	高中	番禺		1953年7月	干事
吴寿山	男	高中	湛江		1954年7月	工勤
赵红涛	男	高中	新会		1957年12月	干事
洪玉斌	男	初中	海康		1952年1月	南兴分会干事
陈文秀	男	高中	海康		1953年3月	北和分会干事
吴永南	男	高中	海康		1955年1月	乌石分会干事
林炳光	男	初中	海康		1955年2月	海康分会干事

徐闻县工商联机关干部职工花名册
（1961—1964年）

姓名	性别	文化程度	籍贯	政治面目	到职时间	职务
杨家礼	男	高中	徐闻	中共党员	1957年1月	副主任
丁礼英	男	高中	海南琼山	中共党员	1954年5月	秘书
邓振威	男	中学	海康	中共党员	1953年7月	干事
李希华	男	高中	番禺		1953年7月	干事
吴寿山	男	高中	湛江		1954年7月	工勤
赵红涛	男	高中	新会		1957年12月	干事

徐闻县工商联机关干部职工花名册
（1988年12月）

姓名	性别	出生年月	文化程度	籍贯	政治面目	参加工作时间	职务
朱必达	男	1943年11月	高中	徐闻徐城	中共党员	1964年9月	副主委
柯　伍	男	1953年3月	中专	徐闻徐城	中共党员	1980年8月	干事
潘华龙	男	1944年10月	高中	徐闻徐城		1963年9月	副股长
黄开明	男	1954年9月	高中	海康北和		1970年12月	干事
黄熙韩	男	1951年6月	中专	徐闻下洋		1972年12月	干事
黄妃吴	男	1946年7月	初中	徐闻角尾	中共党员	1964年7月	副股长

徐闻县工商联机关干部职工花名册
（1990年11月）

姓名	性别	出生年月	文化程度	籍贯	政治面目	参加工作时间	职务
朱必达	男	1943年11月	高中	徐闻徐城	中共党员	1964年9月	副主委
潘华龙	男	1944年10月	高中	徐闻徐城		1963年9月	干事
黄妃吴	男	1946年7月	初中	徐闻角尾	中共党员	1964年7月	干事
黄开明	男	1954年9月	高中	海康北和		1970年12月	干事
黄熙韩	男	1951年6月	中专	徐闻下洋		1972年12月	干事
柯 伍	男	1953年3月	中专	徐闻徐城	中共党员	1980年8月	秘书

徐闻县工商联机关干部职工花名册
（1992年12月）

姓名	性别	出生年月	文化程度	籍贯	政治面目	参加工作时间	职务
朱必达	男	1943年11月	高中	徐闻徐城	中共党员	1964年9月	副主委
陈 贤	男	1946年7月	初中	徐闻和安	中共党员	1965年11月	副主委
柯 伍	男	1953年3月	中专	徐闻徐城	中共党员	1980年8月	秘书长
潘华龙	男	1944年10月	高中	徐闻徐城		1963年9月	干事
黄熙韩	男	1951年6月	中专	徐闻下洋		1972年12月	干事
黄 周	男	1968年10月	高中	徐闻城南		1988年8月	普工

徐闻县工商联机关干部职工花名册
（2001 年 12 月）

姓名	性别	出生年月	文化程度	籍贯	政治面目	参加工作时间	职务
高科夫	男	1958 年 7 月	大专	徐闻	中共党员	1973 年 9 月	主委
朱必达	男	1943 年 12 月	高中	徐闻	中共党员	1964 年 8 月	副主委
颜广武	男	1954 年 12 月	大专	徐闻	中共党员	1974 年 12 月	副主委
陈　贤	男	1946 年 6 月	初中	徐闻	中共党员	1965 年 11 月	副主委
柯　伍	男	1953 年 6 月	中专	徐闻	中共党员	1977 年 3 月	秘书长
黄熙韩	男	1951 年 10 月	高中	徐闻		1972 年 12 月	科员
刘金菊	女	1964 年 10 月	高中	阳江		1983 年 7 月	办事员
黄　周	男	1968 年 10 月	高中	徐闻		1988 年 8 月	工勤

徐闻县工商联机关干部职工花名册
（2003 年 12 月）

姓名	性别	出生年月	文化程度	籍贯	政治面目	参加工作时间	职务
黄小端	女	1971 年 10 月	大专	徐闻	中共党员	1990 年 7 月	党组书记
高科夫	男	1958 年 7 月	大专	徐闻	中共党员	1973 年 9 月	主委
颜广武	男	1954 年 12 月	大专	徐闻	中共党员	1974 年 12 月	副主委
刘金菊	女	1964 年 10 月	高中	阳江		1983 年 7 月	办事员
黄　周	男	1968 年 10 月	高中	徐闻		1988 年 8 月	工勤

徐闻县工商联机关干部职工花名册
（2007年12月）

姓名	性别	出生年月	文化程度	籍贯	政治面目	参加工作时间	职务
陈法强	男	1970年1月	大学	徐闻	中共党员	1992年12月	党组书记
颜广武	男	1954年12月	大专	徐闻	中共党员	1974年12月	副书记、副会长
黄 山	男	1958年7月	大专	徐闻	中共党员	1982年1月	主任科员
刘金菊	女	1964年10月	高中	阳江		1983年7月	办事员
黄 周	男	1968年10月	高中	徐闻		1988年8月	工勤

徐闻县工商联机关干部职工花名册
（2015年12月）

姓名	性别	出生年月	文化程度	籍贯	政治面目	参加工作时间	职务
陈法强	男	1970年1月	大学	徐闻	中共党员	1992年12月	党组书记
黄 山	男	1958年7月	大专	徐闻	中共党员	1982年1月	主任科员
陈金科	男	1968年10月	大学	雷州	中共党员	1991年7月	办公室主任
刘金菊	女	1964年10月	高中	阳江		1983年7月	办事员
黄 周	男	1968年10月	高中	徐闻		1988年8月	工勤

徐闻县工商联机关干部职工花名册
（2017 年 12 月）

姓名	性别	出生年月	文化程度	籍贯	政治面目	参加工作时间	职务
陈法强	男	1970 年 1 月	大学	徐闻	中共党员	1992 年 12 月	党组书记
陈金科	男	1968 年 10 月	大学	雷州	中共党员	1991 年 7 月	副主席、办公室主任
陈昌团	男	1967 年 4 月	大学	徐闻	中共党员	1984 年 11 月	主任科员
刘金菊	女	1964 年 10 月	高中	阳江		1983 年 7 月	办事员
黄　周	男	1968 年 10 月	高中	徐闻		1988 年 8 月	工勤

第五节　徐闻县工商联（总商会）属下县内商（协）会概况

一、徐闻县乡镇商会

徐闻县乡镇商会是社会主义市场经济发展，特别是非公有制经济在徐闻农村发展过程中出现的新生事物，是具有统战性、经济性、民间性，同时又具有浓厚地域性的工商联基层组织。随着徐闻县经济结构调整步伐的加快，特别是国有企业改制和重组的力度加大，新阶段新形势下的徐闻县乡镇商会成员已发展为由一些改制后的国有、集体企业，各类新兴中介组织，农村个体专业大户和农村私营企业老板等组成。徐闻县贯彻落实中共中央、国务院《关于推进社会主义新农村建设的若干意见》和中共中央统战部《关于认真组织和引导统一战线广大成员为建设社会主义新农村服务的意见》精神，引导乡镇商会健康发展，促进社会主义新农村建设。

2016 年末，徐闻县现辖有 14 个乡镇、1 个街道、1 个经济开发区和 1 个农场；全县总人口 774,691 人，年末常住人口 724,082 人。全县有私营企业 1656 家、个体工商户 12,756 家。从 2007 年开始，徐闻县工商联（总商会）就着手开展组建乡镇商会工作， 2007 年 12 月 18 日，中共徐闻县委办公室下发《关于做好各乡镇商会换届选举工作的通知》，从而促使各乡镇党委重视和支持商会组织建设工作。截至2017年底，全县有南山、下桥、龙塘、锦和、下洋、和安、新寮、迈陈、西连 9 个乡镇建立商会和徐闻县民营企业商会、徐闻县女企业家商会、徐闻县商业协会（徐城商会）、徐闻县菠萝行业协会、徐闻县电子商务协会。经过多年的努力，乡镇商会会员队伍不断壮大。9 个乡镇商会会长全部由非公有制经济人士担任。乡镇商会挂牌在乡镇政府经济发展办公室。

徐闻县乡镇（街道）商会情况统计

徐闻县乡镇（街道）商会主要情况统计表

商会名称	成立时间	会员人数（人）	会长	副会长	秘书长
南山镇商会	2008 年 4 月（第一届）	105	黄　俊	谢声平、李兴挥、麦家铭、陈家赵、叶桂安、余秀敬、林宏杰、周　拨、陈　耀、林保团、黄开斌、戴东海、潘宏善	陈明春
	2013 年 9 月（第二届）	117	黄　俊	谢声平（常务副会长）、李兴挥、叶桂安、黄开斌、麦家铭、余秀敬、余　强、陈家赵、陈久耀、林日成、梁　平、黄小雷、张小贤、李世再、王锦勇	胡冠松
下桥镇商会	2008 年 5 月	63	王来兴	郭振速、熊新斌、陈妃陆、吴开新、邹和儒、童妃照、何　生、李妃健、朱开农、熊兴明	熊兴明
锦和镇商会	2008 年 5 月	53	崔易军	周建国、邱厚彪、崔世赐、陈天能、邓俊觉、肖月兰、黄　焰、黄利民、朱大般、符民帮	陈　钦
下洋镇商会	2008 年 6 月	41	梁至裕	张再仁、窦祥松、张　冲、黄　江、韩育光、曾世宗、张德伍、黄执卿、陈　芬、黄　海、郑朝展、张美华、谭祥佑	窦祥松
和安镇商会	2008 年 5 月（第一届）	69	孙广范	戴光宁、曹广豪、吴玉琼、朱文亚、李　文、黄志勇、张　乔、邹　鹏、吴　孟、卓　仁、朱　义、陈广兴、陈　弄、陈助力、张路拾	黎　晓
	2013 年 12 月（第二届）	74	孙广范	陈正平（执行会长）、黎　晓（常务副会长）、朱文亚（常务副会长）、曹广豪、吴玉琼、李　文、吴　广、朱文陆、潘春新、简　德、卓　仁、吴　孟、张　乔、梁　三、文爱青、薛　毛、张路成、陈　养	周华惠
新寮镇商会	2008 年 7 月（第一届）	38	林光彪	黄　军（常务副会长）、黄明豪（常务副会长）、邓椰潘、郑应瑞、曾朝山、李　记、彭　强、董俊闯、黄万生、黄万彩、莫　光、李保新、陈光辉、卓顺凯、陈才祝、唐永耀、罗　兄、唐江洪等	卢小永、柯　顺

（续上表）

商会名称	成立时间	会员人数（人）	会长	副会长	秘书长
新寮镇商会	2013 年 4 月 17（第二届）	46	陈尊颂	叶海燕（执行会长）、黄明豪（常务副会长）、李怀皇（常务副会长）、林　二、黄文系、陈乃源、陈力豪、董俊闯、邓耶潘、彭　强、黄敬峰、黄万生、吴昌艳、姚　耿、凌贵峰、罗　兄、谭妃新、李　记、曾朝山	邱厚习
迈陈镇商会	2008 年 7 月（第一届）	87	詹玉宝	曹建文、洪再游、朱开景、叶王操、李　伟、梁玉琴、余新林、陈　信、王妃新、邓妃记、胡学强、金三发、李妙烈	黄华友
	2013 年 6 月（第二届）	137	詹玉宝	沈世盛（执行会长）、曹建文、陈成德、陈文才、陈大江、金三发、杨婷婷、许云开、林　郭、叶王操、林九子、洪再游、陈　坤、余新林、邓海仁、陈　军、叶新连、陈文耀、金雪何、邓　动、陈玉保、姚永新、邓定江、陈妃涉、梁玉琴、蔡绍琼、李小莹、陈　信、邓　呢、陈成喜、林　亮、陈成利、吴永华、潘其盛、詹小林、邢　四、谢建平、林志强、符华伟、詹永科、陈　木、刘开健	黄华友
西连镇商会	2008 年 11 月	44	许良玉	林福利、沈　坤、林富强、谢国富、许丰年、李进权、谢文载、陈水宁、许良贵、麦卓三、林　彬、谢永涛、陈百祥、许洪涛	曹奕光
龙塘镇商会	2008 年 12 月	86	杨大远	戴云艳、叶奕锐、李　钦、杨马兰、杨大同、林景辉、刘小敏、唐家懂、余成样、蒋俊强、吴开创、苏全首、陆光锋	陈继进
徐闻县商业协会（徐城商会）	2015 年 11 月	146	林方炳	陈冠晨、王远琛、李建坤、许　明、许　东、曾林坚、邓周文、李　怀、陈　争、何启翔、吴光忠、陈妃陆、黄家怡、李儒林、熊新斌、李则诚、吴　雄、王妃伍、邓耶潘、柯文雄	王远琛（兼）

二、徐闻县工商联（总商会）属下商（协）会情况

1953—1989 年徐闻县行会、公会情况统计表

年份（年）	行业行会（公会、商会、协会）名称	负责人（会长）	户数
1953 年	生猪屠宰行会	阮太平	120 户
	羊行	林准山	170 户
	打金银行会	陈　贵	不详
	打铁公会	冯文才	不详
	中药药业公会	黄敬舆	28 户
	米业行会	黄瑞云	37 户
	煤油灯油协会	曾庆瑶	31 户
	布业公会	曾自强	23 户
	酿酒业行会	陈秉照	12 户
	竹木业公会	刘灿荣	11 户
1989 年	县民间企业公会	冯本利	

（一）民间企业家公会——民营企业商会沿革

徐闻县民间企业家公会是从 1989 年 11 月开始组建的，简称民企公会，首任会长冯本利。当时的民间企业家公会是运用公会这种组织形式，把非公有制经济代表人士（主要是私营企业主和有代表性的个体工商户）组织起来，加强对他们的联系，进行一些有益的探索和实践。县民企公会成立后，积极为会员提供服务，排忧解难，团结教育会员，热心社会公益事业。1989 年召开第一届理事会议后，1993 年、1999 年先后召开第二届、第三届理事会。2001 年停止运作。2005 年 8 月正式改组为徐闻县民营企业商会，商会的宗旨是“团结、交流、协作、服务”，任务是整合资源、搭建平台、服务会员，使全体会员在商会平台上实现“资源共享、优势互补、互通有无、合作发展”的愿望。通过开展经济技术交流、融资理财、维护企业合法权益、企业宣传表彰等活动，为广大会员提供商务信息，协调关系，开拓市场，促进协作，维护权益。

徐闻县民间企业家公会正副会长名录

姓名	公会职务	所在单位	单位职务
冯本利	会长	回春药店	负责人
李陈范	副会长	孟嘉旅馆	负责人
刘爱农	副会长	徐港修理厂	总经理
杨大琼	副会长	龙兴农副产品购销部	经理

徐闻县民营企业商会正副会长名录

姓　名	商会职务	所在单位	单位职务
叶　丹	会长	丹华发展有限公司	董事长
蔡华态	副会长	三建工程有限公司	总经理
罗祝琴	副会长	景泰宾馆	总经理
李进权	副会长	正茂蔬菜种植有限公司	董事长
黄文胜	副会长	荷香园酒家	董事长
麦家铭	副会长	亚热带生物科技有限公司	董事长
陈林荣	副会长	光华五金商行	总经理
陈　位	副会长	教育服装厂	总经理
刘　锋	副会长	恒福糖业发展有限公司	董事长
林劳荣	副会长	南洋冰厂	总经理
林厚彭	副会长	新雅阁酒楼	董事长
黄　俊	副会长	南通运输有限公司	董事长
黄科本	副会长	鸿达铝材装修公司	经理

（二）女企业家商会

徐闻县女企业家商会成立于 2008 年 6 月，是以全县国有、集体、民营企业中女性经营者为主体的自愿组织的妇女群众团体。女企业家商会成立后，紧紧围绕县委、县政府的工作中心，积极投身经济建设，维护本县女企业家的合法权益，积极开展多种形式的活动，充分发挥女企业家商会的作用，为全县经济发展做出积极贡献。

徐闻县女企业家商会正副会长名录

姓名	商会职务	所在单位	单位职务
罗祝琴	会长	景泰宾馆	总经理
陈桂林	副会长	徐闻县长安门窗厂	总经理
卓少兰	副会长	新潮家私城	总经理
黄小明	副会长	琼园酒家	总经理
邓惠清	副会长	红珊瑚宾馆	总经理
符金兰	副会长	榕桂水暖器材店	总经理
陈柏花	副会长	荟萃商场、华侨商场	总经理
吴姗凌	副会长	金兴印刷厂	总经理
陈月玉	副会长	国玉时装店	总经理
林少文	副会长	隆城蛋糕店	总经理

（三）徐闻县菠萝行业协会

2016 年 4 月 19 日，在县会议中心召开徐闻县菠萝行业协会第一次会员代表大会，副县长王少兰，徐闻县工商联（总商会）主席董遵秩、党组书记陈法强，县农业局局长杨仕煌出席会议。会议选举产生徐闻县菠萝行业协会第一届领导班子。徐闻县菠萝行业协会成立后，积极配合支持举办徐闻县菠萝文化旅游节。

徐闻县菠萝行业协会领导班子名录

协会职务	姓名
会长	吴建连
常务副会长	李新斌、林富华、黄永宏、赖柏年
副会长	万贵珍、刘　智、吴文忠、吴庭流、邹俊峰、张安延、张建琳、陈　福、陈如约、罗　武、黄　焰、黄咸位、戚炳农、赖远芳
监事长	陈承敏
秘书长	陈金科

（四）徐闻县电子商务协会

徐闻县电子商务协会成立于 2016 年 8 月 16 日，协会地址在青年创业园，会员 275 人。协会积极组织开展培训教育活动，推动徐闻的农海产品在互联网上进行宣传和销售。

徐闻县电子商务协会领导班子名录

协会职务	姓名
会长	潘联斌
常务副会长	翁祥江、金　晨
副会长	翁智权、赵世硕、罗林主、蔡延军、李开浓、李　德、林宇航、林　海、梁黄卿、苏爱娟、黄继雄
秘书长	翁智权

第六节　徐闻县工商联党组织与非公经济组织党的建设

一、徐闻县工商联党支部

改革开放以来，在各级党委的正确领导和统战部门的指导下，全国各地工商联组织建设得到较快发展，陆续恢复或组建工商联党组织。徐闻县工商联于 1992 年 9 月设立党支部，朱必达担任党支部书记。

中共徐闻县工商业联合会支部委员会负责人变更表

姓名	性别	职务	任职时间	学历	备注
朱必达	男	党支部书记	1992 年 9 月—2005 年 9 月	大专	1992 年成立党支部
黄小端	女	党支部书记	2005 年 9 月—2007 年 6 月	大学	
陈法强	男	党支部书记	2007 年 7 月至今	大学	

二、中共徐闻县工商业联合会党组

1991 年 7 月 6 日，中共中央颁发的关于批转中央统战部《关于工商联若干问题的请示》的通知（中发〔1991〕15 号）中指出，全国工商联党组不同于国务院各部门的党组，也有别于工会、妇联等人民团体的党组。工商联党组受同级统战部领导。市、县工商联凡有工作需要的，经当地党委批准，均可建立党组。党组成员一般应由工商联中党员副主委、工商联机关中的党员负责干部、党委统战部联系工商联工作的负责人等组成。

2003 年 6 月 10 日，中共徐闻县委组织部《关于县委统战部要求成立县工商联党组的批复》（徐组字〔2003〕1 号）同意成立县工商联党组，配备党组成员 3 名，其中书记 1 名，副书记 1 名，成员 1 名。

县工商联党组受县委统战部领导，在县工商联（总商会）工作中发挥领导核心作用。根据《中国共产党章程》和有关文件精神，县工商联党组的主要职责如下：

（一）贯彻执行党的路线、方针、政策和县委、县政府对工商联工作的指示，讨论和决定县工商联工作中的重大问题，团结非党干部和群众，坚持工商联正确的政治方向，完成县委、县政府交给的任务。

（二）做好非公有制经济代表人士思想政治工作，引导非公有制经济人士做到爱国、敬业、诚信、守法、贡献，做优秀的中国特色社会主义事业的建设者。

（三）协助县委统战部做好非公有制经济代表人士政治安排的推荐和考察工作。努力培养一支坚决拥护党的领导、坚定走中国特色社会主义道路的非公有制经济人士积极分子队伍。

（四）按照党的干部政策，做好职权范围内的干部管理、教育、培训工作，切实加强干部队伍建设。

（五）负责县工商联（总商会）领导班子建设工作，制定和实施党风廉政建设责任制度，建设务实、高效、廉洁的领导班子和领导干部队伍。

（六）负责县工商联机关建设工作。

（七）指导县工商联机关支部党建工作。

（八）完成上级交办的其他工作。

2003 年 7 月 24 日，中共徐闻县委决定任命黄小端为中共徐闻县工商联党组书记，颜广武为副书记。

2007 年 6 月 26 日，中共徐闻县委决定任命陈法强为中共徐闻县委统战部副部长、中共徐闻县工商联党组书记。

徐闻县工商联党组负责人变更表

姓名	性别	职务	任职时间	学历
黄小端	女	党组书记	2003 年 7 月 — 2007 年 6 月	大学
陈法强	男	党组书记	2007 年 6 月至今	大学

三、非公经济组织党的建设

2010 年 2 月，中共徐闻县委批复成立中共徐闻县非公经济组织工作委员会，挂靠徐闻县工商联，由县工商联党组代管。2010 年 3 月至 2013 年 1 月，中共徐闻县委任命陈法强为中共徐闻县非公经济组织工作委员会书记；黄润可（2010 年 5 月至 2011 年 9 月任职）为副书记；关智闻（2011 年 10 月至 2013 年 1 月任职）为副书记。2013 年 2 月 5 日，中共徐闻县非公经济组织工作委员会与中共徐闻县社会组织工作委员会合并更名为中共徐闻县非公有制经济组织和社会组织工作委员会，由县委组织部代管。在徐闻县华建房地产开发有限公司、徐闻县来悦酒店等单位建立非公经济党组织。

2015 年徐闻县非公经济组织基层党组织

党组织名称	建立时间	批准机关	组建形式	党员人数（人）
徐闻县大水桥糖厂有限公司党总支	2002 年 8 月	县委组织部	单独	120
徐闻县华建房地产开发有限公司党支部	2007 年 6 月	县直工委	单独	9
徐闻县来悦酒店党支部	2012 年 3 月	县非公有制经济组织党工委	单独	7
徐闻县南山镇非公有制经济组织联合党支部	2012 年 8 月	南山镇党委	联合	7
徐闻县下洋镇非公有制经济组织联合党支部	2012 年 5 月	下洋镇党委	联合	12
徐闻县角尾乡非公有制经济组织联合党支部	2012 年 5 月	角尾乡党委	联合	10
徐闻县龙塘镇非公有制经济组织联合党支部	2012 年 5 月	龙塘镇党委	联合	5
徐闻县和安镇非公有制经济组织联合党支部	2012 年 5 月	和安镇党委	联合	13
徐闻县下桥镇非公有制经济组织联合党支部	2012 年 6 月	下桥镇党委	联合	10
徐闻县恒福糖业有限公司党总支	2004 年 6 月	县委组织部	单独	74
徐闻县迈陈镇非公有制经济组织联合党支部	2012 年 5 月	迈陈镇党委	联合	17
徐闻县前山镇非公有制经济组织联合党支部	2012 年 5 月	前山镇党委	联合	20
徐闻县前山糖厂有限公司党支部	2004 年 7 月	县委组织部	单独	38
徐闻县曲界镇非公有制经济组织联合党支部	2012 年 5 月	曲界镇党委	联合	12
徐闻县西连镇非公有制经济组织联合党支部	2012 年 6 月	西连镇党委	联合	6
徐闻县鸿图轩木业有限公司党支部	2007 年 5 月	徐闻经济开发区党委	单独	8
广东原绿生物工程有限公司党支部	2010 年 3 月	徐闻经济开发区党委	单独	7
徐闻经济开发区新冠联合党支部	2012 年 3 月	徐闻经济开发区党委	联合	8
徐闻县宇城塑胶制品有限公司党支部	2007 年 3 月	徐闻经济开发区党委	单独	4
徐闻经济开发区非公有制经济组织联合支部	2012 年 7 月	徐闻经济开发区党委	联合	21
徐闻县新寮镇非公有制经济组织联合党支部	2012 年 5 月	新寮镇党委	联合	12

（续上表）

党组织名称	建立时间	批准机关	组建形式	党员人数（人）
徐闻县海安镇非公有制经济组织联合党支部	2012 年 5 月	海安镇党委	联合	10
徐闻县锦和镇非公有制经济组织联合党支部	2012 年 5 月	锦和镇党委	联合	8
徐闻县城北乡非公有制经济组织联合党支部	2012 年 5 月	城北乡党委	联合	13
徐闻县徐城街道非公有制经济组织联合党支部	2012 年 5 月	徐城街道党工委	联合	70
徐闻县心怡洗涤厂党支部	2014 年 10 月	徐闻县南山镇党委	单独	5
徐闻县海安新港港务有限公司党支部	2014 年 7 月	广东双泰运输集团有限责任公司党委	单独	21

○ 2012年3月28日，徐闻县来悦酒店党支部成立。中共徐闻县委常委、组织部长黎亦鸿，县直工委书记邓华民，县非公党工委书记、工商联党组书记陈法强，县工商联（总商会）主席董遵秩等领导出席成立大会

第三章

异地徐闻商会

异地徐闻商会（徐闻驻外商会）始创于 2009 年 6 月。早在 2008 年 8 月底，徐闻县工商联党组书记陈法强应邀参加吴川市的一次商会活动，看到吴川市的异地商会办得好且发挥很大作用，感触颇深，萌发创建异地徐闻商会的想法。2008 年 11 月初，陈法强和县工商联副主席叶丹到东莞市走访徐闻同乡会会长许忠文等徐闻籍老乡，商讨创建异地徐闻商会的有关事宜，得到徐闻籍老乡的肯定和支持，为创建异地商会奠定基础。2009 年 5 月初，陈法强到佛山市走访徐闻顺德同乡会会长高明渝等徐闻籍老乡，进一步商讨创建异地商会事宜，同样得到他们的赞同与支持。之后，深圳市的邹许全、广州市的何培华、湛江市的陈吴、珠海市的黄统良、苏建明等徐闻籍老乡都大力支持成立异地商会。

2009 年 6 月 28 日，徐闻顺德商会正式成立，标志着异地徐闻商会在外地创建工作进入新阶段。至 2017 年止，相继成立佛山、东莞、深圳、惠州、广州、湛江、珠海、海南、肇庆、中山等 10 个异地徐闻商会。自异地商会成立以来，它为徐闻的经济社会发展和公益事业做出积极贡献。

第一节　佛山市徐闻商会

○ 2013 年 11 月 30 日，佛山市徐闻商会成立庆典与会人员合影

○ 2017 年 3 月 25 日，佛山市徐闻商会第三次会员代表大会在佛山金禧酒店召开

佛山市徐闻商会（徐闻佛山商会）是由原徐闻顺德商会（成立于 2009 年 6 月 28 日）与佛山徐闻商会（成立于 2010 年 9 月 5 日）于 2013 年 11 月 30 日合并而成立的商会组织。商会会址为佛山市禅城区深华路雅居乐一区 70 号，商会会员企业有 39 个。商会会员的生意涉及印刷、制造、医药、金融、装修、法律、家具家电、广告传媒、信息技术等诸多领域。商会以“和谐团结、以商养商、以商助商、发展共赢”为宗旨，促进会员交流、合作，为会员服务、开拓投资融资渠道为主要业务，为广大在佛山的徐闻商人搭建广阔的信息交流平台。

徐闻顺德商会第一次会员代表大会于 2009 年 6 月 28 日，在顺德容桂皇家酒店召开，高明渝为会长。

佛山徐闻商会第一次会员代表大会于 2010 年 9 月 5 日，在佛山市禅城区珠江渔村酒店召开，曾冬浩为会长。

佛山市徐闻商会于 2013 年 11 月 30 日由佛山徐闻商会与徐闻顺德商会合并，同日在佛山市南海区平洲召开第二会员代表大会，高明渝为会长，执行会长 1 人，名誉会长 4 人，常务副会长 9 人，副会长 15 人。

佛山市徐闻商会第三次会员代表大会于 2017 年 3 月 25 日，在佛山金禧酒店召开，潘联斌为会长，名誉会长 5 人，常务副会长 9 人，副会

○ 佛山市徐闻商会办公室一角

长 14 人。

佛山市徐闻商会开展多种活动，不断增强队伍的凝聚力。如 2013 年 11 月 30 日，举办佛山市徐闻商会暨扶中小企业成长基金成立庆典大会；2014 年 6 月 8 日，由四位商会会员共同投资设立的祥英吉祥沐足中心隆重开业；2014 年 10 月，主办第二届“徐商杯”篮球联谊赛，商会组织的篮球队于 2015 年在珠海举行的第三届“徐商杯”篮球联赛获得季军，2016 年，在惠州举行的第四届“徐商杯”篮球联赛获得冠军、队员文乐获得最佳运动员。

商会主动承担社会责任，奉献爱心，情系桑梓，反哺家乡。2014 年 7 月 18 日，家乡徐闻遭受超强台风“威马逊”肆虐后，商会召开“徐闻赈灾倡议”会议，发动商会会员、在佛乡亲们积极参与到赈灾活动中来。在佛山举行“暴风中坚强，我们在一起”乡情义演募捐活动，募捐资金 742,100 元。组队三次返乡赈灾，援助物资与资金约 45 万元：一是给灾区灾民送大米；二是慰问房屋全倒户，鼓励他们重建家园；三是资助 15 万元支持考上重点大学、灾后父母无力供其求学的 31 位贫困学生。2017 年 9 月 30 日，商会组织有关人员到徐闻县徐城北敬老院慰问，给老人家送去慰问金，月饼，水果等礼品，为他们欢度中秋、国庆节增添关爱。

一、佛山市徐闻商会与徐闻顺德商会领导班子成员名录

徐闻顺德商会第一届领导班子成员名录

商会职务	姓名	工作单位	单位职务
会长	高明渝	广东顺德港华金属制品公司	总经理
名誉会长	高荣耀	顺德经贸局	
	何建民	顺德药监局	书记
常务副会长	赵兴銮	香港裕发公司	总经理
	黄南建	佛山市馨妍化妆品有限公司	总经理
	李小兵	中山市众龙电器有限公司	总经理
	邱少政	中国银行顺德支行	
	姚法平		
副会长兼秘书长	符方再	农业银行顺德支行	
副会长	周　普	顺德培木股份公司	总经理
	陈光孝		
	吕德雄	歌雅电工公司	总经理
	陈庆全	证券公司	总经理
	陈秀文	申菱空调	副总经理
	吴何强	万园电器	总经理

佛山市徐闻商会第一届领导班子成员名录

商会职务	姓名	工作单位	单位职务
会长	曾冬浩	佛山市浩文彩色印刷有限公司	总经理
常务副会长	黄　梓	佛山市金恒信会计师事务所	总经理
副会长	李肖金	佛山市华沃材料科技有限公司	总经理
	潘联斌	佛山市赤子之心投资咨询公司	总经理
	杨　建	佛山市陶陶宝电子商务有限公司	总经理
	杨培强	佛山市国贸集团华强公司	经理
	周　普	佛山顺德培木股份公司	总经理
	赵兴銮	香港裕发公司	总经理
	许　琳	佛山市城脉太阳能设备有限公司	总经理
	谭慎汪	佛山市南海翰闻塑料制品有限公司	总经理
	林国威	佛山市南海区房地产总公司	总经理
	林光助	佛山市南海一諾蔴纺织有限公司	总经理
	邓德煌	佛山市全家福医药连锁有限公司	总经理
副秘书长	莫绍威	南庄吉祥沐足中心	总经理
	董　超	广东省进发钢铁实业有限公司	总经理

佛山市徐闻商会第二届领导班子成员名录

商会职务	姓名	工作单位	单位职务
会长	高明渝	广东顺德港华金属制品公司	总经理
名誉会长	曾冬浩	佛山市浩文彩色印刷有限公司	总经理
	赵兴銮	香港裕发公司	总经理
	黄执经	顺德水森林俱乐部	总经理
	朱卫红	佛山市南海锦坤贸易有限公司	总经理
执行会长	符文勇	广东神创通信技术有限公司	总经理
常务副会长兼秘书长	李肖金	佛山市华沃材料科技有限公司	总经理
常务副会长	黄　梓	佛山市金恒信会计师事务所	总经理
	潘联斌	佛山市赤子之心投资咨询公司	总经理
	周　普	佛山顺德培木公司	总经理
	林光助	佛山市南海博基纺织有限公司	总经理
	谭慎汪	佛山市南海翰闻塑料制品有限公司	总经理
	陈　杰	佛山市三水区广牧兴饲料公司	总经理
	董　超	广东省进发钢铁实业有限公司	总经理
	陈秀文	广东顺德喜大屋工程有限公司	总经理
	黄开晨	佛山欧思丹热能科技有限公司	总经理
副会长	陈宝珠	佛山市养康医药有限公司	总经理
	邓德煌	佛山市全家福医药	总经理
	杨仕劲	广州复旦奥特科技股份有限公司佛山分公司	总经理
	戴中华	佛山市顺德区钜汉信息科技有限公司	总经理
	陈界二	佛山市凯信达通信技术有限公司	总经理
	陈智媛	曼哲斯帝家具店	总经理
	邓　军	佛山市龙创文化发展有限公司	总经理

（续上表）

商会职务	姓名	工作单位	单位职务
副会长	邓轩勃	佛山爱心大药房连锁有限公司	总经理
	黄　越	佛山市禅城区万基包装材料厂	总经理
	黄南建	佛山市馨妍化妆品有限公司	总经理
	林国威	佛山市南海区南海新天地广场	总经理
	吕德雄	顺德区大良歌雅装饰材料公司	总经理
	吴　帅	佛山市乐从熙海木业经营部	总经理
	许　林	佛山市城脉太阳能设备有限公司	总经理
	杨培仁	佛山众辉建筑配套工程有限公司	总经理

佛山市徐闻商会第三届领导班子成员名录

商会职务	姓名	工作单位	单位职务
会长	潘联斌	佛山市盛世纪投资管理有限公司	总经理
名誉会长	曾冬浩	佛山市浩文彩色印刷有限公司	总经理
	赵兴銮	香港裕发公司	总经理
	高明渝	广东顺德港华金属制品公司	总经理
	朱卫红	佛山市南海锦坤贸易有限公司	总经理
	符文勇	广东神创通信技术有限公司	总经理
常务副会长	黄　梓	佛山市紫创企业管理咨询有限公司	总经理
	陈　杰	佛山市三水区广牧兴饲料公司	总经理

（续上表）

商会职务	姓名	工作单位	单位职务
常务副会长	黄开晨	佛山欧思丹热能科技有限公司	总经理
	林光助	佛山市南海一諾蔴纺织有限公司	总经理
	谭慎汪	佛山市南海翰闻塑料制品有限公司	总经理
	邓　松	中外运空运发展股份有限公司华南分公司	项目运营总监
	邓轩勃	佛山爱心大药房连锁有限公司	总经理
	吕永华	佛山市梵世华家具有限公司	总经理
	洪昌盛	广州都亿房地产开发有限公司	总经理
副会长	黄南建	佛山市馨妍化妆品有限公司	总经理
	李小兵	中山市众龙电器有限公司	总经理
	杨培强	佛山市国贸集团华强公司	经理
	戴中华	佛山市顺德区银海酒店	行政总经理
	许　琳	佛山市城脉太阳能设备有限公司	总经理
	莫绍威	佛山市禅城区祥英大酒店吉祥沐足中心	总经理
	杨　建	佛山市陶陶宝电子商务有限公司	总经理
	薛丰浪	佛山市家道装饰工程有限公司	总经理
	戴妃泽	佛山市隆茂不锈钢贸易有限公司	总经理
	欧冬花	广东华法（三水）律师事务所	合伙人
	邓妃导	佛山中佛传动机械有限公司	总经理
	冯桂仁	广州京合医药科技有限公司	常务副总经理
	莫冬科	佛山我赛尔体育文化有限公司	总经理
	梁广辉	广东画梦人文化传播有限公司	总经理
秘书长	周　普	佛山顺德培木股份公司	总经理

二、佛山市徐闻商会理事名录

佛山市徐闻商会第一届理事名录

姓名	工作单位	单位职务
陈　杰	佛山市三水区广牧兴饲料公司	总经理
邓　军	佛山市龙创文化发展有限公司	总经理
符文勇	广东神创通信技术有限公司	总经理
骆成鑫	佛山市复然斋书画艺术创作室	总经理
王日强	广东银裕融资担保有限公司	总经理
魏力生	佛山市顺德区信钢贸易有限公司	总经理
许　招	佛山市新金城化工有限公司	总经理

佛山市徐闻商会第二届理事名录

姓名	工作单位	单位职务
莫绍威	南庄吉祥沐足中心	总经理
蔡巨明	广东省工业设备安装公司	总经理
蔡明智	广东佛山市盐步汇银家具五金厂	总经理
陈　团	广东神创通信技术有限公司	经 理
陈光孝	佛山市顺德区杏坛惠光五金制品厂	总经理

（续上表）

姓名	工作单位	单位职务
戴瑞妙	广东神创通信技术有限公司	经理
符海龙	本科集团	经理
黄其蔼	佛山市搏艺电脑	经理
柯洁生	佛山市南海区可蓝光点灯饰厂	总经理
梁广辉	佛山市龙创文化发展有限公司	经理
林望景	佛山小林科技电脑维修服务中心	经理
李方帮	佛山市南海区胜捷贸易有限公司	总经理
骆成鑫	复然斋画廊	
苏林东	佛山市冠誉无锈钢有限公司	经理
杨长俊	佛山市鑫七光装饰材料有限公司	总经理
张耀肯	佛山市南海福普门业制品厂	总经理
郑国辉	佛山市南海区福资佳布行	总经理
邹妃营	广东时代胜誉房地产开发有限公司	经理
莫绍威	南庄吉祥沐足中心	总经理
蔡巨明	广东省工业设备安装公司	总经理
蔡明智	广东佛山市盐步汇银家具五金厂	总经理

佛山市徐闻商会第三届理事名录

姓名	工作单位	单位职务
黄其蔼	佛山市搏艺电脑	总经理
林望景	佛山小林科技电脑维修服务中心	总经理
张耀肯	佛山市南海福普门业制品厂	总经理
林　惠	广州御龙服装城 DaLin 外贸服饰	总经理
邓俊贤	佛山市晶品汇珠宝有限公司	总经理
潘宏财	广东鑫顺辉门业有限公司	总经理
何绍赐	佛山市品厚汇茶业有限公司	经理
邱之垒	广东顺德和耕家园软件设计配套有限公司	总经理

第二节　东莞市徐闻商会

东莞市徐闻商会（徐闻东莞商会）成立于2010年6月9日，是在徐闻东莞同乡会（2003年12月成立）的基础上组建的商会组织。会员有60多人。会员涉及印刷、制造、医药、金融、法律、家电、广告传媒、信息技术等领域。商会以促进在莞的徐闻籍工商界人士“互通资讯、共谋发展”为目标，多次举办在莞徐闻乡亲联谊会，多次组织篮球队参加由佛山徐闻商会等商会举办的“徐商杯”篮球联赛，开展走访会员企业活动，为在莞的徐闻商人搭建广阔的信息交流平台，为徐闻和东莞两地经济建设作出贡献。

东莞市徐闻商会第一次会员代表大会于2010年6月9日，在东莞市国际会展召开，袁奇为会长，常务副会长1人，副会长21人。

东莞市徐闻商会第二次会员代表大

2014年12月，中共徐闻县委常委、统战部部长李乐（左）在会上给会长林耀授牌匾

会于2012年12月8日在东莞市广彩城酒店召开，陈文亮为会长，林耀为执行会长，常务副会长8人，副会长16人。

东莞市徐闻商会第三次会员代表大会于2014年12月13日，在东莞市文华国际酒店召开，林耀为会长，黄子铭为执行会长，常务副会长15人，副会长10人。

东莞市徐闻商会积极开展活动。2014年第9号超强台风“威马逊”重创徐闻后，商会发动会员捐款12多万元为迈陈新地小学、西连继承梧小学、下桥旋安小学修缮学校围墙。

一、东莞市徐闻商会领导班子成员名录

东莞市徐闻商会第一届领导班子成员名录

（2010年6月—2012年12月）

商会职务	姓名	工作单位	单位职务
会长	袁　琦	广东湛清律师事务所	主任执行董事
常务副会长	何雪清	东莞市万达物流有限公司	总经理
副会长	陈光盛	中华联合财险东莞中心支公司	部门经理
	陈光波	东莞市银辉玩具有限公司	行政经理
	黄成迪	东莞市银露剑麻有限公司	董事长
	秦绍宏	东莞市港城印刷工艺厂	总经理
	邓继升	东莞市翔升精密技术有限公司	总经理
	李保明	东莞市日菱电梯有限公司	总经理
	谭德明	美宜佳连锁店	店长

（续上表）

商会职务	姓名	工作单位	单位职务
副会长	黄子龙	东莞市旗峰路松峰素菜馆	总经理
	詹小敏	东莞市宝盈投资管理有限公司	总经理
	何世木	东莞市虎门溢盛印刷厂	总经理
	王　龙	东莞市嘉欣发特种纸业有限公司	总经理
	林国端	新干线涂装工程有限公司	总经理
	许小贤	深圳炬星运输有限公司	总经理
	陈孟冬		
	苏春成	东莞市佳发塑料科技有限公司	总经理
	叶广田	东莞市森田毛织厂	总经理
	林堪朝	东莞市翔安网络有限公司	总经理
	曾丽华	东莞市鑫源织造有限公司	总经理
	王　明	东莞市虎门	
	莫学勉	东莞市长安昌象造纸有限公司	总经理
	马惠萍	东莞市红田实业投资有限公司	总经理
秘书长	邓文海	东莞市金国建筑工程有限公司	总经理

东莞市徐闻商会第二届领导班子成员名录
（2012年12月—2014年12月）

商会职务	姓名	工作单位	单位职务
会长	陈文亮	东莞市青色文化景观装饰工程有限公司	总经理
执行会长	林　耀	东莞市华夏酒业有限公司	
常务副会长	何雪清	东莞市万达物流有限公司	总经理
	陈光盛	中华联合财险东莞中心支公司	部门经理
	谢青宝	东莞市添宝饰品有限公司	总经理
	邓继升	东莞市翔升业精密技术有限公司	总经理
	陈月明	东莞市塘兴塑胶制品厂	总经理
	谭德明	美宜佳连锁店	店长
	琚　琼	东莞市朗洁清洁工程有限公司	总经理
	翟春生	东莞市润顺五金制品厂	总经理
副会长	黄成迪	东莞市银露剑麻有限公司	董事长
	詹小敏	东莞市宝盈投资管理有限公司	总经理
	秦绍宏	港城印刷工艺厂	总经理
	李保明	东莞市日菱电梯有限公司	总经理
	黄子龙	东莞市旗峰路松峰素菜馆	总经理
	林国端	新干线涂装工程有限公司	总经理
	许小贤	深圳炬星运输有限公司	总经理
	邓文海	东莞市金国建筑工程有限公司	总经理
	蔡在威	东莞市初慧文化传播机构	总经理
	李建东	广州真珠贸易有限公司	总经理

（续上表）

商会职务	姓名	工作单位	单位职务
副会长	黄　俊	广东旗峰律师事务所	主任律师
	宁　奋	广州源信通化工工业有限公司（东莞分公司）	总经理
	卢育托	东莞市润顺五金制品厂	总经理
	黄开晨	佛山欧思丹热能科技有限公司（东莞分公司）	总经理
	谭　诚	东莞市品美装饰设计有限公司	总经理
	邓浩坤	东莞市坚成电子科技有限公司	总经理助理
秘书长	梁美生	东莞市铭美企业代理有限公司	总经理

东莞市徐闻商会第三届领导班子成员及顾问名录

（2014 年 12 月至今 ）

商会职务	姓名	工作单位	单位职务
会长	林　耀	东莞市凯晶实业有限公司	董事长
执行会长	黄子铭	东莞市富朗特毛织有限公司	董事长
常务副会长	秦绍宏	港城印刷工艺厂	总经理
	陈光盛	中华联合财产保险股份有限公司	部门经理
常务副会长兼秘书长	陈月明	东莞市塘兴塑胶制品厂	总经理
常务副会长	琚　琼	东莞市朗洁清洁工程有限公司	总经理
	符德勇	深圳市澳圳国际货运代理有限公司	总经理
	陈荟蓉	东莞市荟蓉布艺有限公司	董事长

（续上表）

商会职务	姓名	工作单位	单位职务
常务副会长	符立成	东莞市长颈鹿文化发展有限公司	总经理
	朱　祺	东莞市广弘医药有限公司	总经理
	张再计	寮步镇正盛胶管制品厂	总经理
	林堪勇	清溪镇公安分局	
	谭　诚	东莞市品美装饰设计有限公司	总经理
	廖志军	东莞市华诺装饰工程有限公司	总经理
	林子杰	东莞市金湛贸易有限公司	总经理
	张保文	中国太平洋保险公司虎门支公司	业务经理
	邓浩坤	东莞市坚成电子科技有限公司	总经理助理
副会长	卢育托	东莞市润顺五金制品厂	总经理
	黄成迪	东莞市银露剑麻有限公司	董事长
	林国端	新干线涂装工程有限公司	总经理
	黄开晨	佛山欧思丹热能科技有限公司（东莞分公司）	总经理
	黄　俊	广东旗峰律师事务所	主任律师（兼法律顾问）
	宁　奋	广州源信通化工工业有限公司（东莞分公司）	总经理
	邓进甫	东莞市东思电子技术有限公司	副总经理
	王　龙	东莞市嘉欣发特种纸业有限公司	总经理
	莫绍钰	美宜佳连锁店	总经理
	韦　彪	明志香港国际贸易有限公司	总经理
监事长	钟益丰	东莞市实业投资协会	监事长
顾问	毛　亚	大朗一中	主任

（续上表）

商会职务	姓名	工作单位	单位职务
顾问	陈大灿	东莞市邮政局	局长
	黄　江	东莞市药监局	副局长
	周大江	广东医学院后勤基建处	处长
	杨国耀	谢岗镇公安局	副局长
名誉会长	邓图全	东莞喜悦酒店	董事长
	林堪朝	东莞市翔安网络科技公司	总经理
	翁　廓	华润电力	总经理
	林望佐	亚星国际科技有限公司	董事长

二、东莞市徐闻商会非领导班子成员名录

2017 年东莞市徐闻商会非领导班子部分会员名录

姓名	工作单位	单位职务
黎振军	博罗县园洲泸莞装饰材料厂	
李永健	东莞长安兆望金属材料有限公司	
林妃巧	东莞市领先节能科技有限公司	
刘付安	中国建设银行股份有限公司东莞分行	
詹　柏	室内装饰工程设计、施工	
谭瑞为	东莞合景实业发展公司	
刘任华		
郑进梁	东莞市金兴空调工程有限公司	总经理

（续上表）

姓名	工作单位	单位职务
陈红梅	东莞市青色文化景观工程有限公司	会计主管
吴白杨	南粤银行东莞分行	客户经理
孙兰芳	东莞市东澎地产中介有限公司	总经理
邓光顺	远森贸易有限公司	经理
刘国来	东洋轮胎	
王　敢	健来体育	
黄飞宏	斯丹妮服装店	
李程才		
刘乾锋	朗轩酒店	部门经理
陈天育	深圳市伙伴房地产经纪有限公司东莞分公司	总经理
陈木连	东莞市清溪镇东彭地产有限公司	总经理
许堪兴	东莞市清溪镇雷州兴记火锅城	总经理
黄　帅	广东都市丽人实业有限公司	高管
钟美良	东莞蔬菜莱贸易	
张春品		
潘进才	东莞市蔬菜贸易	
陈平酌	百惠浦净水设备有限公司	经理
王观梅	泛华集团	经理
许华冶	中国银行东莞分行	经理
阮　仪	中国平安综合金融	客户经理
张小玲	东莞市青色文化景观装饰工程有限公司	会计

（续上表）

姓名	工作单位	单位职务
黄海文	招商银行	信贷部主管
卓少清	东莞市贝贝乐幼教用品有限公司	业务经理
吴　泉	铁人自动化设备有限公司	
梁仕鸿	东莞市大业建筑技术咨询有限公司	工程师
詹朝亮	东莞市孚有光电科技有限公司	
詹华桂	东莞市万存商贸有限公司	总经理
李明贤	东莞市迈向达胶合包装有限公司	
许华国		
钟大友		
许龙武	东莞创源建材（塘厦欧神诺陶瓷）	经理
林妃民		
吴洪达		
王　帅	格美纸品厂	
欧邦海		
邓栋生		
黄华凯		
林国民		
梁辉明		
林成鑫	东莞金湛贸易有限公司	
李洪和	东城祥荣汽修厂	
梁　发		

（续上表）

姓名	工作单位	单位职务
戴米祥	东莞市金帝郎皮具装饰有限公司	总经理
符光达	东莞市金帝郎皮具装饰有限公司	副总经理
李华国	东莞市中旗纸品有限公司	总经理
杨其波	东莞市诺尔资产管理有限公司	总经理
许金花	东莞市平安保险公司	客户经理
戴华建		
郑景发		
李华龙	东莞市中旗纸品有限公司	董事长

第三节 深圳市徐闻商会

深圳市徐闻商会（徐闻深圳商会）成立于2010年12月18日。商会由在深圳市从事经商、企业管理和其他相关业务的徐闻籍企业经营者、工商业户及在深圳的徐闻籍人士自愿以单位（企业）或个人身份参加组成的，具有法人资格的从事商务沟通、贸易交往、信息传递的非经营性社会团体组织，截至2017年底，会员有300多人。

商会宗旨：遵守宪法、法律、法规和国家政策，弘扬社会道德风尚。商会本着团结互助、共同发展的原则，以商会为平台，加强在深圳的徐闻籍乡亲之间联系，沟通信息、交流经验、招商引资，充分发挥商会的群体优势，促进会员企业共同发展，为深圳与徐闻两地的经济共同繁荣作贡献。

商会成立以来的主要事迹：①促进会员之间友谊。每年组织会员旅游，如2012年的肇庆盘龙峡游、2013年的“惠东巽寮湾夏日游”。组织开展“徐商杯”篮球友谊赛等活动，大大增强商会的凝聚力。商会还通过商会的网站平台公开商会的财务和通过微信群及时传播商会的资讯，还精心编写《徐闻人在深圳》一书，以图文并茂和深度专访的形式把在深圳的徐闻商人聚集在一起。②参与家乡建设和公益活动。2012年1月13日，商会捐赠10万元慰问金送给徐闻公安干警。2013年4月3日，商会12位

○2010年12月18日，深圳市徐闻商会成立庆典合影

会员代表向徐闻县福利院捐赠爱心款 10 万元。2012 年至 2015 年，商会连续举办四届“励志教育活动”，出资邀请清华大学的 10 多位大学生到徐闻中学、梅溪中学和西连中学与中学生交流学习心得体会，得到徐闻学子和家长们的欢迎和好评。2015 年 7 月，深圳市徐闻商会捐款 8 万元给徐闻县体育中心，用于发展体育事业。2017 年 4 月赞助 5 万元给第二届徐闻菠萝文化旅游节活动。商会的真情付出，赢得社会各界的赞扬，自商会成立以来，收到感谢锦旗 30 多面。

深圳市徐闻商会第一届领导班子成员名录

（2010 年 12 月 — 2013 年 12 月）

商会职务	姓名	工作单位	单位职务
会长	符　献	东芝泰格信息系统（深圳）有限公司	部长
常务副会长	李富胜	深圳市驭先实业有限公司	总经理
	符庆林	深圳市澳圳国际货运代理有限公司	总经理
	蒋国明	深圳市凯荣信商贸有限公司	总经理
	黄廷辅	深圳市坪山新区坑梓街道办利民新村 2 巷 1 号	
	邹　颖	深圳市蛇口建筑安装工程有限公司	总经理
	黄永青	深圳市亿比特存储技术有限公司	董事长
副会长	徐立成	深圳市玛斯科特科技有限公司	总经理
	陈光庞	深圳市丽城饮食管理有限公司	总经理
	陈昌悦	深圳市昌悦实业有限公司	总经理
	蔡文江	深圳市龙之珍珠有限公司	董事长
	张德帅	深圳市建石市政工程有限公司	总经理
	林成斌	深圳市泰达不锈钢有限公司	总经理
	梁家铭	深圳市万邦进出口有限公司	总经理
	郑可莼	深圳市恒天穗实业有限公司	董事长
秘书长	李富胜（兼）	深圳市驭先实业有限公司	总经理

深圳市徐闻商会第二届领导班子成员及顾问名录

（2013年12月至今）

商会职务	姓名	工作单位	单位职务
会长	符　献	东芝泰格信息系统（深圳）有限公司	总经理
执行会长	蔡文江	深圳市龙之珍珠有限公司	董事长
秘书长	陈华闯	深圳市农科物业管理有限公司	副总经理
常务副会长	冯卫东	深圳市东深物业管理有限公司	董事长
	黄廷辅	个体经商户	
	梁家铭	深圳市万邦进出口有限公司	总经理
	林成斌	深圳市泰达不锈钢有限公司	总经理
	邹　颖	深圳市蛇口建筑安装工程有限公司	总经理
	郑可纯	深圳市恒天穗实业有限公司	董事长
	陈光庞	深圳市丽城饮食管理有限公司	董事长
	陈昌悦	深圳市保利昌悦物流有限公司	总经理
	黄立权	深圳市恒天穗实业有限公司	董事长
	董洁泉	江海证券股份有限公司	副总裁
	邹成江	深圳市佰艺成景观设计有限公司	资深设计师
	林俊天	深圳汇林达科技股份有限公司	总经理
	蒋国明	深圳市凯荣信商贸有限公司	总经理
	符庆林	深圳市澳洲国际货运代理有限公司	董事长
	徐立成	深圳市玛斯科特科技有限公司	董事长
副会长	林劲峰	深圳市华新国际建筑工程设计顾问有限公司	总经理及总建筑师
	李丰曹	深圳盟达技术通讯	执行董事长

（续上表）

商会职务	姓名	工作单位	单位职务
副会长	陈德礼	深圳市骏迈建筑加固技术有限公司	董事长
	张在勇	深圳市春华盛置地有限公司	董事长
	许春武	深圳百年供应链有限公司	总经理
	陈晓云	清迈大光旅游有限公司	负责人
	何　炯	深圳市东方新鹏教育投资发展有限公司	董事长
	李永宗	当代侠峰电机有限公司	董事长
	刘奇卓	家一块餐饮管理有限公司	董事长
	钟康庚	深圳市骏达美汽车服务公司	董事长
顾问	黄扬略	原香港商报社长、原经济导报社长	
	吴堪玉	原深圳市公安边防局	局长
	邹许全	原湛江市政府驻深圳办事处	主任
	黄进銮	原深圳市税务局	处长
	王广泳	深圳市宝安区民治街道办	武装部长
	郑奋兰	深圳市盐田区经贸局	处长
	林　祥	深圳市直属机关工委	副书记、博士
	胡俊奇	深圳市检察院	主任
	杨朝芬	深圳市旅游汽车出租公司	总经理
	邓　秋	深圳市出入境蛇口边检站	副站长
	金　翠	共青团深圳市南山区委员会	副书记
名誉会长	蔡　良	深圳市福城集团公司	董事长
	邓图全	深圳市南方博客科技发展公司	董事长

（续上表）

商会职务	姓名	工作单位	单位职务
名誉会长	叶世广	深圳市蛇口建筑安装工程有限公司	董事长
	游雁凌	中国广东核电集团陆丰公司	总经理
	唐国松	深圳市万年投资有限公司	总裁
	钟国英	原中国广东核电集团	总经济师、高工
	魏俊昌	中电集团深圳公司	副总经理

2017 年深圳市徐闻商会非领导班子部分会员名录

姓名	单位（企业）名称	单位职务
杨仕彪	深圳市艺高装饰设计工程有限公司	总经理
李祥裕	深圳市裕昌成自动化系统有限公司	总经理
黄尚民	澳麦斯连锁	总经理
符乃青	深圳平安保险	业务经理
张　瑜(女)	深圳永达理保经纪公司	业务经理
陈　英(女)	残友财税（残友集团财务公司）	财务主管
林妩娇(女)	深圳流行美婚庆花艺设计行	经理
杨　涛	中国光大银行上步支行	经理
林国毓	深圳市万邦进出口有限公司	运营主管

（续上表）

姓名	单位（企业）名称	单位职务
陈　晓(女)	深圳市南山中国人寿	业务经理
戴云山		
冯卫民	深圳益田集团	财务主管
陈开必	创维物业管理公司	经理
董循导	深圳华双投资有限公司	经理
黄俊儒	深圳市万邦进出口有限公司	经理
陈勇勇	深圳市汇丰汽车租赁有限公司	经理
陈明海	深圳市多多实业有限公司	经理
周国概	深圳证券交易所	
潘家栋	广深高速深圳养护站	站长
蔡　雄	壮隆线材厂	经理
何智明	远东音响	经理
黄开师	中航证券	
翁封源	深圳平板方案公司	
陈光新	深圳普力郎生物	
詹朝生	深圳 TCL	
陈文必	大吉门业	经理
许祥鸿		
罗得今	深圳依来特电子有限公司	
韩光忠	中原地产	物业顾问
余有财	深圳市龙华新区民治街道客光临顿渔庄	副总经理

（续上表）

姓名	单位（企业）名称	单位职务
陈思炎	深圳市友丰知识产权代理有限公司	总经理
陈家彩	深圳市南山区（个体）	经理
陈　好	深圳汇禾国际	经理
黄　裕	深圳市富森供应链管理有限公司	经理
梁闻胜	深圳恒丰硕投资有限公司	董事长
冯妃视	深圳市友和道通航空公司	总经理助理
蔡家逊	综安驾校	教练
洪华忠		
劳立欣		
许俊江	徐闻县曲界镇愚公楼达利菠萝筐厂（股东）	
杨丽芳(女)		
曹堪华	深圳博海天电子有限公司	董事长
何　华	深圳宇航科技	
占文哲	深圳市家一块餐饮管理有限公司	
陈琪琛	大禹物业投资	总经理
李丰国	广州市那沃动力服饰有限公司	销售经理
余伦幸	黑酷数码经营部	经理
邓子孛	科技公司	经理
李世猛	深圳市航天科工集团	
陈仁警	深圳市保利昌悦公司	
骆永葵	深圳平安人寿	业务经理

（续上表）

姓名	单位（企业）名称	单位职务
吴庭寿	福田小学	教师
林统俊	STWO 珠宝定制	
林陈辉	泰达公司	
赖良海		
黄文坚	贵州国台酒业销售有限公司华南分公司	经理
孙兆贤	深圳市创鸿信工贸有限公司	经理
邹光笔	深圳市宝安区西乡镇凤凰岗村村委	
杨逢春	深圳市虹天扬科技发展有限公司	总经理
余　湛	深圳市高顿源国际贸易发展有限公司	经理
龙志云	福田赛格通讯市场湛龙经营部	经理
邓　仲	深圳市恒展投资发展有限公司	副总经理
唐昌谋	京基混凝土	
张敬冲	深圳市中泰华翰建筑设计有限公司	副院长
陈晓忠	深圳市博兴财务信息咨询有限公司	主管
陈昌龄		
郑　颖	深圳市华圣邦国际货运代理有限公司	经理
黄兴国	深圳市大理石进出口有限公司	总经理
陈昌传	深圳市建丽工程有限公司	经理
郑成秒	深圳市南山区金科办公设备	经理
杨家世	深圳市海星公司	经理
许良忠	深圳市家一块餐饮管理有限公司	

（续上表）

姓名	单位（企业）名称	单位职务
唐庆招	深圳市家一块餐饮管理有限公司	
叶奕泳	深圳万业隆实业有限公司	经理
骆贤茂	深圳市悦扬国际旅行社	经理
郑祺卓	宝安都之都大酒店	经 理
蓝诚宇	比亚迪股份有限公司	
王振鹏	深圳坪山新区元通电气商行	经理
黄海波	深圳能源集团公司	职员
杨家俊	深圳闻人文韬投资发展有限公司	经理
邓华艺	深圳市华艺尚品公司	经理
黄兴富	东方贸易公司	经理
杨运燕	深圳市慧康精密仪器有限公司	经理
廖世峥	普康门诊部	经理
黄袖民	宝安西乡置富广场	经理
黄文胡	深圳市富象珠宝公司	经理
周旺雄	深圳市新国都股份有限公司	经理
文泽朋	深圳市供电局	
林　培	中国南海工程公司	
邓永恒	深圳市永得成汽车贸易有限公司	总经理
林文清	深圳市新林氏汽车贸易有限公司	总经理
邓　应	深圳市平安顺利汽车贸易有限公司	总经理
王金英(女)	深圳市蒙菲斯建材有限公司	总经理

（续上表）

姓名	单位（企业）名称	单位职务
黄　雄	深圳市永先奇科技有限公司	副总经理
钟大友	深圳市金思创供应链管理有限公司	总经理
许小诚	深圳市泰达不锈钢有限公司	
邹君君	深圳市精英财税服务有限公司	总经理
李妙花(女)	中国民生银行深圳分行	业务经理
宋　翔	平安银行深圳分行	
金宏燕(女)	龙之珍珠	
林国强	国晖律师所	律师
黄光成	深圳市璟宏世纪科技有限公司	经理
陈　程	深圳市兴源通国际物流有限公司	总经理
梁漫圳	戌申科技（深圳）有限公司	总经理
蔡龙千	深圳市七海星运国际货代有限公司	总经理
陈海边	深圳市盛海龙科技有限公司	董事长
徐立策	深圳市瑞奇发科技有限公司	总经理
冯小红	深圳市尤力可科技有限公司	经理

第四节 惠州市徐闻商会

惠州市徐闻商会（徐闻惠州商会）成立于2012年6月28日。同年8月18日，在惠州市金华悦大酒店举行商会成立庆典。有会员82人。

惠州市徐闻商会第二次会员代表大会于2016年12月11日，在惠州市玉溪酒店召开，选举陈端为会长，常务副会长3人，副会长4人。当天晚上在惠州市玉溪酒店举行第二届理事就职典礼。

商会有会员82人。会员的业务范围涉及房地产、金融保险、商贸、教育等多个行业。商会严格遵守国家各项法律法规，弘扬社会道德风尚，搭建沟通平台，交流经验，增进友谊，促进合作，推动地方经济繁荣和发展。商会的宗旨是"团结互助，共谋发展"。商会会员之间经常交流，共商发展。连续2次组织篮球队参加由"徐商杯"篮球联谊赛。2016年12月，成功主办第四届"徐商杯"篮球联赛。

○ 2012年8月18日，惠州市徐闻商会成立，在惠州市金华悦大酒店举行成立庆典

○ 2016 年 12 月 11 日，惠州市徐闻商会在惠州市玉溪酒店举行第二届理事就职庆典

○ 2016 年 12 月，惠州市徐闻商会主办第四届“徐商杯”篮球联赛

一、惠州市徐闻商会领导班子成员名录

惠州市徐闻商会第一届领导班子成员名录
（2012 年 8 月 — 2016 年 12 月）

商会职务	姓名	工作单位	单位职务
会长	陈　端	惠州市湛惠通信有限公司	总经理
常务副会长	许志坚	惠州市粤惠不动产评估咨询有限公司	总经理
	王光帅	惠州市惠阳区豪景贸易有限公司	总经理
	蒋国彪	惠州市长利家俬有限公司	总经理
	陈光武	惠州市惠阳区淡水诚志贸易有限公司	总经理
	赵林富	博罗县州镇建筑工程有限公司 378 施工队	总经理
副会长	许宝乾	深圳市鹏业电力设备有限公司	总经理
	柯德富	惠州市慧星教育	校长
	陈文任	广州市德度通信科技有限公司	总经理
副会长兼秘书长	林家富	惠州市亿佳彩印有限公司	总经理
副秘书长	杨登应	惠州星空教育培训中心	校长

惠州市徐闻商会第二届领导班子成员名录
（2016 年 12 月至今）

<table>
<tr><th>商会职务</th><th>姓名</th><th>工作单位</th><th>单位职务</th></tr>
<tr><td>会长</td><td>陈　端</td><td>惠州市湛惠通信有限公司</td><td>总经理</td></tr>
<tr><td>执行会长</td><td>赵林贵</td><td>惠州市博罗县园洲镇建 378 施工队</td><td>负责人</td></tr>
<tr><td rowspan="3">常务副会长</td><td>许志坚</td><td>惠州市粤惠不动产评估咨询有限公司</td><td>总经理</td></tr>
<tr><td>陈光晓</td><td>河源市阳林度假有限公司</td><td>总经理</td></tr>
<tr><td>李德石</td><td>惠州市众意顺投资有限公司</td><td>总经理</td></tr>
<tr><td rowspan="6">副会长</td><td>陈文任</td><td>广州市得度通信科技有限公司</td><td>总经理</td></tr>
<tr><td>许宝乾</td><td>惠州市广南电力设备有限公司</td><td>总经理</td></tr>
<tr><td rowspan="3">谢　飞</td><td>深圳市鹏业电力设备有限公司</td><td>总经理</td></tr>
<tr><td>惠州歌舞剧院</td><td>演出经理</td></tr>
<tr><td>惠州市惠城区望江中心幼儿园</td><td>园长</td></tr>
<tr><td>刘明龙</td><td>深圳市龙邦装饰设计工程有限公司</td><td>总经理</td></tr>
<tr><td>秘书长</td><td>林家富</td><td></td><td></td></tr>
<tr><td rowspan="2">副秘书长</td><td>杨登应</td><td>惠州城市职业学院</td><td></td></tr>
<tr><td>赖茂开</td><td></td><td></td></tr>
</table>

二、惠州市徐闻商会非领导班子部分成员名录

惠州市徐闻商会第一届非领导班子部分会员名录

姓名	工作单位	单位职务
郑文崇	航天科技（惠州）工业园有限公司	副总经理
周小玲(女)	中国电信	经理
邹堪光		
张广中	惠州市三友实业发展有限公司	财务经理
邹宏坤	惠州移动	总经理
王远鹏	长园共创	调试工程师
柯德良	彗星教育中心	
何光兴	彗星教育中心	
陈良葵		
劳国寿	雷诺眼镜行	店长
赖邦谦	裕丰农家菜馆	经理
邱向前	船务有限公司	经理
魏玉波(女)	楠栋实业	会计
陈伟元	格律诗装饰	设计师
林世鑫	商贸旅游学校	

（续上表）

姓名	工作单位	单位职务
詹光腾	技师学院	
吴辉良	国际期货惠州营业部	经理
苏丽湘(女)	步步高幼儿园	园长
黄美梅(女)	巴黎春天娱乐公司	业务经理
神　有(女)	美宜佳	店长
洪望裕	惠州市富海人才	经理
柯樽灵	惠州市 58 同城	经理
陈东方	电信工程公司	执行经理
陈文发	惠州市亿佳彩印有限公司	业务经理
林　翠(女)	惠州联通	经理
梁文沉(女)	平安保险	经理
杨昌伟	公诚监理	经理
翁行法	李长荣化工有限公司	经理
潘　敏	青蛙游泳馆	馆长
杨登应	惠州市徐闻商会	副秘书长

惠州市徐闻商会第二届非领导班子部分会员名录

姓名	工作单位	单位职务
黎贵龙		
陈　晃	湛徐海产品商行	经理
郑文崇	航天科技（惠州）工业园有限公司	副总经理
周小玲(女)	中国电信	经理
张广中	惠州市三友实业发展有限公司	财务经理
邹宏坤	惠州移动	总经理
王远鹏	长园共创	调试工程师
柯德良	彗星教育中心	创办人
何光兴	彗星教育中心	创办人
劳国寿	雷诺眼镜行	店长
赖邦谦	裕丰农家菜馆	经理
邱向前	船务有限公司	经理
魏玉波(女)	楠栋实业	会计
陈伟元	格律诗装饰	
林世鑫	商贸旅游学校	
詹光腾	技师学院	

（续上表）

姓名	工作单位	单位职务
吴辉良	国际期货惠州营业部	经理
苏丽湘(女)	步步高幼儿园	园长
黄美梅(女)	巴黎春天娱乐公司	业务经理
神　有(女)	美宜佳	店长
洪望裕	惠州市富海人才	经理
柯樽灵	惠州市 58 同城	经理
陈东方	电信工程公司	执行经理
陈文发	惠州市亿佳彩印有限公司	业务经理
林　翠(女)	惠州联通	经理
梁文沉(女)	平安保险	经理
杨昌伟	公诚监理	经理
翁行法	李长荣化工有限公司	经理
潘　敏	青蛙游泳馆	馆长

第五节　广州市徐闻商会

广州市徐闻商会成立于2012年4月17日，商会地址为广州市天河区体育西路191号中石化大厦B塔2310。广州市徐闻商会是维护会员合法权益的坚强后盾和传播商人文化及加强信息交流的平台。

广州市徐闻商会第一次代表大会于2012年3月11日，在广州市天河大厦酒店举行， 选举倪光乐为第一届会长，常务副会长10人，副会长4人，监事3人，常务理事6人，理事4人，会员56人，并于同年9月8日在广州举行成立庆典活动。

广州市徐闻商会第二次代表大会于2015年6月27日，在广州市中石化大厦举行， 选举倪光乐为第二届会长，常务副会长7人，副会长人，监事长1人，监事4人，理事16人，会员138人。

商会会员企业涉及制造业、建材装饰、餐饮娱乐、仓储物流、广告传媒、信息科技、金融投资等多个行业和领域。商会始终秉承“团结协作，共荣共赢”

2012年9月8日，广州市徐闻商会成立庆典现场

○ 广州市徐闻商会办公场所

的宗旨，遵循“民主办会、服务立会、实干兴会、公益荣会、文化固会”的办会方针，本着“开放、务实、创新、奉献”的精神理念，通过“服务会员、回报家乡、回馈社会”，不断增强内部凝聚力、扩大外部影响力，努力将商会打造成为促进会员企业发展壮大，有利于广州、徐闻两地经济社会发展富有影响力的综合服务平台。

商会立足广州，加强徐闻籍商人及企业之间的合作交流，发展壮大徐商队伍。为徐商团体组织之间构建起沟通交流的平台，为会员进行全方位服务，引导会员企业遵纪守法，树立徐闻企业家的良好形象，发扬以众帮众的团结互助精神。

商会热心徐闻社会公益事业。2014年第9号超强台风“威马逊”重创徐闻后第二天，广州市徐闻商会就派出抗灾救灾先遣队10多人，在县工商联的积极支持和配合下，深入到全县15个乡镇(街道)，采写和拍摄台风重创后徐闻受灾现场相片，并在7月27日在广州迎宾馆主持组织举办“超强台风‘威马逊’重创下的徐闻大型图片展暨赈灾募捐活动”，引起社会的反响。据统计，广州市徐闻商会共收到捐款捐物共计价值400多万元。商会同时也积极支持家乡教育和文化事业发展。其中，2014年，给徐闻县中小学校捐赠价值7.2万元关于青少年成长类的书籍；2015年，给徐闻中学奖教捐款14万元；2016年6月，商会支持家乡“传承汤显祖文化”系列活动，赞助出版《岭南行与临川梦》和举办发布会共金额16万余元；2017年4月，商会赞助5万元给第二届徐闻菠萝文化旅游节活动；2017年8月，给徐闻县高考暨留学优秀学生奖学协会捐款35万元，用于奖励2017年高考优秀学生和优秀教师。

一、广州市徐闻商会领导班子成员名录

广州市徐闻商会第一届领导班子成员名录
（2012 年 3 月 — 2015 年 6 月）

商会职务	姓名	工作单位	单位职务
会长	倪光乐	广州市泰基工程技术有限公司	董事长
常务副会长	邓喜鸿	广州市广丰装饰材料有限公司	董事长
	黄舰艇	广东尚洋文化创意产业投资有限公司	董事长
	李盛勇	广州容柏生建筑工程设计事务所	总经理
	吴建荣	广东劳卡家具有限公司	董事长
	张　奎	广州堂会餐饮娱乐（集团）有限公司	董事总经理
	赵兴銮	香港裕发公司	总经理
	郑　林	广东友谊酒业有限公司	总经理
	郑礼应	亿森贸易有限公司	董事长
	黄　腾	广州市金鸿裕物流有限公司	总经理
	朱晓明	广州星鹏集团有限公司	总裁
副会长	林　纯	科盈化妆品集团	董事长
	莫瓦卡(女)	广州市天边商务服务有限公司	总经理
	王思思	广州市雅思室内设计工程有限公司	总经理
	钟开汉	广东宏康经济发展有限公司	总经理
监事会	李　平	广州中科汇大信息技术有限公司	总经理
	欧　敬	广东省现代农业集团有限公司	董事长
	翁　卓	广东中轻糖业集团有限公司	董事副总裁

（续上表）

商会职务	姓名	工作单位	单位职务
常务理事	莫国勇	广州火鹰信息科技有限公司	董事长
	陈小慧	广州华喜信息科技有限公司	总裁
	谢其相	广州市白云区帝威琪音响厂	总经理
	黄成简	广州市达升节能设备有限公司	总经理
	陈德生	广州龙之文化发展有限公司	总经理
	倪　升	广州市中申建筑工程有限公司	总经理
理事	周堪坚	广州市穗林国际货运代理有限公司	总经理
	曾堪玖	广州医美抗衰老研发中心	总经理
	陈千帆	申银万国期货华南管理总部	总经理
	莫光寨	广州惠源软件有限公司	副总经理
秘书长	陈　奕	广州市徐闻商会	秘书长

广州市徐闻商会第二届领导班子成员名录

（2015 年 6 月）

商会职务	姓名	工作单位	单位职务
会长	倪光乐	广州市泰基工程技术有限公司	董事长
常务副会长兼秘书长	张　奎	广东合地实业投资股份有限公司	总裁
常务副会长	黄舰艇	广州市尚洋文化股份有限公司	总裁
	吴建荣	广东劳卡家具有限公司	董事长
	朱晓明	广州星鹏集团有限公司	总裁

（续上表）

商会职务	姓名	工作单位	单位职务
常务副会长	郑　林	广东友谊酒业有限公司	总经理
	黄　腾	广州市金鸿裕物流有限公司	总经理
	林　纯	广州科盈化妆品集团	董事长
副会长	莫瓦卡(女)	广州市天边商务服务有限公司	总经理
	王思思	广州市雅思室内设计工程有限公司	总经理
	倪　升	广东艺高建设有限公司	总经理
	钟开汉	广东宏康经济发展有限公司	总经理
理事	谢其相	广州市白云区帝威琪音响厂	总经理
	黄成简	广州市达升节能设备有限公司	总经理
	莫国勇	广州火鹰信息科技有限公司	董事长
	陈小慧	广州华喜信息科技有限公司	总裁
	周堪坚	广州市穗林国际货运代理有限公司	总经理
	蔡攀春	广州市鸿盛家具有限公司	总经理
	曾堪玖	广州医美抗衰老研发中心	总经理
	洪昌盛	广州都亿房地产开发有限公司	总经理
	余文林	正丰阳资产管理有限公司	董事长
	杨明亮	广东粤鑫律师事务所	副主任
	樊奋前	广州智柏晟轩投资管理有限公司	董事
	姚法江	深圳唐朝资本投资管理有限公司	执行总裁
	黄明问	盛策益豪品牌策划有限公司	总经理
理事	曾艳锦(女)	中国人寿保险股份有限公司广州分公司	RFC 理财规划师 / 处经理

（续上表）

商会职务	姓名	工作单位	单位职务
理事	杨堪友	广州花地湾古玩城	董事总经理
	蔡堪团	广东智创知识产权服务有限公司 广州星邦广告有限公司	总经理
监事长	郑礼应	亿森集团	董事长
监事	翁　卓	广东中轻糖业集团有限公司	董事副总裁
	欧　敬	广东省现代农业集团有限公司	董事总经理
	陈千帆	中信证券番禺营业部	总经理
	莫光寨	广州惠源软件有限公司	副总

二、广州市徐闻商会非领导班子成员名录

广州市徐闻商会第一届非领导班子部分会员名录

姓名	工作单位	单位职务
符　钦	广州杰源服装有限公司	总经理
黄国坤	广州绩古千雕塑有限公司	总经理
黄琪峰	广州市千博网络科技有限公司	经理
蔡攀春	广州市鸿盛家具有限公司	总经理
黎文峰	广州市惠峰电子科技有限公司	总经理
蔡林峰	广州市千峰纺织品有限公司	总经理
陈黄祥	广州博斯特智能科技有限公司	总经理
何振翔	广州悍拓进出口贸易有限公司	董事长

（续上表）

姓名	工作单位	单位职务
杨　恒	广东恒博律师事务所	总监
李可添	广州市易添食品有限公司	总经理
郑　世	广州本厨厨房设备有限公司	总经理
黄小飞(女)	广州鉴则明会计 / 税务事务所	所长
李建东	广州真珠发展有限公司	总经理
潘学瑜	广州市普业金属有限公司	总经理
黎耀炳	广州科晨企业管理咨询有限公司	总经理
李江文	广州市顺商物流有限公司	总经理
杨明亮	广东粤鑫律师事务所	律师
黄康龙	中山市金沙实业股份有限公司 广东省商业企业集团进出口有限公司	总经理
凌方才		
周启虎		
陈世宁	中国石油广东分公司财务处	高级主管
董世乐	广州中森装饰设计工程有限公司	总经理
麦昌盛	广州市城建工程总承包有限公司	室内设计师
李　怀	广州市今前沐足棋牌连锁店	董事长
陈安见	光大银行广州市花都支行	行长
郑礼顶	广州市亿森贸易有限公司	副总经理
杨安增	广州瑞星物业管理有限公司	总经理
余文林	广州证券有限责任公司珠江西路营业部	副总经理
高宗良	广东省工业设备安装公司第一分公司	副总经理

（续上表）

姓名	工作单位	单位职务
黄应高	广州樾天机电工程有限公司	经理
苏　蜜(女)	广州市领旗知识产权事务所	知识产权法律顾问
李培生		
祝伟岸	广东中轻糖业集团有限公司	浆纸事业部经理
韦奕东	中山大学附属肿瘤医院	医生
李　海	广州奥园物业服务有限公司	总经理助理
樊奋前	广州市南沙百汇小额贷款有限公司	业务总监
余卫乐	广州市非潮广告有限公司	执行总监
杨铭哲	广州市脑科医院医务科	医生
李云峰	广州农商银行华南新城支行	客户经理
郑大位	广东蒙娜丽莎新型材料集团有限公司	区域总监
王华珍(女)	中国平安保险股份有限公司	主任
黄家伟	广州启萌美术培训中心	校长
姚法江	广州农商银行中山七路支行	行长
李世健	广州龙腾传媒有限公司	总经理
黄华聪	广州博纳信息技术有限公司	产品经理
王才思	美国友邦保险有限公司广东分公司	营销经理
蔡科利	广州市徐闻商会	副秘书长
罗艳霞(女)	广州市徐闻商会	秘书

广州市徐闻商会第二届非领导班子部分会员名录

姓名	工作单位	单位职务
符　钦	广州杰源服装有限公司	总经理
黄国坤	广州绩古千雕塑有限公司	总经理
陈德生	广州龙之文化发展有限公司	出品人
赵兴鎏	香港裕发公司	总经理
李　玉	广州中科汇大信息技术有限公司	董事长
黎文峰	广州市惠峰电子科技有限公司	总经理
蔡林峰	广州市千峰纺织品有限公司	总经理
李可添	广州市易添食品有限公司	总经理
潘学瑜	广州市普业金属有限公司	总经理
李江文	广州市顺商物流有限公司	经理
陈法贤	广东安原投资发展有限公司	总经理
黄　君	广州蓝湾保洁服务有限公司	经理
曾国懿	广州和鸿国际货运代理有限公司	总经理
池庆云	广州庚鼎装饰工程有限公司	总经理
唐铿原	广州盛世动漫有限公司	经理
陈开波	广州市十方装饰工程有限公司	总经理
林丽玲	佛山市搜谷网络科技有限公司	总经理
戴如段	正清怡茶叶有限公司	经理
陈大国	广州品拓网络科技有限公司	经理
黄有杰	深圳市卓亚艺术有限公司	总经理
吴俊霖	广东俊霖企业管理有限公司	总经理

（续上表）

姓名	工作单位	单位职务
林　海	陆之南食品有限公司	总经理
林仲保	广州朗创建筑材料有限公司	总经理
黄玉曲	广州嘉荣信息科技有限公司	总经理
陈培涛	广州酷我体育发展有限公司	总经理
周启虎		
黄康龙	中山市金沙实业股份有限公司 广东省商业企业集团进出口有限公司	总经理
陈世宁	中国石油广东分公司财务处	高级主管
董世乐	广州中森装饰设计工程有限公司	总经理
黄小飞(女)	广州鉴则明会计 / 税务事务所 广东中信资产评估有限公司	所长
麦昌盛	广州市华菲图装饰设计有限公司	总经理
杨　恒	广东恒博律师事务所	总监
陈安见	光大银行业务七部	副总
钟　艺	广东省装饰有限公司第七设计部	副总设计师
郑礼顶	广州市亿森贸易有限公司	副总经理
杨安增	广州瑞星物业管理有限公司	总经理
黄应高	广州樾天机电工程有限公司	经理
陈黄祥	广州博斯特智能科技有限公司	总经理
苏　蜜(女)	广州市领旗知识产权事务所	知识产权法律顾问
祝伟岸	广东中轻糖业集团有限公司	浆纸事业部经理
韦奕东	中山大学附属肿瘤医院	
李　海	深圳联科亿众信息科技有限公司	华东区域副总

（续上表）

姓名	工作单位	单位职务
余卫乐	广州市非潮广告有限公司	执行总监
杨铭哲	广州市脑科医院医务科	医生
高宗良	广东省工业设备安装公司第一分公司	副总经理
李云峰	广州农商银行华南新城支行	客户经理
郑大位	广东蒙娜丽莎新型材料集团有限公司	区域总监
王华珍(女)	中国平安保险股份有限公司	主任
黄家伟	广州启萌美术培训中心	校长
李世健	广州映墨广告有限公司	总经理
黄华聪	广州美迪电商学院	
王才思	友邦保险有限公司广东分公司	营销经理
杨忠亮	广州万古影视制作有限公司	经理
黄茂发	广东金本色律师事务所	律师
陈秋吉	太平财险中山支部	经理
刘国球	西铭男装网批	自营
陈堪省	广州市荣毅达机电装饰工程有限公司	经理
孙建琳	中国平安保险部门	经理
陈妃帅	贝利纳国际设计顾问有限公司	总监
简忠信	广州千博科技有限公司	策划经理
骆成力	广州市翰诚电子科技有限公司	总经理
李　白	广州海格集团广东怡创科技股份有限公司	副总经理
郑梦捷(女)	广东万德教育咨询有限公司	
李开浓	广州星语影业有限公司	总经理

（续上表）

姓名	工作单位	单位职务
彭庆友	装修行业（个体经营）	
莫国仲	广州火鹰信息科技有限公司	项目 / 产品经理
李　进	广州市闪电体育用品有限公司	设计总监
梁文津	深圳市希尔登游艇股份有限公司	董事
陈明凯	广州市凌远贸易有限公司	部门主管
石先林	广州瞧启信息科技有限公司	副总经理
欧　程	广州市拓元通讯技术有限公司	总经理
黄世辉	广东建通管道制品有限公司	业务经理
黄远奖	广州市海皇轩餐饮有限公司	总监
杨鸿玛	本田汽车零部件制造有限公司	经理
王　亮	工商银行股份有限公司股份软件开发中心	技术经理
蒋大栋	广州市元集企业管理有限公司	总经理
周观帅	广州市银岭小额贷款有限公司	总监
李华茂	广州市迈辰国际货运代理有限公司	经理
黄国文	广州名马装饰	总经理
谭廷信	惠信体育服务有限公司	总经理
樊赵利	广州卡山贸易有限公司	
殷学全	广州殷康电子科技有限公司	总经理
梁　音	广州萝岗金发小额贷款股份有限公司	副总裁
周　威	广州市洲域贸易有限公司	总经理
林兴文	中国平安保险（集团）股份有限公司广州公司	
赵仕硕	第九街市	总经理
唐君志	广州奥的斯电梯有限公司	

（续上表）

姓名	工作单位	单位职务
李世业	广州长联系电器有限公司	总经理
黄成孝	广州大学附属小学	
何伊圣	北京山石网科信息技术有限公司	
郑庆育	广东东合（广州市华菲图装饰设计公司）	设计总监
黄世渊	广州基歌文化传媒有限公司	项目经理
姚法伟	平安普惠投资咨询有限公司广州分公司	客户经理
蔡　农	深圳日海通讯技术股份有限公司华南区	大区经理
黄康健	广州康美装饰工程有限公司	总经理
何美兰	信诚人寿广州分公司	总监
金　峰	广东赤朝科技有限公司	项目总监
黄志光	广州蓓丝服饰	总经理
陈永灿	广州卓点广告传媒有限公司	顾问
尹秋菊(女)	广东双辉国际旅行社有限公司	总经理
周世钦	广州市九函资产管理有限公司	总经理
陈堪爱	太平洋保险	业务经理
黄和深	广州市万玥船舶管理有限公司	经理
吴杰祯	山西临歌枣酿生物科技有限公司	副总经理
蔡科利	广州市徐闻商会	副秘书长
罗艳霞(女)	广州市徐闻商会	秘书

第六节 湛江市徐闻商会

湛江市徐闻商会成立于2013年7月17日。商会地址为湛江市开发区乐山大道35号银隆大厦B1603室，商会有会员62人，其中有从事糖类生产贸易、小额贷款、建材、会计师事务、酒类等行业。商会以“团结奋进、共谋发展”为宗旨，商会立足湛江，回报家乡，回报社会。加强徐闻籍商人及企业之间的合作交流，发展壮大徐商队伍。为徐商团体组织之间构建起沟通交流的平台，为会员进行全方位服务，引导会员企业遵纪守法，树立徐闻企业家的良好形象。商会组织篮球队参加由珠海徐闻商会等商会举办的“徐商杯”篮球联谊赛。2013年，徐闻县高考成绩突出，商会捐款12万元奖励徐闻县有贡献的高三毕业班教师。在助教活动中，累计捐款43万元。

○ 2013年7月17日，湛江市徐闻商会成立庆典现场

○ 湛江市徐闻商会办公场所

一、湛江市徐闻商会领导班子成员名录

湛江市徐闻商会领导班子成员名录

（2013 年 7 月至今 ）

商会职务	姓名	工作单位	单位职务
会长	刘　勇	湛江中糖糖业有限公司	总经理
名誉会长	欧小力	湛江市中邦建材有限公司	董事长
常务副会长	李世东	广东亚诺达投资有限公司	董事长
监事长	林　峰	广东中正会计师事务所	主任
副会长	张　明	湛江市美术家协会艺术设计公司	总经理
	邱东华	东方先导湛江糖酒有限公司	总经理
	谭逢托	湛江中糖糖业有限公司	副总经理
	吴盛杰	湛江市鸿深药业有限公司	总经理
	许丰年	徐闻县丰顺房地产有限公司	总经理

（续上表）

商会职务	姓名	工作单位	单位职务
副会长	云大雨	湛江市拓源贸易有限公司	总经理
	彭寿武	湛江联发汽车销售服务有限公司	总经理
	黄立峰	广东星禾筑景工程有限公司	总裁
	陈振峰	湛江广雅置业有限公司	董事长
	李德朝	湛江市大唐电器贸易有限公司	董事长
	谭　鹏	湛江市卫居白蚁防治有限公司	董事长
秘书长	邓光福	原湛江纺织集团有限公司	总经理兼党委书记

二、湛江市徐闻商会非领导班子部分成员名录

湛江市徐闻商会非领导班子部分会员名录

姓名	单位（企业）名称	单位职务
陈重谊	湛江市湛兴渔网有限公司	董事长
陈　勇	湛江市信衡土地房地产评估咨询有限公司	总经理
麦家铭	湛江嘉谷林艺园	董事长
黄耀辉	湛江市人力资源培训中心	总经理
梁瑞庆	湛江恒捷物流有限公司	总经理
李培霞(女)	湛江市赤坎峰霞贸易有限公司	副总经理
梁　彤	湛江市开发区唐源小额贷款股份有限公司	办公室主任
罗志强	湛江市华年糖业有限公司	经理
罗世闻	湛江市华泽商贸有限公司	业务经理
谭鸿拓	湛江市唐源贸易有限公司	总经理

（续上表）

姓名	单位（企业）名称	单位职务
蔡　朋	湛江市中禾贸易有限公司	经理
吴　福	湛江市华和贸易有限公司	经理
杨天祥	湛江市赤坎区希望小学	校长
郑沐生	湛江市龙田建材有限公司	总经理
林鹏勇	湛江市赤坎区金泉净水设备经营部	经理
谭瑞玉	湛江市霞山区联冠电脑商行	经理
蔡巨明	广东省工业设备安装公司	总经理
林城兆	华思科技股份有限公司	董事长
周　颖(女)	湛江大地贸易有限公司	总经理
吕马才	盛邦物流	经理
侯慧敏(女)	湛江市天禾糖业有限公司	总经理
陈荣雄	湛江市嘉益贸易有限公司	副总经理
伍科富	湛江仲裁院	院长
李小权	中国人寿保险股份有限公司湛江分公司	经理
欧大海	碧海蓝天电子商务有限公司	总经理
蔡　悦	湛江博洋海事服务公司	总经理
李国燕	湛江市众腾企业管理有限公司	总经理
简祥仁	广东仁正药业有限公司	经理
吴光杰	百亿红木家具公司	总经理
郑徐海	湛江市徐闻商会	副秘书长
林翠萍(女)	湛江市徐闻商会	秘书

第七节　珠海市徐闻商会

珠海市徐闻商会（珠海徐文经济促进会）成立于 2013 年 11 月 19 日，商会地址为珠海市香洲区柠溪路 282 号广东天邦投资大厦 6 楼 601 室，会员人数有 300 多人。会员从事的行业涉及房地产、工业生产、金融、制造、餐饮、医药等诸多领域。

商会成立以来，筹集扶贫助学款共 310.64 万元，认捐人民币和港币共 158 万元。商会捐款主要包括：捐款 10 多万元用于会员意外事故；捐款 12 万元用于徐闻县迈陈镇新地村公共服务均等化示

○ 2013 年 11 月 19 日，珠海市徐闻商会成立庆典现场

○ 珠海市徐闻商会办公场所

范村建设；捐款 80 万元给徐闻县高考暨留学优秀学生奖学协会，用于奖励高考优秀学生。

商会积极支持徐闻灾后复产。2014 年第 9 号超强台风“威马逊”重创徐闻后，珠海市徐闻商会举办“情系徐闻，爱心无限”——“威马逊”超强台风重创下的徐闻大型图片展暨捐赠活动，募捐赈灾款（物资）220 多万元，所有款项及物资均已全部定向捐助到位，主要是用于学校校舍、围墙等重建项目。

商会多次组织篮球队参加由佛山徐闻商会等商会举办的“徐商杯” 篮球联谊赛，2015 年，商会成功主办第三届“徐商杯” 篮球联谊赛。

珠海市徐闻商会领导班子成员名录
（2013年11月至今）

商会职务	姓名	工作单位	单位职务
会长	周天广	安合房地产开发公司	总经理
名誉会长	王　彬		
常务副会长	邓图快	珠海市田德集团有限公司	董事长
	李振东	珠海市正光房地产开发有限公司	董事长
	吴晓腾	广东天邦投资有限公司	董事长
	杨振豪	珠海市华安投资有限公司	董事长
	张德珠	珠海宏德兆业投资有限公司	董事长
	林小琳	珠海创基投资有限公司	总经理
	黄邦特	珠海市和平物业管理有限公司	总经理
	符应乐	湛星饭店	董事长
	魏仕炜	珠海市横琴汇基投资有限公司	董事长
常务副会长（兼监事长）	李　婵		董事
副会长	方光纯	港信机动车驾驶员培训中心	副校长
	王锡川	珠海市龙应注塑实业有限公司	总经理
	冯　武	济世药王	总经理
	何忠连	广东惠丰投资有限公司	董事长
	杨　洲	富海房地产开发有限公司	总经理
	郑可萱	珠海市凯通贸易有限公司	总经理
	赵祝理	珠海市佳联信耗材有限公司	董事长
副会长（兼秘书长）	施家卿	珠海市群资实业发展有限公司	董事总经理

（续上表）

商会职务	姓名	工作单位	单位职务
副会长	侯德东	珠海市湛航进出口公司	总经理
	黄世文	珠海市成珠开发经营有限公司	执行董事
	黄其勇	珠海金仁药业股份有限公司	董事
	梁　浩	香港燃石实业、广州市泰昌消防工程有限公司湛江分公司	董事长
	黄麒润	广东东源新地物流有限公司	董事 / 副总经理
	周妍君	珠海市泰华电脑有限公司	总经理
	王成祥	珠海市南屏裕海模具厂	总经理
	王文举	珠海市格普激光精密模具厂	总经理
	陈振文	珠海尊尚会 KTV 俱乐部	总经理
	欧荣成	珠海市南通五金精工有限公司	

珠海市徐闻商会非领导班子部分会员名录

姓名	工作单位	单位职务
郑春英	英都食堂管理公司	总经理
符志府	珠海天资防伪包装科技有限公司	总经理
陈进郁	科蓝电子有限公司	总经理
陈安存	珠海中力物业管理有限公司	总经理
符应叶	珠海市铭瑞贸易有限公司	总经理
黄立恒	尚艺轩广告	总经理

（续上表）

姓名	工作单位	单位职务
黄振华	珠海华红集团	总经理
杨德向	广东润众科技有限公司	总经理
林文武	珠海市江淮汽车销售有限公司	总经理
张德虎	珠海市北斗建筑装饰工程有限公司	总经理
杨昌泽	珠海零度空间装饰设计工程有限公司	总经理
柯明善	华际集团	总裁
林娟梅(女)	珠海宝塔石化有限公司	主管
林存幸	德联造价	造价师
郑礼哉	珠海市常胜酒店管理有限公司	行政总厨
何国侨	德翰国际大酒店	行政总厨
王锡忠	珠海市天龙达注塑有限公司	经理
王锡同	珠海市珠洲消防工程有限公司	经理
林茂恒	珠海建光有限公司	经理
陈大将	珠海市健康体育用品有限公司	经理
谢　泳	北京中建设计研究院	工程师
张勇奋	珠海华策集团	副总经理
麦蕴源	昊田投资公司	董事长
梁桄伟	小天鹅酒店	财务总监
欧　丹	珠海市徐闻商会	副秘书长
孙文珍	珠海市徐闻商会	监事
黄伟峰	珠海市徐闻商会	秘书

第八节　海南徐闻商会

海南徐闻商会（海口徐闻商会于2012年11月29日登记注册）于2014年7月13日举行成立大会暨徐闻县2014年海南招商会。商会地址为海口市金垦路9号中海油小区招待所二楼。商会由徐闻籍在琼经商办实业的投资者及有关人士自愿结合组成的非营利性社团组织。商会在第一届领导班子的带动和大家的积极工作及宣传发动下，发展130多名会员，会员的业务范围涉及地产、建材装饰、机械化工、金融保险、渔业冷库、物流商贸、农业种养、休闲旅游等多个行业。

海南徐闻商会始终秉承“汇聚徐商、携手发展、共创繁荣”的宗旨，遵循“全体会员共同办会，同心同德团结兴会，全心全意服务立会，规范制度按章管会，壮大实力经济强会”的办会理念，实行商会“自我管理、自我服务、自我约束、自我教育”的理念来建设和发展商会。商会制定《会长人员轮值班职责制度》等制度，组织会员到商会成员企业参观学习，举办“庆中秋话发展”联谊会，2015年5月，举办“徐闻人浪漫夏日第一站”户外活动，以聚餐的联谊形式让徐闻人更加相知相识。2015年9月，商会牵头成立海南徐商投资股份有限公司。协助徐闻县政府开展招商引资活动。通过开展企业之间、企业与政府之间的交流合作，为会员提供多种合作的发展机会，团结徐闻籍企业有识之士，为徐闻与海南两地经济合作和招商引资牵线搭桥，促进两地的经济发展和市场繁荣。

海南徐闻商会办公室一角

○ 2014 年 7 月 13 日，海南徐闻商会成立庆典现场之一

○ 2014 年 7 月 13 日，海南徐闻商会成立庆典现场之二

○ 海南徐闻商会会长吴成忠给副会长以上成员授牌匾

一、海南徐闻商会领导班子成员名录

海南徐闻商会第一届领导班子成员名录
（2012 年 11 月 — 2017 年 9 月）

商会职务	姓名	工作单位	单位职务
会长	许良玉	海南新科宇恒房地产有限公司	董事长
名誉会长	黄锦生	原三亚市人大常委会	副主任
常务副会长	詹　成	海南省青桐实业有限公司	董事长
	王锦美	海南远生渔业有限公司	总经理
	邓承建	龙腾房地产开发有限公司	董事长
	陈亚国	海南亚国涂装工程有限公司	董事长
	陆家好	海南嘉阳实业有限公司	董事长
	张映明	广东华糖实业有限公司	董事长
	张世平	海南通达高科农业开发有限公司	董事长
	李保明	海南歌拉瑞电梯销售有限公司	总经理
	杨光辉	海南老码头实业有限公司	董事长
	何志才	海南祥隆船务有限公司	董　事
	林成忠	海南林氏实业有限公司	董事长
	赵　生	海南华绿食品冷冻有限公司	董事长
	秦　优	海南路航建设工程有限公司	总经理
	袁立彪	海南隆冠拆迁工程有限公司	董事长
	黄成迪	海南昌江南方剑麻开发有限公司	董事长
	李春荣	海口荣远工贸有限公司	董事长
副会长	邓　摄	海口秀英永吉利冰冻厂	董事长
	邓绍辉	海口茂成贸易有限公司	董事长

（续上表）

商会职务	姓名	工作单位	单位职务
副会长	吴丽珠	海口市秀英区居委幼儿园	园长
	邓华景	南京机械海南公司	总经理
	方良荣	方良荣西医内科诊所	所长
	佘国广	海南工程建设承包有限公司	总经理
	郑振彪	海南珠崖文化发展有限公司	董事长
	陈光裕	海南美兴亨实业有限公司	总经理
	陈大岗	海口果居有限公司	董事长
	陈依连	海口五福门红木家具有限公司	董事长
	陈文解	海南中征装饰工程有限公司	董事长
	李　涛	三亚荔枝沟华兴水泥制品厂	董事长
	杨大能	杨记海产贸易渔行	总经理
	林堪华	深圳市恒茂隆科技有限公司	副董事长
	陈文彬	海南人和戒毒医院	院长
	罗　干	三亚鼎创广告制作公司	总经理
	黄　翔	公路设计	
	谢　睿	海南海仕通船务有限公司	总经理
	梁玉光	海南良佳顺实业发展有限公司	总经理
	曾星龙	海南星龙工程机械有限公司	董事长
	曾文权	广州市爱铂门窗有限公司海南分公司	总经理
	潘科智	海南伯洪实业有限公司	董事长
	戴　爱	海南自由人旅行社有限公司	总经理

（续上表）

商会职务	姓名	工作单位	单位职务
副会长	魏忠爱	海南胜达创建物流有限公司	总经理
	刘德龙	海南康德斯建筑涂料有限公司	董事长
	金华庆	北大青岛海南校区	校长
	谢海文	海南佳人珠宝有限公司	总经理
	陈华乐	海南国创实业有限公司	董事长
	杨大伟	三亚崖城镇水果批发	总经理
	潘康炎	三亚荔枝沟“三亚人餐厅”	总经理
秘书长	袁　校	原海南省教育厅	

海南徐闻商会第二届领导班子成员名录

（2017 年 9 月至今 ）

商会职务	姓名	工作单位	单位职务
会长	赵　生	海南华绿食品冷冻有限公司	董事长
名誉会长	黄锦生	原三亚市人大常委会	副主任
	许良玉	海南新科宇恒房地产有限公司	董事长
常务副会长	陆家好	海南嘉阳实业有限公司	董事长
	秦　优	路航建设工程有限公司	董事长
	张世平	海南通达高科农业开发有限公司	董事长
	王锦美	海南远生渔业有限公司	总经理
	袁立彪	海南隆冠拆迁工程有限公司	董事长
	陈亚国	海南亚国涂装工程有限公司	董事长

（续上表）

商会职务	姓名	工作单位	单位职务
常务副会长	詹　成	海南青桐实业有限公司	董事长
	张映明	广东华糖实业有限公司	董事长
	李保明	海南歌拉瑞电梯销售有限公司	总经理
	杨光辉	海南老码头实业有限公司	董事长
	林成忠	林氏实业公司	董事长
	李春荣	海口荣远工贸有限公司	董事长
	黄成迪	昌江南方剑麻开发有限公司	董事长
	邓图快	海南田德房地产开发有限公司	董事长
	赵兴鎏	海南裕发启津农业开发公司	董事长
	佘国广	海南工程建设承包有限公司	董事长
	李永敢	广东海南苗木供应中心	董事长
	谢文载	海口秀英顺兴实业公司	董事长
	邓兴盛	海南顺兴实业有限公司	董事长
	邓承建	龙腾房地产开发有限公司	董事长
	黄煜炎	海南正达建设工程质量检测有限公司	总经理
	陈华乐	海南国创实业有限公司	总经理
	陈依连	海口五福门红木家具有限公司	董事长
	郑振彪	海南珠崖文化发展有限公司	董事长
	曾文权	广州市爱铂门窗有限公司海南分公司	总经理
副会长	梁玉光	海南良佳顺实业发展有限公司	董事长
	邓绍辉	海口茂成贸易有限公司	董事长

（续上表）

商会职务	姓名	工作单位	单位职务
副会长	吴丽珠	海口市秀英区居委幼儿园	园长
	谢　睿	海南海仕通船务有限公司	总经理
	陈文彬	海南人和戒毒医院	法人代表
	邓　摄	海口秀英永吉利冰冻厂	总经理
	方良荣	方良荣西医内科诊所	董事长
	陈光裕	海南美兴亨实业有限公司	总经理
	陈大岗	海口果居有限公司	董事长
	陈文解	海南中帛实业有限公司	总经理
	李　涛	三亚荔枝沟华兴水泥制品厂	总经理
	杨大能	杨记海产贸易渔行	总经理
	林堪华	深圳市恒茂隆科技有限公司	副董事长
	曾星龙	海南星龙工程机械有限公司	董事长
	潘科智	海南伯洪实业有限公司	董事长
	戴　爱	海南自由人旅行社有限公司	总经理
	魏忠爱	海南胜达创建物流有限公司	总经理
	刘德龙	海南康德斯漆业有限公司	董事长
	杨大伟	三亚市崖城镇南滨路口水果批发铺面	总经理
	罗　干	三亚鼎创广告制作公司	总经理
	金华庆	北大青鸟海南校区	总经理
	潘康炎	三亚市荔枝沟加油站旁（三亚人餐厅）	总经理
	谢海文	海南佳人珠宝有限公司	总经理

（续上表）

商会职务	姓名	工作单位	单位职务
副会长	方良泗	土方工程	总经理
	郑　高	海鲜批发	总经理
	谢文团	海鲜批发	总经理
	邓　忠	海口鸿晨厨具有限公司	董事长
	邓文一	易经风水	总经理
	李　军	海南壹加亿装饰公司	总经理
	陈宏坚	建筑材料	总经理
	包锦保	投资	总经理
	杨　纳	少英牙科	总经理
	窦朝寿	小鸡种苗	总经理
	黄朝晖	海南金鸿裕物流	总经理
	陈艳平	乳猪烧烤	总经理
	韩　霞	海南尊龙轩酒业有限公司	总经理
	黄杨巧	中国平安保险	总经理
	林　号	海口金展翔家政经纪有限公司	总经理
	许　明	海南新科宇恒房地产有限公司总经理	总经理
	梁权纳	海口旗盛商务信息咨询有限公司	总经理
	杨健武	海南维丰生物科技有限公司	总经理
秘书长	袁　校	原海南省教育厅	
副秘书长	梁锦武	海口市龙华人大常委会	人大主任
	杨春华	国窖 1573 海南体验馆	总经理

（续上表）

商会职务	姓名	工作单位	单位职务
理事	王　敏	海南天齐信息有限公司	总经理
	邓邦盛	河沙、水泥销售	总经理
	邓妃国	河沙、水泥销售	总经理
	陈振华	广告传媒、庆典策划	总经理
	李　山	红木家具	总经理
	冯朱武	海南中征装饰工程有限公司（副总经理）	总经理
	张建瑶	土建装修	总经理
	陈大杨	挖机、运输	经理
	陈　全	个体（农作物，水果种植）	经理
	林开锋	张先生西医内科诊所	总经理
	郑堪仍	水泥批发零售	经理
	钟　兴	运输公司	经理
	钟茂琼	屯昌县木材厂	总经理
	程少英	牙科门诊（个体）	总经理
	彭大海	海南海豚兄弟房地产营销策划有限公司	经理
	刘　奇	建筑材料配送	总经理
	翁诗彪	海口市农村信用社	经理
	杨邦财	海口旗盛商务信息咨询有限公司	总经理
	张建良	海南昱晨建筑工程有限公司	总经理
	邓世学	个体经营	总经理
	董武玉	挖机、炮机	总经理

（续上表）

商会职务	姓名	工作单位	单位职务
理事	蔡群珠	海南连冠体育用品有限公司	总经理
	蔡才英	红木家具	总经理
	黎进诗	交通运输	总经理
	魏端俊	工程施工	总经理
	杨　娅	少英牙科	总经理
	李　俏	昌江春鹏实业有限公司	总经理
	何明涛	软件设计培训	总经理
	张杨福		经理
	曾志奋	海南星龙工程机械有限公司	总经理
	曾锦华	海口青年路美舍上村	总经理
	郑进律	自购挖土机施工	总经理

二、海南徐闻商会非领导班子部分会员名录

海南徐闻商会第一届非领导班子部分会员名录

姓名	工作单位	单位职务
王　敏	海南天齐信息有限公司	总经理
黄煜炎	海南正达建设工程质量检测有限公司	总经理
邓迪科	海口秀英永吉利冰冻厂	总经理
邓建财	三亚市生利渔行	总经理
冯朱武	海南中征装饰工程有限公司	副总经理
许文奋	海南鄂粤园林艺术工程公司	总经理

（续上表）

姓名	工 作 单 位	单位职务
许　明	海南新科宇恒房地产有限公司	总经理
杨健武	海南维丰生物科技有限公司	总经理
林开锋	张先生西医内科诊所	医师
钟　聪	屯昌县木材厂	总经理
谢文载	海口秀英顺顺兴冰厂	总经理
彭大海	海南海豚兄弟房地产营销策划有限公司	经理
方良龙	海口市海甸滨江海岸	经理
许李生	海南新科宇恒房地产有限公司	副经理
伍岳峰	海口市国贸	经理
李永敢	广东海南苗木供应中心	经理
汪道孔	海南珠江啤酒股份公司	主管
杨邦财	海口旗盛商务信息咨询有限公司	经理
陈朝想	海口乐师傅厨具有限公司	经理
周堪生	海口鸿发商行	经理
邓林文	海南孙福广告有限公司	经理
林　角	海南禾绿农资有限公司	总经理
欧春秀	北京利达华信电子有限公司	经理
欧阳斌	海南永华纸箱厂	经理
袁秀兰(女)	海南中国平安人寿保险公司	经理
梁权纳	海口旗盛商务信息咨询有限公司	经理
黄杨巧(女)	海南中国平安保险公司	经理
黄　钧	海南歌拉瑞销售有限公司	经理
程诗桐	新香美食店	总经理

（续上表）

姓名	工作单位	单位职务
谢智丰	海南辉煌物流有限公司	经理
蔡群珠	海南连冠体育用品有限公司	总经理
潘　任	海口优质打井泥粉销售	经理
戴云喜	海南自由人旅行社	总经理助理
戴云熙	海南自由人旅行社	总经理助理
杨　纳(女)	海口少英牙科诊所	牙医助理
李　俏	海南昌江春鹏实业有限公司	经理

海南徐闻商会第二届非领导班子部分会员名录

姓名	工作单位或类型	单位职务
郑小洪	华发大厦古玩市 427-429 宝之润珍珠有限公司	总经理
许青云	海南粤锦工建实业有限公司	总经理
陈小妹	服装、饮食、装修	经理
方良龙	海口市海甸滨江海岸	经理
文泽厂	个体（海鲜）	总经理
邓　奖	砂土销售、运输、机械维修	总经理
邓妃兴	整车容、电焊	总经理
邓妃聪	交通运输	
邓经武	交通运输	
邓小师	交通运输	
邓艺谋	土方工程	

（续上表）

姓名	工作单位或类型	单位职务
邓文跃	建筑木材	
许李生	海南新科宇恒房地产有限公司	总经理
吴　向	广东双泰	
陈朝超	交通运输	
陈永顺	供销砂土	
陈朝想	海口乐师傅厨具有限公司	总经理
陈进赖	交通运输	
陈大柏	涂料工程	
沈汝宁	海口强力打桩队，海上钻探工程	总经理
邹昌金	种植业（木瓜）	总经理
邹陈玉	煤炭	总经理
何永海	挖机、炮机	总经理
邓林文	海南孙福广告有限公司	总经理
林　角	海南禾绿农资有限公司	总经理
郑朝玉	土方工程	经理
袁秀兰	中国平安人寿保险	总经理
袁　涛	饮食	总经理
梁华杰	广东双泰	经理
黄运真	个体	总经理
黄俊理	工程基建	总经理
林家雄	工程机械	经理
黄　钧	东莞宝马电梯公司海南分公司	经理
黄正江	个体经营	总经理

（续上表）

姓名	工作单位或类型	单位职务
黄方诗	砂土、运输	总经理
崔　雄	挖机、运输	经理
程　就	个体经营	经理
程诗桐	新香美食店	总经理
谢智丰	海南辉煌物流有限公司	总经理
王　琦	运输、修理小车	经理
黎进聪	土方工程	经理
潘　望	运输	经理
戴云喜	自由人旅行社	总经理
戴云熙	自由人旅行社	总经理
高方典	海口市中山南路南北蔬菜批发	经理
欧春秀	北京利达华信电子有限公司	经理
窦国坚	广州市卡尼思迈装饰设计有限公司海南分公司	总经理
李培存	挖机工程类	总经理
邵洪江	海南易通易货投资有限公司	总经理
邓宏胜	个体经营	总经理
李仁雄	深圳春樱灯饰有限公司	总经理
李　跃	海口市琼崖公证处	总经理
杨大罕	海南驾校	总经理
林望巧	秀英区向荣路恒达汽车修理厂	总经理
陈　明	海口汇祥鑫商务服务有限公司	总经理
李昌景	海南人和戒毒	经理

第九节 肇庆市徐闻商会

肇庆市徐闻商会（徐闻肇庆商会）成立于2013年7月。由在肇庆市从事经商、企业管理或其他相关业务的徐闻籍企业经营者、工商业户或在肇庆工作和生活的其他徐闻籍人士自愿以单位（企业）或个人身份组成，具有法人资格的从事商务沟通、贸易交往、信息传递的非经营性社会团体组织，到2017年底，有会员60多人。会员从事的行业有建材装饰、机械化工、物流商贸、农业种养、休闲旅游等。商会多次组织篮球队参加由珠海徐闻商会等商会举办的“徐商杯”篮球联赛。

商会宗旨：遵守国家法律法规，遵守社会道德风尚。以商会为平台，加强在肇庆市的徐闻籍乡亲相互之间的联系；沟通信息、交流经验、招商引资，充分发挥商会的群体优势，促进会员企业共同发展，为肇庆与徐闻两地的经济发展和市场繁荣而作贡献。

肇庆市徐闻商会领导班子成员名录

商会职务	姓名	工作单位	单位职务
会长	梁　梧	肇庆科隆贸易有限公司	总经理
常务副会长	邱国强	高要市振强五金有限公司	总经理
副会长	梁武宁	广东祥兴公司	副科长
	陈　凯	肇庆市幸福园林绿化有限公司	总经理
	唐裕世	肇庆市裕有建筑检测咨询有限公司	总经理
	梁马宁	肇庆市安达消防	总经理
	邓进甫	东莞市东思电子技术有限公司	副总经理

（续上表）

商会职务	姓名	工作单位	单位职务
理事	吴　兴	高要市新明水产冷冻有限公司	经理
	邹书恩	广州珠江物业管理公司肇庆分公司	总经理助理
	谭匀豪	亚国涂料肇庆总代理	区域经理
秘书长	陈永刚	佛山市粤桂成高文化传播有限公司	副总经理
理事兼副秘书长	何朝郁	广州珠江啤酒股份有限公司	业务经理
	金昭百	肇庆市叶文化广告有限公司	经理

第十节　中山市徐闻商会

中山市徐闻商会（中山市湛江徐闻商会）于 2017 年 3 月开始筹建，在中山市工作的梁乐昌、符文勇、周伟等徐闻籍热心人士积极组织筹备和徐闻县工商联的大力支持下，于 2017 年 7 月在中山市民政局申报登记注册，中山市民政局在 2017 年 12 月 28 日批复同意成立中山市湛江徐闻商会，法人代表是周伟。目前商会已发展 60 多名会员，涉及法律、金融保险、家具装修、医药、传媒设计、教育、餐饮等诸多领域。

中山市徐闻商会秉承以“凝聚徐商、合作共荣、回报故乡、回报社会”为宗旨，以促进会员交流、为会员提供服务、加强两地经济交流为主要业务，推动两地经济合作和发展。

中山市徐闻商会成立庆典大会正在筹备之中。

肇庆市
徐闻商会
广州市
徐闻商会
惠州市
徐闻商会
佛山市
徐闻商会
东莞市
徐闻商会
深圳市
徐闻商会
中山市
徐闻商会
珠海市
徐闻商会
湛江市
徐闻商会
徐闻县工商联（总商会）
海南
徐闻商会

第四章

履职

第一节　参政议政

一、新中国成立初期的参政议政活动

新中国成立后，从 1950 年 3 月 20 日成立的评税委员会开始到 1955 年底止，徐闻县工商界主要开展如下参政议政活动。

（一）协助政府恢复工商业

新中国成立初期，百业待兴。在徐闻县城，旧社会遗留下来的是一些负债累累的商店、陷入困境的商贩，资金薄弱，工具和技术落后，产品质量粗糙，管理不善，经营单一，社会购买力低，市场萧条，百废待兴。中国共产党和政府对工商界十分关心和爱护，为发展工商业作出重要决策。县工商联积极协助党和政府做好恢复工商业工作，鼓励工商业者安心守业，尽快恢复经营，发挥其积极性；指导他们改变经营观念，服从国营经济的领导，纳入国家经济计划；组织他们面向工农，开展物资交流，促进城乡经济发展，繁荣市场保障供给，为社会主义经济建设服务。经过努力，工商业逐渐得到恢复。截至1955 年底，与 1951 年前相比，工商业行业由 16 个扩大到 34 个，经营范围扩大 1 倍多，人数由 890 人增加到 1570 人，资金由 9.92 万元增加到 252.26 万元。

（二）协助政府调整公私关系

这一时期，公私关系矛盾较为尖锐。县工商界积极组织宣传党的政策法令，引导全县工商业者遵守共同纲领，执行人民政府的方针、政策、法令；组织全县工商业者学习党和政府有关方针、政策，不断提高他们的政治觉悟和认识水平，改造他们的思想；团结全县工商业者在国家总的经济计划指导下，发展生产，改善经营；引导工商界各私营行业逐步纳入国家计划的轨道，接受社会主义改造；协商调整公私关系和劳资关系，调解劳资间的纠纷，解决劳资福利问题，推进劳资协商工作;开展互相教育监督，拥税护税，补交偷漏税款，保证完成税收任务。

（三）建立和健全基层机构，调整划分行业组织

这一时期，县工商界除协助政府调整公私关系外，还从组织上逐步把工商界中各个

有活力的组织机构建立起来，在中国共产党的统一领导下，发挥其组织的职能作用，与党同心同德，为建设社会主义贡献力量。1951 年，成立“中苏友好协会工商联分会”。1951 年 8 月，在县城组织工商户及农村有志于经营工商业的人士集资成立徐城联营社，另 12 户酒坊成立徐城酿酒联营社，9 户中药店成立徐城药业联营社，2 户烟坊成立徐城烟草联营社。同时，又成立包括烟酒油同业公会、百货同业公会、纱布同业公会、饮食同业公会、副食同业公会、土杂同业公会等在内的 13 个同业公会，并均附设税收委员会，以及在摊贩行业组织起税收委员会，协助国家税收工作。此外，引导制烟商户和酿酒商户分别组织联营，屠宰商户组织联营小组；协助缝纫、修饰、旅店、榨油、酿酒、制烟、制鞋、屠宰等八个行业和棉布、百货、文具、五金、交通等行业实行明码定价。1952 年，设立“工商界支援土地改革工作委员会”。1953 年 7 月 31 日，在曲界圩设立六区工商联分会，在迈陈圩设立三区工商联分会，在白沙、龙塘、下桥设立工商联办事处。

二、徐闻县工商联成立后参政议政活动

1956 年 1 月，徐闻县工商业联合会成立后，徐闻县工商联参政议政逐渐走向正常化、规范化。徐闻县工商联及会员以调查报告、议案和提案方式，向中共徐闻县委、县人大、县政府、县政协反映徐闻本地热点问题，为政府有关部门制定政策提供参考。

（一）参与县人大、政协的政治活动

2003 年，县工商界有湛江市人大代表 3 人，湛江市政协委员 1 人，县政协委员 15 人，其中 9 人是县政协常委。同年，徐闻县工商联组织工商界的人大代表、政协委员向县人大、县政协提交议案、提案 5 件。在县政协七届一次会议上，林红被评为县政协六届提案积极分子。

2004 年，县工商业界有县人大代表 3 人，县政协委员 23 人。同年，徐闻县工商联组织工商界的县人大代表、县政协委员向县人大、县政协提交议案、提案 10 件。

2005—2006 年，县工商业界有市人大代表 7 人，市政协委员 2 人，县人大代表 5 人，县政协委员 43 人，其中 5 人是县政协常委。是时，徐闻县工商联组织工商界的人大代表、政协委员向县人大、县政协提交议案 8 件、提案 15 件，其中重点提案 8 件，内容涉及社会治安、市场建设等。在县政协第七届三次会议上，庞贵雄、董遵秩被评为优秀政协委员。

在县政协第八届一次会议上，林红被评为提案积极分子，徐闻县工商联及董遵秩、李魁、林红、陈林荣的提案获优秀提案，董遵秩、叶丹、林红、黄小端被评为优秀政协委员。

2007 年，县工商业界有市人大代表 3 人，市政协委员 3 人，县人大代表 6 人，其中 1 人是县人大常委，县政协委员 45 人。同年，徐闻县工商联组织工商界的人大代表、政协委员向县人大、县政协提交议案 18 件、提案 12 件，其中被重视并采纳的有 10 件，内容涉及规划、城管、道路交通、经济发展、农民问题、文教卫生等不同领域。

2008 年，县工商业界有市人大代表 3 人，市政协委员 3 人，县人大代表 6 人，县政协委员 51 人，有 3 人被增补为县政协常委。同年，徐闻县工商联组织工商界的人大代表、政协委员向县人大、县政协提交提案、议案 18 件，内容涉及旅游文化、食品安全等。在县政协八届三次会议上，曾冬浩、陈林荣、陈中布的提案被评为优秀提案。

2009 年，县工商业界有市人大代表 3 人，市政协委员 3 人，县人大代表 6 人，县政协委员 54 人，有 2 人被增补为县政协常委。同年，徐闻县工商联组织工商界的人大代表、政协委员向县政协提交提案、议案 19 件，内容涉及农田建设、文化管理、卫生管理、交通建设等。在县政协八届四次会议上，叶奕锐、黄俊、陈林荣、陈中布、陈桂林的提案被评为优秀提案。

2010 年，县工商业界有县政协委员 46 人。同年，徐闻县工商联组织工商界的政协委员向政协提交提案 3 件，内容涉及食品安全、环境整治和交通建设等。

2011 年，县工商业界有市人大代表 6 人，市政协委员 3 人，县人大代表 9 人，县政协委员 47 人，其中 7 人为县政协常委。同年，特别是在县人大、县政协的“两会”期间，县工商界政协委员和人大代表积极向大会提交提案、意见及建议，提交个人提案 23 件，意见建议 26 件。这些提案、意见、建议涉及面广，特别是董遵秩、陈林荣等提交的《徐闻大道建设项目开发》和《关于尽快启动粤海铁路火车轮渡北港码头进港公路改建的建议》等 6 个提案触及社会民生热点问题，敏锐感强，新颖独到，受到县政协的表扬。

2016 年，徐闻县工商联会员中有市人大代表 5 人，市政协委员 3 人，县人大代表 7 人，县政协委员 30 人。徐闻县工商联会员孙广范等人提交《关于加大沿海防护林建设工作力度的建议》等意见建议共 11 件，提案 9 件。

2017 年，徐闻县工商联会员中有市人大代表 9 人，市政协委员 3 人，县人大代表 12 人，县政协委员 48 人，徐闻县工商联会员陈水晶提出《关于加强保护沿海海岸的建议》等意见建议共 6 件，提案 25 件。

徐闻县工商联会员当选湛江市历届人大代表名单

届别	代表名单
九届	林 红
十届	董遵秩、李孟芳、许胜国
十一届	董遵秩、李孟芳、林 红
十二届	董遵秩、林 红
十三届	林 红、林显平、董遵秩、蔡华态、莫学金
十四届	欧小力、董遵秩、莫学金、罗祝琴、杜庆华、蔡武志、李进权、吴建连、许丰年

徐闻县工商联会员担任湛江市历届政协委员名单

届别	委员名单
八届	林 红
九届	林 红
十届	
十一届	
十二届	欧小力、许林清、麦家铭
十三届	吴美来、林显平、朱晓明

徐闻县工商联会员当选徐闻县历届人大代表名单

届别	代表名单
九届	董遵秩
十三届	林　红、李孟芳
十四届	林　红
十五届	林光彪、孙广范、林显平、董遵秩、蔡华态、莫学金、林　红
十六届	欧小力、董遵秩、莫学金、蔡华态、吴建连、林显平、叶奕锐、孙广范、樊　虎、陈水晶、李兴挥、陈法强

徐闻县工商联会员历届担任徐闻县历届政协委员名单

届别	委员名单
一届	陈居玖
二届	陈居玖、杨家礼
三届	陈芝阶
四届	朱必达、汤　兴、何光贤、冯本利、吴光国、杨大琼
五届	朱必达、吴光国、冯本利、汤　兴、林　红、潘华龙、谢永新、李孟芳
六届	许胜国、麦培美、杨堪友、李　魁、李孟芳、林　红、蒋侨星、谢永新、朱必达、孙益奋、王　运、潘华龙、龙康广、陈林荣、黄科本、王　尧、黄熙可、黄立灼、麦家铭、庞贵雄、肖玉鹏、王来兴

（续上表）

届别	委员名单
七届	林　红、叶　丹、陈林荣、麦培美、王来兴、梁封文、许胜国、庞贵雄、黄文胜、李孟芳、陈　展、陈　位、麦家铭、陈桂林（女）、董遵秩、王　运、龙志强、李　魁、蒋侨星、黄熙可、黄立灼、李培生、沈三国、邓图全、吴堪兴、黄小端（女）、颜广武
八届	庞贵雄、董遵秩、王　尧、熊禄万、罗祝琴（女）、陈桂林（女）、林光彪、陈　展、陈林荣、叶　丹、林　红、黄文胜、王来兴、曾冬浩、杨大远、殷巧英（女）、许胜国、叶奕锐、许丰年、麦培美、吴堪兴、李进权、蔡华态、黄　梓、詹玉保、麦家铭、符　献、陈柏花（女）、高明渝、朱文亚、梁封文、周　普、梁志裕、许林清、吴美来、黄　俊、麦卓三、吴晓腾、何雪清（女）、孙广范、许胜能、杨　钦、袁　琦、林生永、冯大洲、陈法强
九届	董遵秩、叶　丹、曾冬浩、高明渝、周　普、许林清、黄　俊、王　尧、陈桂林（女）、陈林荣、黄文胜、叶奕锐、吴堪兴、黄　梓、符　献、朱文亚、许丰年、李进权、陈柏花（女）、吴美来、吴晓腾、何雪清（女）、许胜能、杨　钦、袁　琦、林生永、冯大洲、周天广、陈　端、陈法强
十届	吴美来、黄　俊、林　红、许丰年、黄文胜、杨　钦、陈桂林（女）、叶　丹、罗　明、张在仁、林方炳、陈柏花（女）、王妃伍、吴　雄、董循东、劳立宏、吴堪兴、陈林荣、翁智权、黄明豪、符献、朱晓明、周天广、黄执经、林　纯、冯大洲、陈　端、黄　梓、曾冬浩、高明渝 、潘联斌、谭慎汪、林家富、李保明、金华庆、蔡文江、吴晓腾、李振东、张德珠、黄邦特、李　婵（女）、施家卿、李世东、张　明、黄　腾、陈德生、张　奎、黄剑艇

（二）参与上级工商联的政治活动

1. 执行上级工商联的决议。1953 年，徐闻县工商联积极贯彻落实省工商联决议，发展市场，繁荣经济，做好物资交流工作。2013 年，按照中共中央统战部、全国工商联召开的全国非公有制经济人士理想信念教育实践活动电视电话会议精神和省市有关部门的要求，徐闻县工商联开展非公有制经济人士理想信念教育实践活动。通过开展对非公有制经济人士的世情国情党情教育、理想信念教育和中华民族传统美德教育，增强非公有制经济人士对中国特色社会主义的信念、对党和政府的信任、对企业发展的信心，引导全县非公有制经济人士为实现中国梦、建设美丽徐闻贡献智慧和力量。

2. 参加上级工商联组织的政治学习和活动。1955 — 1956 年，徐闻县工商联组织工商界人士 8 人参加湛江工商界讲习班，学习各级政府有关工商界和平改造政策等有关文件。1957 年，徐闻县工商联组织工商界人士参加上级组织关于整风反右和“二查一反”运动的政治学习，其中有 30 人参加湛江工商讲习班学习，3 人参加省里组织的政治学习。1958 年，徐闻县工商联又组织工商界人士参加这一学习，其中有 3 人到湛江地区讲习班学习，有 1 人参加省政治学校学习。2005 年 11 月，徐闻县工商联组织会员参加湛江市工商联举办的粤西企业提升核心竞争力总裁研讨会论坛等活动。

3. 协助上级工商联开展工作。2004 年 9 月 16 日，湛江市政协副主席、市工商联会长陈丹带领市 10 多名民营企业家、企业负责人组成的考察团到徐闻县调研，徐闻县工商联积极配合。考察团在县委书记黄心强、县长许顺等县领导的陪同下，参观考察县有关企业，对徐闻的投资环境进行了调查研究。2010 年 4 月 16 日，湛江市工商联副主席徐小平到徐闻了解民营企业发展情况，县委常委戴吴金荣等陪同调研。2010 年 4 月 24 日至 25 日，省工商联副主席李阳春、湛江市工商联党组书记黎少英、副主席徐小平率队到徐闻县调研商会组织建设情况，在徐闻县工商联的积极配合下，到龙塘镇了解基层商会组织建设情况，并听取县有关领导关于商会组织建设情况的汇报。2011 年 4 月 12 日，广东省工商联会员部副部长颜瑞芳、湛江市工商联副主席徐小平一行在徐闻县工商联主席董遵秩、党组书记陈法强等的陪同下，到徐闻县西连镇调研指导工作。2015 年 7 月，湛江市工商联党组书记梁丽霞一行到徐闻调研，与县委书记梁权财等领导共商创建“五好”县级工商联有关事宜。2017 年 1 月 5 日，省工商联会员部部长闪洁一行到徐闻，了解徐闻县工商联获得“广东省‘五好’县级工商联”称号的后续工作情况。

（三）参与社会评议政府部门工作

一直以来，徐闻县工商联组织工商界人士主动地、积极地参与社会评议政府部门工作，向政府部门提交意见、建议，促进政府工作效能提升。1990 年，徐闻县工商联会员有 9 人次参加县政协组织的对徐城街道乱脏问题、县粮食局等单位经营情况进行考察，履行民主监督职能。2005 — 2006 年间，县民营企业商会会长叶丹借参加行风评议的机会向有关单位（部门）提出意见、建议 10 多件，受到相关单位（部门）的重视。

○2014 年 3 月 29 日，中共徐闻县委书记钟力等领导与出席政协第九届徐闻县委员会第五次会议的工商界委员座谈

三、调查研究

（一）深入基层调查研究，搞好自身组织建设

2007 年，徐闻县工商联把搞好调查研究作为建立健全基层组织和换届选举的基础工作来抓，先后下到各乡镇和有关部门以及民营企业，走访各级领导、会员和民营企业家及个体户，探索如何建立健全工商联乡镇商会和进行换届选举工作的思路。在调查中，发现基层商会组织普遍存在着没有办公场地，商会班子不健全，基本不能正常开展工商工作和活动，并且非公经济人士对工商联组织的了解非常少等问题。通过调研后，召开徐闻县工商联党组扩大会议，研究讨论有关事项，从而明确操作建立健全乡镇商会和进行换届选举工作的思路，撰写《关于做好建立健全工商联乡镇商会和换届选举工作的通知》报县委审批。县领导非常重视这项工作，马上审批徐闻县工商联的拟文，并以县委办名义印发《关于做好乡镇商会换届选举工作的通知》和《关于成立徐闻县工商业联合会乡镇商会换届选举工作领导小组的通知》，明确乡镇商会组织建设工作的指导思想、机构设置、人员组成等内容。徐闻县工商联还深入到各乡镇和有关部门以及民营企业，走访各级领导干部和民营企业家及个体户，使工商联乡镇商会组织逐步建立健全，换届选举工作顺利进行。徐闻县工商联还主动到佛山等珠三角地区参观徐闻籍外出老板的企业，了解他们的情况，探索工商联建立异地徐闻商会组织的思路。在县委、县政府的支持下，逐步建立起一些异地徐闻商会。

（二）深入基层调查研究，积极建言献策

徐闻县工商联经常深入基层，搞好调研，掌握情况，并在此基础上，认真撰写调研报告，建言献策，为政府制定非公经济发展政策提供参考和依据。

1990 年，徐闻县工商联组织一次对全县个体私营工商户经营情况的调查，参与调查的有徐闻县工商联执委会成员、工商管理局、税务局、商业局、供销社的代表，分别召开基层工商所、税务所、供销社、商业局所属机构有关人员、群众代表、个体私营工商户代表座谈会，走访多家私营工商户。他们认为个体私营工商户对搞活经济，流通商品，服务群众，繁荣市场，起着很好的积极作用，是对国营和大集体市场的补充。此举较好地调动私营工商户做大做强生意的积极性，他们为国家提供的税收，从 1986 年起，逐年增加。对于有些具体政策还未完全落实到位，徐闻县工商联还协助政府加强市场管理，整顿市场秩序。工商联具有统战工作职责，同时具有民间性，代表着民营经济的利益，特别是非公有制工商企业的利益。徐闻县工商联干部深入基层，调查研究，及时反映私营工商业人士的意见要求，积极参与各级政治协商和民主监督。推荐民营工商业人士中的优秀分子，有参政议政能力的人才到政协、人大担任委员或被选为代表，参与政协、人大各种活动。

2005 — 2006 年间，徐闻县工商联在深入基层调查研究的基础上，组织工商界人士向党政部门提出建议 5 件，被重视并采纳 3 件；参与本地政策法规性文件起草和制定 3 件，对涉及非公有制经济发展的政策文件提出意见、建议 3 件。2013 年 5 月，向县委、县政府提出《关于要求批复徐闻县工商联大厦建造方案的请示》。同年，提出《关于在下桥镇高速出口附近创建徐闻县中小企业创业园的建议》。2014 年 3 月，提出《关于取缔徐闻县实心粘土砖厂不宜搞“一刀切”的建议》。2015 年 5 月，提出《关于加快我县工业发展的建议》。

（三）深入调查了解，编写工商联史

1986 年 8 月起，徐闻县工商联组织有关人员用四个多月时间进行调查了解，完成徐闻县自清末至 1986 年 100 多年的商会和工商联的发展简史编写工作，由周文生执笔编写《徐闻县商会、工商联发展史》的资料。

2013 年 12 月，徐闻县工商联邀请本地 11 名文化界人士组成志书编写组，前往合浦、北海、广州、湛江、高州等地图书馆，查阅收集大量宝贵的古籍资料，同时对在徐闻县工商联工作过的老同志进行采访，抢救活资料。在占有大量资料的基础上，开始编写《徐闻县工商志》。

第二节　推行政令

一、协助做好新中国成立初期税务工作

新中国成立初期，各项工作刚刚开始，征税工作尤为艰巨。县工商界积极协助政府做好这项工作：①成立相应机构。1951 年 5 月 20 日，县成立徐闻县工商联合会，内设一室六股，其中一个股就是税协股，其主要职责是负责检查和督促商人完成税收，杜绝偷漏和指导行业健全税协会的工作。是年，徐闻县工商联合会协助各行成立 13 个同业公会，并各附设税协委员会。同时，在摊贩行业中也组织建立税协委员会。这些机构的成立，从组织上保障税协工作的开展。1953 年 5 月 5 日，在原基础上，成立全县性的“徐闻县工商业联合会筹备委员会”，进一步强化税协工作。②开展税协工作。徐闻县工商联积极宣传中国共产党的政策，推行政府的法令，协助税收工作。1951 年，徐闻县工商联合会积极推动工商业者自动报税，组织他们交纳税款入库，敲锣打鼓列队送税。1953 年，徐闻县工商联合会协助县税务局推行新税制，清理税户，保证税收，培养税源，在工商界中实行五种征收办法，使税收工作顺利开展，保证税收任务的圆满完成。

二、协助开展“减退”“土改”“镇反”工作

新中国成立初期，“减退”“土改”“镇反”工作任务十分艰巨，徐闻县工商联合会积极协助政府开展这些工作，在机构中附设“工商界支援土地改革工作委员会”。组织工商界学习镇反、增产节约、土地改革等运动文件，发动工商界做好支援土改、追查谣言、检举逃亡地主等工作，加强对有土地关系的工商业者的主动守法教育，彻底割断封建关系，特别是检举地主和地主的疏散隐藏财物，决不包庇隐赃，使其自动交出。仅在 1953 年，徐闻县工商联合会就派出 154 名会员帮助二区高楼乡、金满堂乡农民填写土地证，派出 73 名会员帮助县城土改队开展各项工作。

三、协助开展“三反”“五反”运动

1951年底到1952年10月，全国开展“三反”“五反”运动，在党政机关工作人员中开展“反贪污、反浪费、反官僚主义”和在私营工商业者中开展“反行贿、反偷税漏税、反盗骗国家财产、反偷工减料、反盗窃国家经济情报”的斗争。徐闻县工商联合会积极响应，协助开展“三反”“五反”运动。同时，仅县城工商业者兼地主的人员就主动向政府补交偷漏营业额351,000多万元（旧币），补交偷漏印花税560多万元（旧币）。

四、协助改造私营工商业，推动公私合营

1952年下半年至1956年，中国共产党部署开展三大改造，即对农业、手工业和资本主义工商业进行社会主义改造。这一时期，在党的正确领导和各级组织的支持下，徐闻县工商联合会积极开展政治和政策宣传工作，增强工商业者对和平改造赎买政策的认识，拥护党和政府对私营工商业者进行社会主义改造。为提高思想认识和经营水平，徐闻县工商联还组织工商界人员学习各级政府有关工商界和平改造的政策等文件，帮助工商界人士提高认识，创造条件，改造纳入国家资本主义轨道。同时，在县城举办工商界政治、文化业余学校，参加政治学习的有130人，参加文化学习的有226人；在三区成立一间工商界业余文化学校，参加学习的有70人；四、五、六区的工商界人员则有部分参加了区公所办的文化业余学校学习。为摸清情况，做到有的放矢，徐闻县工商联还协助政府做好私营商业及饮食业的普查工作。据统计，纳入各种改造形式的有2102户2455人。这样，一场史无前例的私改高潮轰轰烈烈地在徐闻县展开。到1956年1月，徐闻县广大工商业者顺利地进行全县全行业的公私合营道路，小商贩、小手工业者也全部积极加入合作商店、合作小组和生产合作社的轨道。这标志着徐闻县资本主义工商业在思想战线上和经济战线上的社会主义改造基本完成。

五、协助开展增产节约运动

1957年2月8日，中共中央政治局通过《关于1957年开展增产节约运动的指示》指出：“为缓和物资供应和财政支出的紧张局面，使经济战线在1956年巨大的进军以后，转向稳步前进，并且作必要的休整，必须在1957年对建设的规模和速度作适当的调整，必须用更大的努力在全国范围内开展群众性的增产节约运动。”徐闻县工商联组织工商界

人士学习增产节约等文件，带动工商界响应党的号召，全面开展增产节约运动和爱国储蓄运动。特别是在1957年，大力开展社会主义劳动竞赛，参加运动的有1903人，其中受到奖励和表扬的有304人。增产节约运动的开展给国家积累大量财富，增强国防力量，推进各方面工作的发展，特别是经济建设工作。

六、做好工商联转轨工作

党的十一届三中全会以来，党中央对统战工作十分重视，特别是中发〔1979〕184号文件得到广大工商业者的拥护。党中央明确指出“党的统一战线属于上层建筑的范畴，归根到底是要为发展社会生产力服务”，要“牢牢树立起为现代化建设服务的根本指导思想”。1979年中央召开的全国统战工作会议，根据党的十一届三中全会精神，确定将统战工作的着重点转移到为社会主义现代化建设服务上来，纠正在统战工作中“以阶级斗争为纲”的错误。1982年11月23日，根据新时期统战工作的需要，经上级党委批准，成立广东省徐闻县工商小组。1983年10月，又恢复徐闻县工商业联合会，在县委的直接领导下开展正常的工作。县委领导对徐闻县工商联组织非常重视，亲自召开会议，责成有关部门和单位去落实统战政策，退还被占的工商联房屋，工商联工作人员也作适当的组织人事安排。

七、贯彻落实发展非公经济的政策规定

（一）贯彻党的方针政策

2003年6月27日，县在大会堂召开工业暨民营经济工作会议，传达贯彻省、市民营经济工作会议精神，研究部署全县工业和民营经济工作。2004年2月11日，召开徐闻县工商联第九届会员代表大会，号召全县非公经济人士要学习贯彻“三个代表”重要思想、邓小平理论和党的十六大精神，学习江泽民总书记在全国政协第九届四次会议上对非公经济人士指出的“三个结合”，即是要引导他们把自身企业的发展和国家的发展结合起来，把个人富裕与全体人民共同富裕结合起来，把遵循市场法则与发扬社会道德结合起来。2004年10月16日，徐闻县工商联组织召开全县加快民营企业发展动员大会，邀请了市工商联正副会长、常委等10多人出席会议，县四套班子领导全部出席会议，县委书记黄心强在会上作鼓励民营经济发展的重要讲话。2009年5月27日，召开徐闻县

工商业联合会（总商会）第十次会员代表大会，号召非公经济人士学习贯彻邓小平理论和“三个代表”重要思想，进一步强化教育引导，以提高民营经济人士的综合素质。

（二）落实党的统战政策

坚持党的四项基本原则，按照党的十一届三中全会精神，贯彻党的方针政策，在县委直接领导和各单位党组织的协助下，徐闻县工商联积极配合县委统战部，不断纠正极“左”路线在统战工作中的干挠破坏，广泛地团结党内外各民主人士和原工商业者，从1979年起到1987年10月止，先后消除原工商业者（包括“三小”成员）在公私合营、精简压缩、文化大革命等运动中受到党内极“左”路线影响，纠正被错处、错扣、错判及株连的案件160多宗200多人，退还股息案件224宗共款5132元，补发工资8人共款9315元，退还房屋及宅基地860平方米（包括工商联会址），复工复职的有72人，恢复商品粮食供给的有8人。由此，使他们卸下十多年来的沉重思想包袱，心情舒畅地开展商业服务活动，尽职尽责做好工作。

第三节　思想教育

一、宣传新中国，改造旧思想

新中国成立初期，从旧中国过来的工商业者，普遍存在着严重的旧思想、旧观念。这些思想观念十分不适应建设新中国。针对这一问题，徐闻县工商联积极抓好思想教育工作，通过宣传教育，从而改造工商业者的旧思想、旧观念。为使教育工作能够在组织上得到保证，1951 年 5 月 20 日成立徐闻县工商联合会的同时，特在内部内设置宣传股，专门负责宣传教育。1953 年 7 月 31 日成立的徐闻县工商业联合会筹备委员会，同样设有宣教股，并配备 2 名专职人员。在此期间，组织工商业者学习共同纲领、总路线及普选法，通过会议、资料、标语和口号等形式加以宣传教育，不断提高他们的思想觉悟和认识水平，使他们能够遵守党和政府的政策法令，响应党的号召，爱国守法，杜绝“五毒”，发挥积极性，改变经营观念，服从国营经济的领导，纳入国家经济计划来共同发展。

从 1957 年起，徐闻县工商联根据《工商业联合会组织通则》及中华全国工商业联合会筹备委员会关于改组工商联的决定，改组改选领导机构，扩大国营企业和合作社代表的比例，增设特邀代表及地区代表，以体现国营经济的领导地位。而徐闻县工商联成立后，新上任的主任委员陈居玖很重视对工商业者的思想教育工作，领导全县工商业者有计划地学习《共同纲领》和有关党和政府的政策法令，参加学习人数 1000 多人。民国时期和新中国成立时期的徐闻县工商业者，有相当一部分是从广府、海南、高凉、廉州和潮汕等地过来经商的，但也有一部分是当地的商家。徐闻县工商联分批组织工商业者 29 人到农村参加土改工作。他们回来后，在工商界中进行广泛传达，从而加深工商业者对土改的认识。

1958 年，开展“双献”运动和小商贩的社会主义教育运动，参加学习的有 1530 人。有 117 人脱产在县联进行政治学习，有 3 人到地区讲习班学习，有 1 人到省政治学校学习。举办要工商界农场 4 个，先后参加农场锻炼的有 702 人。1959 年，组织第二批工商界人士轮流下放参加体力劳动锻炼，工商界到卫星农场锻炼的有 246 人。1960 年至 1966 年，徐闻县工商联发动会员搞好各个时期的政治运动。

二、开展“三个主义”教育活动

20 世纪 60 年代初，徐闻县工商联积极响应党中央的号召，组织广大工商业者，采取办班、会议、资料等形式，开展爱国主义、国际主义、社会主义教育活动。1961 年 1 月 21 日召开的徐闻县工商联第四届会员代表大会和 1963 年 6 月 1 日召开的徐闻县工商联第五届会员代表大会，都把这一活动作为主要任务，要求工商界开展爱国主义、国际主义、社会主义的“三个主义”教育活动，加强自我改造，坚定走社会主义道路的信心，调动一切积极因素，为社会主义建设服务。

三、宣传党的路线方针政策和诚信守法理念

诚信守法是党对工商业者的要求，也是工商业者理应自觉遵循的职业道德。徐闻县工商联积极宣传党的路线、方针、政策，引导教育广大工商业者诚信守法。1992 年 4 月 14 日至 15 日召开的徐闻县工商联第八届会员代表大会的主要任务就是；学习贯彻中共中央〔1991〕15 号文件精神，根据“团结、帮助、引导、教育”的方针，对会员进行爱国、敬业、守法的教育。先后组织开展了邓小平理论、“三个代表”重要思想、科学发展观、“中国梦”、非公经济人士理想信念教育实践活动等教育活动，有效地促进非公有制经济健康发展和非公有制经济人士的健康成长。通过教育引导，诚信守法逐渐深入人心。

四、宣传社会主义市场经济，推进非公经济发展

社会主义市场经济是邓小平 1992 年南巡时提出的，指的是社会主义市场条件下公有制经济以及民营和外资等一切非公有制经济的总称。徐闻县工商联采取办班、会议、资料等形式进行广泛宣传教育。通过宣传教育，使社会主义市场经济理论深入人心，同时也使广大非公经济人士认识到，非公有制经济是中国现阶段除公有制经济形式以外的所有经济结构形式，主要包括个体经济、私营经济、外资经济等。它也是社会主义市场经济的重要组成部分。认识的提高，大大地激发非公经济人士的从商积极性。

五、弘扬社会公德，传承传统美德

徐闻县工商联把宣传社会公德、弘扬传统美德为己任。徐闻县工商联通过会议、培训班等方式加强思想教育，鼓励和引导非公经济人士弘扬中华民族传统美德，积极承担以“爱国报国、发展企业、诚信守法、道德自律、公益慈善”为主要内容的社会责任，积极参与扶贫济困及光彩事业活动，树立非公经济人士的良好社会形象。绝大多数工商联会员不但主动地、积极地利用各种机会自觉学习，进一步深化认识，而且还落实到行动上，积极参与各种社会公益活动。

六、宣传工商联工作，营造良好社会氛围

改革开放以来，徐闻县工商联针对不同情况，通过各种途径，利用多种形式，大力宣传工商联的机构职能、工作情况和成效。一是下到乡镇开会进行宣传。徐闻县工商联党组领导班子成员一起下到乡镇，召开企业老板和个体工商户参加的座谈会，进行宣传；二是主动上门，沟通思想，消除顾虑。针对思想上有顾虑，但在当地有一定的经济实力并有一定声望和影响的民营企业家，徐闻县工商联领导主动上门，找他们谈心，与他们讲清道理，耐心地做他们的思想工作，消除他们的顾虑；三是利用外出老板做本地老板的思想工作。外出老板见识广、观念新，对商会的认识和作用有亲身体会，通过他们以身说教，给本地老板做工作，容易被接受，从而促使他们自觉加入商会组织；四是利用媒体，扩大影响。徐闻县工商联充分利用湛江电视台、徐闻电视台、徐闻商机网等媒体，进行宣传报道，扩大宣传范围和加强宣传力度，让更多的人认识商会，积极支持和参与商会组织建设。

第四节 商务活动

一、组织参加商品交易会、博览会

徐闻县工商联经常组织工商界人士参加各种商品交易会、博览会。1952 年，组织工商界贸易代表团参加高雷区土特产交流会。1953 年，组织观光团参加华南土特产展览交流会。2003 年,组织会员和民营企业家先后参加“2003 年湛江海洋经济博览会”和“2003 年湛江工博会”。2006 年，徐闻县工商联牵头组织 31 家非公企业，筹资 8 万元，参加“湛江市 2006 年工博会”。2007 年，徐闻县工商联参与县委、县政府和有关部门组织到外地的商务考察、贸易洽谈、展销会等各种经贸活动，同时接待国内外访问团 4 个共 70 多人次。2012 年 10 月，组织 20 多位非公经济人士代表参加中国澳门第十七届国际投资展览会。

二、创办经济实体

徐闻县工商联于 1958 年创办卫星农场，由陈居玖任场长。该农场于文化大革命前停办。同年，最为成功的是建设淀粉厂，生产淀粉。

1982 年 11 月 23 日，徐闻县工商联组织机构恢复后，充分发挥和调动全县原工商业者的积极性，积极开展工商活动。县工商小组为发挥原工商业者的一技之长，做好经济咨询服务工作，开展传帮带的作用，培养好下一代，并协助政府安排就业，经请示上级有关部门同意批准于 1983 年 1 月起开始自办集体企业，成立徐闻县工商信诚公司和两个门市部，积极开展经济咨询服务活动，公司职工 26 名，其中安排了原工商业者（包括“三小”成员）的子女及家属 17 人就业。公司经营场地有 250 平方米，主要经营烟、糖、酒、副食、土产、日杂等，通过集资 1.7 万元，借款和贷款 9 万元才能如期开业。由于领导者熟业务，有经验，管理到位，全公司人员的积极性得到充分发挥，生意兴隆，经济效益较好。截至 1987 年 10 月，获纯利润 2.5 万多元，为国家上缴税收 4.4 万元。而且，由于传、帮、带工作做得好，经过几年的实践，经营人员大部分都掌握了经营管理业务技术，2 人当了正副经理，4 人当门市部主任，4 人可以外出当购销员，特别是徐闻县工商联副主委张芝阶经过几年的实践，成为县城企业中比较优秀的管理干部之一。徐闻县生产的毛鸡酒在新中国成立前就名扬国内外，是畅销东南亚各国的拳头产品，文化大革命后因泡制不好，失去销路，以致停产。1986年起恢复毛鸡酒的加工泡制，并于1987年投放国内外市场。

异地徐闻商会也积极创办经济实体。2012年，顺德徐闻商会组建顺德徐商投资公司。深圳市徐闻商会筹集资金1000万元投资理财，所得利润的20%给商会作为会务活动费；同时，按股份公司运作，商会牵头有关会员筹集资金近1亿元，收购深圳市的一间的士出租公司，后来，由其中一位股东（徐闻籍商人）独资经营。2015年9月，海南徐闻商会牵头成立海南徐商投资股份有限公司，销售娃哈哈集团公司生产的“老本行”牌饮水机。2017年3月2日，徐闻县工商联在聚雅酒店住房部四楼会议室召开副会长以上人员会，商讨筹建商会大厦工作。2017年6月13日，徐闻县工商联在聚雅酒店住房部四楼会议室召开执委会，发给与会人员《徐闻县商联发展有限公司设立及项目投资开发的实施方案》，动员执委以上人员投资入股商联公司，竞买县粮食集团公司地块用以商会大厦和房地产项目开发。

三、组织考察与交流联谊

（一）开展对港澳同胞和海外侨胞的联络工作

1982—1986年，徐闻县工商联发挥自身的独特职能作用，采取“走出去，请进来”的办法，广交朋友，开展对“三胞”的联络工作。1984年2月，徐闻县工商联主委陈居玖随同县赴港考察团前往香港进行考察，同部分徐闻旅居香港的工商界人士进行促膝谈心，宣传党对“三胞”骨肉兄弟姐妹的爱护政策，使他们深受感动。尔后，旅居香港同胞余国智、邓逐谋、林玉珠（女）等先后回乡省亲、观光，并互相联络，共同勉励，争取为建设家乡多做贡献。1985年5月，徐闻县工商联副主委张芝阶同县委统战部、侨办、侨联等单位的领导到深圳市，邀请旅港同乡林成发、谢焱、蒋侨星、林翠华、陈桂荣等到深圳市座谈。通过座谈，“三胞”人士爱国爱乡的感情越来越浓，回乡观光的人和回信回电互相联系的次数不断增加。

（二）邀请县领导参加异地徐闻商会活动

2009—2017年，广州、深圳、东莞、湛江、珠海、佛山、海南等异地徐闻商会举办成立庆典活动、召开商会年会和乡亲恳谈会，都邀请徐闻县四套班子领导和有关部门领导及商界人士参加，如珠海市徐闻商会召开成立庆典大会有 800 多人参加，一周年庆典年会有 1200 多人参加庆祝活动。县四套班子领导到每一个异地商会，都会与会员交流互动，下到企业参观学习，把家乡的发展情况向乡亲们通报，把乡亲们在外地创业经验带回徐闻。这种做法，得到徐闻籍外出乡亲的欢迎和较高评价。

（三）举办春节联谊会

为沟通思想，增进友谊，共商发展徐闻经济大计，徐闻县工商联于 1990 年春节召开茶话会，县委、县政府有关领导等 128 人参加会议。2009 年大年初三，举办徐闻外出企业家与本地民营老板新春联谊会，县有关领导、徐闻外出企业家和本地民营老板 100 多人参加会议。2011 年大年初三，徐闻县工商联（总商会）和深圳商会联合举办徐闻籍工商界人士联欢贺年暨爱心表彰会，县有关领导、徐闻籍外出企业家和本地民营老板 400 多人参加会议。2012 年大年初二，举办徐闻籍工商界人士联欢贺年暨优秀会员表彰会，县长和在家的四套班子领导、徐闻籍外出企业家和本地民营老板共 400 多人参加会议。这次活动既表彰优秀会员，也安排文艺演出和抽奖，气氛热烈。2013 年大年初二，举办徐闻籍工商界人士联谊会，在家的县四套班子领导、徐闻籍外出企业家和本地民营老板 400 多人参加会议，这次活动既安排文艺演出，也安排为社会公益事业捐款，共捐款 11.38 万元，受到社会各界人士的好评。2014 年 2 月 2 日（大年初三），召开徐闻籍工商界人士新春联谊会，县长梁权财、县政协主席侯德耀、县委常委常务副县长林青、县人大常务副主任陈俊等四套班子领导出席会议，徐闻县工商联（总商会）执委、佛山商会、东莞商会、深圳商会、惠州商会、广州商会、湛江商会、珠海商会、海南商会以及肇庆、中山、江门商会筹备处和各乡镇商会的领导班子成员 570 多人参加会议。2015 年 2 月 20 日（正月初二），徐闻县工商联（总商会）在县聚雅酒店召开“共叙家乡情·同谱发展曲”徐闻籍工商界人士新春联谊会。县政协主席蒋柯煌，县委常委、常务副县长林青，县人大常务副主任陈俊等在家四套班子领导成员出席会议，徐闻县工商联执委，广州、珠海、深圳等地徐闻商会徐闻籍工商界人士 400 多人参加联谊会。徐闻县工商联（总商会）和各异地商会组织文艺节目参加联欢活动。2017 年 1 月 29 日晚，徐闻县工商联（总商会）在县聚雅酒店举行徐闻工商界人士新春联谊会。县委书记梁权财、县长吴康秀等四套班子领导出席会议，徐闻县工商联执委，广州、海南等地徐闻商会徐闻籍工商界人士 400 多人参加联谊会。

（四）组织其他考察与交流联谊

2004 年 3 月，徐闻县工商联组织当选的新一届执委赴浙江、江苏等地考察与联谊，拜会当地商会有 5 个。2005 年 9 月，徐闻县工商联领导、民企商会领导共 8 人参加廉江电器行业协会成立大会，并参观考察廉江电器城。12 月，徐闻县工商联组织 3 名会员参加市工商联组织到青岛、大连等地参观考察。2008 年，徐闻县工商联先后组织部分民营企业管理人员到中国香港、中国澳门、日本、韩国、浙江、珠三角等国家和地区参观考察。2009 年，徐闻县工商联组织民营企业管理人员到中国台湾、珠三角等地参观考察学习。2011 年 8 月，徐闻县工商联组织正、副主席（会长）在“八一”建军节期间到县武装部慰问，给他们送去慰问金 2 万元，并与官兵举行联欢活动，进一步增进军民鱼水关系。2017 年 11 月 15 日，徐闻县工商联主席欧小力、党组书记陈法强和部分副主席、副会长先后到副会长林方炳办的星源冷气工程有限公司、王远琛任总经理的和谐客运有限公司、宋海魁任总经理的金源房地产有限公司进行参观，交流学习。

四、“牵线搭桥”为经济建设服务

徐闻县工商联利用组织网络，传递商品信息，开展经济联络，积极“牵线搭桥”，为经济建设服务。1989 — 1994 年，徐闻县工商联对全县经济形势进行调查，走访政府经济管理部门，参加部分企业的生产、工作汇报会议，初步掌握徐闻县包括非公有制大部分企业的产、供、销情况。在当时信息还不甚灵通的情况下，徐闻县工商联编印徐闻县工商企业商品供求信息，并向全国一些大城市及沿海开放城市投石问路，详尽推介徐闻县的地理位置、经济形势、投资环境、商品余缺与调剂等情况，先后与上海、广州、深圳、海口、湖南、河南、河北、天津等多个省或市工商联交换信息，开展联络，进行友好交往。

1984 年，徐闻县工商联主委陈居玖组团赴香港进行考察，同大部分徐闻籍旅居香港的工商界人士交流。1985 年 5 月，徐闻县工商联副主委张芝阶赴深圳邀请旅港乡亲林成发、谢森、蒋乔星、林翠华、陈桂荣回深圳座谈，加深“三胞”人士对徐闻县各项工作的理解和支持。

1993 年，徐闻县工商联组织两批非公有制企业中的 16 人到中国香港地区及泰国进行商贸考察，为徐闻农业产品进入国际市场探索新路子。还接待来自上海、海南、广州等 12 个省市的工商界人士 80 多人次。1996 年，徐闻县工商联共接待国内外客人 74 人次，通过洽谈引进项目 3 个，资金人民币 0.6 亿元。

1999 年 2 月 25 日，县成立发展非公有制经济协调领导小组，县委书记余堪发任组长，副组长黄强、郑妃义、潘联成，负责协调发展非公有制经济工作。徐闻县工商联积极动员异地商会会员回徐闻投资置业，并支持徐闻社会公益事业。在佛山经商的徐闻籍老板赵兴銮、黄执经先后回徐闻分别投资种植业和兴办砖厂。2010 年，受县委、县政府主要领导的委托，为培育徐闻特色名菜，打造餐饮品牌，满足广大市民消费的需求，更好对接海南国际旅游岛，推动徐闻县经济及旅游相关产业的发展，徐闻县工商联（总商会）主持组织，与县旅游局联合开展评选“徐闻十大名菜”活动 。7 月 1 日，县四套班子领导及县广播电视台、国税局、地税局、工商局、质量技术监督局、卫生局等 12 个协办单位的领导，还有聚雅酒店等 30 多家企业代表、新闻媒体、工商业界人士以及应邀嘉宾 100 多人参加了颁奖典礼。参加评选活动的 30 多家餐饮单位，把选送的 120 多个菜式和风味小吃摆上展台，供评委和观众评选。评选活动邀请广东烹饪协会副秘书长、湛江商校副校长谭小敏和烹饪大师李君茂、陈光进、黄光星、陈水科等担任评委。经过网上投票、短信投票和评委打分，最后评选出徐闻县“十大名菜”，分别为羊骨、当归羊肉片、炭烧羊排、沙煲焗鸡、来悦烧猪、八珍豆腐、汉和鲍鱼、非常烤鸡、甜酸黄花鱼和鲍汁扣海参；特别奖是沙汁鱼翅；“十佳风味小吃”是八宝饭、白切羊粥、大树菠萝包、来悦椰子饭、文氏叶裹饼、龙虾鲍鱼粥、蜜汁薯芋、腌粉、麦香燕麦包和凉瓜鲜奶；特色名菜 20 个。

2015 年 5 月，由徐闻县工商联（总商会）牵头联合县工商局、农业局、海洋与渔业局、食品与药品监督局、新闻中心等单位组织举办评选徐闻县十大“长寿名菜”“十大农产品”“十大海产品”活动，为做好这项工作，徐闻县工商联组织有关单位的工作人员分成三个组，分别到 15 个乡镇走访 100 岁以上老人，详细了解他们的饮食习惯；根据徐闻的气候条件、地域优势和农海产品特点各提供 20 个以上农海产品供评选组委会筛选，并推荐出长寿名菜、农海产品各 20 个候选名单，提交市民网上投票。7 月 22 日，组委会组织专家现场评审、打分，根据市民网络投票分数，综合分数最终评选出徐闻县“十大长寿名菜”，分别是葱花驳鲜蚝、土煲鲜鱼汤、徐闻山羊煲、白切乡下鸡、煎焖鲜海鱼、文蛤（俗名白螺）冬瓜汤、上汤野菜、虾汁番薯叶、白灼海虾、鲜蚝仔韭菜汤；“十大农产品”分别是菠萝、香蕉、菠萝蜜、良姜、木瓜、花生、辣椒、韭菜、番薯、甜玉米;“十大海产品”分别是对虾、珍珠、马友鱼、大黄鱼、石斑鱼、马胶鱼、白鲳鱼、梭子蟹、沙虫、虾姑。

为提升“菠萝的海”品牌建设，打造成国内著名品牌乃至国际品牌，推动乡村旅游和休闲农业协调发展，县委、县政府决定由徐闻县总商会主办徐闻菠萝文化旅游节，主题是“菠萝的海，香飘四海”。2016 年 4 月 28 日上午，徐闻县总商会在曲界镇举办首届徐闻菠萝文化旅游节开幕式和菠萝美食沙龙。县委书记梁权财、县长吴康秀等县四套班子领导和来自各地嘉宾共 1000 多人参加开幕式。当天下午，在徐闻县曲界镇龙门村“菠萝的海”举行山地自行车比赛活动。4 月 29 日，徐闻县首届菠萝文化旅游节活动的第二天，在曲界镇龙门村举办“千人菠萝宴”和闭幕式。这次活动由县总商会发动企业赞助举办。该节吸引人民日报、广东广播电视台、南方日报、中国新闻网等多家媒体前来报道，促进菠萝价格上升，农民增收，社会各界反响好。

2017 年 4 月 29 日，徐闻县总商会发动企业赞助在曲界镇举办第二届徐闻菠萝文化旅游节活动，当天上午举办菠萝美食沙龙和举行徐闻菠萝文化旅游节开幕式。下午，在曲界镇龙门村“菠萝的海”举行山地自行车比赛活动。4 月 30 日上午，在徐闻菠萝文化旅游节活动主会场举办菠萝竞技比赛；当天中午，在曲界镇龙门村举办“万人菠萝宴”和闭幕式。县委书记梁权财、县长吴康秀等县四套班子领导和来自各地的嘉宾及群众 3 万多人次参加活动。这次活动，中央电视台、人民日报、南方日报、湛江日报社等多家媒体前来报道，社会各界反响热烈。

徐闻县“十大名菜”评选活动结果一览表

奖项	菜名	参赛单位	分数（分）	名次
特别奖	沙汁鱼翅	聚雅酒店	90	
十大名菜	羊骨	观塔楼羊粥店	87.7	1
	当归羊肉片	食得香羊粥店	86.3	2
	炭烧羊排	聚雅酒店	86	3
	沙煲焗鸡	海鲜酒店	85	4
	来悦烧猪	来悦酒店	85	4
	八珍豆腐	红土地饭店	84.3	6
	汉和鲍鱼	聚雅酒店	82.3	7
	非常烤鸡	非常烤鸡店	82.3	7
	甜酸黄花鱼	来悦酒店	81.7	9
	鲍汁扣海参	新世纪酒店	80.6	10
特色名菜	红酒扣羊腩	翠亨天然食庄	79.6	1
	密制猪腿	景园酒家	78	2
	蒜蓉琵琶虾	琼园酒家	77.7	3
	许记马友鱼干	来悦酒店	77.3	4
	盐焗鱼	新阳都酒店	76.7	5
	芙蓉鱼肚	新雅阁酒楼	76.3	6
	焖家狗	兄弟家狗	75.7	7
	王豆烩南瓜	喜洋洋美食村	75.3	8
	龙泉白切鸡	龙泉鸡饭店	75	9

（续上表）

奖项	菜名	参赛单位	分数（分）	名次
特色名菜	皇谷一品煲	皇谷酒楼	74.3	10
	海鲜菠萝船	聚缘美食庄	74.3	10
	胡椒猪肚鸡	亨鑫猪肚鸡酒店	74.3	10
	农家老鸭汤	农家鸭庄	74	13
	椒盐水蛇	贵生亭饭店	73.6	14
	香蜜鸭	百家乐香鸭店	73.6	14
	田园一片红	鸿源食庄	73.6	14
	多彩猪肚片	多彩美食城	73.5	17
	鲍汁扒野菜	野菜食馆	73	18
	烤全羊	非常烤鸡店	71.3	19
	红烧山羊	海鲜酒店	71.2	20
十佳风味小吃	八宝饭	海鲜酒店	91	1
	白切羊粥	一品香羊粥店	86.3	2
	大树菠萝包	聚雅酒店	85.7	3
	来悦椰子饭	来悦酒店	85.3	4
	文氏叶裹饼	文氏叶裹福饼业	82.3	5
	龙虾鲍鱼粥	鲍鱼粥庄	81.3	6
	蜜汁薯芋	琼园酒家	79.8	7
	腌粉	老粥王	79.3	8
	麦香燕麦包	聚雅酒店	78.3	9
	凉瓜鲜奶	新雅阁酒楼	78	10

五、举办商务培训活动

新中国成立初期，徐闻县工商联根据业务需要，开展业务学习活动。1953 年，举办工商界簿记学习班，学习新式记帐法。

在 20 世纪 80 年代，徐闻县工商联根据商务需要，开展商务培训活动。1983 年 1 月，徐闻县工商联创办徐闻县工商信诚公司。办经济实体后，从利润中提取出 1.1 万元，新建课室一座 73 平方米，购置可坐 50 人的桌、椅和配套一批教学用具，为举办各种培训班和会务活动提供有利条件。1984 年 8 月至 12 月，急工商企业之所急，举办第一期商业财会培训班，用快速的办法为企业培训 43 名行家里手；1986 年 4 月至 6 月，举办第二期商业财会培训班，参加学习学员 38 人，为县汽车站、二轻皮革厂、工商信诚公司、徐城镇等 17 个国营和集体企业培养一批财会人才，为社会输送一批财会新生力量，获得有关单位的好评，受到省“两会”的奖励。为配合学校和商务发展的形势需要，1986 年利用暑假之机，举办两期英语复习班，参加学习的学员 80 人，学习效果良好。1987 年，为适应人民群众生活的衣着需要，由工商联“三小”成员劳泰芳担任授课教师，从 2 月至 10 月，举办五期服装剪裁培训班，参加学员 227 人，得到县城待业青年的赞许。

进入 21 世纪，徐闻县工商联更是根据商务需要，开展多种形式的商务培训活动。2004 年 5 月 11 日，配合县税务局、工商局举办非公经济人士税法培训班，50 多人参加培训。2007 年，组织 40 多名民营企业管理人员赴清华大学参加学习培训。2008 年，与县工商局和个体私营协会联合举办徐闻县民营经济专题讲座，邀请湛江市委党校经济教研室副主任张玉梅作主题为《突破瓶颈，应对金融海啸，促进民营经济发展》的课程，县有关领导和非公有制经济人士共 300 多人聆听讲座。2009 年，邀请县长林海武和县委党校副校长李红燕给非公经济人士上政治形势辅导课；与广东移动徐闻分公司合作，组织 60 多名民营经济人士到湛江移动公司信息大厅参观，并邀请湛江师范学院教师夏青上经济管理课；组织非公经济人士参加国学教授傅佩荣主讲《儒学智慧人生》的课程；参与举办法律法规、市场经济、现代企业管理等课程培训 3 场次，受训人数 500 多人次。2017 年 7 月 31 日，徐闻县工商联举办徐闻县工商联执委和各乡镇商会会长培训班，聘请湛江市委党校教研室主任张玉梅上一堂当前经济形势及诚信经商课。2017 年 12 月 9 — 10 日，徐闻县工商联聘请清华大学教授荆建林在徐闻县会议中心一楼会议室讲课，主讲市场营销战略“理念创新与策略选择”。培训人员有：

县党群口、政府口、宣传口、政法口、农业口、建委口、农垦口、经贸口、国资口等单位党政主要领导；开发区、工业集聚区及各乡镇（街道）党政主要领导；徐闻县工商联执委以上人员、各商（协）会正副会长、个别会员等参加。

六、参与树立“农业七大王”活动

1998年春节期间，徐闻县工商联积极参与县委、县政府组织开展的“农业七大王”树立活动，先后召开座谈会、拍电视片、出宣传栏，进行大张旗鼓地宣传。“农业七大王”分别是“珍珠对虾双料大王”谢永新、“造林大王”吴堪真、“甘蔗大王”杨茂德、“菠萝大王”黄家贵、“香蕉大王”邢福民、“芒果大王”李大谋和“贩养山羊大王”薛福荣。其事迹分别如下：

“珍珠对虾双料大王”谢永新。谢永新系西连镇大井村人，广东岸华集团有限公司董事长。他从1984年起从事对虾养殖业和珍珠养殖及加工业。到1998年，他所经营的岸华集团属下共有7个公司和16个厂场，分布于香港、深圳、湛江、徐闻和海南等地，拥有员工1500多人。1995年全国500家最大私营企业排位，该集团排行全国第76位、广东第11位、湛江第1位。1998年，他投资7000多万元，在和安和新寮两镇之间的海湾里围海造田，建成1万多亩的养殖基地，同时解决了新寮岛通往陆地的交通问题。

“造林大王”吴堪真。吴堪真系迈陈镇北街人。他于1982年建办北街石灰厂。1994年成立林业实业发展有限公司，经营木材、加工半成品、木材烘干、木炭及石灰四大项目。1996—1998年，从单纯木材加工贸易扩展到种植桉树丰产林，投资2369万元，高标准营造桉树丰产林1.28万亩。

“甘蔗大王”杨茂德。杨茂德系前山镇国称农场农民。1990—1998年，他先后承包前山农场和国称农场土地3500亩，以种植甘蔗为主，兼种香茅和菠萝等其它农作物。1997年，甘蔗种植面积发展到2700亩。1990—1997年，仅甘蔗产量累计7万多吨，获利566万元，其中1997年甘蔗产量1.5万吨，获利120万元。有470亩甘蔗丰产片，经省、市、县组成的测产验收小组测产，平均亩产10.47吨，获得全省旱地甘蔗大面积亩产第一名。

“菠萝大王”黄家贵。黄家贵系曲界镇仙安村人。1982年，他率先以每亩20元的承包费承包仙安管区坡地1000亩，1985年又承包大埚农场坡地2800亩，1997年到海南承包土地2000亩。县内承包种植菠萝面积500～1000亩。1984年开始收获菠萝，是年菠萝总产150万公斤，纯收入30多万元；1995年，菠萝总产200万公斤，纯收入41.2万元；1996年，菠萝总产180万公斤，纯收入36.7万元；1997年，菠萝总产205万公斤，纯收入41万元。

"香蕉大王"邢福民。邢福民系县大水桥农场职工。他于1986年1月开始承包该场耕地200亩，1997年1月又承包300亩，1998年1月再度承包200亩，共700亩，先后种植香蕉、菠萝和蔬菜等农作物。但1989年前均失收，1990年后开始转亏为盈，年纯利均在20万元以上。1998年，种植反季节香蕉面积达600亩，总产200万公斤。

"芒果大王"李大谋。李大谋系城南乡龙埚管区（现为南山镇龙埚村委会）灵山宫村人。1986—1998年，他先后在大黄乡银墩坡上承包土地近1000亩。1986年秋，他在承包土地上办起银墩芒果试验场，种植优质嫁接芒果60亩，开辟徐闻种植优质嫁接芒果之先河。尔后，芒果种植面积逐渐扩大。该场芒果于1989年试产，1991年正式投产，是年总产量2.5万公斤，总产值10万元。随后，除1996、1997年两年因受气候影响收成不好外，其它年份年总产3.2万～9万公斤，年总产值16万～50万元。1998年种植芒果600亩，产量20万公斤，产值100万元。

"贩养山羊大王"薛福荣。薛福荣系城南乡龙埚管区（现为南山镇龙埚村委会）薛宅村农民。他从1992年起从事山羊的收购与销售，初时主要到广西、贵州等地收购山羊，然后贩销海南等地。尔后，山羊收购市场竞争激烈，优质山羊货源紧缺。为保证自己拥有较充足、稳定的货源，他利用徐闻临近海南这一大市场，又适宜牧养名优徐闻山羊的有利条件，采取"商贩＋农户"的模式，与农户合作养羊，既扩大自己的销售业务，又带出一批养羊致富户。截至1998年，他先后投入资金30万元，在城南、大黄、五里、龙塘、海安和迈陈等乡镇与46户农户建立合作养羊关系，放养种羊2000多只，到1997年发展山羊1.2万多只。

第五节　服务会员

一、维护非公经济人士的合法权益

徐闻县工商联切实维护非公经济人士的合法权益。1953 年 7 月 31 日成立的徐闻县工商业联合会筹备委员会，明确把维护非公经济人士合法权益作为工商联的主要任务之一。1956 年 1 月召开的工商联第一届会员代表大会进一步明确这一主要任务。2006 年，徐闻县工商联为会员维护合法权益案 4 宗，涉及金额 115 万元。2007 年，徐闻县工商联聘请广东择正律师事务所担任法律顾问，免费为徐闻县工商联（总商会）的会员提供法律咨询服务。

二、调处各类纠纷

徐闻县工商联积极地调处各类纠纷。2006 年，县第三产业业主 50 多人到县地税局上访，徐闻县工商联会长林红、副会长叶丹闻讯后马上赶到现场，耐心地做好疏导化解工作。通过协商，终于达成解决问题的共识，消除业主与税务部门的矛盾。2008 年，县政协主席麦晓明带领县调处办、建设局、环保局、工商联、国资局等部门领导，到曲界镇开展接访活动，帮助来访群众解决热点、难点问题，深受群众的好评。

21 世纪初，西连镇有两位老板，因海域承包问题告到法院，双方都花大量人力、物力，还未能协调解决问题。徐闻县工商联（总商会）的有关领导通过多方协调后，最终双方私下和气地解决纠纷。

三、开展互助活动

（一）成立机构，为开展互助活动提供组织保障

徐闻县工商联先后成立南山、新寮等 9 个乡镇商会和 4 个商（协）会，另外成立佛山、深圳等 10 个异地商会，为凝聚力量并促进非公有制经济人士团结合作、相互支持、共同

发展奠定组织基础，从而激发他们“回归”家乡、回报家乡的热情。

（二）构建平台，为开展互助活动创造条件

徐闻县工商联和大多数异地商会均设置网站，手机短信、微信群等为商人互通信息、共谋发展创造条件。

（三）互相帮助，共同发展

2009 年，徐闻县工商业联合会组织银企分别召开 3 次交流座谈会，邀请县农村信用联社领导先后到下桥、龙塘等乡镇考察民营企业情况，切实解决企业融资难问题。下桥镇木片厂、下桥镇商会会长王来兴因没有抵押贷不到款，徐闻县工商联主席董遵秩亲自担保，在县信用联社帮他贷款 200 万元，解决该厂燃眉之急。

（四）加强合作，共同开拓市场

乡镇商会会员企业规模较小，经济实力相对薄弱，抵御市场风险的能力不强。成立乡镇商会后，各个乡镇商会的会员之间加强沟通，相互帮助，相互扶持，共图发展，既维护会员的利益，也避免正当竞争给会员带来的损失。如龙塘镇商会牵头组织部分会员抱团发展，合股经营良姜、菠萝等，加快当地农产品的流通，取得较好的经济效益。

四、为会员办实事

徐闻县工商联以服务会员为己任，真诚地为会员办实事。1999 年 4 月 9 日，县召开非公经济现场办公会议，县长黄强带领工行、中行等 6 家银行负责人，到徐闻水管厂等 8 家私营企业现场办公，牵线做媒，解决私企扩大规模经营的资金不足等问题。2008 年，徐闻县工商联印制《徐闻县民营企业需贷款情况表》，发给各民营企业进行调查，经汇总后，有 89 家民企需要贷款。徐闻县工商联先后组织召开两次银企合作交流座谈会，副县长符强亲自主持会议。通过座谈会沟通银企关系，帮助非公经济人士贷款，解决生产经营中遇到的资金短缺问题。同时，徐闻县工商联还邀请有关银行行长到民营企业进行实地考察，帮助民营企业融资发展企业。2009 年 6 月 17 日，县长林海武、县委常委戴吴金荣、副县长蒋柯煌与 50 多位民营企业家一起座谈，商讨如何做好民营经济工作。同年，徐闻县工商联邀请县信用社领导先后到下桥、龙塘等乡镇商会考察民营企业的情况，并帮助非公有制经济人士贷款。从 2009 年 6 月起，徐闻县工商联在徐闻移动公司开设徐闻县工商联（总商会）手机信息平台。后来又设立徐闻商机网，徐闻县工商联微信群，及时向会员发布商业、经济和政策法规等方面的信息，让会员及时了解信息，掌握政策，规避风险。2012年9月，徐闻县工商联与徐闻农行等银行联合召开银企座谈会，促成徐闻农行、县信用联社等银行给会员贷款3000多万元，并促成会员之间担保贷款200万元，从而解决一些会员的融资难问题，为企业快速发展起到重要的作用。

五、构建和谐劳资关系

徐闻县工商联还把构建和谐劳资关系为己任。1951年5月20日成立的徐闻县工商联合会，专门设置劳资调解股，负责劳资间的纠纷调解和研究劳资福利，推进劳资协商工作。1953年5月5日召开的工商界第一届代表大会则把协商解决劳资关系作为主要任务之一。通过努力，劳资关系日益和谐，雇员与企业之间的关系在合同维系的基础上更加人性化，私营企业员工的利益、就业安全等方面越来越规范和保障，即使是劳动条件、童工女工保护、劳工组织与经营、生产效率、赏罚升迁、违约处理及争议处理等也越来越规范。

第六节　工商联机关建设

一、思想建设

2000 年以来，徐闻县工商联在开展“新中国成立思想大讨论”的基础上，以邓小平理论和“三个代表”重要思想为指导，按照省委、市委的要求，按照县委的部署，开展系列学习教育活动，加强工商联专职干部队伍的思想政治建设，不断提高机关干部的思想水平。具体如下：

2000 年，开展“理想信念观、宗旨服务观、经律道德观”的“三观”教育;2001 年，开展“三个代表”重要思想的学习教育活动；2003 年，开展“立党为公、执政为民”的“双为”教育活动；2004 年，开展“民主测评领导干部、社会评议机关作风”的“双评”活动;2005 年，开展“保持共产党员先进性”的教育活动;2009 年，开展学习实践“科学发展观”活动；2014 年，开展党的群众路线教育实践活动；2015 年，在非公有制人士中开展以守法诚信为重点的理想信念教育实践活动。同年，开展创建“五好（领导班子好、会员发展好、商会建设好、作用发挥好、工作保障好）”县级工商联活动;2016 年，组织全体干部职工学习习近平总书记系列讲话精神；2017 年，组织全体干部职工学习党的十九大精神。

二、制度建设

2000 年以来，徐闻县工商联切实抓好制度建设，先后制订《考勤制度》《财会制度》等 10 多项规章制度。同时，实行领导分工联系企业制度和领导干部问责制度，并认真加以贯彻落实，用制度来制约和规范行为。

三、作风建设

2000 年以来，徐闻县工商联结合全县开展整顿机关作风工作，采取多种方式，通过不同渠道，及时排查存在问题，落实整改措施，明确工作任务，严格工作要求，严肃工作纪律，按时督促检查。通过抓机关作风建设，促进工商联机关干部的服务意识、服务水平的提高。做到“两转变一服务一体贴”：转变机关作风，服务会员；转变领导作风，体贴会员；严肃责任制，树立新形象；讲究办法，提高效能；洁身自好，廉洁奉公，形成讲团结、讲正气、干事创业的良好工作氛围。同时，徐闻县工商联经常组织工作人员参加公务员学习、普法学习等，不断提高工商机关干部的综合素质，逐步树立新时期工商联机关干部的良好形象。

四、办公设施建设

为提高工作效率，徐闻县工商联除思想、制度、作风等方面的建设，充分调动全体工作人员的主观能动性外，还注重机关基础设施建设，办公条件不断改善，添置现代办公设备，不断提高工作效率，更好地服务非公经济发展。2017 年底，县工商联有公务小车 1 辆，电脑 7 台，一体打字复印机 1 部，一体传真打字机 1 部，打印机 5 台，照相机 1 部，摄录一体机 1 部。

○ 徐闻县工商联（总商会）办公大楼门口

○ 徐闻县工商联（总商会）主席、书记办公室

第五章

社会公益活动

第一节 拥军爱国

一、支援解放军渡琼作战

1949 年 11 月，中国人民解放军第 40 军、第 43 军在第四野战军第十五兵团的统一指挥下，挥师雷州半岛，准备解放海南岛。为紧密配合和支援解放军渡琼作战，中共徐闻县委和县人民政府深入广泛发动群众，全面投入支前活动。12 月，徐闻县成立支前司令部，县委书记、县长谭国强兼支前司令员。

经过广泛、深入发动和周密组织，全县 15 万人踊跃投入支前活动，他们积极为解放军提供住舍，修筑公路，捐钱献物。共修军用公路 20 条长 350 公里，捐银圆 4 万多元，粮食 220.90 万公斤，木柴 157.80 万公斤，马饲料 50 万公斤，木板 6.53 万多块。全县征集帆船 486 艘，招募船工 1519 人。船工们同部队一起参加渡海作战训练，指导解放军指战员学游泳、识潮流、辨航向及划桨、摇橹、掌舵等，还冒着生命危险运送部队渡海作战。1950 年 5 月，支前工作结束。中国人民解放军第十五兵团向中共徐闻县委、县人民政府赠送两面锦旗，锦旗分别写着“有力支前，胜利保证”“解放海南，功在徐闻”。

在这次支援解放军渡琼作战中，徐闻工商界人士积极响应县支前司令部的号召，迅速行动起来，踊跃捐钱献物和投身支前活动。当时徐闻工商界人士捐献多少钱物，由于记载资料的缺失，现已无从查考。

二、支持抗美援朝

1950 年 10 月 8 日，中共中央发布抗美援朝命令，一场轰轰烈烈的群众性的抗美援朝活动在全国开展，徐闻县也迅速行动起来。

1951 年，徐闻县成立“工商界支援抗美援朝筹集献款委员会”，大力开展各种爱国运动，向工商界宣传抗美援朝的重大意义，控诉美军侵朝罪行，使大家认识帝国主义的野心和唇亡齿寒的道理，并且组织学习《徐闻县各界人民十大爱国公约》，发动工商业者参加全县声势浩大的示威游行，广大工商界人士自觉自愿踊跃解囊献资，为抗美援朝捐款 5603.24 万元（旧币）。

三、认购国家建设公债

1950 年后，中国国民经济恢复工作全面开展，国家进入大规模经济建设时期，需要发行公债为实现社会主义工业化筹集资金。因此，从 1954 年开始，党中央连续五年发行国家经济建设公债以支持国家建设。徐闻县工商联合会筹委会也迅速行动起来，组织全县工商业者认购国家建设公债。

1954 年，徐闻县工商联合会筹委会组织工商界深入学习总路线、宪法草案和中央《1954 年国家经济建设公债条例》，努力推动工商界人士踊跃认购国家经济建设公债达 27,268 元。

1955 — 1956 年，徐闻县工商联合会发动工商界认购经济建设公债 34,793 元。

1957 年，徐闻县工商业联合会召开工商界先进生产（工作）者代表会议，发挥工商业者的积极性，搞好生产经营，开展社会主义劳动竞赛。特别是积极发动工商界支持国家建设，同年认购国家经济建设公债 11,768 元。

第二节　公益活动

徐闻县工商业联合会组织会员努力做到“致富思源、富而思进，扶危济困、乐善好施，义利兼顾、德行并重，发展企业、回馈社会”，为徐闻县经济社会发展做出贡献。主要表现在积极参加下面各项社会公益活动。

一、捐助新农村建设

2001年前，徐闻县乡村道路几乎是红土路，雨天泥泞不堪，行路难长期困扰徐闻人民，每年上百万吨的瓜果蔬菜难以运出，直接制约当地农业、农村的发展。

从2001年起，中共徐闻县委、县人民政府审时度势，顺应民心，掀起以“四通五改六进村”为载体的生态文明村建设高潮，数以千计领导干部响应县委县政府的号召，回村建设自己的家乡，开展声势浩大的农村硬底化道路建设活动。县委、县政府抢抓机遇，争取上级政府及交通主管部门的大力支持，积极争取项目资金，并多渠道多形式筹资，采取“上级部门划拨一点、挂点干部捐助一点、外出人员资助一点、社会各界赞助一点、村集体筹集一点、村中群众自筹一点”的“六个一点”方法，并且在县财政十分困难的情况下，每年安排400万元专项资金，从而有效解决乡村道路建设资金欠缺难题，徐闻农村公路建设由此稳步推进，成效显著。截至2013年底，全县修建硬底化乡村道路4010公里，全县198个行政村（居委会）全部实现通村的硬底化道路。全县公路四通八达，方便农产品交易，促进农业经济大发展，为全县经济发展和农民增收致富筑起“快车道”。

据不完全统计，自2001年开展新农村建设以来，徐闻全县共投入资金9.8亿多元（含投工投料），其中农村群众、外出人员和社会各界人士筹集资金7.8亿多元。至2013年底已按照规划建成生态文明村838条，占全县村庄总数的66.5%。创建全国生态文明村1条，省级生态文明村5条，卫生村10条，市级生态文明村93条，卫生村16条，特色文化村15条。2006年8月，徐闻县被中共中央宣传部列为全国新农村建设四大典型之一。

在这场声势浩大的乡村道路建设热潮中，涌现一大批慷慨解囊大力支持新农村建设的民营经济人士，徐闻县工商业联合会主席董遵秩便是其中一位代表人物。据不完全统计，他为乡村道路建设捐款100多万元，无偿为10多条自然村提供水泥1000多吨。此外，他免费提供自己的建筑机械、施工设备用于乡村道路建设。在他的影响下，许多民营经济人士带资回乡建设新农村。

2005年1月，徐闻县工商业联合会发动民营企业老板捐助75吨水泥为固本强基挂钩点锦和镇渔业居委会建设一条长500米、宽6米的硬底化街道。

2008年12月，湛江龙之珍珠有限公司总经理蔡武志为西连镇龙腋村硬底化道路建

○ 徐闻县工商界人士捐资新农村道路建设。图为小学生走在新建的村路上（曾青 摄）

设捐款 3.2 万元。

2009 年，徐闻县工商业联合会积极响应县委、县政府的号召，支持三墩新农村片区建设，将会员费 16 万多元投入建设三墩餐馆、汉街以及龙泉森林保护区的植树活动。同时，徐闻县工商业联合会副主席莫学金筹集资金 100 多万元建设三墩新农村片区餐馆。

是年，徐闻县工商业联合会新寮镇商会发动会员捐款 2 万元支持镇政府安装街道路灯。

2010 年植树节，徐闻县工商联副主席、女企商会会长罗祝琴带领女企业家们为龙泉森林保护区捐种一颗名贵“桃花心”树，还为“代表林”“政协林”“巾帼林”捐 1 万元作为植树款。

南山镇商会会长黄俊先后捐出 20 多万元帮助南山、竹山、三塘、北潭、麻城等5个村委会及自然村修建硬底化水泥路，帮助群众解决“行路难”问题。

珠海市正光房地产开发公司董事长、珠海市徐闻商会常务副会长李振东捐款 30 万元建设角尾乡中心街道，捐款 30 万元建设角尾乡北插寮村主干道 3 公里，又捐款 4 万元给该村建水塔。

徐闻县盛业水泥有限公司董事长许良玉为西连镇、迈陈镇修路捐款 7 万元，另捐赠水泥价值 180 万元。

2010 至 2015 年，徐闻县工商联副主席、徐闻县丹华发展有限公司董事长叶丹为修建新农村道路捐款 5 万多元。

2010 至 2017 年，徐闻县鸿兴混凝土搅拌有限公司董事长欧小力为徐闻新农村道路建设捐款 50 多万元，其中为家乡西连

○ 徐闻县工商联（总商会）筹资 100 多万元参与建设的三墩新农村片区（曾青 摄）

○ 徐闻县工商界人士捐资支持新农村建设。图为海安镇广安村新貌（曾青 摄）

镇街道改造等公益事业捐款 15 万多元。

2010 至 2017 年，徐闻县工商联副主席、徐闻县益华林木有限公司董事长吴美来为徐闻新农村道路建设捐款 50 多万元。

深圳市徐闻商会顾问、深圳市福城投资有限公司总经理、党委书记蔡良为家乡迈陈镇北英村修建水泥硬底化村道，改造供电线路，安装路灯等捐赠 50 多万元，改善乡亲居住环境，提高村民生活水平。

深圳市徐闻商会会长、深圳市日俊物流咨询有限公司董事长符献为徐闻县和安镇赤坎村建文化馆、自来水塔、村道等捐赠 30 万元。

徐闻县工商联副主席、徐闻县第三建筑企业总公司董事长蔡华态积极支持徐闻县新农村建设，出资承建海安镇广安村、城北乡新民村等文明村庄。

佛山市徐闻商会名誉会长黄执经，多年来支持家乡新农村建设、教育事业、扶贫济困等公益事业捐款 30 多万元，被评为首届“徐闻县最美青年”。

徐闻县工商联副主席、珠海市天帮投资有限公司总经理吴晓腾为家乡新农村建设等公益事业捐款 100 多万元。

徐闻县工商联副主席、深圳昌悦公司总经理陈昌悦为家乡新农村建设等公益事业捐款 10 多万元。

徐闻县富骏集团发展有限公司董事长许林清多年来为徐闻新农村建设等社会公益事业捐款 10 多万元。

2015 年 10 月，深圳市徐闻商会捐助 28 万元给予徐闻县和安镇赤坎村在村口建设凉亭。

2016 年，徐闻县工商联资助 1 万元给海安镇麻城村委会建路灯，资助 1 万元给海安镇加洋村委会建道路。

二、捐资建校

新中国成立前，徐闻县办学条件非常差。据史料记载，民国时期的私塾和学校，大都利用庙宇、祠堂或会馆为校舍，办学条件十分简陋，农村学塾甚至借用私人闲屋，大都是茅屋。

新中国成立后，为改善办学条件，徐闻县大力发展教育事业，校舍建设的历程，可以概括为由茅屋到瓦房到楼房。

20 世纪 50 年代，徐闻县人民政府拨款在中学和城镇小学建起一批瓦房，但农村小学仍以茅屋为主。20 世纪六七十年代，城乡学校的瓦房逐步增多，少数学校实现瓦房化。但由于台风的频繁破坏，加上文化大革命期间管理不当，至 1982 年，全县校舍中仍有 30% 左右为危房或茅屋。1983 年，中共徐闻县委、县政府动员全县人民群策群力，在一年内建起 100 幢教学楼。此后，县委、县政府又多次号召集资办学，全县干部、群众踊跃捐款、献料、出工建设校舍，省、市也多次拨款和派员检查指导，开展校舍及设备的“一无两有”

○ 2006 年，徐闻籍工商界人士蔡良捐款 100 万元给迈陈中学建成的图书馆

（即‘校校无危房，班班有课室，学生人人有课桌椅’）和“一无多有”（即在实现‘一无两有’的基础上，学校要建设仪器实验室、图书阅览室、教师办公室、团队活动室、师生宿舍及校门、校道、围墙等）创建活动。1983年至1995年，全县中小学共集资1.4亿多元建设校舍，其中楼房 362,444 平方米。部分学校基本实现校舍楼房化。在这期间，徐闻县工商界人士慷慨解囊，积极捐资建校，由于历史记载资料的缺失，究竟捐多少钱物，无法查考。

随着私营经济的发展，徐闻县许多致富的工商界人士为回报家乡，纷纷捐资改善家乡办学条件，涌现出许多捐款办学的典型。下面是一些徐闻工商界人士捐资建校的具体事例：

1998 年 10 月，徐闻县第一中学举行 60 周年校庆，工商界校友捐助母校 5000 元以上的有：深圳市徐闻籍工商界人士彭志闻捐款 3.38 万元、廖华玉捐款 3.18 万元、符献捐款 2 万元，徐闻县民营企业老板董遵秩捐款 3 万元、蔡华态捐款 1 万元、

○2010 年，徐闻籍工商界人士冯少华（女）捐款 100 万元给徐闻中学建学生住宿楼

何荣贵捐款 1 万元、林红捐款 6000 元。

1999 年，徐闻县民营企业老板谢永新捐款 36 万元、李大谋捐款 5 万元给县教育事业，作为建校资金。

2005 至 2006 年，徐闻县民营企业商会捐助 10 所学校、卫生院的建设资金 30 多万元。

2006 年，深圳市福城投资有限公司总经理、党委书记蔡良捐资 100 万元建设迈陈中学图书馆。

2008 年 10 月，徐闻县工商业联合会发动非公有经济人士 16 人为徐闻县实验小学大门建设捐款近 20 万元。

2010 年 11 月，徐闻新科宇恒公司董事长、徐闻县盛业水泥有限公司董事长许良玉得知徐闻中学建设资金短缺，正在建设的实验楼资金不足后，当即捐赠 10 万元。

2010 年 12 月，原籍徐闻的澳门同胞冯少华得知徐闻中学学生住宿紧张，需

○2011年，徐闻县工商联主席董遵秩捐款20万元改造徐一中的南门

要资金支持这一情况后，主动联系，捐资100万元；同时她为和安镇北莉小学捐款2万元。

2011年10月，徐闻县华建房地产开发有限公司董事长董遵秩为徐闻县第一中学南门改造工程捐款20万元。2004年和2009年他还为该校出版校志资助3万元。至2011年10月止，他为全县学校建设垫资100多万元，捐款50多万元。

徐闻新科宇恒公司董事长、徐闻县盛业水泥有限公司董事长许良玉为徐闻中学建校捐款22万元。

徐闻县第三建筑公司总经理蔡华态积极支持徐闻县教育事业，承建全县中、小学校危楼危房改造，顺利完成这项民心工程。

2014年11月，深圳市徐闻商会向徐闻县29所中小学校捐赠课桌3000套（张）。

2015年9月，深圳市徐闻商会捐助

10 万元给予徐闻县第五中学建设校门。

2017 年，徐闻县工商联副主席、县南通发展有限公司总经理黄俊捐款 7 万多元给徐闻县实验小学搞文化设施建设。

三、奖教助学

改革开放后，为改变徐闻教育落后的状况，在徐闻大地掀起奖教助学的热潮，徐闻县工商界人士踊跃捐款。

1987 年 3 月，在深圳经商的徐闻藉商人邓遂谋拿出 4 万元给徐闻县工商业联合会存入银行，用其利息作为徐闻县教育基金，奖给在升学及学期考试中四级（小学、初中、高中、大学）成绩优秀的学生。

1996 年，徐闻县民营企业老板杨茂德捐款 10 万元、林红捐款 8000 元支持徐闻县教育事业，作为助学资金。

2000 年，广东环宇京茂律师事务所所长何培华在徐闻中学设立“何培华高考奖学基金会”，每年拿出 5 万元对同年高考取得优异成绩的应届毕业生给予奖励，对家庭困难的优秀学生给予扶持。

2001 年 9 月 13 日，徐闻县工商行政管理局、徐闻县个体劳动者协会、私营企业协会等积极牵头，组织全县个体工商户和私营企业老板开展“尊师重教，捐款献爱心”活动，当天共收到捐款 30,714 元，为下洋镇革命老区后村小学购买 10 套教师办公桌椅和 60 套学生上课桌椅，还为徐闻县第一中学 57 位贫困学生捐款助学。

2002 年 7 月 12 日，徐闻县民营老板捐款资助徐闻县教育事业发展，资助贫困学生完成学业。

2003 年 7 月 10 日，徐闻县民营老板捐款资助徐闻县教育事业发展，资助贫困学生上学，当天共捐款 34,500 元。

2004 年 9 月 22 日，徐闻县工商业联合会为县教育捐款 16 万多元。

2005 年 7 月 23 日，徐闻县民营老板踊跃捐款帮助贫困学生。

徐闻县企业家黄文胜先生从 2005 年开始，每学期对徐闻中学 10 名学生进行助学，每位学生每学期资助 500 元，截至 2010 年底资助金额 8.4 万元。

2006 年 8 月 20 日，徐闻县民营老板捐款 7 万元帮助贫困学生，其中捐款 5000 元以上的民营老板有黄文胜、董遵秩、李孟芳、林红。

2001 年 9 月徐闻县民营老板捐款助学统计表

捐款人	单位	金额（元）	捐款人	单位	金额（元）
吴运春	徐闻县第三建筑公司	5000	邢福民	徐闻县绿源果菜发展中心	1000
林　红	徐闻县海鲜酒楼	3000	黄科本	徐闻县鸿达玻璃铝材装修公司	1000
梁封文	徐闻县下桥床垫厂	3000	王　尧	徐闻县金马建筑装饰有限公司	1000
龙志强	徐闻县前山制糖企业有限公司	3000	王来兴	徐闻县下桥木片有限公司	1000
许胜国	徐闻县开诚兴实有限公司	2000	黄日珍	徐闻县农兴复合肥厂	800
黄其新	徐闻县通用设备厂	1038	陈林荣	徐闻县光华五金厂	500
麦家铭	徐闻县亚热带生物科技有限公司	1038	陈泽荣	徐闻县新世纪酒楼	500
熊禄盛	徐闻县南华万文床垫厂	1038	杨赵文	徐闻县个协城北分会	500
余秀敬	徐闻县利民果菜外运有限公司	1000	黄熙可	徐闻县海浪水产养殖有限公司	500
王　运	徐闻县海星宾馆	1000	林青娇	徐闻县杏花村酒楼	300
李培生	徐闻县淀粉厂	1000	陈运清	徐闻县个协城北分会	300
麦培美	徐闻县振闻织造有限公司	1000	吴明权	徐闻县东方副食店	200

2002 年 7 月徐闻县民营老板捐款助学统计表

捐款人	单位	金额（元）
吴运春	徐闻县第三建筑公司	5000
林　红	徐闻县海鲜酒楼	3000
梁封文	徐闻县下桥床垫厂	3000
龙志强	徐闻县前山制糖企业有限公司	3000

2003年7月徐闻县民营老板捐款助学统计表

捐款人	单位	金额（元）
王来兴	徐闻县下桥木片有限公司	6000
林　红	徐闻县海鲜酒楼	5000
黄文胜	徐闻县荷夫蔓发型中心	5000
麦培美	徐闻县振闻织造有限公司	5000
王　运	徐闻县金山房地产有限公司	5000
董遵秩	徐闻县第三建筑工程公司	5000
叶　丹	徐闻县华享有限公司	2000
黄立灼	徐闻县展鹏摩托车有限公司	1000

2004年9月徐闻县民营老板捐款助学统计表

捐款人	单位	金额（元）
董遵秩	徐闻县第三建筑工程公司	30,000
李孟芳	徐闻县芳都酒店	13,800
陈　位	徐闻县教育服装厂	10,000
蔡华态	徐闻县第三建筑工程公司	6000
吴运春	徐闻县第三建筑工程公司	6000

2005 年 7 月徐闻县老板捐款助学统计表

捐款人	单位	金额（元）
黄文胜	徐闻县荷夫蔓发型中心	10,000
林　红	徐闻县海鲜酒家	5000
叶　丹	徐闻县丹华有限公司	5000
陈　展	徐闻县经发公司	5000
陈　位	徐闻县教育服装厂	3000
麦家铭	徐闻县亚热带生物科技有限公司	2000

2006 年 8 月徐闻县民营老板捐款助学统计表

捐款人	单位	金额（元）
黄文胜	徐闻县荷夫蔓发型中心	40,000
董遵秩	徐闻县第三建筑工程公司	20,000
李孟芳	徐闻县芳都酒店	5000
林　红	徐闻县海鲜酒家	5000

东莞徐闻同乡会从 2007 年开始，每年对徐闻中学 5 到 10 名学生进行帮扶，截至 2010 年底，有 30 名学生获得资助完成学业，总计资金 9 万元。

2009 — 2013 年，徐闻县工商业联合会副主席、广州市泰基工程有限公事董事长倪光乐（徐闻藉）每年捐款 10 万元支持徐闻县贫困家庭子女上大学。

从 2009 年 9 月起，徐闻县聚雅酒店董事长莫学金先生捐助徐闻中学高一（22）班苏小妹三年上学，每月 400 元。

从 2009 年 9 月起，角尾乡北插寮村李耀洪先生资助徐闻中学高二（7）班曾苗苗、高二（14）班1位学生共两名学生两年上学，每月每人350元。

2010年9月至2014年6月，徐闻县工商业联合会副主席欧小力捐赠48.6万元扶助徐闻中学27名贫困生。2014年起资助5名贫困生上大学，每人每年1.8万元。

2010年9月，在东莞经商的徐闻藉民营老板林堪明、陈灿亮、陈润锦、李智辉等人，资助徐闻中学高一年级八名学生三年上学，每人每月350元，资助总资金2.7万元。

2010年夏，为营造尊师重教的良好氛围，激励徐闻学子励志成才，政协徐闻县委员会顺应时势，倡议成立徐闻县高考暨留学优秀学生奖学协会，发动有关单位、团体及社会各界人士捐款，奖励当年考取国内外重点名校的优秀学子，得到有关单位、团体及各界人士的大力支持，特别是各地徐闻商会及徐闻工商界人士纷纷捐款奖学。

2011年，徐闻县第三建筑公司总经理蔡华态为助学帮教捐款1万元，为爱心助学发放助学金5万元。

2011年，徐闻县前山北松第一红砖厂董事长黄执经资助4名贫困学生上学读书。

2012年8月20日，徐闻县城北乡石岭村举行助学奖教第五届颁奖大会，给76名优秀学子及16名老师颁奖。石岭村的父老乡亲、外出工作人员及社会各界爱心人士当晚现场捐款41万元，其中石岭助学奖教协会会长、徐闻县工商业联合会主席董遵秩捐款30万元。据统计，徐闻县石岭助学奖教协会自2008年成立以来，累计接受社会各界人士及乡亲们捐款118万元。

2012年8月22日晚上，徐闻县西连镇大井村举行2012年首届奖学奖教文艺晚会，对同年考上重点院校和重点中学的优秀学生及优秀老师进行颁奖。总共募捐资金13.5万多元，其中广东岸华集团有限公司老板谢永新捐款6万元，其女儿谢兰怡现场也将受奖励的3000元捐出。

2012年9月29日晚，徐闻县委宣传部、西连中学在西连中学篮球场联合举办"庆国庆、贺中秋奖教助学文艺晚会"。西连籍商界爱心人士当场捐款，其中，欧小力捐1万元，谢永新捐1万元，李进权捐6000元。龙之珍珠有限公司董事长蔡文江也捐赠了镶珍珠签字笔19支，折价约7000元。

2013年7月24日上午，徐闻县工商业联合会（总商会）在县聚雅酒店举行捐款助教活动。徐闻县工商联主席董遵秩和企业家们共捐款近49.7万元。其中，徐闻县工商联主席、总商会会长、华建房地产开发公司董事长董遵秩捐款6万元；徐闻县工商联副主席、益华林木有限公司董事长吴美来捐款5万元（交给县高考暨留学优秀学生奖学协会）；徐闻县工商联副主席、三建公司总经理蔡华态捐款 3.6 万元；徐闻县工商联副主席、聚雅酒店董事长莫学金捐款 3.6 万元；徐闻县工商联副主席、教育服装厂董事长欧小力捐款 3.6 万元；徐闻县工商联副主席、下桥永顺有限公司董事长林显平捐款 3.6 万元；县总商会副会长、南通运输公司董事长黄俊捐款 3.6 万元；县总商会副会长、新科宇恒有限公司董事长许良玉捐款 3.6 万元；县总商会副会长、丹叶公司董事长邓妃成捐款 3.6 万元；徐闻县工商联副主席、丰顺房地产公司董事长许丰年捐款 3 万元；县总商会副会长、来悦酒店董事长许胜能捐款 3 万元；徐闻县工商联副主席、正茂蔬菜公司董事长李进权捐款 1.8 万元；县总商会副会长、金马大厦董事长王尧捐款 1.2 万元；徐闻县工商联副主席、景泰宾馆总经理罗祝琴捐款 0.6 万元；县总商会副会长、荷香园酒店总经理黄文胜捐款 0.6 万元；县总商会副会长、荟萃商场总经理陈柏花捐款 0.6 万元；县总商会副会长、亚热带生物公司总经理麦家铭捐款 0.6 万元；县总商会副会长、华建房地产开发公司副总经理黄胜捐款 0.6 万元；县总商会副会长、徐闻南华砖厂厂长罗明捐款 0.6 万元；县总商会副会长、口岸经营服务公司总经理吴堪兴捐款 0.6 万元；南方电网公司杨湛捐款 0.3 万元。其中用 12 万元奖励当年高三级一线教师。

2013 年 8 月 4 日，湛江市徐闻商会刚刚成立 10 多天，就向徐闻教育系统捐赠现金 12 万元，所捐赠的 12 万元全部奖给 2013 年高考科任优秀教师。

2014 年 8 月 12 日，徐闻县召开第五届高考暨留学优秀学生颁奖大会，对全县 53 名考上国内外名校的优秀学生进行表彰，由珠海市徐闻商会捐资 56 万元进行奖励。

2014 年 8 月 18 日晚，徐闻县迈陈镇那朗村举行第二届奖教奖学颁奖晚会。同时举行奖教奖学现场捐款仪式，其中徐闻县工商联主席董遵秩捐款 1 万元、副主席蔡华态捐款 1 万元、副主席莫学金捐款 1 万元、总商会副会长杨钦捐款 1 万元。

2014 年 8 月 24 日，佛山市徐闻商会在徐闻中学举行助学金发放大会，该商会助学小组领导符文勇、黄梓、许琳、莫绍威代表佛山市徐闻商会向考上重点大学（二本以上）的 30 名贫困生发放助学金 15 万元，另外，执行会长符文勇个人资助 1 名贫困生，助学金为 5000 元。

2014 年 9 月 15 日，徐闻中学举行“2014 年何培华高考奖学金”颁奖仪式。何培华亲自为徐闻中学在 2014 年高考中取得优异成绩的 23 名学子颁发奖金。何培华从 2000 年起在母校徐闻中学设立“何培华奖学金”，每年都拿出 5 万多元奖励在高考中获得总分高分和单科高分的学生以及给考上大学的困难学生发放助学金。15 年来发放奖学金、助学金 75 万多元。

东莞市徐闻商会常务副会长李保明牵头成立角尾乡李宅村助学协会，并为该会捐款 1 万元；他还为徐闻县奖学协会捐款 5000 元；自 2009 年起资助 6 名贫困学生完成学业。

深圳市徐闻商会顾问、深圳市福城投资有限公司总经理、党委书记蔡良资助 10 多名贫困学生完成学业。

徐闻县丹华发展有限公司董事长叶丹多年来坚持资助贫困学生 100 多人次，每

徐闻县工商联（总商会）会员

2010 — 2013 年捐款给徐闻县奖学协会统计表

序号	姓名	捐款数额（元）	序号	姓名	捐款数额（元）
1	董遵秩	330,000	15	许丰年	10,000
2	黄　俊	170,000	16	许胜能	10,000
3	欧小力	120,000	17	周天广	10,000
4	蔡华态	120,000	18	符　献	10,000
5	许良玉	120,000	19	麦培美	10,000
6	吴美来	100,000	20	高明渝	10,000
7	莫学金	100,000	21	袁　琦	2000
8	倪光乐	50,000	22	何雪清	2000
9	吴晓腾	20,000	23	林光彪	1000
10	许胜国	10,000	24	麦家铭	1000
11	许林清	10,000	25	朱文亚	1000
12	陈　位	10,000	26	孙广范	1000
13	林生永	10,000	27	杨大远	1000
14	余秀敬	10,000	28	叶奕锐	1000

人少则200元，多则2.5万元。

2011年至2017年，徐闻县工商联副主席、徐闻县益华林木有限公司董事长吴美来为徐闻县迈陈二中奖教奖学捐款30多万元。

2017年，广州市徐闻商会常务副会长吴建荣捐款20万元给徐闻县高考暨留学优秀学生奖学协会。

异地徐闻商会2010—2017年捐款奖学统计表

商会名称	捐款数额（元）	商会名称	捐款数额（元）
珠海市徐闻商会	800,000	顺德徐闻商会	30,000
深圳市徐闻商会	50,000	佛山市徐闻商会	30,000
广州市徐闻商会	350,000		

2014年佛山市徐闻商会给徐闻县考上大学的贫困生捐款统计表

序号	姓名	大学名称	助学金额（元）
1	钟敏珍	深圳大学	5000
2	邢福奋	华南理工大学	5000
3	邓小北	岭南师范学院	5000
4	吴锦变	华侨大学（金融）	5000
5	欧翩翩	南方医科大学（护理）	5000
6	林海柳	暨南大学（工商管理）	5000
7	张丽芬	中山大学海洋科学	5000
8	邱青青	深圳大学	5000
9	董月滋	华南理工大学（计算机软件）	5000

（续上表）

序号	姓名	大学名称	助学金额（元）
10	金宏品	华南农业大学	5000
11	王远雄	广东财经大学	5000
12	邹波波	厦门大学	5000
13	李春磊	广东医学院	5000
14	陈霞文	华南农业大学	5000
15	杨　役	广州大学	5000
16	刘坤珍	嘉应学院	5000
17	梁兴端	岭南师范学院	5000
18	陈巧华	广东药学院	5000
19	李　梅	广东医学院	5000
20	黄月丽	广东石油化工学院	5000
21	李勇涛	广东工业大学	5000
22	冯小郑	广东金融学院	5000
23	韩柳权	广东医学院	5000
24	郑小棵	南方医科大学	5000
25	李永杰	广东工业大学	5000
26	林德行	华南师范大学（生物）	5000
27	黄昌勇	岭南师范学院	5000
28	王爱花	广东金融学院（财务会计）	5000
29	符仁铁	广东财经大学	5000
30	许炳仁	广东金融学院	5000
合计			150,000

徐闻县工商联（总商会）捐款助教人员名单：

县工商联主席、总商会会长、华健房地产开发公司董事长　董遵秩捐款 6 万元
县工商联副主席、益华林木有限公司董事长　吴美来捐款 5 万元
县工商联副主席、三建公司总经理　蔡华态捐款 3.6 万元
县工商联副主席、聚雅酒店董事长　莫学金捐款 3.6 万元
县工商联副主席、教育服装厂董事长　欧小力捐款 3.6 万元
县工商联副主席、下桥永顺有限公司董事长　林显平捐款 3.6 万元
县总商会副会长、南通运输公司董事长　黄俊捐款 3.6 万元
县总商会副会长、新科宇恒有限公司董事长　许良玉捐款 3.6 万元
县工商联副会长、丹叶公司董事长　邓妃成捐款 3.6 万元
县工商联副主席、丰顺房地产公司董事长　许丰年捐款 3 万元
县总商会副会长、来悦酒店董事长　许胜能捐款 3 万元

徐闻县工商联（总商会）捐款助教人员名单：

县工商联副主席、正茂蔬菜公司董事长　李进权捐款 1.8 万元
县总商联副会长、金马大厦董事长　王尧捐款 1.2 万元
县工商联副主席、景泰宾馆总经理　罗祝琴捐款 0.6 万元
县总商联副会长、荷香园酒店总经理　黄文胜捐款 0.6 万元
县总商会副会长、荟萃商场总经理　陈柏花捐款 0.6 万元
县总商会副会长、亚热生物公司总经理　麦家铭捐款 0.6 万元
县总商会副会长、华健房地产有限公司总经理　黄胜捐款 0.6 万元
县总商会副会长、徐闻南华砖厂厂长　罗明捐款 0.6 万元
县总商会副会长、口岸经营服务公司总经理　吴堪兴捐款 0.6 万元
南方电网公司　杨湛捐款 0.3 万元

○2013 年 7 月 24 日，徐闻县工商联（总商会）捐款助教人员名单

○ 徐闻县工商联（总商会）主席董遵秩给徐闻县 2013 年度高考获得奖励的学生颁奖（曾青 摄）

○ 2013 年，徐闻县工商联副主席、广州市徐闻商会会长倪光乐资助困难优秀学生助学金

四、提供就业

从清末到民国时期怀抱“实业救国”“实业报国”的梦想，到新中国成立后逐渐坚定“听毛主席的话、跟共产党走、走社会主义道路”的理想理念，再到如今非公有制经济人士奉行“爱国、敬业、诚信、守法、奉献”的精神，徐闻县工商界是一个拥有优良传统的群体。伴随着改革开放的深化进程，徐闻非公有制经济蓬勃发展，非公有制企业在推动徐闻县经济持续快速发展，保障和改善民生，特别是努力发展自身企业、尽力提供就业岗位、促进社会和谐等方面发挥不可替代的作用。

2015 年徐闻县工商联部分会员企业提供就业岗位统计表

民营企业	提供就业岗位（个）
徐闻县华建房地产开发有限公司	350
徐闻县下桥永顺实业发展有限公司	110
徐闻县聚雅酒店	400
徐闻县益华林木有限公司	200
徐闻县丹华发展有限公司	60
徐闻县南通发展有限公司	110
徐闻县盛业水泥有限公司	50
徐闻县来悦酒店	100
湛江龙之珍珠有限公司	60
徐闻县正茂蔬菜种植有限公司	100
徐闻县金马建筑装饰工程有限公司	30
徐闻县下桥木片有限公司	100
徐闻县长青现代农业服务有限公司	28
徐闻县前山北松砖厂	100
徐闻县鸿兴混凝土搅拌有限公司	120

五、扶贫助残济困

在推进徐闻县扶贫助残济困事业的进程中，越来越多的徐闻县工商界人士更是乐善好施、扶贫助残济困。他们致富思源，富而思进，勇担社会责任，回报社会，造福百姓，为加快徐闻经济发展，促进社会和谐作出积极贡献。

1996 年 4 月，徐闻县工商联配合县委、县政府的中心工作，派一名干部到前山镇挂钩扶贫点工作，时间 4 个月。同时，徐闻县工商联领导班子成员每人捐款 50 元，作为扶助特困户的脱贫资金。

1997 年，徐闻县芳都酒店老板李孟芳捐款 15 万元扶贫济困。

1999 年 4 月 9 日，徐闻县召开非公有制经济现场办公会，县长黄强带领工行、中行等 6 家银行负责人，到徐闻水管厂等 8 家私营企业现场办公，解决私企扩大规模经营中存在资金不足等问题。

1999 年，徐闻县民营老板龙康广捐款 5 万元助残济困。

2001 年 7 月 10 日，徐闻县非公有制经济人士掀起踊跃捐款助残活动，当天共捐款 1.39 万元。

2002 年 7 月 12 日，徐闻非公有制经济人士助残捐款 9000 元。

2003 年，徐闻非公有制经济人士为扶贫、扶助失学儿童、残疾人等公益活动共捐款 27.4 万元。

2004 年，徐闻县工商业联合会共实施扶贫助残济困服务项目 6 个，投入资金 220 万元，帮助贫困对象 80 多户 300 多人脱贫。另外，还为公益、慈善事业捐款 400 多万元。徐闻中谷糖业有限公司总经理庞贵雄率先响应湛江市委市政府“固本强基献爱心”活动，捐款 2 万元。

2005 年 1 月，徐闻县工商联会长林红带领叶丹、蔡华态、许胜国、黄文胜等 8 位民营企业家到锦和镇渔业居委会慰问老党员，送去慰问金 1.2 万元。

2005 至 2006 年，由徐闻县民营企业商会牵头入股县农村信用联社股金 600 多万元，参与光彩事业的私营企业数 70 多个，投资实施项目 12 个，到位资金 230 万元，捐赠社会公益、助学、扶贫等资金 50 多万元。

2006 年 8 月 25 日，徐闻县非公有制经济人士助残捐款 2 万元。

2007 年 8 月，徐闻县工商业联合会会员捐款支持县举办孤儿心理辅导班，副会长叶丹以身说教进行辅导。

2008 年，县民营企业老板捐款 1 万多元慰问收入低、生活困难、患病的工商界人士。

是年，徐闻县龙塘镇商会发动会员捐款 7000 多元，帮助困难退伍军人张光福一家度过难关；春节期间，组织会员到镇敬老院和一些特困家庭慰问。

是年，徐闻县迈陈镇商会在春节前组

2001年7月徐闻县非公有制经济人士捐款助残统计表

捐款人	单位	金额（元）
许永贵	徐闻县角尾虾苗场	5000
莫学金	徐闻县聚雅酒店	3000
李培生	徐闻县淀粉厂	1000
林　红	徐闻县海鲜酒楼	500
龙志强	徐闻县前山制糖企业有限公司	500
黄熙可	徐闻县海浪水产养殖有限公司	500
麦家铭	徐闻县亚热带生物科技有限公司	500
黄立灼	徐闻县展鹏摩托车有限公司	500
王　尧	徐闻县金马建筑装饰有限公司	500
黄科本	徐闻县鸿达玻璃铝材装修公司	500
许胜国	南国大渔村	500
欧康德		300
陈林荣	徐闻县南洋冰厂	300
邢福民	徐闻县绿源果菜发展中心	200
王　运	徐闻县金山房地产开发有限公司	100

2002 年徐闻县非公有制经济人士捐款助残统计表

捐款人	单位	金额（元）
许永贵	徐闻县角尾虾苗场	2000
莫学金	徐闻县聚雅酒店	2000
陈林荣	徐闻县南洋冰厂	1000
梁守仁	徐闻县一建公司	1000
李小飞	徐闻县角尾虾苗场	1000
陈立平	徐闻县纸箱厂	1000

2003 年徐闻县非公有制经济人士捐款扶贫济困统计表

捐款人	单位	金额（元）
李培生	徐闻县淀粉厂	3000
梁封文	徐闻县下桥床垫厂	3000
许胜国	南国大渔村	2000
莫学金	徐闻县聚雅酒店	2000
陈　位	徐闻县教育服装厂	2000
陈桂林	长安门窗厂	1000
沈三国	徐闻县建安第十公司	1000
陈　展	经发汽车运输公司	1000
王　运	徐闻县金山房地产开发有限公司	1000
林　松	徐闻县新东虾苗场	1000

2006 年 8 月徐闻县非公有制经济人士捐款助残统计表

捐款人	单位	金额（元）
董遵秩	徐闻县第三建筑工程有限公司	10,000
叶　丹	徐闻县丹华有限公司	3000
莫学金	徐闻县聚雅酒店	2000
麦家铭	徐闻县亚热带生物科技有限公司	5000

织会员慰问特困教师和特困群众。

是年，徐闻县南山镇商会捐款 2 万多元慰问困难户。

是年，徐闻县工商联副主席罗祝琴、县总商会副会长陈柏花等女会员为双眼失明、瘫痪于床的特困女孩林霞兰捐款 2 万多元，并带她寻医问药。

2010 年，徐闻县第二中学高二 (9) 班学生李小凤突然患上急性脊髓炎 , 如不及时送往上级医院就医 , 随时有全身瘫痪的可能。但李小凤家庭生活十分困难，欠债累累没钱治病。徐闻县女企业家商会会长罗祝琴马上发起捐款倡议，大家踊跃捐款，短短两天时间就捐 4 万多元，使李小凤得到及时治疗。

2010 年至 2011 年，徐闻县华建房地产开发有限公司董事长董遵秩在全省扶贫济困日共举牌认捐 30 万元。

2011 年，珠海市正光房地产开发公司董事长、珠海市徐闻商会常务副会长李振东捐款 14 万元修缮角尾乡村敬老院 7 所。多年坚持为全乡 230 个孤儿和五保户提供慰问金和大米 , 加上 3 大节日送温暖活动和经常性的助学、助医、助残、扶老、帮孤、济困等善举，使 2500 多人 (次) 得到救助或者受益。2011 年他被评为徐闻县“十大爱心人士”。

是年，徐闻县第三建筑公司总经理蔡华态为助残捐款 8000 元，为扶贫开发捐款 3 万元，为孤寡老人捐款 1 万元。

是年，徐闻县前山北松第一红砖厂董事长黄执经无偿提供 30 万块红砖给前山镇和下洋镇贫困户盖房。

2012 年，徐闻县工商业联合会主席董遵秩、深圳市徐闻商会会长符献为湛江市中心人民医院搬迁工程分别认捐 50 万元和 20 万元。

是年，徐闻县前山北松第一红砖厂董

○ 迈陈镇商会下乡扶贫送慰问品

事长黄执经无偿提供 38 万块红砖给孤寡老人、贫困户盖房及积水湖村建文化楼。

2013 年，徐闻县工商业联合会（总商会）主动为下属商会及非公经济人士搭建平台，捐款资助社会公益慈善事业。如“6 · 30”广东省扶贫济困日，发动会员共捐款近 100 万元。深圳市徐闻商会还分别给县福利院、迈陈镇新地村各捐款 10 万元；龙塘镇、迈陈镇等乡镇商会还慰问敬老院老人及特困户、残疾人、孤儿等困难群体。据不完全统计，同年徐闻县工商业联合会发动非公有制经济人士为新农村建设、孤儿帮扶、助学奖教等社会公益慈善事业共捐款 600 多万元。

2013 年 4 月 3 日，深圳市徐闻商会 12 位老板借清明节回家机会，向徐闻县福利院捐赠 10 万元。

2013 年 11 月 19 日，珠海市徐闻商会捐款 5 万元给会员侯德东儿子治病。

2010 年至 2015 年，徐闻县丰顺房地产开发有限公司董事长、徐闻县工商联副主席许丰年为社会公益慈善捐款近 6 万元。

2009 年至 2017 年，广州市京合医药有限公司董事长、徐闻县工商联副主席冯大洲为扶贫助学等社会公益事业捐款 10 多万元。

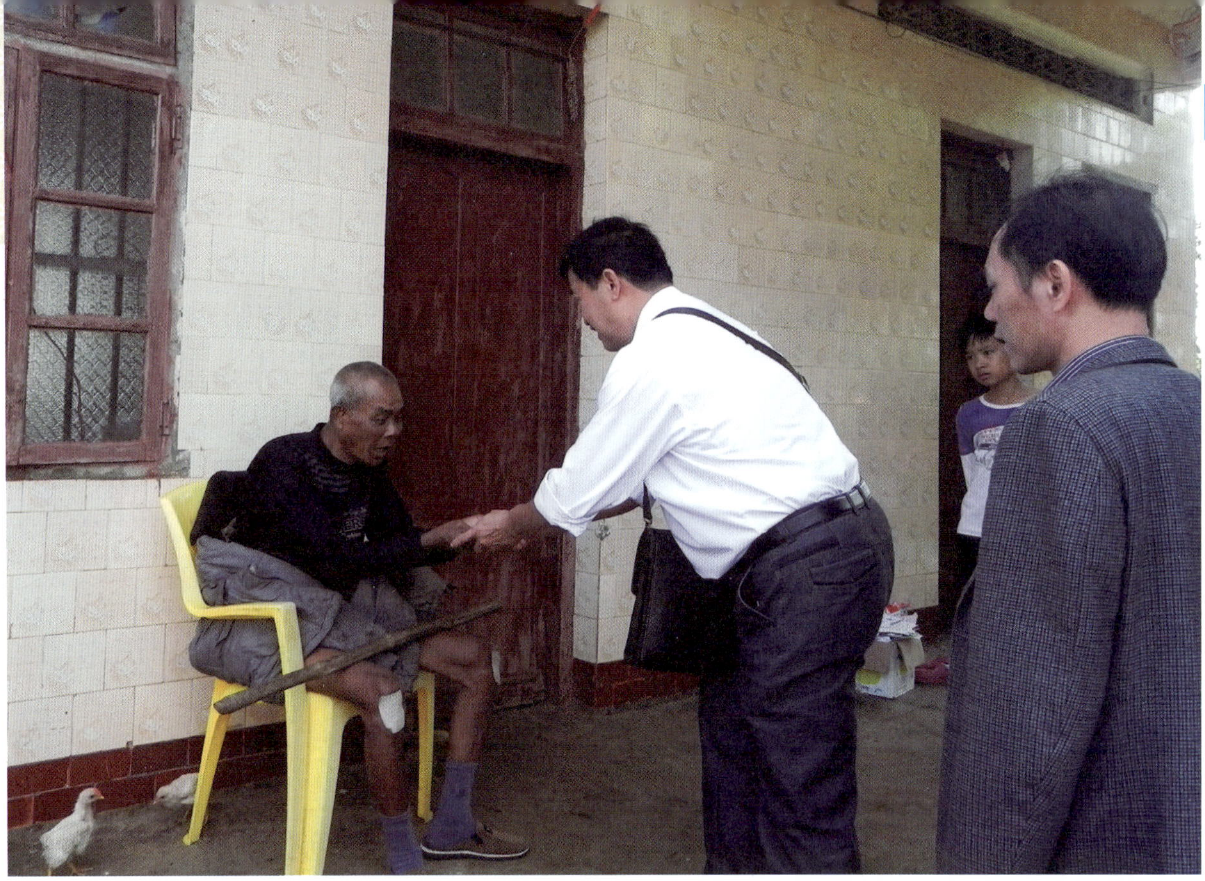

○ 徐闻县工商联（总商会）下乡扶贫助残活动

2010 年至 2015 年，徐闻县景泰宾馆总经理、徐闻县工商联副主席罗祝琴为扶贫济困捐款 3 万多元。

2010 年至 2015 年，徐闻县亚热带生物科技有限公司总经理、徐闻县总商会副会长麦家铭为扶贫济困等社会公益事业捐款 3 万多元。

2010 年至 2015 年，徐闻县新寮镇粤海虾苗场经理、徐闻县总商会副会长林光彪为扶贫济困等社会公益事业捐款 3 万多元。

2010 年至 2017 年，深圳市万众城物业管理公司总经理、徐闻县总商会副会长、迈陈镇商会会长詹玉保为扶贫助学、救灾等社会公益事业捐款 10 多万元。

2010 年至 2017 年，徐闻县百货华侨商场、百华荟萃商场经理、徐闻县总商会副会长陈柏花为扶贫、救灾、扶助困难群众等社会公益事业捐款 3 万多元。

2009 年至 2017 年，佛山市浩文彩印刷有限公司董事长、徐闻县总商会副会长曾冬浩为扶贫济困、救灾等社会公益事业捐款 10 多万元。

2010 年至 2017 年，徐闻县劳动建筑工程公司项目经理、徐闻县总商会副会长杨钦为扶贫济困、救灾等社会公益事业捐款 6 万多元。

2010 年至 2017 年，徐闻县龙塘镇龙兴农资购销部经理、徐闻县总商会副会长杨大远为扶贫济困等社会公益事业捐款 3 万多元。

2010 年至 2017 年，徐闻县鸿兴混凝土搅拌有限公司董事长、徐闻县工商联副主席欧小力为扶贫济困等公益慈善事业捐款 60 多万元,其中 2014 年为“威马逊”超强台风救灾捐款 10 万元，2017 年为“6 · 30”广东省扶贫济困日捐款 20 万元。

2010 年至 2017 年，徐闻县下桥永顺实业发展有限公司董事长、徐闻县工商联副主席林显平为扶贫济困等公益慈善事业捐款 10 多万元。

2010 年至 2017 年，徐闻县来悦酒店董事长、徐闻县总商会副会长许胜能为扶贫济困等公益慈善活动捐款 10 多万元。

2010 年至 2017 年，徐闻县聚雅酒店董事长、徐闻县工商联副主席莫学金为扶贫济困等公益慈善事业捐款 30 多万元。

2010 年至 2017 年，徐闻县南通运输公司董事长、徐闻县总商会副会长黄俊为扶贫济困等社会公益事业捐款 20 多万元。另外资助 10 多位家庭困难的学生缴交学杂费和一名大学生读研究生毕业。

2010 年至 2017 年，徐闻县益华林木有限公司董事长、徐闻县工商联副主席吴美来为社会公益慈善等事业捐款 60 多万元。

2010 年至 2017 年，徐闻县正茂蔬菜种植有限公司董事长、徐闻县工商联副主席李进权为社会公益慈善等事业捐款 10 多万元。

2017 年 1 月 22 日，徐闻县工商联机关与团县委联合慰问海安镇麻城村委会 38 户精准扶贫困难户。

2017 年 8 月 8 日，徐闻县工商联机关干部到海安镇麻城村委会慰问挂钩精准扶贫户。

六、捐资治安管理

新时期，中共徐闻县委、县政府把加强社会治安综合治理，打造良好的安定环境，作为事关全县经济社会快速发展，建设幸福和谐徐闻的一件大事来抓。这一举措得到社会各界的大力支持，尤其是广大工商界人士主动承担起社会责任，慷慨捐助，积极参与和支持徐闻社会治安治理，为“匡扶正义、弘扬正气”做出贡献。

2009 年，南山镇商会发动会员捐款 4 万多元给南山镇社会治安综合治理。

2009 年，徐闻县华建房地产开发有限公司董事长董遵秩为徐闻县维稳中心建设捐赠一批办公设施，折价 13 万多元。

2011 年，深圳市徐闻商会为祝贺徐闻县公安局快速成功破重大案件，奖给该局 10 万元。

2012 年 2 月，为祝贺徐闻县公安局

○2012 年 2 月 17 日，政协徐闻县委员会、县工商联（总商会）赠予县公安局“打黑除暴　警世安民”牌匾

○2012 年 2 月 17 日，政协徐闻县委员会、县工商联（总商会）筹资 23 万元奖给县公安局“打黑除暴”有功人员

成功打掉一批重大抢劫团伙，徐闻县工商业联合会发动会员捐款 23 万元奖励给该局。其中，徐闻县华建房地产开发有限公司董事长董遵秩捐款 5 万元。

2008 年至 2014 年，南山镇商会会长黄俊积极捐款支持公安系统社会治安整顿工作，并对南山、五里两个派出所干警每抓捕一个贩毒人员给予奖励 500 元，每抓捕一个吸毒人员奖励 200 元。在他的带动下，南山镇各条村庄社会治安稳定，村民安居乐业。

七、捐助救灾复产

1953 年，徐闻县工商联动员工商界人士为省防洪救灾捐款 900 多万元（旧币）。

2005 年至 2006 年，徐闻县工商业联合会积极响应县委、县政府“打井治旱”的号召，动员非公经济人士捐款 11 万多元。民营企业商会会长叶丹带领蔡华态、黄俊等 10 多位民营老板亲自到前山镇挖子村察看旱情，并捐助 1.4 万多元，为该村打井、建水塔，解决人畜饮水难问题提供支持。

2007 年 8 月初，受第 7 号强热带风暴的影响，徐闻县农业、水利和交通等方面造成重大损失。为救灾复产，徐闻县工商联积极响应县委县政府的号召，踊跃捐款救灾，捐款 6.96 万元。

2008 年 5 月，徐闻县工商业联合会先后两次动员非公有制经济人士向四川汶川地震灾区捐款共计 170 多万元。其中，徐闻县工商联会长林红第一次捐款 2000 元，第二次又捐 3000 元。副会长董遵秩第一、二次累计捐 10,000 多元，第三次捐 20,000 元。副会长叶丹第一次捐 3000 元，第二次捐 10,000 元。罗祝琴女士向地震灾区捐款 1.5 万元；和安镇孙广范向地震灾区捐款 5000 元；在惠州市的徐闻藉商人陈端向地震灾区捐款 3 万元；广东东莞万达物流有限公司董事、总经理何雪清继 2008 年 3 月捐款 2 万元支持冰雪灾地区群众之后，5 月又捐出 4 万元支持汶川地震灾区群众重建家园。同时，她还发动捐助和慰问有困难的同乡，为前往东莞的老乡提供各种方便，关心家乡群众的疾苦，出资扶持徐闻县城北乡迈报村委会的贫困户，帮助他们发展生产和解决生活困难。

徐闻县丹华发展有限公司董事长叶丹多年来支持农民抗旱救灾共捐款 1.8 万元。

2014 年 7 月 18 日，41 年一遇的 17 级超强台风“威马逊”正面横扫徐闻大地，瞬间部分房屋倒塌，树木被连根拔起，农作物几乎全面被毁，全县范围内通信电力中断，全县停电停水。据统计，居民房屋倒塌 1440 间，受灾人数 30 多万人，整个徐闻经济损失 87.2 亿元。徐闻县工商联及时组织人员到一些民营企业了解受灾情况并进行慰问，同

○ 2014 年 8 月 29 日，珠海市徐闻商会第二批总价值 3 万元的赈灾物资送到国营勇士农场

时慰问佛山市供电系统到我县修复电网的一线工作人员。面对突如其来的灾难，四面八方伸出援助之手，尤其是异地徐闻商会的企业家们更是关注家乡的灾情，自发发起赈灾活动。

灾难发生的当晚，针对家乡发生的重大灾情，广州市徐闻商会在会长倪光乐、常务副会长朱晓明、轮值会长黄腾的组织下，召开紧急会议，成立风灾救援工作组，并进一步研究部署具体救灾的准备工作。在当晚会议上，大家自发现场捐款 725,000 元。次日，救灾工作组一行十几人在副会长林纯、王思思的带领下火速奔回家乡徐闻详细了解灾情。县委统战部、徐闻县工商联组织有关工作人员，配合他们到各乡镇调查了解实情。7 月 23 日，广州市徐闻商会常务副会长、广州星鹏集团有限公司董事长朱晓明捐赠大米 1330 袋（折价约 10 万元）给徐闻灾区。7 月 26 日，广州市徐闻商会捐赠 50 台发电机给徐闻灾区，帮助解决灾后供电难问题。

家乡的灾情一样牵动着在佛山市经商创业的徐闻籍人士的心。几天内，佛山市徐闻商会迅速发出《赈灾倡议书》，并组织救灾慰问团带着相关物资奔赴家乡灾区一线开展救灾复产工作。7 月 24 日，佛山市徐闻商会抗灾慰问团带着 1333 袋大米奔赴灾区，其中 550 袋大米分别由商会慰问团亲自送到龙塘、角尾、前山等受灾惨重村民手里，另外

783袋大米由县政府安排，在商会慰问团的见证下支援到角尾、迈陈、西连等重灾区。同时，佛山市徐闻商会抗灾慰问团看望慰问龙塘镇石寮村9户孤寡老人。7月25日，佛山市徐闻商会抗灾慰问团又追加150袋大米支援迈陈灾区。该商会常务副会长陈杰个人支援110袋大米到龙塘灾区，商会会员李小兵、张惠民捐赠100箱饮料到灾区。

珠海市徐闻商会也不甘落后，第一时间迅速联系珠海市慈善总会和珠海广播电视台等捐赠快餐面（1000箱）、大米、食用油、照明设备等价值近10万元的物资，并于7月26日派人带队火速送达徐闻灾区。8月29日，珠海市徐闻商会第二批总价值3万元的赈灾物资送到国营勇士农场中小学，为受灾的农垦学子献上一片爱心。这批赈灾物资由珠海市徐闻商会副会长、广东东源新地物流有限公司董事长黄麒润捐赠。

2014年7月27日，广州市徐闻商会在广东迎宾馆举行灾情图片展并发起募捐活动。活动现场，40余家爱心团体、企业和个人纷纷举牌认捐，最多的90万元，还有数不清的爱心人士慷慨解囊捐献数百上千元不等，筹善款约400万元，其中包括物资折价77.5万元。当天晚上，佛山市徐闻商会也在佛山市举行“暴风中坚强，我们在一起”为主题的徐闻人在佛山的乡情义演活动，为家乡灾区筹集善款近70万元，其中佛山市徐闻商会名誉会长曾冬浩、会长高明渝分别带头捐款11万元和10万元。现场还举行书画等作品义卖活动，所得款额全部捐给家乡灾区。8月3日，由徐闻县人民政府、珠海市徐闻商会举办的“威马逊”超强台风重创下的徐闻大型图片展暨捐赠义演活动在珠海市举行，现场共募捐现金逾228万元，其中徐闻籍企业家、珠海市徐闻商会名誉会长王彬捐款50万元，会长周天广捐款20万元，9位副会长分别捐款10万元。

2014年广州市徐闻商会捐款赈灾统计表

序号	姓名或单位	捐款金额（元）
1	黄素兴（多家企业/个人合捐款）	377,500
2	广州市泰基工程技术有限公司	200,000
3	湛江珠江啤酒有限公司	100,000
4	广州市广丰装饰有限公司	100,000

（续上表）

序号	姓名或单位	捐款金额（元）
5	广州合汇房地产有限公司	100,000
6	广东盈康药业有限公司	60,000
7	广州市尚洋美术设计有限公司	50,000
8	广州市金鸿裕物流有限公司	46,733.5
9	广州市金鸿裕物流有限公司	33,266.5
10	广州南盾设备有限公司	30,000
11	李盛勇	30,000
12	欧　敬	20,000
13	曹　刚	20,000
14	广州中科汇大信息技术有限公司李平	20,000
15	广州京合医药科技有限公司	20,000
16	吴新云	20,000
17	余文林	13,500
18	广州市白云区帝威琪音响厂	10,000
19	窦小芹	10,000
20	蔡攀春	10,000
21	黄红英	10,000
22	广州博嘉生物科技有限公司	10,000
23	广州熙大生物科技有限公司	10,000
24	广州万有塑业有限公司	10,000
25	广州千荷化妆品有限公司	10,000
26	李文林及家人（李洪英 张娟 李俊娴 李骏慷）	10,000
27	方贵权	10,000

（续上表）

序号	姓名或单位	捐款金额（元）
28	广州华喜信息科技有限公司	10,000
29	广州市艺高建筑装璜工程有限公司	10,000
30	广州裕朝化妆品有限公司	10,000
31	广州市美丽鑫达仪器有限公司	8000
32	黄国坤	5000
33	吴娜莉	5000
34	梁晶晶	5000
35	唐乃革	5000
36	广州天源生物科技有限公司	5000
37	广州胜梅化妆品有限公司	5000
38	广州君恒生物科技有限公司	5000
39	德州昂立达生物科技有限公司	5000
40	广州迪琪生物科技有限公司	5000
41	广州花颜化妆品有限公司	5000
42	杨惠红	5000
43	林晓丽	5000
44	广州葆妍生物科技有限公司	5000
45	陆　希	5000
46	广州柏俐臣化妆品有限公司	5000
47	广州臻钰美容有限公司	5000
48	广州市博康化妆品有限公司	5000
49	广州联盟机械有限公司	5000
50	珠海市御姿堂生物科技有限公司	5000

（续上表）

序号	姓名或单位	捐款金额（元）
51	佛山市禅光科技有限公司	3198
52	广东国之旅国际旅行社	3000
53	魏为珉	3000
54	黄秀月	3000
55	陈　静	3000
56	广州市花都区芙莉思化妆品厂	3000
57	周启虎	2000
58	李家瑞	2000
59	顾惠忠	2000
60	钟　馨	2000
61	广东省中帮投资有限公司	2000
62	胡小莉	2000
63	银瑞林酒店集团	2000
64	广州珈源日化用品有限公司	2000
65	李　莉	2000
66	麦少敏	2000
67	钟荣恒	2000
68	王华珍	2000
69	于晓君	2000
70	黄秀风	2000
71	麦小龙	2000
72	广州晨熙化妆品有限公司	2000
73	肖达海	2000

（续上表）

序号	姓名或单位	捐款金额（元）
74	广州铂金化妆品有限公司	2000
75	江　锋	2000
76	宋占利	2000
77	广州伊紳电子科技有限公司	2000
78	白　丽	2000
79	广州有喜化妆品有限公司	1500
80	广州千美鹤化妆品有限公司	1200
81	卢　鼎	1000
82	余文林	1000
83	黄映月	1000
84	姜　美	1000
85	毕秋侠	1000
86	李永景	1000
87	刘永满	1000
88	梁白茹	1000
89	共青团商丘市委驻广州团委	1000
90	广州纳丽生物科技有限公司	1000
91	广州市亮浩彩印有限公司	1000
92	张庆龙	1000
93	广州市彩美包装制品有限公司	1000
94	广州锦盛精细化工有限公司	1000
95	陈蓬碧	1000
96	广州传艺贸易有限公司	1000

（续上表）

序号	姓名或单位	捐款金额（元）
97	彭　文	1000
98	林　望	1000
99	张志雄	1000
100	广州奥斯卡尔化妆品有限公司	1000
101	广州芙妍化妆品有限公司	1000
102	广州香格菲娅化妆品厂	1000
103	刘永静	1000
104	欧阳杰	1000
105	王上衡	1000
106	黄小祥	1000
107	李家珠	1000
108	陈敬辉	1000
109	陈升亮	1000
110	郑宗和	1000
111	广州齐达建筑工程有限公司	1000
112	广东丸美生物技术股份有限公司	1000
113	广州大象广告有限公司	1000
114	黎　巧	1000
115	陈红艳	1000
116	游　海	1000
117	陈静芳	1000
118	智霖臻悦企业咨询管理有限公司	1000
119	孙久惠	1000

（续上表）

序号	姓名或单位	捐款金额（元）
120	广州女人星家用美容科技有限公司	1000
121	上海诚兴机械电子广州公司	1000
122	深圳市广宝田净化科技有限公司	1000
123	广州澳盈日化包装用品有限公司	1000
124	香港立方盛世美容国际有限公司	1000
125	广州宏运玻璃制品有限公司	1000
126	广州市圣洁美美容科技有限公司	1000
127	米　岂	1000
128	幸文鑫	1000
129	赵以凡	550
130	全思华	501.8
131	陈剑雄	500
132	甘剑莹	500
133	邓平平	500
134	王　创	500
135	郭　芬	500
136	吴海换	500
137	何　勇	500
138	吕　悦	500
139	兰　麟	500
140	黄立言	500
141	梁　江	500

（续上表）

序号	姓名或单位	捐款金额（元）
142	谭林芳	500
143	赖丽君	500
144	丁 兴	500
145	高敏华	500
146	曾庆昌	500
	合计（含未列入的 500 元以下捐款总数 4643.33 元）	1,600,593.13

2014 年 7 月佛山市徐闻商会捐款赈灾统计表

序号	姓名或单位	捐款金额（元）	序号	姓名或单位	捐款金额（元）
1	曾冬浩	110,000	12	邓德煌	12,000
2	高明渝	100,000	13	林光助	10,000
3	赵兴銮	50,000	14	黄 越	10,000
4	符文勇	50,000	15	黄南建	10,000
5	朱卫红	30,000	16	杨培仁	10,000
6	黄 梓	20,000	17	杨仕晋	10,000
7	谭慎汪	20,000	18	黄执经	10,000
8	陈 杰	20,000	19	符文强	10,000
9	潘联斌	20,000	20	邓 冰	10,000
10	周 普	20,000	21	陈明君	10,000
11	邓轩勃	15,000	22	蔡先生	9000

（续上表）

序号	姓名或单位	捐款金额（元）	序号	姓名或单位	捐款金额（元）
23	杨仕劲	5000	44	符海龙	1000
24	南庄吉祥沐足中心	5000	45	李　宾	1000
25	陈小松	5000	46	梁堪进	1000
26	陈秀文	3000	47	陈　锐	1000
27	莫绍威	3000	48	宋家团	1000
28	林国威	3000	49	邱少政	1000
29	巫中毅	3000	50	吕伟湛	1000
30	高绍伟	3000	51	麦　心	1000
31	苏林东	3000,（不含义演现场捐款的 1500 元）	52	林景冰	1000
32	杨　旺	2500	53	钟振国	1000
33	吴　帅	2000	54	黄其蔼	1000
34	陈智媛	2000	55	邹妃营	1000
35	蔡巨明	2000	56	陈　团	1000
36	黄开晨	2000	57	李小兵	1000
37	张耀肯	2000	58	邓　炜	1000
38	杨　建	2000	59	翟国军	1000
39	冯桂明	2000	60	杨长俊	1000
40	张永友	2000	61	李方帮	1000
41	陈光孝	2000	62	符国强	1000
42	钟雨君	1500	63	吕德雄	1000
43	符方再	1000	64	黄义仲	1000

（续上表）

序号	姓名或单位	捐款金额（元）	序号	姓名或单位	捐款金额（元）
65	林望景	1000	78	黄菾芳	500
66	陈　畅	1000	79	方健红	500
67	戴中华	1000	80	贺小龙	500
68	徐文军	1000	81	窦家敬	500
69	叶　华	1000	82	张祖润	500
70	潘星宇	1000	83	孙明燕	500
71	潘宏诚	1000	84	周　庆	500
72	高　惠	1000	85	陈朝国	500
73	魏一平	1000	86	符建荣	500
74	何健民	1000	87	陈景茂	500
75	黄　冯	1000	88	梁成炎	500
76	吴何强	800	89	孙苏乔	500
77	蔡景德	800	90	林仲健	500
合计	合计数包含未列入的： 1、林光助竞拍画 13,000 元，邓冰竞买书画 10,000 元，符文勇竞拍书画 5000 元，许琳竞拍书画 5000 元。 2、义演现场捐款 27,831 元。 3、CD 义卖 2800 元。 4、500 元以下捐款共 1318 元。				757,100.00

2014年7至8月珠海市徐闻商会捐款赈灾统计表

序号	姓名或单位	捐款金额（元）	备注
1	王　彬（商会名誉会长）	500,000	
2	周天广（商会会长）	200,000	
3	符应乐（商会常务副会长）	100,000	
4	邓图快（商会常务副会长）	100,000	
5	杨振豪（商会常务副会长）	100,000	
6	林小琳（商会常务副会长）	100,000	
7	李振东（商会常务副会长）	100,000	
8	吴晓腾（商会常务副会长）	100,000	
9	张德珠（商会常务副会长）	100,000	
10	黄邦特（商会常务副会长）	100,000	转账95,000元 现场捐5000元
11	李　婵（商会常务副会长、监事长）	100,000	
12	香港宏丰运输有限公司	50,000	
13	广东南洋国际物流有限公司珠海分公司	50,000	
14	何忠连（商会副会长）	30,000	
15	郑可萱（商会副会长）	30,000	
16	赵祝理（商会副会长）	30,000	
17	施家卿（商会副会长、秘书长）	30,000	
18	侯德东（商会副会长）	30,000	
19	黄世文（商会副会长）	30,000	
20	黄麒润（商会副会长）	30,000	物资折26,000元 现场捐4000元

（续上表）

序号	姓名或单位	捐款金额（元）	备注
21	珠海市新宏安物流有限公司	20,000	
22	珠海市农副产品交易市场行业协会（扶贫部）	10,000	
23	万　良（珠海市纪委）	10,000	
24	莫一夫（澳门湛江同乡总会会长）	10,000	
25	吴振耀（珠海市港之游运输有限公司）	10,000	
26	李秀莲	10,000	
27	珠海市食品药品监督管理局（徐闻籍干部）	7500	
28	珠海市佳联信耗材有限公司（全体员工）	7283.5	
29	黄龙口腔（黄龙）	5500	
30	拱北海关审单处	5000	
31	珠海市英都食堂管理股份有限公司（郑春英）	5000	
32	中旭投资	5000	
33	珠海市泰华电脑有限公司（周妍君）	5000	
34	古锡纯（广东珠江口中华白海豚国家级自然保护区管理局局长）（原徐闻县挂职副县长）	5000	
35	陈朝霞	5000	
36	韩　祥	5000	
37	方光纯（商会副会长）	5000	
38	梁浩（商会副会长）	5000	
39	冯武（商会副会长）	5000	
40	黄其勇（商会副会长）	5000	
41	吴宏斌	4714.8	6000港币

（续上表）

序号	姓名或单位	捐款金额（元）	备注
42	徐文胜	4714.8	6000 港币
43	郑成永	3000	
44	韩府（韩兆军）	3000	
45	林康栋（珠海市委老干部局）	3000	
46	陈进利（拱北海关）	2100	
47	珠海市南屏裕海模具厂（王祥成）	2000	
48	谭　俊	2000	
49	符思维	2000	
50	曾炽豪（高明（珠海）同乡会）	2000	
51	王、冯合家	2000	
52	罗春增（中山徐闻商会筹备组）	2000	
53	杨光盟	1800	
54	湛星饭店全体员工	1530	
55	珠海市赤水源贸易有限公司（杨曦）	1000	
56	何昌勃（拱北海关）	1000	
57	黄智就（拱北海关）	1000	
58	梁宏宇（拱北海关）	1000	
59	占祝智（拱北海关）	1000	
60	冯海（拱北海关）	1000	
61	邓羽（拱北海关）	1000	
62	梁海航（拱北海关）	1000	
63	吴开葭（拱北海关）	1000	

（续上表）

序号	姓名或单位	捐款金额（元）	备注
64	黄恩恩（拱北海关）	1000	
65	陈锦郦（拱北海关）	1000	
66	杨德向	1000	
67	彭东雁	1000	
68	杨大柳	1000	
69	方良飞	1000	
70	陈铭梓	1000	
71	陈民（南屏派出所）	1000	
72	郑　胜	1000	
73	郑　强	1000	
74	郑煜果	1000	
75	陈进才	1000	
76	谭祥发（湛江的士同乡会）	1000	
77	梁　壮	1000	
78	韦超群	1000	
79	邓庆友（中山徐闻商会筹备组）	1000	
80	邓庆屯（中山徐闻商会筹备组）	1000	
81	林陈保（中山徐闻商会筹备组）	1000	
82	董鸠（中山徐闻商会筹备组）	1000	
83	梁乐昌（中山徐闻商会筹备组）	1000	
84	珠海中环国际旅行社（陈春苗）	500	
85	商会秘书组	500	

（续上表）

序号	姓名或单位	捐款金额（元）	备注
86	金国懿（拱北海关）	500	
87	黄龙妙（拱北海关）	500	
88	林培艳（拱北海关）	500	
89	冯文俊（拱北海关）	500	
90	黄其素（拱北海关）	500	
91	金路育（拱北海关）	500	
92	蔡文舒（拱北海关）	500	
93	夏开轩	500	
94	周　肖	500	
95	王文举	500	
96	黄志钊、黄志伯	500	
97	吴弟（珠海供电局）	500	
98	詹黄兴（珠海银邮）	500	
99	高财进	500	
100	邓道贞	500	
101	杨昌泽（零度空间装饰）	500	
102	柯明健	500	
103	林饶绩	500	
104	杨光兴	500	
105	杨小妹	500	
106	陈晓红	500	
107	黄玉培	500	

（续上表）

序号	姓名或单位	捐款金额（元）	备注
108	林志文	500	
109	赵祝董（珠海市熟谷食品有限公司）	500	
110	王芝能（中国人寿）	500	
111	黄智流	500	
112	崔岱龙	500	
113	陈木进	500	
114	蒋敏杰	500	
115	卢国旭	500	
116	张德虎（珠海市北斗建筑工程有限公司）	500	
117	杨星儒	500	
118	蒙志坚（珠海市鸿制汽车租赁有限公司）	500	
119	陈春逢（珠海宗盛米业）	500	
120	梁　亮	500	
121	薛建忠	500	
122	李业勤	500	
123	梁　奋	500	
124	现场流动捐款箱	17,992.8	
合计	合计含 1.2 万港元、3 万元物资， 以及未列入的 500 元以下捐共 10,650 元。	2,170,351.6	

2014 年 7 至 8 月异地商会赈灾募捐总金额统计表

商会	捐款数额（万元）	商会	捐款数额（万元）
广州市徐闻商会	400	佛山市徐闻商会	76
珠海市徐闻商会	228	东莞市徐闻商会	12

一家亲
创未来
广州市徐闻商会 敬赠
二〇一五年二月

○ 2015 年 2 月，广州市徐闻商会赠送牌匾给徐闻徐闻县工商联，对徐闻县工商联（总商会）抗灾救灾工作的大力支持表示感谢

○ 佛山市徐闻商会首任会长曾冬浩在他资助出版的《图说徐闻》发行仪式上讲话（曾青 摄）

八、捐资支持文体活动

新时期，中共徐闻县委、县政府加大投入，开展丰富多彩的文体活动，突出文体活动的群众性、健身性、科学性、艺术性的健康发展。以满足人民群众日益增长的物质和精神文化生活需求，增强凝聚力，加强精神文明建设。这一举措得到社会各界的大力支持，徐闻县工商界人士更是主动作为，踊跃捐资支持县各项文体活动。

1995 年，何包公捐款 11 万元支持县体育事业。

2007 年 6 月，中共徐闻县委、县政府组织举办红土地文艺晚会，徐闻县工商联动员民营企业家捐款共计 28 万元。

2012 年 9 月，深圳市徐闻商会会长符献捐款 20 万元、广州市星鹏集团有限公司朱晓明捐款 5 万元资助徐闻县委统战部举办“相约天南海北”徐闻全国摄影大展。符献还资助 10 多万元出版获奖的摄影作品集《家园——徐闻印象》。

2013 年，惠州市徐闻商会会长陈端为家乡新寮镇文化强镇建设及三丰村委会文化楼修建作大量工作，并捐款 3 万元。

佛山市徐闻商会首任会长曾冬浩，2012年2月资助徐闻县委宣传部出版《图说徐闻》，并将该书销售款10多万元全部捐给徐闻教育事业。2013年，他资助徐闻县出版《南海丝路第一港——徐闻》《徐闻人士选录》，并且多年为徐闻免费印制以宣传徐闻风土人情为内容的新年挂历，助推徐闻文化强县。2015年2月，他资助徐闻县工商业联合会印发700本《徐闻商会系统通讯录》，折价值2万多元。

深圳市徐闻商会会长符献为遂溪县黄略镇建设文化馆等设施捐赠20万元。

2014年，珠海市徐闻商会捐款40万元，佛山市徐闻商会会长高明渝捐款10万元，资助徐闻县出版《大汉徐闻两千年》。

2015年7月，深圳市徐闻商会捐款8万元给徐闻县体育中心，用于发展体育事业。

2016年6月，广州市徐闻商会支持家乡“传承汤显祖文化”系列活动，赞助出版《岭南行与临川梦》和举办发布会金额16万余元。

2016年4月，徐闻县总商会发动企业赞助在曲界镇举办首届徐闻菠萝文化旅游节活动，为宣传徐闻菠萝，促进菠萝销售，增加农民收入作出积极贡献。

2017年4月，徐闻县总商会发动企业赞助在曲界镇举办第二届徐闻菠萝文化旅游节活动。有效地宣传徐闻菠萝，促进菠萝流通，增加农民收入，社会各界反响较好。

○ 2016年，广州市徐闻商会赞助出版《岭南行与临川梦》

2016 年首届徐闻菠萝文化旅游节赞助单位名单

序号	赞助单位	单位负责人	赞助金额（万元）	备注
1	徐闻县信用合作联社	林一贝	20	
2	徐闻县天润清华园	朱石松	20	
3	徐闻县安粮地产有限公司	徐小健	10	
4	徐闻县华建房地产有限公司	董遵秩	5	
5	徐闻县兖龙实业有限公司	陆家好	5	
6	徐闻县鸿兴混凝土搅拌有限公司	欧小力	5	
7	徐闻县三建公司	蔡华态		以人工和机械投入菠萝文化旅游节建筑工程，折价值 5 万元
8	徐闻县益华林木有限公司	吴美来	3	
9	徐闻县聚雅酒店	莫学金	3	
10	徐闻县信诚公司	邓妃成	3	
11	徐闻县建筑安装集团公司	劳立宏	3	
12	徐闻县菠萝行业协会	吴建连	1	

2017 年徐闻菠萝文化旅游节赞助单位（县总商会收到现金）名单

序号	赞助单位	单位负责人	赞助金额（万元）	备注
1	天润 · 清华园	朱石松	20	
2	徐闻县鸿兴混凝土搅拌有限公司	欧小力	20	
3	广州朱氏果业科技有限公司	朱晓明	20	
4	徐闻碧桂园	黄执经	10	

（续上表）

序号	赞助单位	单位负责人	赞助金额（万元）	备注
5	徐闻县农村信用合作联社	林一贝	6	
6	安粮·蓝海城市广场	徐小健	5	
7	深圳市徐闻商会	符献	5	
8	聚雅酒店	莫学金	5	
9	徐闻县信诚公司总经理	邓妃成	5	
10	徐闻县益华林木有限公司	吴美来	5	
11	徐闻县南通运输发展有限公司	黄俊	5	
12	深圳市日俊物流报关公司	符献	5	
13	佛山市赤子之心投资公司	潘联斌	5	
14	南海明珠·丽景湾	杜庆华	5	
15	湛江市永安建设工程有限公司	吴政隆	5	
16	徐闻县建筑安装集团公司	劳立宏	3	
17	来悦酒店	许胜能	3	
18	徐闻县正茂蔬菜种植有限公司	李进权	3	
19	幸福酒楼	黄文胜	3	
20	龙之珍珠有限公司	蔡文江	3	
21	惠州市湛惠通信有限公司	陈端	3	
22	徐闻万特药业有限公司	王武	3	
23	徐闻金碧珍珠有限公司	樊虎	3	
24	徐闻县东达混凝土有限公司	李世东	3	
25	徐闻县连香菠萝农民合作社	吴建连		赞助菠萝等 折价值 3 万元
26	徐闻星海湾酒店	李孟芳	1	
27	徐闻金鹏房地产公司	杨钦	1	
28	徐闻源海养殖公司	陈水晶	1	

第六章

表彰

在中国共产党的路线、方针和政策的指引下，徐闻县广大非公经济人士积极投身社会主义建设事业。在新中国成立初期，徐闻县私营经济作为公有制经济有益的补充，得到一定的发展。文化大革命爆发后，大刮“割资本主义尾巴”之风，私营经济遭到挫折。中国共产党第十一届三中全会后，以经济建设为中心，大力发展社会主义商品经济，私营经济得到长足的发展。我国实行社会主义市场经济后，徐闻民营经济规模空前，支柱作用日益明显。广大非公经济人士不断发展壮大企业，同时，勇于担当社会责任，捐资助学、扶贫救灾、支持新农村建设、扩大城乡就业、为促进社会和谐进步做出重大的贡献，涌现出一批又一批的先进集体和先进个人，受到各级党委、政府和有关职能部门的表彰。

第一节　徐闻县工商联（总商会）及本地会员获得的表彰

一、徐闻县工商联（总商会）历年获得的表彰

徐闻县工商联（总商会）历年获得的表彰统计表

年份（年）	表彰名称	授予单位
2011	广东省县级工商联组织建设先进单位	广东省工商联
2015	广东省“五好”县级工商联	广东省工商联

徐闻县工商联（总商会）企业（或团体）会员历年获得的表彰统计表

等级	年份（年）	企业（或团体）名称	表彰名称	授予单位
省部级	2017	徐闻县连香农产品农民专业合作社	全国巾帼建功先进集体	中华全国妇女联合会
市厅级	1996	徐闻县第三建筑企业总公司	文明单位	中共湛江市委员会 湛江市人民政府
	1997	徐闻县第三建筑企业总公司	湛江市先进集体	中共湛江市委员会 湛江市人民政府
	2003	徐闻县第三建筑企业总公司	2003 年度 AA 级信用企业	中国农业银行广东省支行
	2007	徐闻县华建房地产开发有限公司	广东省希望工程爱心奖	广东省青少年发展基金会
	2008—2011	湛江龙之珍珠有限公司	广东省名牌产品	广东省名牌产品（农业类）推荐委员会
	2010	湛江龙之珍珠有限公司	广东省著名商标	广东省工商行政管理局
	2011	湛江龙之珍珠有限公司	广东省科技成果奖	广东省科技厅
	2012	徐闻县正茂蔬菜种植有限公司	湛江市龙头企业	湛江市人民政府
	2012	徐闻县正茂蔬菜种植有限公司	省级现代农业园区	广东省农业厅
	2015	徐闻县第三建筑企业总公司	广东省守合同重信用企业（连续 26 年）	广东省工商行政管理局
县处级	1992	徐闻县第三建筑企业总公司	文明单位	中共徐闻县委员会 徐闻县人民政府
	1993	徐闻县第三建筑企业总公司	文明单位	中共徐闻县委员会 徐闻县人民政府
	1995	徐闻县第三建筑企业总公司	先进单位	中共徐闻县委员会 徐闻县人民政府
	2007	徐闻县第三建筑企业总公司	湛江市 2006 年度建设工程安全生产、文明施工优良样板工地	湛江市建设局 湛江市建筑业协会

（续上表）

等级	年份（年）	企业（或团体）名称	表彰名称	授予单位
县处级	2008	徐闻县华建房地产开发有限公司	先进职工之家	湛江市总工会
	2010	徐闻县华建房地产开发有限公司	先进党支部	中共湛江市非公经济委
	2010	徐闻县第三建筑企业总公司	先进单位	中共徐闻县委员会 徐闻县人民政府
	2010	徐闻县华建房地产开发有限公司	AAA 级劳动关系和谐企业	湛江市创建劳动关系和谐企业活动领导小组
	2010	徐闻县华建房地产开发有限公司	湛江市纳税信用 A 级纳税人	湛江市国家税务局 湛江市地方税务局
	2 010	湛江龙之珍珠有限公司	农产品商标注册和品牌建设优秀奖	徐闻县人民政府
	2010	湛江龙之珍珠有限公司	湛江市先进职工之家	湛江市总工会
	2010	徐闻县正茂蔬菜种植有限公司	A 级劳动关系和谐企业	湛江市总工会
	2010	徐闻县下桥永顺实业有限公司	A 级劳动关系和谐企业	湛江市创建劳动关系和谐企业活动领导小组
	2011	徐闻县华建房地产开发有限公司	先进基层党组织	中共徐闻县委员会
	2011	湛江龙之珍珠有限公司	湛江市 A 级劳动关系和谐企业	湛江市总工会
	2011	徐闻县下桥永顺实业有限公司	遵纪守法重约守信模范单位	湛江市民政局等单位
	2011	徐闻县长安防盗门窗厂	广东省诚信品牌单位	湛江市文明办 广东省企业文化协会
	2011—2013	湛江龙之珍珠有限公司	湛江市纳税信用 A 级纳税人	湛江市国家税务局 湛江市地方税务局
	2012	徐闻县华建房地产开发有限公司	湛江市守合同重信用企业	湛江市工商行政管理局

（续上表）

等级	年份（年）	企业（或团体）名称	表彰名称	授予单位
县处级	2012	徐闻县华建房地产开发有限公司	先进基层单位	湛江市总工会
	2012	徐闻县下桥永顺实业有限公司	2010-2012年诚信单位	湛江市消费者委员会
	2012	徐闻县华建房地产开发有限公司	湛江市 AA 级劳动关系和谐企业	湛江市总工会
	2012	湛江龙之珍珠有限公司	湛江市 AA 级劳动关系和谐企业	湛江市总工会
	2013	湛江龙之珍珠有限公司	湛江市 AAA 级劳动关系和谐企业	湛江市总工会
	2014	徐闻县华建房地产开发有限公司	先进集体	中共徐闻县委员会 徐闻县人民政府
	2014	龙塘奕锐副食批发店	湛江市最诚信铺仔	湛江市文明办 湛江市行政工商管理局
	2015	徐闻县下桥永顺实业有限公司	2015-2016诚信单位	湛江市消费者委员会
乡科级	2000	徐闻县华建房地产开发有限公司	AAA 劳动关系和谐企业	徐闻县创建劳动关系和谐企业活动领导小组
	2010	徐闻县下桥永顺实业有限公司	AA 劳动关系和谐企业	徐闻县创建劳动关系和谐企业活动领导小组
	2011	徐闻县华建房地产开发有限公司	先进基层工会	徐闻县总工会
	2013	徐闻县华建房地产开发有限公司	社会贡献突出企业	徐闻县工商联（总商会）
	2013	徐闻县第三建筑企业总公司	社会贡献突出企业	徐闻县工商联（总商会）
	2013	徐闻县聚雅酒店	十大优秀民营企业	徐闻县工商联（总商会）
	2013	徐闻县下桥永顺实业发展有限公司	十大优秀民营企业	徐闻县工商联（总商会）

（续上表）

等级	年份（年）	企业（或团体）名称	表彰名称	授予单位
乡科级	2013	徐闻县益华林木有限公司	十大优秀民营企业	徐闻县工商联（总商会）
	2013	徐闻县丹华发展有限公司	十大优秀民营企业	徐闻县工商联（总商会）
	2013	徐闻县南通发展有限公司	十大优秀民营企业	徐闻县工商联（总商会）
	2013	徐闻县盛业水泥有限公司	十大优秀民营企业	徐闻县工商联（总商会）
	2013	徐闻县来悦酒店	十大优秀民营企业	徐闻县工商联（总商会）
	2013	湛江龙之珍珠有限公司	十大优秀民营企业	徐闻县工商联（总商会）
	2013	徐闻县正茂蔬菜种植有限公司	十大优秀民营企业	徐闻县工商联（总商会）
	2013	广东省国营南华农场砖厂	十大优秀民营企业	徐闻县工商联（总商会）

徐闻县工商联（总商会）个人会员获得的表彰统计表

等级	年份（年）	姓名	表彰名称	授予单位
省部级	1995	董遵秩	广东省首届优秀青年乡镇企业家	中共广东省委员会 广东省农业厅
	1998	董遵秩	全国优秀乡镇企业厂长（经理、董事长）	中华人民共和国农业部
	2004	董遵秩	全国建设系统劳动模范	中华人民共和国人事部 中华人民共和国建设部
	2008	董遵秩	广东省优秀共产党员	中共广东省委员会
	2008	叶奕锐	平安和谐家庭	全国“平安家庭”创建活动领导小组
	2012	蔡文江	附壳造型珍珠和优质海水珍珠养殖及加工技术的研究与应用 一等奖	广东省人民政府
	2013	吴建连	全国农村科技致富女能手	中华全国妇女联合会
	2015	叶奕锐	省劳动模范	中共广东省委员会 广东省人民政府
	2016	叶奕锐	诚信之星	中央宣传部、中央文明办
	2016	叶奕锐	全国先进个体工商户	国家工商行政管理局 中国个体劳动者协会
市厅级	1995	董遵秩	先进工作者	湛江市人民政府
	1995	董遵秩	湛江市优秀共产党员	中共湛江市委员会
	1996	王　尧	湛江市 100 名非公有制经济先进人士	湛江市人民政府
	1998	董遵秩	广东省优秀乡镇企业家	广东省乡镇企业管理局
	2002	董遵秩	广东省建设系统先进工作者	广东省人事厅 广东省建设委员会
	2004	李进权	湛江市劳动模范	中共湛江市委员会 湛江市人民政府

（续上表）

等级	年份（年）	姓名	表彰名称	授予单位
市厅级	2006	叶奕锐	平安和谐家庭	中共湛江市委宣传部 湛江市妇女联合会 湛江市文明办
	2006	陈法强	优秀党务工作者	中共湛江市委员会
	2007	董遵秩	广东省希望工程爱心奖	广东省青少年发展基金会
	2010	叶奕锐	优秀爱心父母	广东省妇女联合会
	2011	叶奕锐	市劳动模范	中共湛江市委员会 湛江市人民政府
	2014	董遵秩	广东省助残先进个人	广东省人力资源和社会保障厅 广东省残疾人联合会
	2014	蔡华态	湛江市第十三届 人大代表活动积极分子	湛江市人大常委会
	2015	董遵秩	湛江市人大代表活动积极分子	湛江市人大常委会
	2017	吴建连	三八红旗手	广东省妇女联合会
县处级	1993	董遵秩	乡镇企业先进作者	徐闻县人民政府
	1994	董遵秩	湛江市乡镇企业 系统优秀企业管理人员	湛江市乡镇企业管理局
	1995	王　尧	十佳经济能人	中共徐闻县委员会
	1995	董遵秩	“徐闻县南亚果菜交易中心建设 暨农海产品订货会”先进个人	中共徐闻县委员会 徐闻县人民政府
	1995	董遵秩	优秀民营企业家	徐闻县人民政府
	1995	董遵秩	先进工作者	中共徐闻县委员会 徐闻县人民政府
	1996	陈法强	优秀团干部	共青团湛江市委员会
	1996	叶　丹	十佳进城创业青年	共青团湛江市委员会 湛江市劳动和社会保障局
	2002	林显平	先进工作者	中共徐闻县委员会 徐闻县人民政府

（续上表）

等级	年份（年）	姓名	表彰名称	授予单位
县处级	2002	陈法强	优秀党员	中共徐闻县委员会
	2003	陈法强	优秀党员	中共徐闻县委员会
	2003	李进权	县劳动模范	中共徐闻县委员会 徐闻县人民政府
	2003	王来兴	县劳动模范	中共徐闻县委员会 徐闻县人民政府
	2003	董遵秩	优秀政协委员	政协徐闻县委员会
	2003	董遵秩	优秀经理（厂长）	湛江市总工会
	2004	陈法强	优秀党员	中共徐闻县委员会
	2005	陈法强	优秀党务工作者	中共徐闻县委员会
	2005	董遵秩	踊跃捐款热心社会公益	徐闻县人民政府
	2005	叶　丹	踊跃捐款热心社会公益	徐闻县人民政府
	2005	叶　丹	县劳动模范	中共徐闻县委员会 徐闻县人民政府
	2005	董遵秩	优秀政协委员	政协徐闻县委员会
	2005	叶　丹	优秀政协委员	政协徐闻县委员会
	2005	叶奕锐	和睦家庭	中共徐闻县委员会 徐闻县人民政府
	2006	董遵秩	光彩之星	湛江市工商行政管理局 市个体劳动协会 市私营企业协会
	2006	黄　俊	光彩之星	湛江市工商行政管理局 市个体劳动协会 市私营企业协会
	2006	董遵秩	徐闻县扶残助残先进个人	徐闻县人民政府
	2006	董遵秩	困难职工帮扶工作先进个人	中共徐闻县委员会 徐闻县人民政府
	2006	黄　俊	困难职工帮扶工作先进个人	中共徐闻县委员会 徐闻县人民政府

（续上表）

等级	年份（年）	姓名	表彰名称	授予单位
县处级	2006	蔡武志	困难职工帮扶工作先进个人	中共徐闻县委员会 徐闻县人民政府
	2006	蔡武志	徐闻县职工职业道德建设先进个人	中共徐闻县委员会 徐闻县人民政府
	2007	吴美来	困难职工帮扶工作先进个人	中共徐闻县委员会 徐闻县人民政府
	2008	董遵秩	县劳动模范	中共徐闻县委员会 徐闻县人民政府
	2008	叶奕锐	县劳动模范	中共徐闻县委员会 徐闻县人民政府
	2008	黄　俊	十大爱心人士	政协徐闻县委员会
	2008	许胜能	爱心大使	中共徐闻县委员会 徐闻县人民政府
	2009	董遵秩	优秀共产党员创业标兵	中共徐闻县委员会
	2010	蔡华态	湛江市杰出法定代表人	湛江市城乡经济研究中心 湛江市市场协会 市精神文明建设委员会办公室
	2010	吴建连	三八红旗手	湛江市妇女联会会
	2011	林显平	县劳动模范	中共徐闻县委员会 徐闻县人民政府
	2011	蔡武志	县劳动模范	中共徐闻县委员会 徐闻县人民政府
	2011	黄　俊	爱心大使	中共徐闻县委员会 徐闻县人民政府
	2011	董遵秩	归侨侨眷先进个人	湛江市归国华侨联合会
	2012	蔡华态	爱心大使	中共徐闻县委员会 徐闻县人民政府
	2012	林　红	十佳优秀企业家	中共徐闻县委员会

（续上表）

等级	年份（年）	姓名	表彰名称	授予单位
县处级	2013	董遵秩	优秀共产党员	中共徐闻县委员会
	2013	林　红	十佳经济能人	中共徐闻县委员会
	2013	林　红	全国纳税先进户	徐闻县人民政府
	2014	欧小力	县劳动模范	中共徐闻县委员会 徐闻县人民政府
	2014	吴美来	县劳动模范	中共徐闻县委员会 徐闻县人民政府
	2014	许胜能	县劳动模范	中共徐闻县委员会 徐闻县人民政府
	2014	吴建连	县劳动模范	中共徐闻县委员会 徐闻县人民政府
	2014	董遵秩	先进工作者	徐闻县人民政府
	2014	叶奕锐	湛江好人	湛江市精神文明建设委员会
	2016	冯大洲	先进个人	政协徐闻县委员会
	2016	吴建连	最美农民	湛江市精神文明建设委员会
乡科级	2009	蔡武志	县五一劳动奖	徐闻县总工会
	2009	冯大洲	热心人士	徐闻县人民政府驻广州办事处 全国高校徐闻大学生联盟
	2010	罗祝琴	县五一劳动奖	徐闻县总工会
	2010	吴建连	三八红旗手	徐闻县妇女联合会
	2011	董遵秩	十大爱心人士	徐闻县工商联（总商会）
	2011	黄　俊	十大爱心人士	徐闻县工商联（总商会）
	2011	莫学金	十大爱心人士	徐闻县工商联（总商会）
	2011	欧小力	十大爱心人士	徐闻县工商联（总商会）
	2011	黄文胜	十大爱心人士	徐闻县工商联（总商会）

（续上表）

等级	年份（年）	姓名	表彰名称	授予单位
乡科级	2011	蔡华态	十大爱心人士	徐闻县工商联（总商会）
	2011	蔡　良	十大爱心人士	徐闻县工商联（总商会）
	2011	吴美来	十大爱心人士	徐闻县工商联（总商会）
	2011	倪光乐	十大爱心人士	徐闻县工商联（总商会）
	2011	曾冬浩	十大爱心人士	徐闻县工商联（总商会）
	2011	叶奕锐	扶贫妇女儿童先进个人	徐闻县妇女联合会
	2012	欧小力	优秀会员	徐闻县工商联（总商会）
	2012	吴美来	县五一劳动奖	徐闻县总工会
	2012	吴美来	优秀会员	徐闻县工商联（总商会）
	2012	莫学金	优秀会员	徐闻县工商联（总商会）
	2012	冯大洲	优秀会员	徐闻县工商联（总商会）
	2012	黄　俊	优秀会员	徐闻县工商联（总商会）
	2012	许林清	优秀会员	徐闻县工商联（总商会）
	2012	许丰年	优秀会员	徐闻县工商联（总商会）
	2012	蔡武志	优秀会员	徐闻县工商联（总商会）
	2012	许胜能	优秀会员	徐闻县工商联（总商会）
	2012	杨　钦	优秀会员	徐闻县工商联（总商会）
	2012	罗祝琴	优秀会员	徐闻县工商联（总商会）
	2012	黄永青	优秀会员	徐闻县工商联（总商会）
	2012	蒋国明	优秀会员	徐闻县工商联（总商会）
	2012	许　琳	优秀会员	徐闻县工商联（总商会）
	2012	黄文胜	优秀会员	徐闻县工商联（总商会）
	2012	叶奕锐	优秀会员	徐闻县工商联（总商会）

（续上表）

等级	年份（年）	姓名	表彰名称	授予单位
乡科级	2012	倪光乐	优秀会员	徐闻县工商联（总商会）
	2012	蔡华态	优秀会员	徐闻县工商联（总商会）
	2015	董遵秩	爱心人士	中共徐闻县委统战部 徐闻县工商联（总商会）
	2015	蔡华态	爱心人士	中共徐闻县委统战部 徐闻县工商联（总商会）
	2015	欧小力	爱心人士	中共徐闻县委统战部 徐闻县工商联（总商会）
	2015	吴美来	爱心人士	中共徐闻县委统战部 徐闻县工商联（总商会）
	2015	莫学金	爱心人士	中共徐闻县委统战部 徐闻县工商联（总商会）
	2015	林显平	爱心人士	中共徐闻县委统战部 徐闻县工商联（总商会）
	2015	冯大洲	爱心人士	中共徐闻县委统战部 徐闻县工商联（总商会）
	2015	黄　俊	爱心人士	中共徐闻县委统战部 徐闻县工商联（总商会）
	2015	许胜能	爱心人士	中共徐闻县委统战部 徐闻县工商联（总商会）
	2015	罗祝琴	爱心人士	中共徐闻县委统战部 徐闻县工商联（总商会）
	2015	黄文胜	爱心人士	中共徐闻县委统战部 徐闻县工商联（总商会）
	2015	李进权	爱心人士	中共徐闻县委统战部 徐闻县工商联（总商会）
	2015	吴堪兴	爱心人士	中共徐闻县委统战部 徐闻县工商联（总商会）
	2015	叶奕锐	爱心人士	中共徐闻县委统战部 徐闻县工商联（总商会）
	2015	王　尧	爱心人士	中共徐闻县委统战部 徐闻县工商联（总商会）

第二节 异地徐闻商会及会员获得的表彰

一、佛山市徐闻商会及会员历年获得表彰情况

（一）佛山市徐闻商会历年获得的表彰

佛山市徐闻商会历年获得的表彰统计表

年份（年）	表彰名称	授予单位
2015	先进商会	中共徐闻县委统战部、徐闻县工商联（总商会）

（二）佛山市徐闻商会企业（或团体）会员历年获得的表彰

佛山市徐闻商会企业（或团体）会员历年获得的表彰统计表

年份（年）	企业（或团体）名称	表彰名称	授予单位
2013	顺德港华金属制品有限公司	社会贡献突出企业	徐闻县工商联（总商会）
2013	佛山市浩文彩色印刷有限公司	社会贡献突出企业	徐闻县工商联（总商会）

（三）佛山市徐闻商会个人会员历年获得的表彰

佛山徐闻商会个人会员历年获得的表彰统计表

年份（年）	姓名	表彰名称	授予单位
2015	高明瑜	爱心人士	中共徐闻县委统战部、徐闻县工商联（总商会）
2015	曾冬浩	爱心人士	中共徐闻县委统战部、徐闻县工商联（总商会）

（续上表）

年份（年）	姓名	表彰名称	授予单位
2015	赵兴銮	爱心人士	中共徐闻县委统战部、徐闻县工商联（总商会）
2015	黄执经	爱心人士	中共徐闻县委统战部、徐闻县工商联（总商会）
2015	朱卫红	爱心人士	中共徐闻县委统战部、徐闻县工商联（总商会）
2015	陈　杰	爱心人士	中共徐闻县委统战部、徐闻县工商联（总商会）
2015	潘联斌	爱心人士	中共徐闻县委统战部、徐闻县工商联（总商会）

二、东莞市徐闻商会及会员历年获得表彰情况

（一）东莞市徐闻商会企业（或团体）会员历年获得的表彰

东莞市徐闻商会企业（或团体）会员历年获得的表彰统计表

年份（年）	企业（或团体）名称	表彰名称	授予单位
2013	东莞市祥安网络科技有限公司	社会贡献突出企业	徐闻县工商联（总商会）

（二）东莞市徐闻商会个人会员历年获得的表彰

东莞市徐闻商会个人会员历年获得的表彰统计表

年份（年）	姓名	表彰名称	授予单位
2015	林　耀	爱心人士	中共徐闻县委统战部、徐闻县工商联（总商会）
2015	林堪朝	爱心人士	中共徐闻县委统战部、徐闻县工商联（总商会）

三、深圳市徐闻商会及会员历年获得表彰情况

（一）深圳市徐闻商会历年获得的表彰

深圳市徐闻商会历年获得的表彰统计表

年份（年）	表彰名称	授予单位
2015	先进商会	中共徐闻县委统战部、徐闻县工商联（总商会）

（二）深圳市徐闻商会企业（或团体）会员历年获得的表彰

深圳市徐闻商会企业（或团体）会员历年获得的表彰统计表

年份（年）	企业（或团体）名称	表彰名称	授予单位
2008	龙之珍珠有限公司	广东省名牌产品	广东省质量技术监督局
2008	龙之珍珠有限公司	广东省著名商标	广东省质量技术监督局
2011	龙之珍珠有限公司	广东省名牌产品	广东省质量技术监督局
2011	龙之珍珠有限公司	广东省著名商标	广东省质量技术监督局
2011	家一块餐饮管理有限公司	最佳新品奖	南方都市报和香港卫视联合颁发
2011	家一块餐饮管理有限公司	教育教学先进单位	深圳市宝安区沙井街道工作委员会、深圳市宝安区沙井街道办事处
2012	龙之珍珠有限公司	广东省科学技术一等奖	广东省人民政府
2012	龙之珍珠有限公司	粤澳名优商品优秀奖	澳门贸易投资促进局及广东省商务厅
2012	深圳市东方新鹏投资发展有限公司	民办教育优秀奖	深圳市宝安区教育局
2013	深圳当代侠峰电机公司	第四届中国（深圳）创新创业大赛优胜奖	深圳市政府
2013	深圳汇林达铝膜板有限公司	高新技术企业	深圳市科技创新委员会 深圳市财政委员会

（续上表）

年份（年）	企业（或团体）名称	表彰名称	授予单位
2013	深圳市东方新鹏投资发展有限公司	优质校园安全奖	深圳市宝安区石岩街道办事处
2014	龙之珍珠有限公司	广东省著名商标	广东省质量技术监督局
2014	龙之珍珠有限公司	广东省名牌产品	广东省质量技术监督局

（三）深圳市徐闻商会会员历年获得的表彰名录

深圳市徐闻商会个人会员历年获得的表彰统计表

年份（年）	姓名	表彰名称	授予单位
2012	何　炯	民办教育个人先进工作者	深圳市宝安区松岗街道办事处 深圳市宝安区松岗街道教办
2015	符　献	爱心人士	中共徐闻县委统战部、徐闻县工商联（总商会）
2015	蔡文江	爱心人士	中共徐闻县委统战部、徐闻县工商联（总商会）
2015	林成斌	爱心人士	中共徐闻县委统战部、徐闻县工商联（总商会）
2015	梁家铭	爱心人士	中共徐闻县委统战部、徐闻县工商联（总商会）
2015	陈昌悦	爱心人士	中共徐闻县委统战部、徐闻县工商联（总商会）
2015	邹成江	爱心人士	中共徐闻县委统战部、徐闻县工商联（总商会）
2015	董洁泉	爱心人士	中共徐闻县委统战部、徐闻县工商联（总商会）

四、惠州市徐闻商会及会员历年获得表彰情况

（一）惠州市徐闻商会企业（或团体）会员历年获得的表彰

惠州市徐闻商会企业（或团体）会员历年获得的表彰统计表

年份（年）	企业（或团体）名称	表彰名称	授予单位
2013	惠州市湛惠通信有限公司	社会贡献突出企业	徐闻县工商联（总商会）

（二）惠州市徐闻商会会员历年获得的表彰名录

惠州市徐闻商会个人会员历年获得的表彰统计表

年份（年）	姓名	表彰名称	授予单位
2015	陈　端	爱心人士	中共徐闻县委统战部、徐闻县工商联（总商会）

五、广州市徐闻商会及会员历年获得表彰情况

（一）广州市徐闻商会历年获得的表彰

广州市徐闻商会历年获得的表彰统计表

年份（年）	表彰名称	授予单位	授予单位
2015	先进商会	中共徐闻县委统战部、徐闻县工商联（总商会）	中共徐闻县委统战部、徐闻县工商联（总商会）

（二）广州市徐闻商会企业（或团体）会员历年获得的表彰

广州市徐闻商会企业（或团体）会员历年获得的表彰统计表

年份（年）	企业（或团体）名称	表彰名称	授予单位
2010	广州市泰基工程技术有限公司	2009 年度优秀合作伙伴	中建五局广东公司
2011	广州市泰基工程技术有限公司	连续两年（2009 — 2010 年）广东省守合同重信用企业	广州市工商行政管理局
2011	广州市泰基工程技术有限公司	高新技术企业	广东省科学技术厅、广东省财政厅、广东省国家税务局、广东省地方税务局
2012	广州市广丰装饰材料有限公司	广东省守合同重信用企业	广州市工商行政管理局
2013	广州市泰基工程技术有限公司	雅安赈灾慈善奖最具爱心慈善捐赠单位	中国宋庆龄基金会广东办事处
2013	广州市广丰装饰材料有限公司	社会贡献突出企业	徐闻县工商联（总商会）

（三）广州市徐闻商会会员历年获得的表彰名录

广州市徐闻商会个人会员历年获得的表彰统计表

年份（年）	姓名	表彰名称	授予单位
2006	林　纯	爱心人士	广州市老人院
2000	李盛勇	十大优秀中青年科技带头人	广东省建筑设计研究院

（续上表）

年份（年）	姓名	表彰名称	授予单位
2015	倪光乐	爱心人士	中共徐闻县委统战部、徐闻县工商联（总商会）
2015	郑礼应	爱心人士	中共徐闻县委统战部、徐闻县工商联（总商会）
2015	黄舰艇	爱心人士	中共徐闻县委统战部、徐闻县工商联（总商会）
2015	黄　腾	爱心人士	中共徐闻县委统战部、徐闻县工商联（总商会）
2015	张　奎	爱心人士	中共徐闻县委统战部、徐闻县工商联（总商会）
2015	吴建荣	爱心人士	中共徐闻县委统战部、徐闻县工商联（总商会）
2015	朱晓明	爱心人士	中共徐闻县委统战部、徐闻县工商联（总商会）
2015	林　纯	爱心人士	中共徐闻县委统战部、徐闻县工商联（总商会）
2015	王思思	爱心人士	中共徐闻县委统战部、徐闻县工商联（总商会）
2015	陈德生	爱心人士	中共徐闻县委统战部、徐闻县工商联（总商会）
2015	莫国勇	爱心人士	中共徐闻县委统战部、徐闻县工商联（总商会）
2015	莫光寨	爱心人士	中共徐闻县委统战部、徐闻县工商联（总商会）
2015	曾堪玖	爱心人士	中共徐闻县委统战部、徐闻县工商联（总商会）
2015	陈千帆	爱心人士	中共徐闻县委统战部、徐闻县工商联（总商会）
2015	唐乃革	爱心人士	中共徐闻县委统战部、徐闻县工商联（总商会）

六、珠海市徐闻商会及会员历年获得表彰情况

（一）珠海市徐闻商会历年获得的表彰

珠海市徐闻商会历年获得的表彰统计表

年份（年）	荣誉名称	授予单位
2015	先进商会	中共徐闻县委统战部、徐闻县工商联（总商会）

（二）珠海市徐闻商会会员历年获得的表彰名录

珠海市徐闻商会个人会员历年获得的表彰统计表

年份（年）	姓名	表彰名称	授予单位
2015	符应乐	爱心人士	中共徐闻县委统战部、徐闻县工商联（总商会）
2015	吴晓腾	爱心人士	中共徐闻县委统战部、徐闻县工商联（总商会）
2015	邓图快	爱心人士	中共徐闻县委统战部、徐闻县工商联（总商会）
2015	黄邦特	爱心人士	中共徐闻县委统战部、徐闻县工商联（总商会）
2015	李　婵	爱心人士	中共徐闻县委统战部、徐闻县工商联（总商会）
2015	杨振豪	爱心人士	中共徐闻县委统战部、徐闻县工商联（总商会）
2015	李振东	爱心人士	中共徐闻县委统战部、徐闻县工商联（总商会）
2015	林小琳	爱心人士	中共徐闻县委统战部、徐闻县工商联（总商会）
2015	张德珠	爱心人士	中共徐闻县委统战部、徐闻县工商联（总商会）

七、湛江市徐闻商会及会员历年获得表彰情况

湛江市徐闻商会会员历年获得的表彰名录

湛江市徐闻商会个人会员历年获得的表彰统计表

年份（年）	姓名	表彰名称	授予单位
2009	李世东	2006 — 2009 年度劳动模范	中共来宾市委员会、来宾市人民政府
2015	李世东	爱心人士	中共徐闻县委统战部、徐闻县工商联（总商会）
2015	邱东华	爱心人士	中共徐闻县委统战部、徐闻县工商联（总商会）

八、海南徐闻商会及会员历年获得表彰情况

（一）海南徐闻商会企业（或团体）会员历年获得的表彰

海南徐闻商会企业（或团体）会员历年获得的表彰统计表

年份（年）	企业（或团体）名称	表彰名称	授予单位
2002—2015	海南华禄食品冷冻有限公司	2002—2015年度海南特色产业龙头企业	海南省人民政府
2011	昌江南方剑麻开发有限公司	昌江石碌剑麻生产基地为海南省热作标准化生产示范园	海南省农业厅
2011	昌江南方剑麻开发有限公司	海南省农业龙头企业	海南省农业厅
2012	海口五福门红木家具有限公司	2010—2012年优秀民营企业	海南省发展和改革委员会 海南省工业和信息化厅 海南省民营企业家协会
2014	海南华禄食品冷冻有限公司	2013—2014海南省家产品著名品牌单位	海南省农业厅

（二）海南徐闻商会会员历年获得的表彰名录

海南徐闻商会个人会员历年获得的表彰统计表

年份（年）	姓名	表彰名称	授予单位
2002	吴丽珠	海口市教育工作先进个人	海口市教育局
2005	吴丽珠	海口市优秀园长	海口市教育局
2009	吴丽珠	2007—2009年度 海口市优秀教师	海口市教育局
2013	陈文彬	海南首届基层禁毒标兵	海南省禁毒委员会
2013	吴丽珠	2011—2013年度 海口市秀英区优秀园长	海口市教育局
2014	陈文彬	海南中小企业杰出青年奖	海南省科技厅
2015	许良玉	爱心人士	中共徐闻县委统战部 徐闻县工商联（总商会）
2015	杨光辉	爱心人士	中共徐闻县委统战部 徐闻县工商联（总商会）
2015	邓承建	爱心人士	中共徐闻县委统战部 徐闻县工商联（总商会）
2015	陆家好	爱心人士	中共徐闻县委统战部 徐闻县工商联（总商会）
2015	曾星龙	爱心人士	中共徐闻县委统战部 徐闻县工商联（总商会）
2015	梁玉光	爱心人士	中共徐闻县委统战部 徐闻县工商联（总商会）

九、肇庆市徐闻商会会员历年获得表彰情况

肇庆市徐闻商会个人会员历年获得的表彰统计表

年份（年）	姓名	表彰名称	授予单位
2015	梁　梧	爱心人士	中共徐闻县委统战部 徐闻县工商联（总商会）

第七章

人物

第一节 历史人物

李栋卿（1886—？），男，字德高，徐闻县人。民国2年（1913年），徐闻县商会成立后，当选为第一任会长。

他承袭祖、父辈创办的徐城大兴隆、兴祥铺号产业，勤勉经营，待人宽厚，古道热肠，宁可自己吃亏也不苛求于人，是徐闻县著名的儒商之一。在民国初期徐闻工商界诸多纷争和矛盾中，他又是一个和事佬、调解人。

民国初年，苛捐杂税名目繁多，百姓商户苦不堪言。徐闻县商会成立后，办公地点在登云塔旁一所坐北朝南的小四合院。李栋卿就任商会会长后，四处奔走呼号，争取为商户减免苛捐杂税。后来又开办“商会初级学校”，聘请教师，培训会计、出纳人员。学校共有2个班，学生60多人。这所学校成为徐闻县最早专门培训商业贸易人才的学校。

徐闻县商会由李栋卿等人创立，当时有董事16人，组成董事会，投票选举李栋卿为会长。商会活动经费大部分由各行业分担，其余的由商会出具证明书收费弥补不足。徐闻糖业交易兴盛，每因秤头误差，买卖双方常起争执，从事糖业行业的商人，纷纷要求商会设立“公秤处”。凡来过秤者，按规定收取费用，日积月累，有一定的积蓄。于是由会长李栋卿负责购置器材，选定武东大街螺祖庙（泰华宫）左侧地面为会址，修建新屋，于民国2年（1913年）落成，并一直沿用至新中国成立后的一段时间。

民国初，徐闻匪乱期间，土匪轮番攻击县城，奸淫掳掠、杀人放火、绑票勒索、无恶不作，无所不用其极。李栋卿利用自己的影响力，替被土匪绑票的商人求情，调解商人之间的争议。他与驻军首领等人结拜为兄弟，送钱送物给官府和军队，以求庇护，尽力保护商人利益。有时为商人救急他不惜拆借自己商铺的款项，甚至为被绑票商人垫付一部分赎金。这些都大伤大兴隆和兴祥商铺的元气，使其到入不敷出的境地，再加上土匪攻陷徐闻县城时对这两个商铺的劫掠，李栋卿的生意更是雪上加霜。后来，李栋卿卸任会长，并关停铺面，回家闲居直至去世。

刘国才

（1845 — 1939 年），男，原籍广东潮州府潮安县人。

幼年刘国才随叔父外出经商，就职于广州的钱庄，其后离开银行经营百货业，并移业徐闻县城的糖行“陈大源行”，后任经理。由于经营有方，讲信誉，生意兴旺，他在当时徐闻社会上深孚众望，与国民政府徐闻县长来往较多。

民国 18 年 (1929 年) 匪乱再起，饥民较多，刘国才号召各商帮广泛集资购买大米，与有关单位在城东、城南火烧寮、城内南门、城外大街等处设舍饭场，给每位灾民供应两椰子壳粥，帮助灾民度荒，广获全县民众的好评。

在商界，他严以律已，俭以养廉，急公好义，乐善好施。他曾牵头设立一所专供流离失所灾民子女读书的私立完全小学（其后这所小学并入龙尾学校），支持和救济孤儿院、慈善会。1929 年，他多次为小商贩呼吁县政府大幅减免税款，平抑物价，稳定社会。此举得罪县官，其商行惨遭报复性查封，刘国才因此愤而辞去商会职务，不再参与官方半官方事务。1939 年他在县城去世，是 20 世纪二三十年代徐闻工商界影响力较大、威信较高的人物之一。

陈介生

男，徐闻县龙华镇龙浮里（现城北乡和家村）人，生卒年月不详，曾任民国时期徐闻县商会理事、会长。

青少年时期，陈介生由于家贫而到县城米行街曾氏米铺当学徒。后又到广府人开设的药行当药童，小有积蓄的陈介生开始经营小商品贸易业，开设多家商行，并担任徐闻县商会理事、会长。徐闻匪灾期间，陈介生的多家商铺被毁，但其仍积极投身救济灾民的公益事业。匪乱结束后陈介生继续在徐闻城内从事商业贸易，声望一直很好。

何宗莹 男，徐闻县城北乡嘉乐园村人，生卒年月不详。曾任民国时期徐闻县商会会长。

何宗莹早年在徐闻简易师范学校和海南琼台师范学校毕业后一直从事教职。民国年间，何荦曾回乡倡议建立民众教育馆和图书馆。同为嘉乐园村人而又在徐闻教育界任职的何宗莹由于积极参与文化建设而深受何荦的器重，被何荦推荐为徐闻县公共书报处（县文化馆前身）筹建人，并兼任处长，亲督修建民众教育馆和图书楼。1936 年后投身商界，受何仲权聘用，出任“何裕兴”商行和“港记”业务科长、襄理（相当于副经理）、经理等职长达十余年。民国中后期，在何荦和何仲权兄弟及县长陈桐的授意下，1935 年至 1939 年出任徐闻县商会会长。

曾庆瑶（1901 — 1988 年），男，徐闻县城东庄曾宅巷人。1951 年 5 月当选为徐闻县工商联合会副主任委员。

曾庆瑶少年随父学文习商，1931 年正式接手父业经营“民天记”商行。其后与人合股开设“昌旺”商行,后又独资经营“怡庆丰”土产商行和“益安堂”药店，生意兴隆，赢利颇丰，又拓展与海安、海口的业务。他不仅是经商有术的能手，也是积极为商界服务的商务活动家。

第二节　徐闻县工商联（总商会）历届领导

符乃栋 男，1924 年 8 月（农历七月初七）出生，徐闻县前山镇孙田村人，初中文化。1948 年参加革命活动，1953 年 5 月至 1956 年 1 月担任徐闻县工商联筹委会主任委员。历任孙田村委会主任、县文工团组长、县贸易公司秘书、县土产公司经理、龙塘镇人民政府助理、县财贸办公室副主任。1988 年离休。

潘家丰（1912 — 1974 年），男，徐闻县迈陈镇坑头村委会雍妥村人，小学文化，徐闻县人大代表。1956 年 1 月至 1957 年 2 月担任徐闻县工商业联合会第一届执委会主任委员。

新中国成立前，潘家丰在家当过农民，后在县城如春园药店打过工、跟别人合伙做过生意。新中国成立初期，他经营一间布店，并于 1950 年至 1953 年兼任徐城镇民主路治保主任（当时唯一的一条街道），没有工资和任何补贴。当时县城刚解放，国民党残余分子的破坏活动十分猖獗，他把自家生意让老婆一人管理，自己日夜在外操劳，维护社会治安，在群众心目中享有较高的威望。

徐闻解放后，解放军进驻徐闻县城，准备解放海南岛。潘家丰夜以继日地支持和配合做好支前工作。

他为配合政府和平改造资本主义工商业，在 1956 年公私合营企业中，潘家丰组织县工商界人士学习和理解党的政策，并首批带头把自家经营布店的全部资产合并到国营企业中。公私合营后，潘家丰被选为私方经理、县首届工商业联合会主任委员、县人民代表大会代表。他于 1957 年被划为“右派分子”，下放到徐闻县工商联卫星农场劳动改造。1960 年他被摘掉“右派”帽子。1974 年逝世后，1979 年才给予平反，恢复政治名誉。

陈居玖（1917 —1997 年），男，汉族，徐闻县海安镇麻城杏磊村人，后随母亲迁到县城榕树园居住。1957 年 2 月至 1987 年 4 月，担任徐闻县工商联第二至第六届执委会主任委员。1987 年 4 月至 1992 年 4 月任徐闻县工商联第七届名誉主委。他曾任县城联营社经理、公私合营徐闻酒厂副厂长、副县长（主动辞职）、县政协副主席。

他于 1926 年至 1928 年在县城就读木棉树小学；1928 年至 1930 年就读县立第一高级小学；1930 年至 1933 年，就读县简易师范学校；1933 年至 1939 年，在县城经营百货店做工；1940 年，在莫宅村私塾任教；1945 年至 1951 年，在大街开酒店。

陈居玖一生与酿酒结下不解之缘。新中国成立前，他经营家庭酒坊，除酿造白酒、糖酒之外，还利用土产毛鸡创造性地生产出“毛鸡药酒”。新中国成立后，他加入徐城酿酒联社。1951 年至 1956 年，任徐闻县城联营社经理、徐城工业铜业会主任；1956 年，加入地方国营徐闻酒厂。1956 年至 1967 年，任公私合营徐闻酒厂副厂长。1957 年，徐闻县人民代表大会选举他为徐闻县人民政府副县长，他主动辞职，没有上任，坚持在徐闻酒厂工作。1967 年至 1971 年，任地方国营徐闻酒厂副厂长。

“文革”开始后，他被视为“走资派”和“黑五类”，受到各种冷遇，被游街批斗。1972年，他被动员退职。1973年复职，同时办理退休手续。退休后，陈居玖不为高额报酬所动，拒绝一些单位的聘请。1974年起，他先后受聘于徐闻果菜公司、徐闻罐头厂、徐闻酒厂，担任生产技术顾问，参与生产技术指导。他把“毛鸡药酒”秘方和酿酒技术毫不保留地奉献出来，使徐闻酒厂恢复“毛鸡药酒”生产，还研制出“牡山羊酒”“马鬃蛇酒”等十来个新药酒品种。这些新产品在市场上享有盛誉。

1980年至1983年，他任徐闻县政协常委。1983年至1984年，任县政协副主席。他在担任徐闻县工商联主委期间，积极组织和带领工商界人士认真完成党委和政府下达的各项工作任务，热心帮助工商业者解决实际困难，组织有关人员走访徐闻县工商界老前辈，编写徐闻县商会、工商联发展史。

杨家礼（1921 — 1997年），男，汉族，徐闻县城人，高中文化，徐闻县工商联第二、三、四、五届执委会专职副主委、海安航道站副站长、徐城企业办副主任。

1930年至1937年，先后在徐城城内小学、徐闻第一高级小学等学校读书；1937年至1941年，先后干过糖寮工、汽车工、鞋店工；1941年至1946年在县城太和酒铺当店员；1946年6月至8月，因逃避征兵而被捕坐牢。1946年至1949年，在县城华记酒店当店员；1950年至1951年，在县城普天号、琼记号做雇佣工；1951年至1954年，联合4个失业工人搞生产自救，合资开捷华号经营纱布生意；1951年至1954年，在县城组织联合经营社并任副董事长；1954年至1956年，在县城华建糖厂工作；1956年至1968年，任徐闻县工商联专职副主委；1968年至1972年，被下放到大水桥“五七”干校劳动；1972年至1977年，在县二轻食品厂工作；1977年至1981年，在湛江航道海安航道站任副站长；1981年至1989年，在徐城镇财贸办、企业办任副主任直至退休。

杨家礼曾于1979年至1986年当选为徐闻县第七、第八届人大代表，徐闻县第一、第二届政协委员；曾担任20世纪50年代县中苏友好协会财务组长、县爱国卫生委员会副主任、工商界支援土改委员会主任、支援抗美援朝委员会主任、拥税护税领导小组组长等职务。

1951年10月，他获得徐闻县人民政府颁发的拥税护税奖；1951年1月，获得徐闻县商业局“双献运动”个人积极奖；1974年至1975年，连续两年获得县工交战线第一、第二期路线教育运动先进队员奖；1977年，获得湛江地区航道局颁发的工业学大庆先进个人奖；1979年至1980年，连续两年获得湛江地区航道局颁发的航道工作先进工作者奖。

黄家培（1938—2016年），男，汉族，1938年12月出生，徐闻县西连镇承梧村人，助理农艺师，先后在县农业局、县两委办、县委组织部等单位工作。曾担任徐闻县工商联第八届执委会主任委员，历任下桥镇党委书记、县民政局局长、县委统战部副部长。

朱必达 男，1943年12月出生，徐闻县城木棉树豆仔园人，徐闻县工商联党支部首任书记，徐闻县工商联第七、第八届执委会专职副主任委员，县政协常委。

他童年在徐城木棉树小学念书；1958年至1964年，在徐闻中学读书。高中毕业后，先后在徐城当4年民师，在县二轻局从事财务工作14年，在县委办公室工作5年，在徐闻县工商联任副主任委员17年，直至退休。1985年至1993年，曾断断续续被抽调到县纪委工作。他喜欢学习，热爱工商联工作，乐意为会员服务，关心工商联老前辈的晚年生活。

高科夫 男，汉族，1952年7月出生，徐闻县南山镇槟榔村人。他曾担任徐闻县工商联第八届执委会主委（届中任），历任城北区区长、华建糖厂书记、迈陈糖厂厂长。

1971年至1974年，在原附城公社保卫组工作；1974年至1977年，在华南师范大学物理专业读书；1977年至1979年，在迈陈中学、徐闻一中任教；1979年至1986年，在原城北区先任管委会副主任兼办公室主任，后任城北区区长兼党委副书记；1986年至1996年，在华建糖厂任副书记、书记；1996年至2000年，在迈陈糖厂任党委书记兼厂长；2000年至2004年，任徐闻县工商联主委；2004年，调任徐闻县经济贸易局主任科员；2013年退休。

黄小端 女，汉族，1971年10月出生，原藉徐闻县锦和镇人，1987年至1990年，就读于广东省海康师范学校；1990年至2000年，任县妇联干事、办公室主任；2000年至2002年，任徐闻县宗教局副局长；2002年至2007年，任县委统战部副部长、2003年7月至2007年6月，任徐闻县工商联党组书记、县委统战部副部长；2007年7月起，为徐闻县委统战部主任科员。

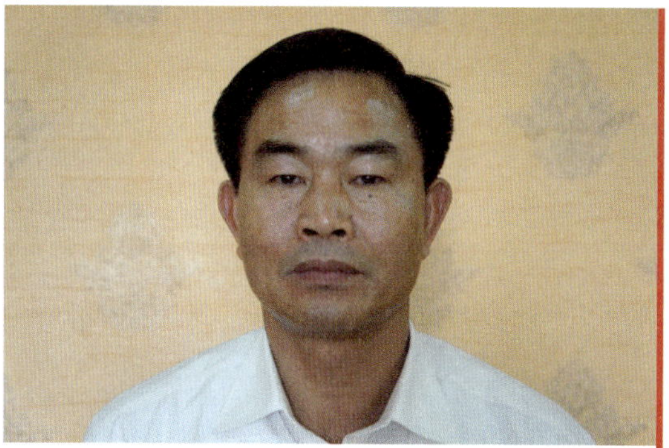

林红 男，汉族，1958年3月出生，高中学历，徐闻县人，助理经济师。徐闻县海鲜酒店总经理、徐闻县第十四、十五届人大常委，县个体私营协会副会长、会长。2004年2月至2009年5月担任徐闻县工商业联合会第九届执委会会长（主席）。

林红出身于农民家庭。1987年他抓住商机开办“海鲜餐厅”，获得可观盈利。1992年后“海鲜餐厅”被湛江市旅游局定为一类旅游用餐定点酒家。他后来投资近200万元办起海洋酒楼。从事餐饮业30年，林红为国家纳税150多万元。

1998年9月，林红动员19户私营企业捐款13,000多元，支援全国抗洪救灾，他本人捐款5000元。县个私协因此受到省市个私协的表扬。多年来，林红在扶贫济困、修路、赈灾、奖教助学、慰问、综治维稳等方面，累计捐款60多万元。

林红积极参政议政。建设徐闻文化广场和改造旧城区供水设施等议案提案获得县委、县政府的肯定，并付与实施。

他先后被评为“全国个体户依法纳税先进个人”，市、县“纳税先进户”，“徐闻县十大优秀企业家”以及“徐闻县非公有制十大经济能人”。他先后当选为湛江市九届、十一届人大代表，湛江市八届、九届政协委员，县十三届人大代表，县五、六、七、十届政协常委。

陈法强 男，汉族，1970年1月出生，中共党员，大学学历，出生于徐闻县徐城，徐闻县工商联党组书记、县委统战部副部长，徐闻县第十六届人大常委。

他于1989年至1991年就读于广东社会科学大学经济管理专业；1992年至1994年任县广播电视局团支部书记、新闻记者；1995年1月至2007年6月任县直属机关团工委副书记、书记、中共徐闻县直属机关工作委员会副书记（其中，2001年1月至2003年12月在中央党校法律专业本科班学习）；2007年6月起，任徐闻县工商业联合会党组书记、县委统战部副部长、县工商业联合会副主席。

他努力组织协调和带领干部职工及非公有制经济人士为徐闻县经济建设添砖加瓦，积极引导和动员商会及会员为徐闻社会公益事业捐款捐物。特别是2014年，他积极组织协助广州商会、珠海商会、佛山商会等筹款700多万元给徐闻救灾复产。2008年以来，他主持牵头有关单位成功举办徐闻县“十大名菜”评选活动和“徐闻十大长寿名菜”与“徐闻十大农海产品”评选活动。他积极协调有关单位和个人成功举办2016年、2017年徐闻菠萝文化旅游节。先后牵头组织成立南山、迈陈等9个乡镇商会、3个协会和佛山、海南等10个异地徐闻商会，商会组织建设工作经验得到省、市工商联的肯定和推广。2015年12月，徐闻县工商联被广东省工商联认定为“五好”县级工商联。

董遵秩 男，汉族，1957年8月出生，徐闻县城北乡石岭隆盛村人，中共党员、大专文化、经济师、建筑助理工程师。徐闻县华建房地产开发有限公司董事长、总经理，县政协第六届至第九届常委，县第十五届人大代表，湛江市第十届至第十三届人大代表，湛江市工商联常委，湛江市房协副会长，湛江市个私协副会长。2009年5月至2017年1月担任徐闻县工商业联合会第十届执委会主席、县总商会会长。

他于1974年参加工作，1975年被选拔为附城公社石岭大队党支部副书记，1980年调任城北区企业办会计、统计、企业办副主任。1986年，任城北工程队队长、党支部书记。1988年，城北工程队升格为徐闻县第三建筑工程总公司，他出任总经理，直至2004年辞职。从1986年开始，他率领创业团队，仅用10多年的时间，就把一个基层小建筑队，打造成国家建筑二级施工企业。1993年，他考转为国家干部，同年被选为城北乡副乡长。2002年6月，为了专心从事企业管理，而主动辞去副乡长职务。2003年3月，他及时捕捉商机，组建徐闻县华建房地产开发有限公司，出任董事长、总经理。2009年5月，当选为徐闻县工商业联合会第十届执委会主席、县总商会会长。

他在改革开放之初，就开始从事建筑业，由于他善于管理企业，勇于开拓市场，把工程质量当作建筑企业的生命，不但在徐闻的房屋、道路等城市基础设施建设方面引领潮流，创下佳绩，还把业务扩展到海南、珠海、湛江、深圳等地。当徐闻县建筑企业竞争日益激烈，房地产尚未形成市场时，他以敏锐的市场意识和超前的战略眼光，组建徐闻县华建房地产开发有限公司，并出任董事长、总经理，经营房地产开发。2004年，他以准确的市场定位，投资3亿多元，成功地把原徐闻县华建糖厂、原徐闻县酒厂改造开发为徐闻县第一个上规模的华建花园和徐闻教师村住宅区，成为当时湛江市县（区）

城镇唯一按广东省绿色住区标准规划建设的高起点住宅小区。

他在商业活动过程中，坚持以人为本，善待员工，从未拖欠工程款和工人工资。按国家政策给员工购买社会养老保险、医疗保险和劳保福利。他依法按时纳税，每年为国家缴纳各种税费 400 多万元，多的年份 1000 万元以上，是徐闻县民营企业纳税大户之一。

积极参政议政，履行代表职责。他自当选市人大代表、县政协常委以来，从百忙中抽出时间积极参加人大、政协各项参政议政工作，全心全意当好人民群众的代言人。他从实际出发，提出《充分利用当地银行储蓄存款支持县域经济发展的建议》《关于充分发挥县级金融机构作用推动县域经济又好又快发展议案》《关于全面清理疏通县城排污管道的建议》等议案及建议，均受到政府部门的高度重视，得到逐步落实。

慷慨解囊，热衷奉献。他倡导创办家乡石岭的助学奖教协会，积极支持徐闻县奖学协会等慈善机构，为这些慈善机构捐款 100 多万元。2010 年，他为县高考暨留学优秀学生奖学协会（县政协组建）捐款 33 万元。为大黄中学、大黄小学、城北中学等多所学校建设减免工程款近 1000 万元。2009 年至 2011 年 6 月向县扶贫、赈灾、残联和孤儿院等单位捐款 80 万元，为家乡新农村建设捐款 100 多万元，为家乡硬底化道路、水电设施和文化楼建设捐款 200 万元。特别是 2014 年受超强台风“威马逊”的影响，他无暇顾及自己公司损失，带领徐闻县工商联有关人员察看、慰问受灾严重的企业。为筹善款，他组织徐闻县工商联（总商会）协助广州商会、珠海商会、佛山商会等为徐闻县受灾共筹款 700 多万元。

董遵秩的企业经营管理成绩显著，对徐闻经济建设和社会事业作出贡献，获得表彰。他先后被授予“广东省优秀青年企业家”“全国优秀乡镇企业经理”“全国建设系统劳动模范”“广东省优秀共产党员”“湛江市关心下一代工作突出贡献奖”“广东省扶贫助残先进个人”等 50 多项称号。

欧小力 1969年8月出生，徐闻县西连镇人，大专学历。1992年2月至1995年10月，在徐闻县酒厂工作。1995年10月至2001年7月，在湛江市乡镇企业局工作。2001年7月至2006年8月，在徐闻曲界炮厂工作。2006年8月至2015年，在徐闻兴力房地产有限公司工作，任董事长（其中，2009年5月，任徐闻县工商联第十届执委会副主席；2011年4月起，任徐闻县鸿兴混凝土搅拌有限公司董事长）。徐闻县第十六届人大常委，2017年1月当选为徐闻县工商业联合会第十一届执委会主席、县总商会会长。

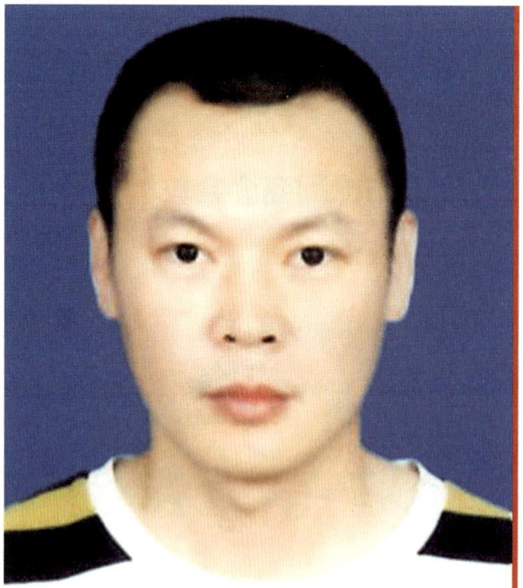

欧小力自创业以来，坚持“以人为本、诚信经营”的理念，把诚信和品质看成企业的生命，他的诚实信用，得到客户认可。他踏实诚恳，精明强干，热心社会公益事业，积极支持家乡建设。2007年起陆续为西连镇道路建设、西连中学和西连小学硬件设施建设捐款50万元。为徐闻县高考暨留学优秀学生奖学协会捐款10万元，为西连镇奖学协会累计捐款20万元，2011年起全额资助徐闻中学优秀贫困学生30名，每人每年助学金6000元，对家庭比较贫困的学生上大学期间还持续给以支持，累计直接助学资金70多万元。在每年的“6·30”广东省扶贫济困日上，他都积极响应政府号召，2017年捐款20万元。2014年，给“威马逊”抗风救灾捐款10万元。2016年，为举办首届徐闻菠萝文化旅游节捐款5万元。2017年，他积极组织动员有关单位捐款举办第二届徐闻菠萝文化旅游节，他本人捐款20万元。多年参与社会公益事业捐款累计300多万元。他多次被授予“劳动模范”“爱心人士”等荣誉称号。

第三节　异地徐闻商会会长

佛山市徐闻商会会长

曾冬浩 男，汉族，1964年2月出生于徐闻县徐城镇南门塘，大专学历，祖籍广东南海九江镇上西乡相府村。佛山市徐闻商会第一任会长（2010—2013年）；佛山市浩文彩色印刷有限公司创始人、董事长；厚一学堂广东校区投资人、董事。

1993年3月初春，在徐闻县税务局任职人事干部的曾冬浩辞职下海，入职南海彩印厂，两年后当上厂长，之后机遇企业转制，由乡镇企业转型为他的私立企业，短短几年，生产规模扩大20倍。1999年，他成立佛山市浩文彩色印刷有限公司，主营教材图书等印刷。如今，公司拥有园林式厂房2万平方米，工人200多人，德国海德宝及日本小森商业轮等现代化设备日产30万本图书，是珠三角较大规模的印刷企业之一。公司通过ISO9001国际质量认证，有绿色环保印刷许可证，是广东省印刷百强企业。2016年，他又投资创办厚一学堂广东校区，主要培训美术学生，校址选在佛山市南海区狮山大学城。

他致富不忘家乡，关心家乡的教育。2008年，他资助出版书籍《图说徐闻》，并将销售款10多万元全部捐给徐闻教育事业。2013年初，他又资助出版《南海丝路第一港—徐闻》一书。2014年3月，他再资助出版县政协文史《徐闻人士选录》及《徐闻古村落》等书，大力宣传推介家乡的风土人情和历史文化古迹。2014 年超强台风“威马逊”重创徐闻后，他捐款 11 万元给家乡救灾复产。他创办的厚一学堂广东校区，每年给徐闻 10 个优秀免费生和 10 个贫困免费生的名额。

高明渝

男，汉族，1960 年 5 月出生于徐闻县城北乡，高中文化，徐闻县第八届、九届、十届政协委员，广东顺德港华金属制品有限公司董事长。2009 年至 2013 年任顺德徐闻商会会长，2013 年 11 月至 2017 年 3 月任佛山市徐闻商会会长。

高明渝高中毕业后独自创业，1987 年移居顺德，创办桂州鹏程塑料五金厂。1999 年成立广东顺德港华金属制品有限公司，专业开发和制造各类高档食用油包装罐、食品包装罐、工业包装罐等。现已拥有 16,000 平方米的标准厂房和现代化配套设施，配备 20 条先进生产流水线，2 条全自动生产线，4 条自动冲压线，并拥有 4 条马口铁印刷线，年产值 1 亿多元。2016 年开始筹建港盛金属制品有限公司，在广东省鹤山市落户，占地面积 25 亩，投资 800 万元引进自动化生产设备，2017 年 7 月正式投产，主要生产食品包装罐和工业包装罐等，工人 30 人。

他热心家乡公益事业。2014 年超强台风“威马逊”重创徐闻后，他立即组织发动佛山市徐闻商会会员和乡亲捐 70 多万元给家乡救灾复产，其中他本人捐款 10 万元。另外，他还为徐闻扶贫济困、新农村道路建设等公益事业捐款 20 多万元。

潘联斌 男，汉族，1972 年 11 月生，大专学历，徐闻县城北乡人，佛山市盛世纪投资管理有限公司董事长，赤子之心投资公司董事长、徐闻县第十届政协委员，徐闻县电子商务协会会长，2017 年 3 月起担任佛山市徐闻商会第三届会长。

他在 2014 年创办佛山市盛世纪投资管理有限公司，该公司是佛山首批在基金业协会报备的本地专注于证券投资的基金管理公司，经营范围为资产管理和投资管理。该公司坚持主动型投资管理，坚持成长与价值投资相结合，注重投资过程中的风险控制。基金的优势体现在持续控制风险的能力上。公司的私募基金产品《盛世纪立春结构化》在 2017 年中开始在私募排网分级类私募基金中收益评比排名靠前，最近半年收益排第二名。

他一直热心公益事业，积极回报家乡，累计捐款 20 余万。如大力支持徐闻电商发展，捐助徐闻菠萝文化旅游节；2014 年徐闻遭遇超强台风“威马逊”正面袭击后，他积极参与捐资重建家园；推动徐闻文化传播，资助《岭南行与临川梦——汤显祖学术广东高端论坛文集》的出版；重视教育，以人为本，为石岭小学、石岭潘宅村数次捐资助学。

東莞市徐闻商会会长

袁琦 男，汉族，1975年5月生，本科学历，徐闻县角尾乡人，律师，首届东莞市徐闻商会会长，徐闻县政协委员，广东省律师协会律师事务所管理指导委员会委员，东莞市律师协会理事，东莞市律师协会律师事务所管理指导委员会副主任，东莞市湛江商会常务副会长。

1999年7月，他本科毕业于西南政法大学法学专业。2001年7月至2002年8月，在广东华文律师事务所当实习律师；2002年9月至2008年2月，在广东格雷兄弟律师事务所任专职律师；2008年3月至2010年2月，担任广东美瀚律师事务所负责人、主任律师；2010年3月至2012年11月，担任广东湛清律师事务所负责人，主任律师；2010年6月至2012年12月，担任首届东莞市徐闻商会会长；2012年12月至今，任广东法制盛邦（东莞）律师事务所高级合伙人、管委会委员，律师；2015年1月开始，担任东莞市湛江商会常务副会长、秘书长兼首席法律顾问。

陈文亮 男，汉族，1966 年 9 月出生，徐闻县迈陈人。1985 年于湛一中高中毕业，1989 年毕业于肇庆学院美术系。1989 年至 1992 年在徐闻一中任教美术。中国职业资格企业文化师、东莞市粤西设计师联盟秘书长、东莞市徐闻商会第二届会长（2012 年 12 月—2014 年 12 月）、东莞市青色文化景观装饰工程有限公司和东莞市青色企业形象策划工作总经理。

林耀 男，汉族，1976 年 5 月出生，徐闻县下桥镇南园村人，东莞市凯晶实业有限公司、香港百惠浦净水设备有限公司董事长。2014 年 12 月，任东莞市徐闻商会第三届会长。2017 年 1 月，当选为徐闻县工商联第十一届执委会副主席。

2001 年林耀来深圳，担任万科房地产集团公司王石董事长司机、生活助理。2004 年得到王石重用，调任北京办事处副总经理，后离职回深圳平湖工业区，创办一家小型建筑材料加工厂，成为深圳万科房地产公司供应商。

2008 年至 2011 年，在东莞市华夏酒业有限公司任总经理、董事一职，年薪超过 100 万，主管销售。同时个人还投资 600 万元办起东莞市清溪镇区、凤岗镇区两家幼儿园。

2014 年，他在东莞市谢岗镇区开建第三间幼儿教育园地，同时入资成股东。2014 年，他担任东莞市和平能源有限公司总经理，经营天燃气销售、船舶油改气工程，公共交通体系燃气改造工程，工业园区天燃气配套基础设施工程等业务。

他积极参与社会公益事业，2013 年在贵州省安顺市最贫困的山区乡村，个人为“留守儿童公益事业基金”捐赠 39 万元。2014 年，超强台风“威马逊”重创徐闻后，林耀立即组织商会成员回家乡，并动员会员捐献 10 多万元和节能灯具一批，帮助家乡贫困农户、多间乡镇小学围墙倒塌进行修缮。

深圳市徐闻商会会长

符献 男，汉族，1963 年 12 月出生，和安镇赤坎村人。深圳市徐闻商会会长、徐闻县政协常委、东芝泰格信息系统（深圳）有限公司物流通关部部长、深圳市日俊物流报关有限公司董事长，2017 年 1 月当选为徐闻县工商联第十一届执委会副主席。

1985 年 9 月至 1988 年 8 月，在深圳市宝安县农委工作；1988 年 9 月至 1996 年 8 月，先后任丽精（深圳）有限公司中方厂长、总经理；1997 年 3 月至 2000 年 4 月，任东芝复印机（深圳）有限公司报关部经理；2004 年 4 月，任东芝泰格信息系统（深圳）有限公司物流通关部部长；2006 年，他创办深圳日俊物流报关有限公司，公司注册资金 1650 万元，提供全国范围的报关、报检、物流供应链服务。

符献热心公益事业，为和安镇赤坎村建设文化馆、自来水塔、村道等设施捐赠 30 万元；为遂溪县黄略镇建设文化馆等设施捐赠 20 万元；为湛江市中心人民医院迁建工程捐款 20 万元。此外，他还对家乡奖学等公益事业也给予大力支持。

惠州市徐闻商会会长

陈端 男，汉族，高中文化，1965 年 6 月出生，徐闻县新寮镇人。湛惠通信设备有限公司总经理、惠州粤西商会理事、徐闻县第九届政协委员，惠州市徐闻商会会长。2017 年 1 月，当选为徐闻县工商联第十一届执委会副主席。

20 世纪 80 年代，陈端在家乡徐闻县新寮镇承包养虾场，夫妇两人辛勤劳动，养殖规模从几亩发展到几百亩，员工几十人，成为当地有名的养殖大户。后来由于管理经验不足和养殖技术落后，最后养虾草草收场。80 年代末，在朋友的鼓动下，他辗转在长江三角洲和珠江三角洲各地承包建筑工程，背负巨额的债务。1993 年，陈端来到惠州，为温饱，他干过卖保险、发传单、代办业务谈订单等生意。2000 年，他与朋友一起成立施工队，主要经营通信管道建设。2005 年，成立湛惠通信设备有限公司，任总经理。

2008年汶川大地震，陈端捐款3万元给灾区。每逢中秋、春节，他都回家乡亲自送钱送物慰问村中老人。2013年，陈端为家乡新寮镇文化强镇建设及三丰村委会文化楼修建作大量工作，并带头捐款3万元。

广州市徐闻商会会长

倪光乐 男，汉族，1964年2月出生，海安镇广安村人，博士后。徐闻县工商联第十届、十一届执委会副主席、广州市徐闻商会会长，广州市泰基工程技术有限公司董事长、总经理，中国岩土力学与工程学会地下工程与地下空间分会理事，中国水利学会化学灌浆委员会委员，广东省岩土力学与工程学会常务理事、地基处理专业委员会和基础工程专业委员会副主任等。

倪光乐曾先后就读于海安小学、湛江一中。1980年至1987年在中山大学读完本科和研究生，分别获得中山大学应用工程系学士学位和中山大学与华中理工大学联合培养的工程力学硕士学位。1987年至2002年任职于广东省水利水电科学研究所（期间在中国科学院继续深造，完成博士与博士后学位，分别获得中国科学院武汉岩土力学所博士学位和中国科学院广州地球化学研究所博士后）。2002年，创立广州市泰基工程技术有限公司。

倪光乐从事岩土工程的设计及施工工作20多年，参与并主持几百项岩土及地基基础工程的设计及施工、检测等工作，在岩土及地基基础工程方面积累丰富的实践经验。他除负责公司管理及技术工作外，还与中国科学院武汉岩土所、华南理工大学、中南大学等大专院校培养多名博士、硕士研究生。

倪光乐热心家乡的各项建设事业。自 2008 年至 2013 年，每年捐款 10 万元支持徐闻贫困学子上大学。2014 年超强台风“威马逊”重创徐闻后，他立即组织发动广州市徐闻商会会员开展赈灾募捐活动，捐 400 多万元给家乡救灾复产，他本人为徐闻县超强台风“威马逊"救灾捐款 20 万元。

湛江市徐闻商会会长

刘勇 男，1957 年 4 月出生，徐闻县人，大专文化，工程师，湛江市徐闻商会会长、湛江中糖糖业有限公司副董事长。2017 年 1 月，当选为徐闻县工商联第十一届执委会副主席。

1982 年，他毕业于广东工业大学建筑工程学院工民建专业。毕业后分配在广州市广东省第四建筑工程公司，从事设计、施工管理；1986 年，承包基础公司，从事基础设计、施工工程承包；1997 年，成立公司，主要经营食糖业务，承包糖厂，自建糖厂；2008 年，与中央企业中国糖业酒类集团公司合作，成立湛江中糖糖业有限公司，主要业务是国内贸易、进出口业务。刘勇经营的企业主要有广西德保华宏糖业有限公司、湛江华资农垦糖业发展有限责任公司、广西中糖物流有限公司、湛江中央食糖储备库。

海南徐闻商会会长

许良玉 男，汉族，1963 年 10 月出生，广东省徐闻县西连镇田西村人，无党派人士，大专学历。海南新科宇恒房地产开发有限公司、徐闻城建房地产有限公司、徐闻县新科宇恒有限公司、徐闻县盛业水泥有限公司等 4 家公司的董事长。2008 年 11 月起，担任徐闻县西连镇商会会长。2012 年 12 月至 2017 年 9 月，任海南徐闻商会会长。

1982 年 10 月，许良玉在徐闻县税务局工作；1993 年停薪留职下海经商，2003 年正式退出县国税局。1994 年，他带领一个只有几名员工的建材经营部发展成为海南新科宇恒房地产开发有限公司等 4 家企业，员工 200 多名。1997 年成立海南新科宇恒房地产开发有限公司，承建海南保亭聚仙阁小区项目，在此基础上，2003 年成立徐闻新科宇恒有限公司，建设徐闻县新科华府小区项目。

2003 年，成立徐闻县盛业水泥有限公司，该公司以诚信为本，注重优化管理，更新设备，提高质量，经国家发改委审批，水泥粉年产量从 20 万吨提高到 60 万吨，“建霸”牌水泥已成为当地知名品牌，公司多次荣获湛江优秀民营企业等荣誉称号。随着企业的不断发展壮大，他积极回报社会，热心社会公益事业，多次捐款捐物支持徐闻县扶贫助学、新农村建设等社会公益事业。

吴成忠 男，汉族，1958年8月出生，高中文化，广东省徐闻县迈陈镇人，海南华绿食品冷冻有限公司董事长，海南徐闻商会第二届会长，海南省商业协会副会长、海南省水产品加工流通协会副会长、海口市工业协会常务副会长等职务。

吴成忠出生于徐闻县迈陈镇一个普通农民农庭，童年的逆境造就他拼搏精神，1985年，才27岁的他，带着3000元到海南谋生，一直以来，他对事业勤劳敬业，一步一个脚印奋斗。2002年，他成立海南华绿食品冷冻有限公司，是一家水产品加工出口企业，产品远销世界30多个国家市场，年出口量年2万多吨，创汇3000万元美元。现有在职员工500人，是海南省农产品重点出口企业。2009年，他又成立海南新大源工业苑有限公司，建设18万多万平方米的标准厂房作为政府重点招商引资项目厂房、物流等租凭的工业园，每年为地方政创税1亿多元人民币，公司每年收入租金2000多万元。他在童年的逆境也造就他关心他人的生活疾苦，热心帮助生活困难的员工及乡亲朋友，多次积极为家乡的教育事业和新农村建设捐款。2017年，捐款50万元给海南徐闻商会。

肇庆市徐闻商会会长

梁梧 男，汉族，1969年9月出生，高中文化，广东省徐闻县和安镇土港村人。肇庆市徐闻商会会长、肇庆科隆贸易公司董事长。

他先后在徐闻县和安镇中心小学、徐闻县徐城初级中学、徐闻一中就读。1993年，他离开徐闻县，在肇庆市定居。1993年以来，他一直经营出口桂皮，八角、椰椒及药材等业务。2000年，他在肇庆市德庆县创办武垄镇桂皮厂，员工有40多人。公司经营商品出口到20多个国家。

第四节　乡镇商会会长

南山镇商会会长

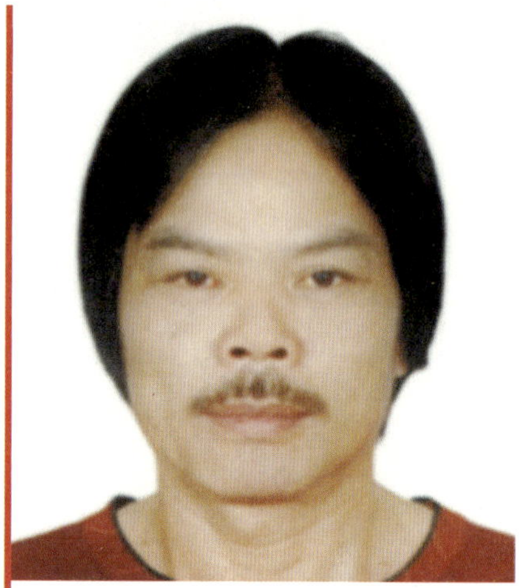

黄俊 男，汉族，1963年8月出生，南山镇南山下村人，南山镇商会会长，徐闻县南通发展有限公司总经理，徐闻县第八、九、十届政协委员。2017年1月当选为徐闻县工商联第十一届执委会副主席。

1980年农村体制改革后，黄俊洗脚上田，跑运输，搞捕捞，办公司，收入颇丰。他长期资助17户贫困户发展生产，先后捐款20多万元帮助南山、竹山、三塘、北谭、迈城5个村委会及自然村修建硬底化水泥路；资助10多位家庭困难的学生缴交学杂费和一名大学生读至研究生毕业；资助徐闻县中小学校发展教育事业20多万元。他成立南通发展有限公司之后，安置农村富余人员110人。为打击黄、赌、毒，他与村干部和群众制订《村规民约》，成立帮教组，带头找失足青年谈心，帮助失足青年自谋出路，经他帮教的4名失足青年戒除毒瘾。10年来，他累计捐款50多万元支持公安系统开展社会治安整顿工作，并对南山、五里两个派出所干警每抓捕一个贩毒人员给予奖励500元，每抓捕一个吸毒人员奖励200元，为维护社会稳定做出积极的贡献。

迈陈镇商会会长

詹玉保 男，1955年7月出生，徐闻县迈陈镇青桐村人，徐闻县总商会副会长、迈陈镇商会会长、深圳市万众城物业管理公司董事长。

1972年，他在迈陈中学高中毕业，85级广东省水利技术学院学生会主席，1987年毕业于广东水利技术学院。1988年，评定为建筑工程师职称，同年从徐闻县水电局调进深圳市，并从事建筑业房地产开发，注册深圳市和润开发有限公司、深圳市青龙文化传媒有限公司和深圳市万众城物业管理公司并担任总经理、董事长职务。他在深圳市拥有房地产物业8000多平方米和福建省建阳的5000千瓦的回龙电站的部分股权。

1987年至1997年，他当选为徐闻县乒乓球协会主席。1994年至2004年，当选为深圳市龙华镇乒乓球协会主席。1998年至2013年，连续16年资助及举办徐闻县“迎春杯”乒乓球赛及擂台赛，平均每年费用约3万元。2006年，他当选为政协第八届徐闻县委员会委员。2008年，当选为徐闻县迈陈镇商会会长。自2008年至2017年，每年春节期间，迈陈镇商会都组织会员慰问该镇的贫困户。

龙塘镇商会会长

杨大远 男，汉族，1961年8月出生，徐闻县龙塘镇人，高中文化，徐闻县总商会副会长、龙塘镇商会会长。

杨大远从事南药高良姜的种植和流通业务，良姜销售到广西、湖北、安徽、江西、江苏、河南等10多个省、市、自治区，以及东南亚、非洲、日本、中东、印度等国家和地区。

杨大远每年还购销香蕉，是当地的流通大户之一。2016年5月，他还成立广东华唐能源有限公司，主要安装光伏发电项目。他热心社会公益事业，多次捐款救灾、奖学，资助孤儿上学，慰问龙塘镇敬老院老人，捐资生态文明村建设。2006年，他当选为徐闻县政协委员。2008年，当选为徐闻县龙塘镇商会会长。2017年1月，再次当选为县总商会副会长。

和安镇商会会长

孙广范 男，汉族，1962 年 6 月出生，汉族，广东徐闻县和安镇人。1981 年 11 月参加工作，高中文化，徐闻县工商联（总商会）第十届执委会副主席、和安镇商会会长、和安镇农械厂厂长。

1979 年 7 月，他在和安中学高中毕业，1981 年 2 月至 1984 年 12 月在和安镇松树港工作，1985 年 1 月至 1990 年 12 月在海康县经济发展有限公司工作，任副经理，1991 年 1 月任和安镇农械厂厂长。

孙广范任会长以来，在会员中广泛开展“致富思源、富而思进”活动，带领全体会员积极参与扶贫、助残、助学等光彩事业。如中秋节、春节期间，他亲自带上慰问品、慰问金看望和安镇敬老院的孤寡老人。在教师节捐款慰问、奖励教师。2010 年 10 月，孙广范捐款 1 万元给和安镇建设街灯和中小学校绿化。多年来，孙广范为和安镇乡村道路建设等公益事业捐款 10 多万元。

新寮镇商会会长

林光彪 男，汉族，1975年7月2日出生，大专文化，新寮镇后海村委会人。2008年1月至2013年4月担任新寮镇商会会长。

林光彪创办的三间虾苗场成为宣传新寮养殖的窗口，在新寮镇有较高知名度。林光彪以实际行动回报社会，积极献爱心，捐款支持一些新寮籍大学生上学，积极参与和支持家乡建设。

陈尊颂 男，汉族，大专文化，1973年9月出生，新寮镇林家村人。2013年4月，起任新寮镇商会会长、徐闻县洋前风电场保安队长，新寮对虾加工厂总经理。

1995年至1999年，他创办对虾养殖基地；1999年至2007年，办虾料店、花生油加工厂；2009年，创办新寮对虾加工厂，任总经理。

陈尊颂积极参与捐赠社会公益事业，先后为汶川灾区捐款2万元，教育强镇捐款1万元，每年资助贫困学生，慰问贫困户、支持新农村建设等社会公益事业累计捐款8万多元。

下桥镇商会会长

王来兴 男，汉族，1959年7月出生，雷州市南兴镇黄排村人，初中文化。下桥镇商会会长、下桥镇木片有限责任公司总经理。

1988年以前，他在徐闻县麻绳厂当采购员；1988年在海康县南兴粮食加工厂工作；1999年，承包徐闻县下桥木片厂；2003年，县下桥木片厂拍卖，他中标该厂后，更名为徐闻县下桥镇木片有限责任公司。

下洋镇商会会长

梁志裕 男，汉族，1956年6月出生，徐闻县下洋镇人，中共党员，大专文化，助理经济师，军转干部。下洋镇商会会长、徐闻县经济开发总公司总经理、党支部书记。

他于1968年至1973年在下洋小学读书，1973年至1975年在下洋中学读高中，1975年至1976年在家待业。1976年3月应征入伍，在广州军区53217部队服役，历任副班长、班长、排长，团后勤处仓库主任、团生活服务中心经理。在1979年对越自卫还击战中荣立二等功。1987年2月，转业徐闻县粮食局工作。1991年，调入徐闻县经济开发总公司工作，历任人秘股长、副总经理、总经理。

锦和镇商会会长

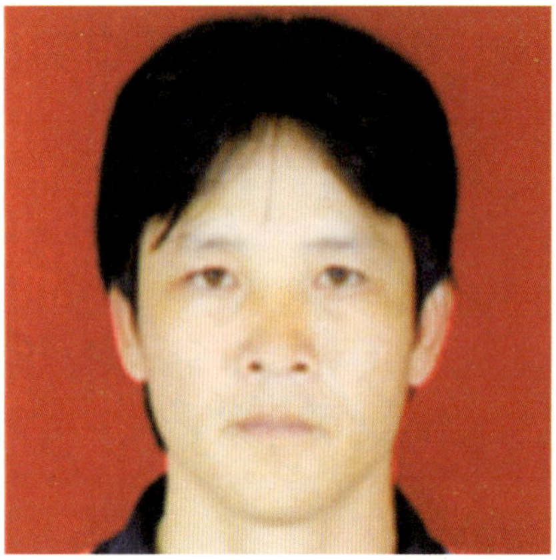

崔世军 男，1968年10月出生，汉族，徐闻县锦和镇海角农场四队人，初中文化，锦和镇商会会长、锦和砖厂厂长。他小学、初中在锦和镇就读。1993年在海南出租挖掘机，1997年在重庆开挖掘机出租公司，2003年回徐闻县锦和镇办砖厂。

徐闻县商业协会（徐城商会）会长

林方炳男，汉族，1989年12月出生，徐闻县人，大专文化。徐闻县商业协会（徐城商会）会长、徐闻县星源冷气工程有限公司总经理。

他先后创办徐闻县星源冷气工程有限公司、永和世家餐饮有限公司等。创业的同时，不忘回报社会。他牵头组织成立徐闻县商业协会（徐城商会），为县城区域的中小型企业健康发展搭建一个互助平台。

第五节　县内有关商会会长

徐闻县民营企业商会会长

叶丹 男，1965年10月出生，徐闻县人，汉族，大专文化，中共党员，助理经济师，政工师。徐闻县工商联第九届、十届、十一届执委会副主席、徐闻民营企业商会会长、徐闻丹华发展有限公司董事长、徐闻县政协委员。

1982年，叶丹在县供销社工作，1997年7月，租赁廉江市九州江水泥有限公司，任总裁。同年8月，任徐闻县供销社华享公司经理。1998年4月，当选第六届县政协委员，并先后当选县第七届、八届政协常委。2005年8月，当选徐闻县民营企业商会会长。2007年，当选湛江市工商业联合会常委等社会职务。

1982年，他进入县附城供销社当采购员，不辞劳苦，经常奔波于广西、湖南、上海以及广东各地，积极组织货物，不仅为保障市场供应做出贡献，还学到不少经商知识，这为日后商海搏击打下坚实的基础。1988年，他承包当时很不景气的县供销社建材门市部，主要经营水泥销售工作，生意红火。1990年，他投入20万元订造一艘80吨位的大船，从事水泥长途运销经营。1994 年，叶丹抓住兴建三峡工程机遇，获得丰厚的回报。1996 年，投入 200 万元成立丹华发展有限公司，并建成 2 个规模较大的水泥批发部，拥有一支 10 多台货车的大型货运队，实行产、购、运、销一条龙服务。1997 年，又投资 1000 多万元建设楼高 11 层的丹泰宾馆。开拓创佳绩，拼搏获成功，叶丹成为拥有 1000 多万元资产的民营企业家。

叶丹积极配合政府工作，致力于营造良好的经济社会环境，关注并促进解决社会热点难点问题。10 多年来，他不仅依法向国家缴税 100 多万元，还资助贫困户 400 多户，支持贫困学生、村民达 100 多人次，赞助县生态文明村建设及“136 工程”，和全县 15 个乡镇生态文明村建设。

叶丹先后获得湛江市首届“十佳进城企业青年”“徐闻县劳动模范”“湛江市光彩之星”“徐闻县优秀民营企业家”等荣誉称号。

徐闻县女企业家商会会长

罗祝琴 女，汉族，广东省徐闻县城人，1962 年 10 月出生。徐闻县工商业联合会（总商会）第十届执委会副主席、徐闻县女企业家商会会长，湛江市人大代表。

2004 年 8 月，她当选徐闻县民营商会副会长，2005 年 5 月当选徐闻女企业家商会会长，2006 年当选政协第八届徐闻县委员会常委，2006 年 10 月当选湛江市第十二届人大代表，2006 年 12 月当选湛江市工商业联合会执委，

2007 年 9 月当选徐闻县妇女联合会执委，2008 年当选徐闻县个体私营协会副会长。2009 年当选徐闻县工商业联合会副主席，同年当选湛江市个体私营协会执委。2011 年当选徐闻县第十五届人大代表，同年又当选湛江市第十三届人大代表。

1980 年，她高中毕业，1982 年参加工作。1992 年，她从徐闻县建材总厂下岗后，积极响应政府再就业的号召，艰苦创业，摆过地摊，当过码头搬运工人。1997 年起从事流通贸易和宾馆旅业，她解决就业人员 400 多人次，其中下岗人员 100 多人次，为国家缴纳税金 200 多万元。多年来，她为扶贫赈灾、扶孤助残、奖教奖学和支持新农村建设等捐款 40 多万元。在汶川大地震中，她捐款 1.5 万元。在 2010 年植树节，她带领女企业家们为龙泉森林保护区捐种一颗名贵“桃花心”树，为“代表林”“政协林”“巾帼林”捐 1 万元植树。2010 年，她被评为徐闻县“五一”劳动奖。

徐闻县菠萝行业协会会长

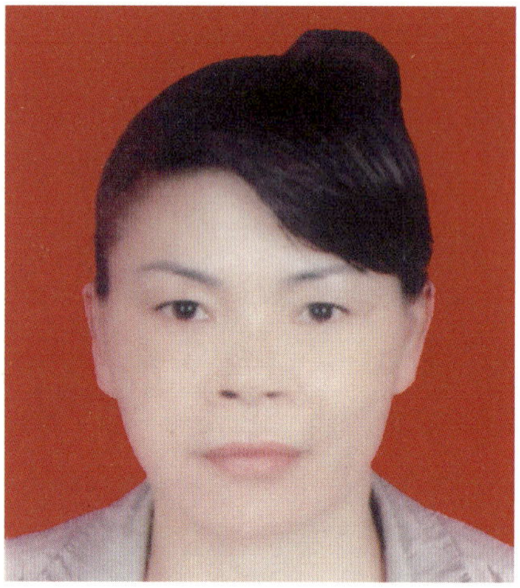

吴建连 女，汉族，1971 年 8 月出生，广东省徐闻县曲界镇龙门村人，中共党员，大专学历。徐闻县连香农产品专业合作社董事长、徐闻县菠萝行业协会会长。

1994 年，她开始做起菠萝流通生意。2008 年，她投资 400 多万元，引进菠萝罐头生产线，在曲界镇龙门村建起连香罐头加工厂。该厂占地面积 20

多亩地，建筑面积 4000 多平方米，每年需招工 600 多人次，主要生产罐头食品，年产量 2000 多吨，经济效益较好。2008 年 5 月，成立农民专业合作社。

2013 年，牵头筹建曲界镇菠萝交易市场，每年吸引全国各地大量客商前来采购，对提高当地菠萝的知名度，带动菠萝产业发展取得显著的效果。2014 年，建立连香冷冻厂，冷冻厂不仅给当地农民提供更多的就业机会，而且当市场上菠萝供过于求、滞销时，自主组织收购社员和其他农民种植户的菠萝，再进一步加工、速冻成菠萝半成品并储存。待菠萝上市旺季过后，速冻菠萝半成品便可出售到全国各地。这在一定程度上缓解菠萝物多价贱的问题，提高菠萝的市场价值，有助于提高当地的经济效益和社会效益。

随着企业的不断发展壮大，她积极回报社会，热心家乡公益事业，捐款建村路和村委会办公大楼、资助贫困家庭子女上学等社会公益事业。她先后被评为湛江市“三八”红旗手、“劳动模范”、“全国农村妇女致富带头人”、湛江市“最美丽农民”、广东省“三八”红旗手。

第六节　中国港澳台地区和海外个别徐闻籍工商界人士

冯少华 女，1967年出生，南山镇后寮村人。湛江市政协常委、澳门捷达移民有限公司董事长、澳门湛江同乡总会常务副会长。

冯少华幼年去澳门谋生，做过钟点工、纺织厂女工等职。她经过努力拼搏，凭着坚强的意志，创办澳门捷达移民有限公司。后拥有可观的产业，并在香港、福建创办连锁公司。她致富后不忘桑梓，时刻关心家乡的发展，用实际行动报效家乡。

多年来，她积极牵线搭桥，带领许多投资商到湛江和徐闻参观考察、交流和贸易，多次组织爱心人士看望家乡孤儿院儿童和敬老院老人，并慷慨解囊。她先后为徐闻县孤儿院捐款10万元，徐闻县北莉小学2万元，捐赠100万元给徐闻中学建设学生宿舍楼。2010年，为徐闻县奖学奖教捐款13万元，向公安系统捐赠办公电脑一批等。2011年，被评为徐闻县“十大爱心人士”。2015年，她回乡开展敬老慰问活动，向县20多位高龄老人送上慰问金。

祝开景 男，1945年7月出生，原籍广东省徐闻县龙塘镇文部村（现属海安镇）人，曾任美国硅谷敏递软件总公司大中华区总裁、中国台湾软件商会理事、台北高雷同乡会执行理事等职，曾当选全美国“十大杰出工程师”。

祝开景为原国民党陆军中将、中国台湾“东南军政长官公署高参、陆军总部高参、国防部参议”、黄埔军校二期生祝夏年长子。1945年7月21日出生于中国台湾台北市，1962年台北市著名高中建国中学毕业，后来读中国台湾大学电机系毕业，获美国哈佛大学电机工程硕士、麻省理工学院数理学博士学位。1967年，在美国参与组织中华学生保钓运动大联盟。

在美国获得数理学博士学位后，祝开景一直从事软件开发和系统工程研究等科研和商业活动，而且取得非凡成就，如社会系统是迄今为止最复杂的系统。

1972 年，祝开景把队决策理论的研究范围从静态推广到动态情况。队决策理论可为大型分散控制（管理）系统的信息结构（即信息在处于不同层次和空间位置上的决策人之间的分配）和相应的控制（管理）策略提供设计的参考。对策论与决策论和行为科学等结合起来在主从对策（又称斯塔克尔贝格对策）和激励对策方面的研究，提供一种适用于社会、经济和管理系统的建模方法，曾当选全美国“十大杰出工程师”。1982 年以后在美国硅谷从事软件开发商务活动，任职美国硅谷著名的敏递软件总公司。先后任敏递软件中国台湾分区公司执行总经理、敏递软件（上海）有限公司总经理、敏递软件大中华区总裁、中国台湾软件商会理事等职。还任台北高雷同乡会执行理事、哈佛大学中国台湾校友会副会长、理事长。

骆贤任 男，1931 年 10 月出生，城北乡那练村人，泰国曼谷泰兴泰来金饰公司董事长、泰南华侨协会名誉主席。

1950 年，他考入中国人民银行附属银行学校中南校区第一期，毕业后在广州受训。1953 年 6 月，被派往中国人民银行海南三亚榆林支行工作，先后担任中国人民银行崖县（现三亚市）分行职员、副科长、科长、经理，中国人民保险公司崖县支公司营业部部长、经理；1956 年，任广东省教育厅科员；1956 年考入华南师范大学数学系就读；1960 年，大学毕业后在广州市东山区东风中学高中部任数学教师；1962 年，赴香港定居，初始任职中学教员；1973 年，辞职开设金铺首饰公司；1984 年，因业务转移而侨居泰国曼谷，并开始在泰国办首饰公司及旅游公司，精心经营，两公司逐渐在泰国有起色并颇具规模。骆贤任热心当地公益事业，时常为维护华侨华人的权益奔波。

符罗威 男，1956 年 12 月出生于新加坡，为第三代雷州华侨后裔，祖籍新寮镇北尾村。新加坡雷州会馆主席、新加坡广东会馆董事、徐闻县第九届政协委员。

由于家贫，他少年时期即参加工作，并发奋勤读，1979 年毕业于新加坡南洋理工大学，1983 年创建新加坡罗威船务公司及新加坡罗威造船厂。1993 年起，任新加坡雷州会馆总务、广东会馆康乐部副主任；2003 年 10 月起，出任新加坡雷州会馆主席、新加坡广东会馆董事。

作为旅居新加坡的徐闻人后裔，符罗威努力奋斗，诚信为人，俭朴立业，经营造船、地产等行业。他为人厚道，心地善良，乐善好施，在新加坡热心广东侨团、雷州会馆的工作和社会福利事业，参与新加坡广东会馆康乐事业，助建广东会馆大厦等，被封为爵士。他爱国、爱乡、关爱下一代健康成长，多次率团回乡参加世界广东同乡会，世界湛江同乡联谊会、广东侨联年会，作为海外侨领代表回河南参加黄帝故里祭祀大典等。此外，符罗威先生还多次捐款兴学育才，支援湛江各项公益福利事业建设。

第八章

非公企业

1978 年 12 月 18 日，中共十一届三中全会在北京召开，全会做出把工作重点转移到社会主义现代化建设上来的战略决策，揭开改革开放的序幕。徐闻县认真贯彻执行党在新时期的基本路线，结合徐闻的实际，推行改革开放，大力发展经济，非公经济得到长足的发展，非公企业不断壮大。本志汇集 37 家较有特色的会员企业，展示他们勇于创业的精神面貌。

第一节　徐闻县本地会员企业

徐闻县华建房地产开发有限公司

徐闻县华建房地产开发有限公司成立于 2003 年 6 月 23 日，办公室设在徐闻县徐城文塔路华建花园小区。公司以房地产开发为主，兼营建筑、物业管理、建材销售、室内装修和种植业，具有三级房地产开发资质，现有职员 90 人。公司拥有总资产 2.3 亿元，具有技术、资金力量雄厚和高度专业化的项目开发能力，以“守法经营、质量兴业、信誉至上”的经营理念，赢得客户的信赖，是徐闻县房地产界的龙头企业之一，成功开发徐闻县华建花园小区项目。该项目占地面积 83 亩，建筑 20 栋 1400 套 130,000 平方米的住房，是湛江市县级唯一按广东省绿色住区标准规划建设的高起点住宅区，是徐闻县第一个老师村。

公司法人代表董遵秩，1957 年 8 月出生于徐闻县城北乡石岭村，曾经从政并兼管乡镇企业工作，历任石岭大队副书记，城北乡企业办会计、主任，徐闻县第三建筑企业总公司总经理，城北乡政府副乡长等职。2003 年自主创立徐闻县华建房地产公司后，弃政专门营商，他凭着自己的勤劳和智慧，战胜一个个困难，在徐闻成功开发质量较高、规模较大的县华建花园小区、木兰大道和文塔路建设等项目。在他的名下有徐闻县华建物业服务有限公司、徐闻县本生农产品有限公司、徐闻县广诚建材有限公司、徐闻县华盛建材有限公司、徐闻县华建花园项目装修公司、徐

○ 徐闻县华建房地产开发有限公司大楼落成暨乔迁庆典时，公司全体员工在楼前合影

○ 2007 年，时任县委书记许顺（右二）陪同国家司法部原部长邹瑜（右四）、湛江市检察院检察长王雁龄（右五）等一行到徐闻县华建房地产开发有限公司调研，该公司董事长董遵秩（右一）介绍华建花园小区的建设情况

○ 董事长 董遵秩

闻县华璟房地产有限公司等。

公司发展不忘回报社会。近几年来，为石岭小学捐款 75 万元，并牵头组建“石岭助学奖教协会”，为县高考暨留学优秀学生奖学协会捐款 33 万元，向县扶贫、赈灾等公益慈善事业以及残联、孤儿院等单位捐款 100 多万元，为家乡新农村建设捐款 200 多万元。多年来，公司为徐闻县公益慈善事业的捐款逾 500 万元。

公司经营业绩显著，先后被省、市、县评为“广东省希望工程爱心奖”“湛江市纳税信用 A 级纳税人”“先进基层党组织”等。同时，公司董事长董遵秩先后被评为“广东省优秀青年企业家”“全国优秀乡镇企业经理”“广东省建筑系统先进工作者”“全国建筑系统劳动模范”“广东省优秀共产党员”等。董遵秩还连续当选为湛江市第十届、第十一届、第十二届、第十三届、第十四届人大代表。

○ 公司生产线实地一角

徐闻县鸿兴混凝土搅拌有限公司

徐闻县鸿兴混凝土搅拌有限公司成立于 2012 年 2 月，是一家专业生产、运输商品混凝土的现代化企业。公司位于徐闻县城北侧 207 国道旁，占地面积近 30 亩，生产、办公建筑面积 4000 多平方米，泵车、搅拌车、生产线等专业设备配备齐全，总投入 4800 多万元。目前公司有专业技术人员和管理人员 130 多人，自动化计量全电脑控制系统，两条生产线，能为徐闻县建设项目提供便捷环保的高品质混凝土，保障建筑质量，缩短工期，减少环境污染，年产量可达 80 万立方米混凝土。近几年，公司不断发展壮大，目前年生产总值 3000 多万元，年纳税额 100 多万元，成为我县私营企业纳税大户之一。

公司董事长欧小力，1969 年 8 月出生，徐闻县西连镇人，大专学历 ,2017 年 1 月起担任徐闻县工商业联合会第十一届

○ 董事长　欧小力

执委会主席、县总商会会长。他自创业以来，坚持“以人为本、诚信经营”的理念，把诚信和品质看成企业的生命，得到客户认可。公司积极支持家乡建设，为西连镇道路建设、西连中学和西连小学硬件设施建设捐款 50 万元；为徐闻县高考暨留学优秀学生奖学协会捐款 12 万元；2014 年，超强台风“威马逊”重创徐闻后，给予救灾复产捐款 10 万元。多年参与社会公益事业累计捐款 300 多万元。

他捐资助学，同时也积极发展教育事业，于 2017 年创办徐闻春田教育文化有限公司，投资建设一所高品质的全日制民办学校，学校办学规模将涵盖小学至高中，目前学校有 28 个教学班 1400 名学生，新校区占地约 200 亩，计划在 2019 年落成并投入使用。学校将按一流的办学理念、一流的师资队伍、一流的设施设备投入建设，力争打造成粤西一流品牌学校。

○ 公司门口

徐闻县益华林木有限公司

徐闻县益华林木有限公司成立于2008年6月，是一家以生产胶合板为主的民营企业，主要生产包装板、装修板、市场板以及多层板，在市场中广泛应用。公司位于徐闻县海安经济开发试验区永康小区，占地面积2.1万平方米，固定资产2000多万元，建设有生产车间、职工宿舍、办公大楼和篮球场等。年产各种板材5万立方米，产值3000多万元。现有职工150多人，其中各类专业技术人员42人，技术力量雄厚。2009年，产品质量顺利通过“广东省木材及木制品质量监督检查站”检测，产品销往全国各地。公司视质量为企业发展之生命，秉承“诚信赢得客户，质量铸就品牌”的宗旨和“以质量开拓市场、以管理增创效益、以服务树立形象”为发展目标，不断积极拼搏、开拓创新，为企业转型和多元化发展而努力奋斗。

公司董事长吴美来，1972年12月出生于徐闻县迈陈镇。湛江市第十三届政协委员，徐闻县第九届、第十届政协常委，县工商联第十届、第十一届执委会副主席。

○董事长 吴美来

他除经营该公司外，还经营种植基地5个，面积近2万亩，其中：友好农场桉树基地7000亩，南华农场桉树基地2000亩，五一农场桉树基地6000亩，海鸥农场基地4000亩。2014年7月18日，种植基地遭受41年一遇的17级超强台风“威马逊”正面袭击，树木或被折断，或被连根拔起，损失4000多万元。面对困境，吴美来并不灰心，他一边筹措资金一边组织复产，花一年时间和2000多万元后才全面恢复生产。

公司的持续发展，给吴美来回报社会更多的资金支持，即使在大灾之年也不间断。多年来，他积极参与各种公益活动，在扶贫帮困、助学奖教、社会主义新农村建设等方面资助资金超过300万元。其中，为迈陈镇北街村委会北街村的村道、路灯建设捐款50多万元；迈陈镇区至北街村、下桥镇区至北街村这两段道路建设捐款18万元；为迈陈镇北街村委会北街村的饮水工程、安装村灯等捐款18万元；2005—2017年，坚持每年春节慰问五保户，捐款20多万元；2011—2017年，为迈陈二中奖励优秀师生捐奖学金30多万元；为县高考暨留学优秀学生奖学协会捐款15万元；2017年给家乡助学奖学协会捐款20万元。

○工厂外景

徐闻县第三建筑企业总公司

徐闻县第三建筑企业总公司于 1989 年 7 月 26 日在徐闻县工商行政管理局登记注册成立，办公楼位于徐闻县城庆东路，主要经营土木工程建筑。1997 年 7 月 24 日升级为房屋建筑施工总承包二级企业，蔡华态为公司的法人代表。该公司注册资金 2738 万元，流动资金 9688.7 万元，固定资产 5863.3 万元，拥有一幢七层面积有 1600 多平方米的办公大楼，三幢各七层面积共 5000 多平方米的职工宿舍大楼。员工 1000 多人，各种先进建筑机械设备 448 台，总功率为 63,235 千瓦。

公司坚持实行“守法经营、质量兴业、以人为本、安全生产、质量第一”的管理理念，不断深化企业的内部改革，完善各种管理机制，使公司不断发展壮大。2012 年至 2015 年，公司承建 1230 项工程，所承建工程项目合格率 100%，从未发生过任何安全事故。

○ 徐闻县第三建筑企业总公司的办公大楼门口

○ 徐闻县第三建筑企业总公司总经理 蔡华态

2014 年完成生产总值 1.6 亿元，为国家创税 956 万元，2015 年完成生产总值 1.77 亿元，为国家创税 1058 万元。该公司先后被评为“文明单位”“先进企业”“湛江市先进集体”“ AA 级信用企业”“社会贡献突出企业”“安全生产建设示范单位”“先进党支部”“广东省守合同重信用企业”等。

总经理蔡华态一直秉承“国家是根、人民是本，一朝哺乳、终身报恩”的信念，自觉履行义利兼顾、扶贫济困的社会责任，用实际行动回报社会，先后被评为“杰出法人代表”“爱心大使”“人大代表活动积极分子”等。

公司积极投身于建设“幸福徐闻”的各项事业中，先后承建华建小区、木兰大道、实验中学、华璟小区等项目，为徐闻县人民居住、教育、交通等做出较大贡献。

公司积极支持社会公益事业活动，回报社会。如 2014 年为助残捐款 8000 元，为助学帮教捐款 1 万元，为扶贫开发捐款 3 万元，为敬老尊老捐款 1 万元，为爱幼助学发放助学金 2 万元。2015 年为助残捐款 1 万元，为助学帮教捐款 2 万元，为扶贫开发捐款 5 万元，为敬老尊老捐款 1 万元，为爱幼助学发放助学金 3 万元。

○ 聚雅酒店可容纳 400 多个座位的大厅——聚雅园（曾青　摄）

徐闻县聚雅酒店

聚雅酒店成立于 1995 年，位于徐闻县城徐海路，董事长莫学金，1966 年 4 月出生，大专文化，徐闻县工商业联合会第十届、十一届执委会副主席、县人大常委。酒店经过 20 多年的悉心经营，企业稳步不断发展壮大，环境日益优美，服务优质，设施齐全，有床位 160 个，餐位 2000 多个，员工 300 多人，每年向国家纳税 180 多万元。是一家集餐饮、旅业、

○ 董事长　莫学金

○ 聚雅酒店住房部——雅景园（曾青　摄）

商务等服务于一体的综合性酒店，是目前徐闻县餐饮业的龙头企业，是徐闻县餐饮业的纳税大户。

2006 年，聚雅酒店获授“三星级酒店”称号。在挂牌当天，徐闻县人民政府副县长包声宏、县政协副主席兼旅游局局长沈耀、县地税局局长韩启争、县政府办副主任刘为国等领导出席挂牌仪式并为其揭牌。时年，是徐闻县唯一一家上星级酒店。聚雅酒店严格按照三星级酒店规范化标准化管理的基础上，进一步发扬成绩，不断提高企业凝聚力、创造力，为徐闻县经济社会发展做出新贡献。2013 年，酒店被评为“优秀民营企业”。

20 多年来，聚雅酒店在不断发展壮大的同时，积极为助学奖教、扶贫济困和新农村建设等社会公益事业贡献力量。如 2010 年，捐款 10 万元给徐闻县高考暨留学优秀学生奖学协会；2016 年，赞助 3 万元给首届徐闻菠萝文化旅游节活动；2017 年，赞助 5 万元给第二届徐闻菠萝文化旅游节活动。

○ 公司蔬菜收购现场一角

徐闻县正茂蔬菜种植有限公司

徐闻县正茂蔬菜种植有限公司成立于 2007 年 2 月，位于徐闻县城北乡华丰岭，是一家集科研、种植、加工、储运、购销为一体的综合性、规范化、产业化的农业企业，主要从事各类蔬菜、水果种植，销售及进出口、技术进出口业务，固定资产 2600 多万元。现有管理员工 58 人，其中农艺师 2 名，技术员 8 名，种植基地 3 个（共 3100 多亩），协议基地 2 个（共 3400 多亩），种植面积 5000 多亩（其中蔬菜大棚 300 亩），还挂钩扶持县内及海南省农户种植蔬菜。

公司现有较完善的农业生产基础设施和配套设备，不断引进良种良法，主要种植瓜类、豆类、茄类、叶菜类、沙葛、木瓜、生姜、玉米等 20 多种蔬菜及水果，年产“无公害”“绿色食品”蔬菜 2 万多吨，产品已获“祥茂”牌商标（有 6 个品种获“绿色食品”认证），主要出口中国香港地区和销往内地大中城市各大超市、农贸市场。公司同 20 多家经营商、10 多家超市长期签订供货协议 。

董事长李进权，1972 年 3 月出生于徐闻县迈陈镇。湛江市第十四届人大代表，第九届政协常委，县工商联第十届、第十一届执委会副主席。他热心公益事业，先后为徐闻社会公益事业捐资 150 多万元，用于助学、救灾、修路及其他社会公益事业。该公司先后被评为“省级现代农业园区”“A级劳动和谐单位”等。李进权被评为“徐闻县十大优秀青年”“湛江市劳动模范”“徐闻县劳动模范”等。

董事长　李进权

蔬菜种植基地

○ 公司门口

徐闻县下桥永顺实业发展有限公司

徐闻县下桥永顺实业发展有限公司成立于 1996 年 6 月，位于徐闻县下桥镇，现有员工 63 人，总资产 8000 万元，厂区占地面积 60 亩。公司主要产品是利用剑麻纤维进行深加工的白棕绳、抛光布成品，年产剑麻白棕绳 1000 吨、抛光麻 800 吨、剑麻纱条 200 吨。近 10 多年来，公司坚持“信誉为本、质量第一”的企业宗旨，不断改进技术，提高服务水平，拓展销售渠道，企业发展日益壮大，是粤西一流的剑麻产品品牌企业之一。

公司董事长林显平，1966 年 3 月出生徐闻县下桥镇高田村。他成功创办永顺发展有限公司后，在 2006 年 4 月兴办起徐闻县绿原实业有限公司，2007 年 6 月建立一个以种植剑麻、香蕉为主的农业基地，2010 年 8 月又创办徐闻县宝利投资置业有限公司。

○董事长　林显平

多年来，公司积极捐赠社会公益事业，为扶贫、赈灾、新农村建设等公益慈善事业捐款 200 多万元。林显平在 2005 年被评为湛江市“五一劳动模范”；2006 年，当选为湛江市第十三届人大代表、徐闻县第十六届人大代表；徐闻县工商联第十届、十一届执委会副主席；2011 年，被评为徐闻县“五一劳动模范”。

○生产车间流水线

○ 来悦酒店外貌

徐闻县来悦酒店

来悦酒店位于徐闻县城徐海路，占地面积 7 亩，建筑面积 1 万多平方米，有中餐部和住房部。于 2007 年 9 月建成开业，员工 130 多人，每年为国家及地方缴纳税款 100 多万元。酒店出品的“许记”马友鱼干，被湛江市旅游局、湛江晚报联合评为首届湛江市“优秀特色旅游产品”；2010 年，来悦酒店的马友鱼干获得徐闻县“特色名菜”称号，“来悦烧猪”获得徐闻县“十大名菜”称号；2013 年，酒店被评为“优秀民营企业”。

酒店董事长许胜能，1957年出生在徐闻县外罗，徐闻县工商联第十一届执委会副主席，县政协第八、九届委员。是一位敢想敢干的转业军人。随着酒店的发展，他不忘回报社会。多年来，他积极参加社会各种公益活动：“6·30”广东省扶贫济困日等扶贫公益活动共捐款33万元；助学和奖学金捐款16万元；捐献修路款13万元；捐助举办各种体育活动16万元。2013年，他被徐闻县人民政府评为“爱心大使”。

○董事长 许胜能

○来悦酒店餐房一角

○ 徐闻县新科华府小区

徐闻县新科宇恒房地产开发有限公司

徐闻县新科宇恒房地产开发有限公司是一家房地产开发企业，正在建设徐闻县新科华府小区项目，该项目占地面积 70 亩，建筑面积仅 20 余亩，绿化覆盖率 35.6%，景区设计细节充分体现尊重自然、以人为本的生活理念，容积率只有 3.5，活动空间大，户户有车位，人车分流，保障小区住户的居住安全与活动空间，是徐闻县低容积率高品质的商住小区之一。

公司法人代表许良玉 1963 年 10 月出生于徐闻县西连镇，自 1994 年开始，由一个只有几名员工的建材经营部发展成为海南新科宇恒房地产开发有限公司、徐闻城建房地产有限公司、徐闻县盛业水泥有限公司、徐闻新科宇恒有限公司等 4 家企业，现有员工 200 多人。海南新科宇恒房地产开发有限公司承建有海南保亭聚仙阁小区项目。徐闻县盛业水泥有限公司以诚信为本，注重优化管理，更新设备，提高质量，经国家发改委审批，水泥粉年产量从 20 万吨提高到 60 万吨，公司生产的“建霸”牌水泥成为当地知名品牌。

随着企业的不断发展，公司董事长许良玉热心社会公益事业，多次捐款捐物支持徐闻县扶贫助学和新农村建设，如为徐闻县高考暨留学优秀学生奖学协会捐款 12 万元。

○ 董事长　许良玉

○ 徐闻县新科华府别墅区一角

○ 徐闻县盛业水泥有限公司生产厂房外貌

刚出炉的环保砖

徐闻县龙兴新型环保砖有限公司

徐闻县龙兴新型环保砖有限公司于2012年10月开始筹建，2013年9月12日正式开业。有3条生产线，环保砖日产量20万块，年产量高达7200万块，年产值达2600万元，是湛江地区唯一一家上规模生产新型环保砖的民营股份制企业。环保砖原材料以煤灰、酒精废液残留石膏和砂、建筑垃圾等为主要原料，变废为宝，具有环保、低碳、节能等特点，是防止环境污染、节约资源的换代产品，取代粘土砖。环保砖自身强度高、耐久性好、外观美，投放市场后深受广大用户的青睐。

公司董事长吴堪兴，1959年2月出生，徐闻县锦和镇人。他还投资兴办兴珠大酒店、湛江六建建筑工程有限公司，经营砂场、码头等。兴珠大酒店在2015年9月建成使用，总投入资金1800多万元，占地面积406平方米，建设楼房4000多平方米，用于旅店的有65个房间，其余用做写字楼，员工20人，年营业额280多万元。2016年5月成立湛江六建建筑工程有限公司，现有员工72人，其中有工程师15人，建造师35人，施工员、安全等员工22人。主要承建市政工程、楼房建筑、水利设施等工程建设。目前，正在建设国家级基本气象观测站，工程分为三期，已经投入建设3年，建设在徐闻县南山镇，工程总量8000万元；正在建设下桥高标农田基本建设项目，主要分布在高田、北良等村委会，工程总量超过1000万元；正在筹建曲界禺公楼高标农田基本建设项目，工程总量超过1000万元。

公司在发展的同时，也不忘回馈社会。近20年来，董事长吴堪兴热心公益事业，为教育、新农村建设等公益事业捐款30多万元。

董事长　吴堪兴

兴珠大酒店大门口

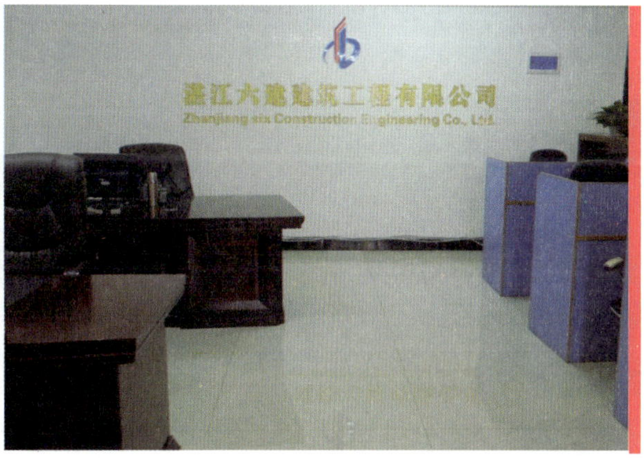

湛江六建建筑工程有限公司办公室

第二节　徐闻县外地会员企业

广东顺德港华金属制品有限公司

广东顺德港华金属制品有限公司成立于 1999 年，隶属于联合歌氏香港投资有限公司，是一家专业开发和制造各类金属包装罐的企业。公司占地面积 1.6 公顷，拥有标准化生产厂房，配备 15 条先进生产流水线，5 条自动冲压线，5 条马口铁印刷线，1 条日本进口双色印刷线，2 条全自动圆罐生产线等，年产能 4000 万罐以上。现有员工 360 人，总资产 8000 多万元。

公司为 ISO9001 — 2008 质量认证和 CQC 认证企业，并拥有国际危险货物包装出口证书（UN），食品包装罐产品符合瑞士 SGS 和美国 FDA 的标准，被广东省检验检疫

公司大楼外貌

局评为危包出口二级企业。同时，还获得两项国家制罐实用型专利证书。2006 年，公司成为联合国采购供应商。

公司董事长高明渝出生于徐闻县城北乡，商海弄潮，硕果累累，此外，他非常热心家乡公益事业，2014 年捐款 10 万元，资助徐闻县出版《大汉徐闻两千年》。2014 年 7 月，超强台风“威马逊”重创徐闻后，他捐款 10 万元给家乡救灾复产。另外，他还成立港盛金属制品有限公司，在广东省鹤山市落户，占地面积 25 亩，投资 800 万元引进自动化生产设备，2017 年 7 月正式投产，主要生产食品包装罐和工业包装罐等，年产值 2000 多万元。

○ 董事长　高明渝

○ 港盛金属制品有限公司自动化生产车间一角

佛山市浩文彩色印刷有限公司

佛山市浩文彩色印刷有限公司成立于1999年，主要从事书刊印刷。公司厂房占地面积达16000平方米，员工200多人，日可产骑订15万本、胶订20万本，通过ISO9001国际质量认证，是广东省印刷公司长期从事书刊印制，从CTP、拼版、印刷、折页、锁线、胶装、烫金、过胶、全自动骑订龙、胶订龙等工序都自动装配一条龙。公司秉承“诚信经营、热忱服务、高效精品、共同繁荣”的企业宗旨，确定“全员参与、持续改进、以客为尊、以质取胜”为目标，坚持追求一流的品质，一流的服务，确保“浩文——每本书都是最好的”。2006年、2007年连续两年获广东省书刊印刷产品质量检测第三名，2008年荣获广东省书刊印刷产品质量检测第二名。

公司董事长曾冬浩出生于徐闻县，徐闻县第八、九、十届政协委员。他非常关心徐闻经济发展。2008年，他资助出版书籍《图说徐闻》，并将销售款10多万元全部捐给徐闻教育事业。他还资助出版《南海丝路第一港—徐闻》等书。2014年7月，

公司大楼外貌

○ 董事长 曾冬浩

○ 厚一学堂广东校区一角

○ 学生在学习素描

○ 公司出品车间

超强台风“威马逊”重创徐闻后，他捐款 11 万元给徐闻救灾复产。另外，他在 2016 年，又投资创办厚一学堂广东校区，校址选在佛山市南海区狮山大学城。教学区 5000 多平方米，设有 宿舍、生活区、体育运动场等，生活、学习环境优越。学校教学和管理团队由硕士、学士、艺考专家组成，师资力量雄厚。为惠及家乡学子，奖励优秀的学生和老师，厚一学堂全资单独设立一个专项的美术奖学金，每年给徐闻 10 个优秀免费生和 10 个贫困免费生的名额；奖励专业分录取八大美院的，每名学生奖励一万元；奖励对厚一学堂教学有帮助的家乡教师。

○ 佛山市盛世纪投资管理有限公司一角

佛山市盛世纪投资管理有限公司

佛山市盛世纪投资管理有限公司创建于 2014 年，是佛山市首批在基金业协会报备的本地专注于证券投资的基金管理公司之一。公司地址为广东顺德乐从天虹 46 号信保广场 4 座 1507。公司员工 10 人，固定资产 1000 万元，经营范围包括投资管理、资产管理、投资咨询、经济信息咨询、企业管理服务。企业主要产品：基金投资。

公司是专业化投资，资产管理机构，坚持主动型投资管理，深度研究分析公司价值，坚持成长与价值投资相结合，注重投资过程中的风险控制。公司的优点是不体现在一段时间、某只股票赚钱的多少，而是体现在持续控制风险的能力上。该公司投资主要是寻找风险—收益关系的偏差，当市场因为各种原因使该公司的研究标的出现风险—收益的非对称定价关系时，便是该公司获取超过市场平均利润的机会。该公司成立以来，取得显著的经济效益，公司的私募基金产品《盛世纪立春结构化》在 2017 年中开始在私募排排网分级类私募基金中收益评比排名靠前，最近半年收益第二名。

公司董事长潘联斌，1972 年 11 月出生于徐闻县，大专学历，徐闻县工商联第十一届执委会副主席、县政协第十届委员，1994 年毕业于广东商学院证券投资专业，先后于佛山华新财务公司、佛山南海国投证券部、光大证券从事证券投资研究工作，在20多年的证券投资管理工作中，历经牛熊市场转换，并曾作为中国著名私募基金教父赵丹阳团队的合伙人，拥有丰富的证券从业经验以及实战经验，专注于宏观、行业和市场策略研究，对A股市场波动和趋势有深刻的理解。他还兼任赤子之心投资公司董事长。他在事业不断发展壮大的同时，一直热心公益事业，积极回报家乡，累计捐款二十多万元。

○ 董事长 潘联斌

○ 佛山市盛世纪投资管理有限公司一角

○公司总部前台

深圳汇林达科技有限公司

深圳汇林达科技有限公司成立于2010年，公司法人林俊天出生于徐闻县，注册资本3000万元，总部在深圳市福田区北环大道青海大厦内。是国内领先的铝合金模板系统企业，是从事铝合金模板系统研发、设计、生产、销售、安装、技术加盟、培训为一体的综合企业。

在全球大力推行绿色建筑的影响下，公司在2010年引进并消化国外先进的铝合金模板体系技术，成功开发出铝合金模板系统，在国内率先应用铝合金模板。

2011年，正式启动国内铝合金模板开发设计、生产、销售、分包的工程服务，与国内多家相关企业建立战略合作伙伴关系。

2012年启动全国加盟业务，目前在国内建立八家技术许可加盟及专利许可公司包括惠州汇林达科技有限公司、河北顺盛铝模有限公司、内蒙古通辽亚星铝业有限公司、湖南益阳市汇林达科技有限公司、

○董事长 林俊天

河北力尔铝合金模板科技有限公司、昆明云建铝合金模板有限公司、昆明汇林达科技有限公司、云南官房迈腾有限公司合作公司、远拓集团有限公司合作公司。汇林达“铝合金模板体系”在多个城市成功应用，在广东、云南、河北、湖南、内蒙等地拥有多个加工运营中心，主要从事铝合金模板销售、出租、分包、设计等业务。

2013年，汇林达科技是唯一荣获国家级高新技术铝合金模板项目的企业。通过与国外生产铝合金模板企业的多年合作获得丰富的经验，并引进和改良国外铝合金模板体系的设计和加工技术。公司现有30多名专业技术服务人才，拥有自主研发核心技术，覆盖基础发明专利、新型使用专利和外观设计专利共40多项。并与开发商、建筑企业一起推动铝合金模板体系在中国建筑领域的应用和普及，引领低碳环保施工技术发展。目前，汇林达的产品和方案成功应用于多个城市建设项目当中。

○公司为了提高施工现场的效率，在工厂进行一比一的拼装形象

○公司生产车间一角

○ 龙之珍珠在深圳金丽国际珠宝中心大卖场

○ 龙之珍珠董事长 蔡文江

龙之珍珠有限公司

龙之珍珠有限公司于1999年在由蔡氏兄弟蔡文江、蔡武志在徐闻县成立，是中国南珠唯一获得“广东省名牌”和“广东省著名商标”的高端珍珠品牌。龙之珍珠拥有自己的加工厂和养殖场，在徐闻拥有60多亩的海滨综合生产基地及1000多亩的海上养殖基地，是集养殖生产、加工、产品设计、销售为一体的专业珍珠公司。

公司经营总部设立在深圳，主要经营的产品有中国南珠、日本AKOYA、大溪地珍珠、南洋珠、KESHI珍珠、马贝珠和各式的项链、手链、戒指、耳环、吊坠等镶嵌产品。

公司多年致力于传播“中国南珠”品牌文化，非常明确自己“专业、专注、海水珍珠”的品牌规划。

2017年7月25日，龙之珍珠与NGTC国检珠宝培训中心签订“NGTC珍珠鉴定与商贸课程”项目合作协议，建立长期的排他性战略合作关系，在全国范围开展珍珠专业人才教育培训事业。

2017年9月，龙之珍珠在珍珠业界发起“贵金属及珠宝玉石饰品企业标准联盟团体标准——珍珠分级”（该标准按照GB/T 1.1—2009起草）的起草。

龙之珍珠董事长蔡文江，男，汉族，1973年出生于广东徐闻，现为香港大溪地黑珍珠协会理事、深圳市珍珠协会常务副会长、注册拍卖师、NGTC《珍珠鉴定与商贸》课程教材主编。2012年，曾获广东省科学技术奖一等奖。主要擅长海水珍珠的养殖、加工和市场营销等。

2017年11月，蔡文江受聘为“国家珠宝培训中心特聘为珍珠专家”。同年底，他受邀参与新的《珍珠分级》国家标准的修订。

惠州市湛惠通信有限公司

惠州市湛惠通信有限公司成立于2003年，是以通信工程为主体的民营企业。主要服务于中国电信、中通服等著名企业和从事通信设备、管线安装及维护、视频监控、室内装饰、水电安装、园林绿化工程等。

2014年2月，董事长陈端创办惠州市裕源酒鼎商行，地址在惠州市花园路18号，主要经营酒、茶、烟等。

公司法人陈端，高中文化，1965年6月出生，徐闻县新寮镇人。徐闻县第九届、第十届政协委员。公司自成立10多年来，每年的营业总额逾1000万元，多次被评为省电信工程公司优秀合作单位。

公司不忘回报社会，为家乡扶贫帮困、支教助学、新农村建设等公益事业做出诸多贡献，赢得社会的好评。如“5·12”汶川大地震，湛惠公司捐款3万元捐献给灾区；2017年赞助3万元给徐闻菠萝文化旅游节活动。

董事长 陈端

公司一角

○ 公司办公前台

广州市泰基工程技术有限公司

广州市泰基工程技术有限公司成立于 2001 年，办公地址位于广州市天河区天河路 375 号五层。公司主营业务是以岩土及基础工程为主，兼营建筑工程、高速公路工程、市政工程和水利工程，是一家集设计、施工、监测、咨询、勘察及研究开发于一体的民营高科技企业。

公司现有资质：地基与基础专业承包一级、工程勘察专业类（岩土设计）甲级和（工程测量）乙级、特种专业工

○ 公司工作室

程专业承包（建筑物纠偏和平移、结构补强），建筑工程施工总承包叁级、市政公用工程施工总承包叁级、建筑装修装饰工程专业承包贰级、环保工程专业承包叁级、基坑监测服务、测绘服务。公司坚持科技创新与开放经营相结合的发展道路，获得“广东省高新技术企业”“广东省创新型企业”“广东省新型高效施工装备工程技术研究中心”等荣誉，公司重视理论与实践相结合，获得 1 项国家发明专利，实用新型专利 18 项，实用新型工法 2 项，并连续 8 年由工商局授予“守合同重信用”企业。公司重视人才发展规划，现有博士、硕士及大中专以上的学历各种专业技术人才近 500 多人。公司目前年产值近 5 亿元，年税收 3000 万元，公司固定资产一亿多元。

公司董事长倪光乐，博士后，1964 年生，徐闻县海安镇人，广州市徐闻商会会长，他从事岩土工程的设计及施工工作 30 年，是广东省著名的岩土行业专家，他与中国科学院、华南理工大学、中南大学等院校合作培养了多名博士、硕士研究生，参与并主持几百项岩土及地基基础工程的设计及施工、监测等工作。同时，他非常热心家乡的公益事业，曾捐款 50 万元资助徐闻贫困家庭学子上大学。至今为家乡、行业、社会等各种公益事业捐款近 200 万元。

○ 董事长　倪光乐

多年来，公司得到大多数的知名房地产商及总承包施工单位的认可，合作的重点客户有：万科地产、保利地产、碧桂园集团、富力地产、绿地集团等知名地产商，业务覆盖省内外多个城市。公司代表项目有：广州东塔第二期基坑工程、珠江城大厦基坑支护及土方工程、东莞环球经贸中心基坑支护、珠海横琴易方达基坑支护及桩基础工程等项目。

公司的长远目标是成为：“以岩土及基础工程为主的跨行业、多元化、多层次的集团公司”“做行业的领跑者”。

广东劳卡家具有限公司

广东劳卡家具有限公司始创于2004年，是一家依托高科技创新而迅速发展的集研发、设计、生产、销售于一体的时尚定制家居企业，注册资本8000万人民币。目前，公司拥有近10万平方米的现代化生产基地、1288平方米的营销中心和700多家遍布全国的专卖店，1700多名员工。劳卡全屋定制进入家具制造行业13年，一直以来，非常注重企业的技术创新和产品研发，引进和培养各类型研发人才一批，不断推陈出新，研究一批批高端产品。到目前止，研发12个实用新型专利、34个外观设计专利及9个软件著作权。2016年，被认定为广东省省级高新技术企业和广州市科技小巨人企业。2017年，被评为广东省供应链管理试点单位。

劳卡全屋定制主营业务包括卧房系列、客厅系列、书房系列、入户花园系列，以及橱柜与木门等全屋配套产品。劳卡产品系列完整，充分应用信息技术和现代制造技术，为消费者提供定制化、个性化的产品，形成多种空间、多类产品、多种风格协调搭配的产品组合方案。劳卡品牌目前销售网络覆盖全国一、二线城市和东部沿海地区三、四线城市，是全屋定制家具行业的领导品牌之一。

○董事长　吴建荣

广东劳卡家具有限公司创始人吴建荣，徐闻县迈陈镇人，他在创业之初，首先从代理移门开始，2004年，他才毅然投身定制衣柜行业，坚信这个行业有着广阔的前景依，他执着的追求和孜孜不倦的创业精神，历经13年沉淀，使“劳卡”前程锦绣。

在2004年至2008年间，公司的设备比较落后，先后经历着产品质量等问题，使公司陷入泥潭。吴建荣痛定思痛，毫不犹豫，投入大量资金，引进先进设备，开发高新产品，强抓产品品质，特别是到 2010 年，吴建荣聘请到顶尖的、擅长工厂管理规划的德国 Schuler 公司，对公司进行长远规划，使公司的产能和产品质量得到大幅提高，补齐这块“短板”，实现深刻转型。吴建荣说：“当时就对德国 Schuler 公司的设计人员提出要求，先别考虑工厂开设在哪，而是先把规划图纸设计出来。”这在衣柜行业，也许只有劳卡是这么干的。也就是这样，使公司走上坦途。

吴建荣一直致力于将公司打造成为“受人尊敬的企业”，随着企业的不断创造更多的财富，不忘回报社会。连续 3 年参与“梦想读书站”建设，2017 年，他捐款 20 万元给徐闻县高考暨留学优秀生奖学协会。

公司生产车间

科盈集团

科盈集团是由2001年1月17日创建的广州市冠辰生物科技有限公司发展起来的，集团总部设在广州市花都区，是一家集研发、生产、销售、服务、品牌孵化为一体的专业化妆品综合制造企业。

科盈集团发展到现在，下属企业有广州市冠辰生物科技有限公司（销售公司）、广州科盈（花都）化妆品有限公司、广东科盈（清远）科技有限公司。科盈集团（花都基地）占地20多亩，建筑面积21,000多平方米，拥有16条优质、高效的自动化生产线及配套设备，具备年乳化水、乳、膏霜、面膜等产品10,000吨的生产能力，日生产能力达28万支（瓶），另日可同时生产面膜类产品150万片；广东科盈（清远）科技有限公司是国内首家拥有120亩“中国化妆品植物园”的智慧农业种植基地，集植物萃取、智能化生产、工业4.0、产学研一体的绿色大健康生产制造基地，计划在2018年1月投产，产能是花都基地3倍以上。

○科盈集团（花都）基地

○科盈集团（清远）基地

○ 董事长 林纯

○ 2017 年 12 月 6 日，在广州举办的“2017 年全球财富论坛”中，董事长林纯（右）与《财富》主编亚当拉辛斯基合影

科盈集团拥有着雄厚的产品研发力量，与中科院、华南理工大学、韩国振兴技术院、浙江大学工业研究院、暨南大学生命科学院等单位有着紧密的技术合作，聘请日本资生堂研究中心前主任石馆周三、韩国振兴院院长姜柳安、浙江大学首席科学家钟晓明、华南理工大 10 多名专家为常年技术顾问。

为实现中国化妆品业不亚于欧美、日韩的品质，科盈狠抓精细化管理，实现优质制造，打造匠心精神，2016 年起聘请日本松下（中国）前总裁木元哲先生担任集团总顾问，按日式精细化管理进行培训、实践，聘请原香港利丰集团化妆品生产负责人陈家航先生出任管理副总裁，提升制造品质。公司是国家高新技术企业、国家标准化良好行为 4A 企业。

目前公司已拥有 4000 多个通过“防腐挑战测试”和“安全评估测试”的成熟稳定配方，这些品类包括膏、霜、乳、液、啫喱、面膜各种膏体状态；从功能上覆盖抗皱、美白、祛斑、祛痘、防晒、保湿、芳香等各种功能效果，能满足日化线、专业线、精油、电商及微商等客户的需求，多年来许多产品开发一直引领行业的前端。

董事长林纯出生于徐闻县下桥镇北良村，现担任广州市人大代表、徐闻县政协常委、广东省美容美发化妆品行业协会副会长、广州市徐闻商会常务副会长等社会职务。他大学毕业后当一名公务员，2000 年 11 月 1 日，开始筹建公司，2001 年 1 月 17 日正式注册。当时公司员工只有他及侄子两个人，办公室只是 80 平方米的两居室，经过近 17 年的历练，科盈成为中国绿色化妆品制造的领航企业之一，制造的产品销往全国及 40 多个国家地区。2017 年作为广东省企业家应邀出席全球财富论坛。

林纯对子女教育也很成功。儿子林梓帆 2016 年 4 月被美国常青藤名校康奈尔大学录取，专业是天体物理及空间科学，同时还获得哥伦比亚大学、纽约大学等 10 所著名大学的录取通知。

公司办公室一角

广州京合医药科技公司

广州京合医药科技公司在2003年10月28日正式挂牌成立。公司位于广州市白云区，现拥有现代化写字楼和符合国家医药管理规范的大型仓库及完整过硬的储存设备。公司有20多位专业医师、药师、营销师，拥有众多OTC市场资深管理人员及过百人的终端营销团队。主要经营中药材、中药饮片、中成药、化学原料药、抗生素制剂、生化药品等，并一直致力于现代化医药生物技术的研究及开发。公司主要经营产品为“陈李济活络止痛丸”，终端年销售近1亿元。

公司经10余年的经营和发展，收获颇丰。是广药集团“陈李济”品牌长期战略合作伙伴，并通过国家GSP认证。独家总代理416年中华老字号风湿骨病专用药“陈李济活络止痛丸”十余年来，始终贯穿“诚心诚信、稳健守法”的经营原则，销售面不断扩大，在业界赢得良好商誉及口碑。公司的不断成长也迎来众多合作伙伴，是大参林医药集团的合作伙伴。2017年8月，公司与大参林医药集团签定合同，年销售额5000万元。公司是广东食品药品职业学院教学实习基地和广州华夏职业学院校企合作基地。

公司董事长冯大洲，出生于徐闻县南门塘，贫穷的童年造就他拼搏的个性。他从事过传统贸易、医药及投资行业，曾在国有集团企业、中外合资企业、民营企业中担任常务副总经理、总裁、执行董事、董事长等职。公司总代理“陈李济活络止痛丸”后，他充分发挥他的拼搏精神，经

○ 2017 年 7 月，公司与广州华夏职业学院举行校企合作签约授牌

○ 董事长　冯大洲

○ 2015 年 5 月，在广州白云山陈李济药厂会议厅举行签约仪式，广州京合医药科技公司董事长冯大洲与广州陈李济药厂的代表签订“活络止痛丸”中国总经销新协议

营服务网络及合作服务网点遍布国内 26 个省市、自治区，取得较好的社会效益和经济效益。现在，他任中国管理科学研究院企业管理创新研究所副所长、广东省医药行业协会副会长、广东食品药品职业学院客座教授、广东民营企业商会副会长、徐闻县工商联副主席、徐闻县政协八届、九届、十届委员等社会职务。2017 年，在北京召开“第十届中国管理科学大会”会议中受 CCTV 新闻中心的采访。他还结合公司实际，挖掘提升国家民族中医中药瑰宝，邀请中山大学、广东药学院等著名高校和广药集团专家教授、工程师等强大科研团队，以公司为基地，正在研发“高良姜”系列产品等。

公司董事长冯大洲多年以来心系家乡发展，积极回报社会，帮助家乡青少年成长，为母校徐闻中学捐款建设一个“实验室”。经常参加社会公益活动，支持教育事业，经常奖励优秀学生和资助困难学生，热心扶贫济困。他多次获“爱心人士”“优秀提案奖”“先进个人奖”等荣誉称号。

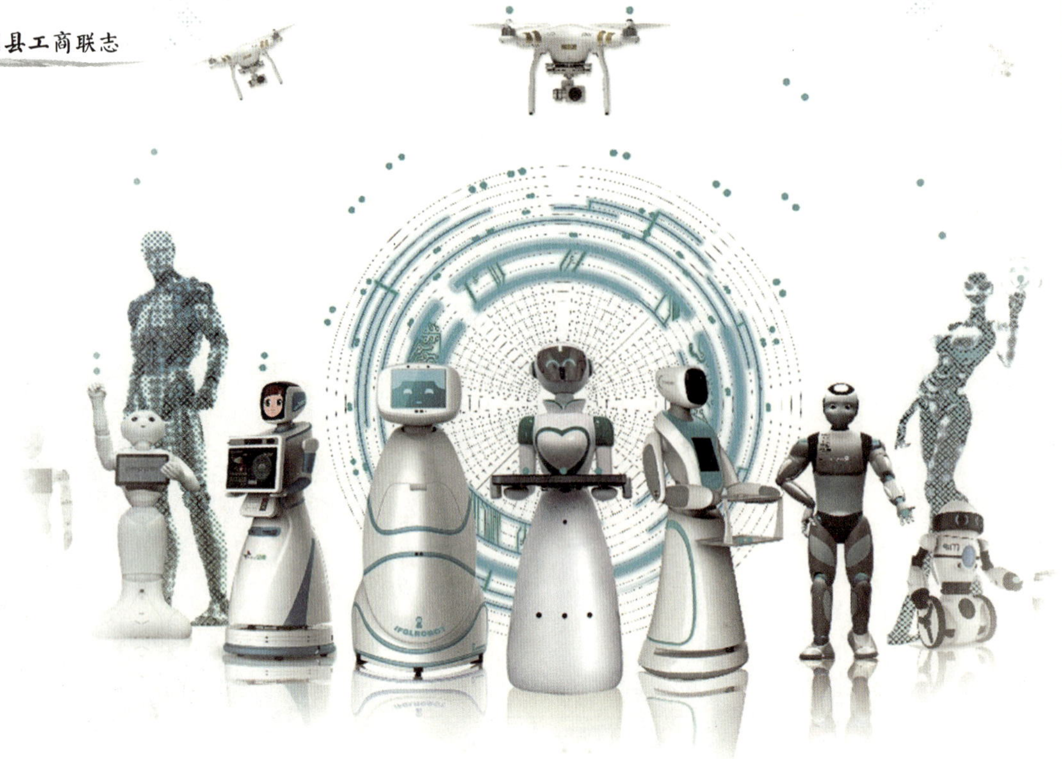

○ 您好科技推出的“小 me”机器人

广东您好科技有限公司介绍

广东您好科技有限公司（前身为“尚洋艺术”）创建于 2005 年，是一家人工智能机器人的定制平台高新企业。公司总部位于广州市越秀区二沙岛烟雨路 28 号贰沙汇，开设“您好人工智能科技馆”。

您好科技推出的“小 me”机器人，让每一个人都能拥有另一个自己专属的人工智能机器人；将艺术与科技完美融合，克隆出互联网大数据虚拟世界中的另一个我，将现实及虚拟深度融合，从而实现快速学习、高效工作、智慧生活。

您好科技打造大数据 me 云、me 机器人定制平台、me 机器人定制系统、me 智能中控终端、me 智能产品及内容价值链，为政务、商务、文化、医疗等行业及博物馆、地产、景区、园区、城市等提供智慧升级及机器人高端定制服务，构建 AI 高效价值链，提升竞争力。

董事长黄舰艇出生于徐闻县，担任徐闻县工商联第十一届执委会副主席、广州市徐闻商会常务副会长、广东省环境艺术设计行业协会副会长等社会职务。他以高规格、高品质要求自己，致力研究人工智能领域事业。他为事业拼搏也不忘回报社会，一直以身体力行的方式支持慈善与文化教育事业，慷慨支持中山大学博物馆建设项目、支持广州市青少年发展基金会的慈善拍卖活动等公益事业。被中共徐闻县委统战部评为“爱心人士”。

中国人工智能行业的崛起，让您好科技迎来全新的发展机遇与挑战，董事长黄舰艇在精心布局和调整发展战略，在业务方向上进行变革，转型到人工智能行业。首先，为企业员工规划一个共同的远景展望，给予员工信心的基础。其次，为员工创造可持续发展的环境，营造良好的学习与提高的氛围，帮助员工实现自我成长，实现价值追求。最后，深化内部分工，激发员工上进心，把平等、合作诉为理念，深拢人心，建设一支默契团队，增强公司内部的向心力和凝聚力。

○ 董事长 黄舰艇

目前企业拥有员工上百人，年产值过亿，业务涵盖地产、商场、景区、博物馆、政务中心、主题小镇等。各行各业对智能化管理与互动展示需求的增加，给专注于人工智能技术研发及提供机器人解决方案的您好科技带来蓬勃的发展。企业旗下控股和持股的公司有 14 家：广州市尚洋文化股份有限公司、广州市尚洋艺术发展有限公司、佛山陶谷科技有限公司等，成功孵化 4 大智慧园区项目：佛山泛家居电商创业园区、中国陶谷智能家居小镇、桂林智慧谷、me · 佛山梦工场。

○ me · 佛山梦工场

○ me · 佛山梦工场

广东合地集团股份有限公司

广东合地集团股份有限公司成立于 2012 年，总部设立在广州市天河区黄埔大道西 495 号嘉冠大厦 8 楼，是一家集地产开发、购物中心运营、酒店运营、特殊资产投融资及文化娱乐为一体的多元化集团公司。集团下辖：广东广联城投发

○ 集团公司总部办公室门口

○ 集团公司自持的购物中心——英德合地广场

○ 集团公司自持的购物中心——清远锦绣清城购物广场

展有限公司、广州市合地物业管理有限公司、深圳市凯通城市场管理有限公司、清远汇利安物业发展有限公司、英德市新力实业投资有限公司、广州堂会餐饮娱乐（集团）有限公司等 20 余家子公司，现集团在职员工 3000 多人。

合地集团自持购物中心，现有英德合地广场，建筑面积 4 万多平方米，清远锦绣清城购物广场，建筑面积 13 万平方米，广州中华美食城，建筑面积 12 万平方米，广州金科广场，建筑面积 4 万平方米。

合地集团全资子公司广州堂会餐饮娱乐（集团）有限公司旗下包括堂会、kboss 名堂两大连锁量贩式 KTV 品牌。堂会经过 13 年发展现成为华南地区较具规模及影响力的连锁 KTV 品牌，在广州、深圳、佛山、清远、长沙相继开设 12 间旗舰店。合地集团属下子公司，在华南地区参股投资多个希尔顿欢朋酒店。

合地集团公司总裁张奎，出生于徐闻县下桥镇，1994 年到广州读书，1996-1998 年于广东电子工业发展总公司工作，1998 年 2 月创立广州友好电器贸易公司，2005 年创立广州堂会餐饮娱乐有限公司，历经 10 多年的发展，在公司总裁张奎的带领下，公司进行地产开发、商场运作、物业管理及餐饮娱乐的产业整合，形成多元化集团公司，旗下有 20 多家子公司。同时，张奎总裁还担任广东省青年商会第三届执行会长，广州市文化娱乐行业协会执行会长等社会职务。他带领员工积极参与社会各项公益事业，多年来积极捐资助学、赈灾救助、慈善关爱等社会公益事业。如 2014 年，他发动亲朋好友等为徐闻救灾复产捐款 100 多万元。他多次获得“爱心人士"等荣誉称号。

○ 集团公司总裁　张　奎

○广西桂中糖厂厂房一角

广东亚诺达实业有限公司

广东亚诺达实业有限公司成立于2010年，注册资本为8000万元，投资控股的企业有徐闻县东达混凝土销售有限公司、广西桂中糖厂、湛江阳爱医院等实体企业。徐闻县东达混凝土销售有限公司位于徐闻县207国道城北路段监测站西侧，占地面积达20,000平方米，固定资产达4500万元，拥有各种混凝土机械设备30多台，2条国内先进生产线，是一家专业生产、运输商品混凝土的现代化企

○徐闻县东达混凝土销售有限公司生产线及储料罐

○广西桂中糖厂厂房一角

○董事长　李世东

业，日可产优质混凝土 3000 立方米；公司合作的大型项目有徐闻碧桂园、天润清华园、华润风电等。湛江阳爱医院位于遂溪县，第一期投资 2800 万元，占地 50 亩，设计病床位为 700 张，批复病床 300 张，医护人员、职工 160 人。广西桂中糖厂占地 150 亩，职工 150 人呢，年榨糖量约 2 万吨。

公司董事长李世东，1961 年出生于徐闻县徐闻盐场，1978 年参军，退伍后先后在广东徐闻县迈陈糖厂、广西金秀东达制糖有限责任公司工作，历任工人、供销业务员、总经理、董事长等职务。经多年的奋斗，积累丰富的经验，2010 年成立自己的公司。李世东创业的成功，来源于求知精神和不断积累的社会实践。工作之余，他总保持着高涨的学习热情，于 2014 年研读上海交通大学的 MBA，以此更新和丰富商业知识。

公司董事长李世东是一名实干的企业家，2009 年，获得“来宾市 2006 —2009 年度劳动模范”等荣誉称号。他也热心社会公益事业，为家乡新农村建设、助学奖教、扶贫济困等方面做出贡献。如 2008 年汶川大地震，他组织公司员工捐款并带头捐款 1 万元；2013 年、2014 年向自己的母校角尾中学捐款 30 万元，用于建设学校大门和安装多媒体教室；2017 年 4 月，给举办第二届徐闻菠萝文化旅游节捐款 3 万元；2017 年 6 月，给徐闻县“6 · 30”扶贫济困活动捐款 10 万元。

○ 2011 年 11 月，广东豪高科技技术股份有限公司特种纸及涂布纸产业基地项目开工仪式大型活动，由公司设计、策划及发布制作

○ 董事长 张明

湛江市美术家协会艺术设计公司

湛江市美术家协会艺术设计公司成立于 1993 年 2 月，地址在湛江市赤坎区。20 多年来，公司致力于室内设计、园林规划、文化景观、视频监控、广告策划制作与发布等，公司以诚信服务、设计新颖、与时俱进而受到客户好评。公司业务范围涉及银行、酒店、写字楼、会所、政府机关、医院、学校、别墅区、社区居家等场所设计与施工。公司一直以“质量第一，诚信为先”的经营理念和“信誉积累顾客，品质扩展市场”的经营方针，2016 年 3 月，又成立一家湛江市鸿蕾清洁有限公司。

公司法人张明，出生于徐闻县龙塘镇，1988 年毕业于湛江艺术学校美术专业后安排在湛江市新华书店负责宣传辅导工作，1992 年大学毕业后继续回原单位工作，1993 年 2 月，他停薪留职下海开公司。经过 20 多年的拼搏，凭着他的智慧、大胆开拓创新，建立一支勤劳、业精、合作的专业团队，为公司的发展打下坚实基础。特别是法人张明，在新时代不忘初心追求卓越、不断创新发展。他诚实守信，为人大方，讲究质量，顾客越来越多，特别是回头客非常多，促进企业不断发展壮大。同时，他非常关心家乡发展，多年来，为徐闻新农村和学校建设、扶贫济困等社会公益事业捐款 20 多万元。

○2015 年 11 月，公司在广东海洋大学设计、建造海洋广场雕塑——《扬帆远航》

○2010 年 3 月，由公司设计、装饰湛江市博物馆非物质文化遗产展馆

公司大楼外貌

广东天邦投资有限公司

广东天邦投资有限公司成立于 2010 年，总部设在珠海市香洲区柠溪路 282 号广东天邦大厦。公司的业务范围涵盖关系国计民生的衣、食、住、行、用等各个方面，员工 190 人。公司经过 18 年多的努力与发展，成为一家实力雄厚、资产优良、渠道顺畅的多元化现代创新型企业。

广东天邦现拥有一支由各类资深的专业人才组成的优秀管理运营团队和全国各省区系统完善的营销网络，以卓越的品质、完善的体系，为不同群体的用户提供更高更优质的专业服务。公司旗下有珠海市天邦物业管理有限公司、珠海横琴新区天邦农副产品开发有限公司、珠海市彩虹教育科技有限公司、珠海天邦睦邻商业管理有限公司、东莞市真容企业管理咨询有限公司、东莞市真妙服饰有限公司、广州市天邦服饰有限公司、珠海市天邦名店商业有限公司、珠海市远行鞋业有限公司。

该公司一贯坚持“友善、忠诚、勤奋、高效”的企业宗旨，倡导“创新、务实、学习”的企业精神；以“感情留人、同享进步、共赢未来”的管理理念，实施“以人为本,任人唯贤,共同成长”的人才战略，打造一支“和谐合作、守信敬业、平等民主”的高度凝聚的优秀团队,共同实现“追求优雅人生、打造百年品牌”的企业愿景，争取在未来发展成一个多元化发展、承担社会责任的公众性企业集团。

公司董事长吴晓腾 1973 年 10 月出生于徐闻县曲界镇，中山大学在职经理MBA 高级研修班结业。现担任珠海市香洲区人大代表；珠海市第八届政协委员、珠海市私营企业协会副会长、珠海市徐闻商会常务副会长等社会职务。他心系家乡，回报乡里，热心家乡公益事业，多年来支持家乡新农村建设和教育事业，捐资助教，先后为“威马逊”台风灾后重建家园及家乡新农村建设等社会公益事业捐款 100 多万元。

○ 董事长　吴晓腾

珠海市横琴汇基投资有限公司

珠海市横琴汇基投资有限公司是一家集商业地产、旅游地产、住宅开发、酒店运营为一体的城市综合运营商业企业。公司地址在珠海市香州区。公司本着“汇聚精英、基业常青”的企业宗旨，持之以恒倡导文明、和谐、优雅的居住文化，物业发展种类覆盖旅游地产、酒店、商业地产、办公物业、商品住宅、别墅小区等。公司拥有近 50 处于不同开发阶段的项目（包括已竣工项目、在建项目和即将开发项目及土地储备），其中已完成项目面积达 100 多万平方米，在建面积 30 多万平方米和拥有的土地储备面积超过 300 万平方米。是珠海市较具品牌号召力的综合性投资开发集团公司。

○ 董事长 魏仕伟

公司董事长魏仕伟出生于徐闻县，他的用人最大特点是用知识型、年轻化的人才。公司现拥有员工 1000 多人，研究生学历占 6%，本科学历占 56%，平均年龄 35 岁。他高度重视人才培养，为员工提供充分施展才华和发展事业的机会，鼓励员工和公司共同成长。

○ 公司旗下泉林四季温泉酒店实景

湛星饭店外貌

董事长 符应乐

湛星饭店

湛星饭店成立于 1998 年，坐落于珠海市香洲区 888 商业街，员工 100 多人，开业至今，始终坚持“选料鲜活、原汁原味、绿色环保，实惠实在”的经营理念，以弘扬湛江饮食文化为己任，不断丰富湛江菜系的形式及内涵，努力打造湛江菜珠海第一品牌。

饭店拥有两个不同特色的区域，一个是古色古香并具有湛江地方文化特色的 A 区，另一个是高雅宽敞的简欧风格的 B 区，有大小包房 50 间，多功能宴会厅 3 个，同时可供 1100 人就餐。饭店主要用产自雷州半岛的原生态材料进行装修，如马尾松原木柱子、青石红瓦、海底珊瑚石和橡胶树果等，巧妙应用，体现雷州半岛独特的风格，表达湛江人热情好客的文化内涵，蕴藏着一股浓烈的乡情。

湛星饭店是由符应乐先生创办的，他凭着“诚信为本”的人生信条，用智慧和汗水，把一个几平米的小排档发展到今天近 5000 平方米规模的湛江风味饭店，为珠海人民，特别是在珠海谋生的湛江人，提供地道的湛江美食。他乐于助人，热心公益，为家乡的文化事业、修路造桥、助学济困、捐款救灾不遗余力

湛星饭店是珠海市美食烹饪联合会常务理事单位，珠海市徐闻商会常务理事单位。曾获“珠海市 2008—2009 年度文明诚信商户”荣誉称号，多次荣获珠海市文体旅游局、珠海特区报社颁发的“珠海名店”“珠海名菜”等称号。

○ 中山绿澳表面处理材料有限公司一角

中山绿澳表面处理材料有限公司

中山绿澳表面处理材料有限公司（NEO 绿澳）成立于 2009 年 12 月。公司员工 150 人，办公地址为在中山市火炬开发区集中新建区火炬路 9 号。是澳大利亚 GARTH 化工集团设立在中国的化学公司，为普通五金电镀（General Metal Finishing）、印刷电路板（Printed Circuit Board）提供专业技术、化学药品及服务的全球主要供应商。分别在澳大利亚、日本和中国中山建立表面技术研究中心和先进的材料实验室，拥有强大的技术研发团队。并在国家一级高新技术产业开发区—中山火炬开发区建立世界先进水平的生产基地，引进国外先进生产设备，能生产满足全球销售的国际标准化表面处理专

○董事长 周伟

用化学产品。绿澳的企业愿景是使工艺和体系可持续发展，而且在保护环境的同时，确保表面处理行业的安全生产和操作。未来，绿澳规划开发各种先进的产品以帮助客户利益最大化，并向着零环境污染的目标迈进。

公司董事长周伟，男，1979 年 11 月出生于徐闻县徐城，大学学历，金融学学士学位、法学学士学位，中共党员。2017 年 12 月担任中山市徐闻商会会长。他长期从事金融、实业投资、产业地产、企业并购等行业，曾就职于中国工商银行、中兴集团等单位。他还兼任中山华宝实业投资有限公司董事长、华能（香港）高科技有限公司董事长、中山佳孚电子商务有限公司董事长、中山海德堡机器人制造有限公司董事长、宝湾基业（中山）产业园开发有限公司董事长、中山迦南高科技产业投资有限公司董事等职位。

广东国信土地房地产估价咨询有限公司

广东国信土地房地产估价咨询有限公司成立于2004年3月。办公地址为中山市东区岐关西路朗晴假日园2期6幢1座2层1号商铺之一，办公面积320平方米。该公司是一家专业性强、具有独立法人资格的房地产评估、测绘中介机构，是广东省房地产估价师与房地产经纪人学会及广东省不动产登记与估价专业人员协会会员单位。该公司具有房地产评估资质一级，土地评估资格二级，测绘资质丁级，全国范围内都可以开展业务。现有员工42人，其中专业评估师15人，中级测绘师2人。

该公司具有参与各大金融机构及政府项目评估作业10多年。目前与公司合作的金融机构有25家（包括五大银行在内），此外还与中山市人民政府国有资产监督管理委员会、中山市中级人民法院、中山市国土局、中山市土地储备中心、城建集团等机关企事业单

○ 广东国信土地房地产估价咨询有限公司一角

○ 公司办公室一角

○ 董事长 郑妃永

位合作。2016 年，公司累计评估房地产交易、抵押、招标、拍卖等项目的各类型房地产评估项目约 8300 宗，累计评估总额超过 500 亿元，总营业额超过 1000 万元，年度上缴税收 30 万元。

公司法人郑妃永，1970 年出生于徐闻县，1995 年毕业于中山大学房地产经济与管理专业，2000 年获房地产经济师（中级）职称，2001 年取得中国房地产估价师执业资格证书。2004 年 4 月创立广东国信土地房地产估价咨询有限公司，一直担任本企业法定代表人兼总经理。创业初期，业务非常少，压力非常大。在朋友、同乡的众人帮助下，业务稳步上升，公司职员从初期 4 人发展至现在 40 多人，人员增长 10 倍，公司业务也相应增长几倍。

他要求企业不能单纯以“追求利润最大化”为唯一目的，而必须对人负责，对企业信誉负责，对环境负责，对应做的社会贡献负责。因此，企业每年以不同形式予以捐赠，如给红十字会捐款、2017 年迈陈镇北街村助教助学捐款、清远扶贫济困捐款等。

中山市晟实智能科技有限公司一角

中山市晟实智能科技有限公司

中山市晟实智能科技有限公司成立于2004年，属于国家级高新技术认定企业。公司位于中山市石岐区颐和山庄颐景苑4卡，公司现有15名以研发与服务为主体的高素质员工队伍。主要从事计算机网络安装与维护，网络技术开发、网络技术服务；智能化安装工程；电子安全技术防范系统及软件应用系统的研发。现具备广东省安全技术防范系统设计、施工及维修三级资质。并拥有雄厚的技术力量和完善的售后服务保障体系。

公司秉承“和谐中国，平安万家”的企业宗旨，以诚信、务实、专业的企业精神服务社会。公司一直专注团队建设，产品技术的积累，晟实智能科技在综合布线、数码监控、网络工程、软件系统产品开发等方面有着丰富施工和研发经验；完成四十多个工程项目；同时，公司也致力于软件系统的自主研发，并进行一系列的知识产权申请，并在2017年3月获得国家

○ 董事长 陈林梢

版权局颁发得“闭路监控系统、保安巡更管理系统、道闸管理系统、停车收费管理系统及公共广播及背景音乐系统”五个软件著作权。

公司董事长陈林梢，1973 年 7 月出生于徐闻县曲界镇，2004 年 5 月成立公司初期为三人。当时，其本人也任职于雅居乐地产控股有限公司开发总监一职，一边为做好本职工作，一边也要兼顾开拓自己公司的各项业务工作，通常是利用节假日或休息时间进行，亲自下到工地安放线槽和安装设备。他始终坚信做人必须以勤为先，在激烈的竞争中多付出一点，便可多赢一点的理念，一步一步开创自己的事业。先后开办中山市木马传媒影视有限公司，中山市和晖房地产投资有限公司和中山市诚品汽车维修服务中心等企业。他一直以慈善为已任，热心公益事业，先后为家乡的修路、安装路灯、改变村里环境面貌等公益活动捐款 15 万多元。

华绿公司生产车间一角

华绿公司成立的海南新大源工业苑有限公司大门口

海南华绿食品冷冻有限公司

海南华绿食品冷冻有限公司是一家水产品加工出口企业，成立于2002年，注册资金1000万元，公司地址位于海南省海口市，目前公司拥有两间标准的水产品加工出口贸易生产工厂，工厂分别于秀英加工厂和桂林洋加工厂，占地面积70亩，生产车间2万多平方米，装有10条现代化食品加工生产线及现代化食品安全检测设备，每天可加工产品100吨，年加工产量3万多吨，配有日产60吨保鲜制冰厂和3000多吨冷库。主要加工产品有罗非鱼、马头鱼、马面鱼、海鳗鱼、带鱼、鱿鱼、墨鱼、虾等水产品的加工业务，目前公司己获世界食品级别最高的欧盟、美国、日本、俄罗斯、东南亚等国家食品认证，产品远销世界30多个国家市场，年出口量年2万多吨，创汇3000多万元美元。现有在职员工500人，是海南省农产品重点出口企业，自2002年至今一直被海南省人民政府评为“海南特色产业龙头企业”。

2009年华绿食品公司又收购海南新大洲一个子公司企业，成立海南新大源工业苑有限公司，建设18万多万平方米的标准厂房作为政府重点招商引资项目厂房、物流等租凭的工业园，每年为地方政创税1亿多元人民币，为社会提供1000多个就业岗位，公司每年收入租金2000多万元。

○董事长　吴成忠

公司董事长吴成忠，2017年9月起担任海南徐闻商会会长。他于1958年8月出生于徐闻县迈陈镇一个普通农民农庭，1985年，他带着3000元到海南谋生，他对事业勤奋敬业，一步一个脚印地发展企业。在公司在做大作強的同时，热爱祖国，回报社会，经常参与农村的扶贫工作，热心帮助生活困难的员工及乡亲朋友，多次积极为家乡的教育事业和农村建设捐款。

海南裕发启津农业开发有限公司

海南裕发启津农业开发有限公司于 2010 年在海南注册，近几年发展较快，固定资产超过 2600 万元。主要收购木瓜等热带水果，销往全国各地，特别是北京、沈阳、香港、澳门等地。公司本着“客户至上、信誉第一、质量第一”的服务宗旨，赢得顾客的信赖，公司的“裕发”牌木瓜销量逐年上升，年销售量达 8 万吨，年营业额超过 1.2 亿元。公司总部办公地点设在海南省海口市琼山区大洲大道 445 号，拥有 10 多亩的仓库、包装车间、加工基地，员工 206 人。

公司的董事长赵兴銮，经营木瓜，创造财富，这个成就来之不易，几度沉浮，是他经过 30 多年辛酸、智慧和诚信沉淀得来的。他 1962 年出生于徐闻县前山镇，16 岁时，仅凭父母给和亲朋好友借的不足 2000 元成本就独闯羊城，经营起蔬菜，经过艰苦创业，日积月累，不满 20 岁时就赚到 100 多万元，1996 年前就赚到 400 多万元。1996 年，开始在泰国经营进口水果，因管理不当、不懂行情、业务不精等。一年内就

○ 公司员工在精选木瓜

亏完400多万元。他欲哭无泪，虽然他文化程度不高，但他脑子灵活，经过一番深思熟虑后选择经营木瓜。从此，他与木瓜结下不解之缘，木瓜帮他成长，助他腾飞。

1997年，他在香港注册成立香港裕发有限公司，批发木瓜为主，随着物流的发展，经营重点逐步转移回广州市、佛山市，海南省海口市，从销方市场逐步转移到木瓜的种植基地海南省，再辐射全国各地。他

董事长 赵兴銮

公司的木瓜种植基地一角

在广东、海南都有基地，特别是在海口市，有加工、包装、仓库及基地。除收购木瓜、皇帝蕉、木菠萝等热带水果外，还有自己的种植基地，种植木瓜较少的年份有600多亩，较多年份有8000多亩。

公司董事长赵兴銮也热心帮助家乡的发展，从马来西亚、泰国等国家引进木瓜新品种、栽培新技术，办种植基地，引导乡亲们种植木瓜致富。他热心家乡公益事业，随着企业的不断壮大，他对家乡的公益事业也逐步加大支持力度，每年都要回家乡做些公益，修路和解决乡亲一些困难，如2014年7月，家乡遇超强台风“威马逊”袭击，他捐款5万元给家乡救灾复产。

○ 海南嘉阳实业有限公司与海南海之蓝房地产开发有限公司合作开发的美鳌花园鸟瞰图

○ 董事长 陆家好

海南嘉阳实业有限公司

海南嘉阳实业有限公司成立于 2003 年 12 月，公司办公所在地位于海口市玉沙路京华城。公司是一家从事种植业、建材、机械设备、电子产品、服装、橡胶产品销售等的私营企业。公司固定职工 12 人，每年可根据工程项目需要，再增聘其他相关人员。

公司与海南海之蓝房地产开发有限公司、海南隆德房地产有限公司合作开发的美鳌花园，占地面积 990 亩。项目将小区分为相对独立的 A、B 区，拥有 60 栋别墅，高层住宅 15 幢，配套有幼儿园、附属小学、小区超市、会所、咖啡厅、管理用房及地下库等。园内设有休闲区、温泉泳池、景观湖、运动场、花梨树观赏区等，给社区居民营造浓郁的休闲气氛，提升社区的文化品位。

公司董事长陆家好，1961 年 7 月出生于徐闻县龙塘镇赤渔村。他早在 1992 年就开始创业，从事金融、房地产等行业，历尽艰辛，积累丰富的企业经营经验，经过 20 多年拼搏，获得可喜业绩。

陆家好致富不忘家乡，热衷于各项公益事业建设。多年来，他为修路、办学等社会公益事业捐款 30 多万元。

海南通达高科农业开发公司

海南通达高科农业开发公司于2005年成立，公司设在海口市金贸区金贸西路6号金山广场，主要经营贸易、物流、地产、农业开发与种养、农业休闲观光、园林绿化、水产品加工等业务，固定资产2600多万元，有5个专业种植基地。其中，海口旧洲龙头菠萝、香蕉、淮山等标准化种植示范基地1530亩；海口旧洲美仁冷泉水芹瓜菜标准化种植示范基地1406亩；海口三门坡林昌菠萝种植基地343亩；海口甲子坝上菠萝种植基地150亩；定安龙州绿化苗木基地430亩。各个基地建设有水泥路、水塔和标准化排灌系统，建设有员工宿舍、仓库、办公室1500多平方米。

公司董事长张世平，出生于徐闻县海安镇，1978年到海口经商，从事过农资、物流、贸易、房地产开发等行业，历尽艰辛，取得今天丰硕成果。他还成立海口大绿园种苗培育专业合作社、海口岭南康泉水芹蔬果专业合作社，进一步开发专业种植基地。2012年，海口大绿园种苗培育专业合作社被海口市评为“优秀模范专业合作社”。

○ 董事长 张世平

○ 菠萝种植基地

海南昌江南方剑麻开发有限公司

海南昌江南方剑麻开发有限公司是一家剑麻种植、加工、销售一条龙的综合农业企业。在海南昌江主要种植：剑麻、菠萝、木菠萝等近1万亩，剑麻加工厂有两间，分别在海南昌江和广东东莞，主要加工该公司种植的剑麻，产品有剑麻叶、剑麻纤维、剑麻布、剑麻绳等系列产品。是海南省农业龙头企业之一。公司的昌江石碌剑麻种植基地，2011年，被海南省农业厅认定为海南省热作标准化生产示范园。

公司董事长黄成迪，出生于徐闻县，1982年创业时以海南昌江黎族自治县青坎农场为发展基地，发展为海南昌江南方剑麻开发有限公司，集种植、加工、餐饮、娱乐、旅游、观光为一体的现代生态农业基地。

○董事长　黄成迪

○剑麻种植基地

海南老码头船木家居艺术馆

海南老码头船木家居艺术馆成立于2010年，位于海南省海口市美兰区白驹大道1号，是一家船木家居艺术文化专业企业，以研发、设计、制作、收藏、展览、销售、服务于一体，有2间船木加工厂、1间船木艺术雕刻厂，在海口市有1间2000平方米的大型展厅，在呼和浩特、哈尔滨等7个城市都有展厅，是国内同行业规模较大的企业之一。

董事长 杨光辉

公司董事长杨光辉于1966年7月出生徐闻县曲界镇龙门村，1992年到海南谋生，办过装修公司、旅游公司、酒店设计中心、高尔夫球培训中心，他在2010年斥资创办起海南老码头船木家居艺术馆，致力于船木家居制作。古船木已属于珍稀资源，船木家具材料全部取自于退役的海船，并充分保持船木的原本形状，再进行纯手工的打造而成，保留着船木原本的伤痕、沟壑、孔洞甚至海水冲刷的痕迹等，其最大的特征就是家具上有很多大大小小的木船铆钉洞，由于古船木家具材料、造型、色泽都非常怀旧，具有极高的艺术欣赏价值与收藏价值。同时，由于船木经过长时间的洗礼千疮百孔，做成家具放在客厅、餐厅，深受人们欢迎。

公司展厅一角

○ 海南亚国涂料集团门口

○ 总经理　陈亚国

海南亚国涂装工程有限公司

海南亚国涂装工程有限公司起步于 2000 年，一直专注于化工涂料的研发和制造，长期与多家国际著名化工原料供应商保持技术合作，开拓中国市场。现在，在中国拥有 5 个生产基地，一家销售总公司，两家直属涂装公司，多家涂装分公司，集建筑涂料研发、制造、销售、施工、监理、服务于一体。

公司总经理陈亚国，1971 年出生于徐闻县，不甘心过贫苦生活，1989 年到海南创业，经历卖菜，办碎石厂，办木材厂，涉足土建工程和装修工程，了解涂料的优、缺点。2000 年开始专心致志研究建筑涂料，分析国内涂料的生产技术，总结出建筑涂料存在的主要难题。陈亚国为攻克这些难题，吃透国内涂料生产技术，引进国外涂料生产先进技术，经过无数次试验失败，终于在 2003 年发明“柏康漆”，解决涂料“脏、乱、鼓、脱、漏、褪”的难题。

公司总经理陈亚国名下的江门市亚国建筑涂料有限公司，是一家从事各种高档建筑涂料研究、开发与生产的专业企业，引进国外先进技术和设备，并加以消化吸收，公司拥有一支技术力量雄厚的专业团队，熟练掌握电脑控制系统、精密检测仪器等设备及技术，产品通过“GB/19001—2000 / ISO 9001:2000 质量管理体系认证”“ISO14025 环境标志新产品认证”。该公司研制的“柏康腻子漆”获国家专利；“硅丙水性外墙乳胶”也获国家专利；新型外墙保温发泡腻子“世界首创保温隔热节能”获国家专利。该公司的柏康内外墙系列产品获得广东省江门市质量技术监督局颁发的连续 3 年检验合格的“产品质量监督检验合格证书”。

后记

《徐闻县工商联志》是一部客观、全面、系统地记录徐闻工商历史发展的志书。“文章千古事，志书传后人。”该志具有“资政、存史、教育”的价值，对于今后徐闻工商经济发展有一定借鉴和推动作用，这便是对编纂该志所有作者良好初衷的一种肯定。

本着对历史负责的态度，为总结徐闻县工商经济发展的成败得失，促进新时期徐闻非公经济和非公经济人士的健康发展，2012 年 7 月，徐闻县工商业联合会主席、总商会会长董遵秩、党组书记陈法强提出编写《徐闻县工商联志》的想法，得到徐闻县工商联其他同志的支持，决定组织力量编纂《徐闻县工商联志》。2013 年 12 月，由徐闻县工商联邀请本地 11 名文化界人士介入，组成志书编写组，前往合浦、北海、广州、湛江、高州等地图书馆，查阅收集大量宝贵的古籍资料，同时对徐闻县工商联工作过的老同志进行采访，抢救活资料。在占有大量资料的基础上，对徐闻县工商历史事件及徐闻县工商联的发展变迁进行梳理编写，以求理清徐闻工商经济发展脉络及轨迹。经过四年的不懈努力，现在终于付梓出版。

该书主要分为凡例、概述、大事记及 8 个章共 39 节。凡例、概述由朱法负责，第一章由朱法、吴凯、郑志权、刘春柳负责，大事记、后记由郑志权负责，第二章由何强负责，第三章由罗成负责，第四章由罗凯负责，第五章由郑勇负责，第六章由陈金科负责，第七章由吴开栋负责，第八章由罗成负责。摄影、提供照片主要由曾青负责，徐闻县工商联其他同志负责提供有关资料及协调各项工作。全书由陈法强、朱法、杨能、陈金科修改统稿。2014 年 8 月后，主要由陈法强、陈金科负责编写工作。本书特邀请原徐闻县文联主席曾权、原县地方志办公室主任林南生、县党史研究室主任科员符方年、县地方志办公室副主任王保国进行编审。

本书的编写出版，承蒙省内外各界人士、学者及本县各级领导的关心，中共徐闻县委、县人大、县政府、县政协、县纪委等单位主要领导，徐闻县工商联历任领导以及工作人员，许多热心本志出版的社会人士都给予鼎力支持，特别是部分民营企业和非公经济人士积极配合和大力支持。借此书出版之际，本书编者一并表示敬意和感谢。

由于本书历史跨度大，档案资料不全，加之编写时间仓促，编者水平存在一定的局限，错漏难免，敬请读者提出宝贵意见，以便续修时补遗修正。

编者

2018 年 1 月

附：鸣谢单位和个人

鸣谢

徐闻县华建房地产开发有限公司董事长　董遵秩

徐闻县鸿兴混凝土搅拌有限公司董事长　欧小力

徐闻县南通发展有限公司总经理　黄　俊

徐闻县第三建筑企业总公司总经理　蔡华态

徐闻县益华林木有限公司董事长　吴美来

徐闻县聚雅酒店董事长　莫学金

徐闻县幸福酒楼总经理　黄文胜

徐闻县正茂蔬菜种植有限公司董事长　李进权

徐闻县下桥永顺实业发展有限公司董事长　林显平

徐闻县来悦酒店董事长　许胜能

徐闻县龙兴新型环保砖有限公司董事长　吴堪兴

徐闻县新科宇恒房地产开发有限公司董事长　许良玉

广州京合医药科技公司董事长　冯大州

广东亚诺达实业有限公司董事长　李世东

湛江市美术家协会艺术设计公司董事长　张　明

广东天邦投资有限公司董事长　吴晓腾

广东顺德港华金属金属制品有限公司董事长　高明渝

佛山市盛世纪投资管理有限公司董事长　潘联斌

广东您好科技有限公司董事长　黄舰艇

海南华绿食品冷冻有限公司　吴成忠

海南裕发启津农业开发有限公司董事长　赵兴銮

佛山市浩文彩色印刷有限公司董事长　曾冬浩

深圳汇林达科技有限公司董事长　林俊天

广州市泰基工程技术有限公司董事长　倪光乐

广东劳卡家具有限公司董事长　吴建荣

广州科盈集团公司董事长　林　纯

中山绿澳表面处理材料有限公司董事长　周　伟

广东国信土地房地产估价咨询有限公司总经理　郑妃永

中山市晟实智能科技有限公司　陈林梢

广东合地集团股份有限公司总裁　张　奎

出 版 人　周洪威
出版统筹　谭庭浩
责任编辑　郭海珊
责任校对　裴晓倩
责任技编　王　兰

出版策划　陈德生
项目编辑　蔡紫燕
设计总监　陈　航
美术编辑　杨美玲
　　　　　江洪涛 曾 月
图片处理　伍斯扬
印务助理　谢　望

视觉出品　龍之文化 DRAGON CULTURE

ISBN 978-7-5491-1791-8
9 787549 117918 >